엑셀로 풀자

비즈니스통계데이터분석

문 창 권 저

청목출판사

머리말

이 책은 통계학에 대한 기초 지식부터 실제 사례에 대한 적용 방법을 학습할 수 있도록, 차세대 분석도구인 Excel을 사용하는 방식을 설명한 것이다.

많은 이들이 통계 처리를 하거나 또는 통계관련서적을 학습하는 경우, 복잡한 공식과 풀이과정으로 인해 중도 포기를 하거나 아니면 세부적인 의미를 파악하지 못한 채 결과물만을 사용하는 경우가 더러 있다.

자동차 운전을 생각해 보자. 자동차 운전을 위해 먼저 간단하게 자동차 구조에 대한 이론을 학습하고, 즉시 실습을 하여 운전을 배운다. 그리고 다시 운전에 필요한 이론을 배워서 자동차 운전에 필요한 요건을 충족시켜 능숙한 운전자로 점진적인 발전을 달성한다.

이는 사례적용을 위한 모든 학문의 학습은 개념의 이해를 기초로 적용을 능숙하게 하는 것보다는 개념 적용을 반복·숙달하는 과정을 통해 개념을 부수적으로 이해하는 것이 더욱 효과적임을 반영하는 것이다.

통계학의 학습 역시 충분한 통계패키지가 뒷받침되어야 좋은 결과를 보장받을 수 있다. 복잡한 공식을 자료에 일일이 적용하여 계산을 하는 것은 아주 힘든 과정이기 때문에, 통계학을 통계 패키지 없이 책으로만 학습하기에는 어려움이 크다.

이러한 상황은 여건이 좋지 못해 주변에 통계 패키지가 없거나 또는 자금이 충분하지 못해 통계 패키지를 구입하지 못하는 사람은 자연히 통계학의 학습이나 통계처리에서 크게 어려움을 겪도록 하고 있다.

따라서 통계 패키지를 장만할 자금이 없고, 그렇다고 주변에서도 쉽게 사용할 수도 없는 여건에 처한 경우에(소위 돈 없고 빽 없는 경우에), 통계학의 학습이나 통계처리에서 소기의 성과를 거둔다는 보장을 받기가 어려운 실정이다.

그런데 1990년대 이후 급속도로 전개되어 온 정보화의 물결은 회사나 학교뿐만 아니라, 각 가정에서도 컴퓨터를 필수품이 되게 하였다. 그리고 거의 모든 컴퓨터에 Microsoft Office도구가 설치되어 있고, 그 도구에는 Excel이 설치되어 있다.

이제는 일반화된 패키지인 Excel을 적절하게 활용하여, 통계학의 학습과 통계 처리의 성과를 크게 개선시킬 수 있는 여건이 조성된 것이다. 이러한 여건 변화에 적응하여 통계학의 학습이나 통계 처리에 도움을 받을 수 있도록, 이 책은 다음과 같이 저술하였다.

첫째, 일반화된 패키지인 Excel을 이용하여 통계학에서 다루는 각종 문제를 처리할 수 있도록 비전공자의 눈 높이에 맞게 구성하였다. 각 과제에 대한 개념 설명의 제시와 그에 따른 예제 풀이 제공으로 기초적 원리의 이해와 적용방법을 쉽게 익힐 수 있도록 하였다.

둘째, Excel을 처음 다루더라도 쉽게 따라할 수 있게, 예제 풀이에서 입력하는 수식의 원리뿐만 아니라 함수의 적용원리를 세부적으로 설명했다.

셋째, Excel의 적용절차를 요약 제시하고, 그 절차에 따라 예제를 풀이하여 적용과정을 용이하게 수행하도록 하였다.

넷째, 본문에서 간결한 방식으로 문장을 표현하여, 설명하는 내용의 본질을 쉽게 파악할 수 있도록 하였다.

다섯째, 예제에서 단순한 문제의 풀이보다는 다각도의 문제 해결능력을 갖출 수 있도록 일반화된 방식으로 풀이과정을 제시하는 대신에, 연습문제는 생략하였다.

이 책은 Excel에 대해 사전 지식이 없는 분들을 위해 풀이 과정과 함께 컴퓨터 자판을 이용한 입력과정까지 상세한 설명을 제공하도록 노력했다. 특히 새롭게 통계학을 배우는 분이나 통계 처리를 위한 방법론에 익숙하지 않은 분들에게 도움이 되도록, 적용방법을 설명하기 전에 개념의 간단한 소개와 적용절차를 먼저 제시하였다.

저술작업을 끝내면서 아쉬운 점은 많지만, 그 동안 강의실에서 학부 및 대학원 과정의 학생들과 함께 연구하고 정리했던 내용들을 체계적으로 구성하고자 노력했다. 이 책에서 제시된 각종 개념을 정독하고, 그에 대한 예제 풀이과정을 직접 Excel을 통해 수행한다면, 통계학 기초의 정립과 각종 개념의 적용능력 확보에 조금이나마 도움을 얻을 것으로 믿는다.

어려운 여건에서도 이 책의 출간을 흔쾌히 허락해 주신 청목출판사 유성렬 사장님께 감사 드린다. 또한 복잡한 원고를 읽고 잘못을 지적해 주신 농협중앙회 이기성 차장님, 관세공무원교육원의 임창환 교수님 등 많은 분께 감사드린다.

2006. 1. 10
저자 씀

차 례

제1장

통계의 개념과 Excel 활용의 기초

[핵심용어]

· 통계	· 통계학	· 기술통계학
· 추측통계학	· 모집단	· 표본
· 질적 변수	· 양적 변수	· 척도
· 인과관계	· 자료	· 리커트척도

[주요 Excel 용어와 기능]

· 엑셀 워크시트	· 활성 셀	· 열
· 행	· 산술연산자	· 비교연산자
· 텍스트 연결	· 참조연산자	· 분석도구 : 추가기능

제 1 절 통계와 통계학의 개념

Ⅰ. 통계의 개념과 구분

1. 통계의 개념

- 통계(statistics) : (사회 또는 자연) 집단의 현상을 구체적인 수량으로 표현하는 수단 …… 단일 개체에 대한 수량적 표현은 통계가 아님
- 통계단위 또는 단위 : 집단현상을 통계로 표시하는 경우에 그 집단을 구성하는 각 개체
- 표지(標識) : (통계)단위들의 공통된 성질(nature)이나 특성(properties)

① 양적 표지 : 연령·소득금액 등의 인구 구성단위 등 …… 일정한 시간 및 공간적 특성을 공유

② 질적 표지 : 직업, 남녀노소 등 …… 더미변수(假變數, Dummy variables) 사용

※가변수 : 없는데 있는 것처럼 가정하여 0 또는 1의 값만을 갖도록 만든 변수

2. 통계의 구분

가. 표지에 따른 통계 구분

① 속성통계(屬性統計) : 질적 표지의 통계

② 변수통계(變數統計) : 양적 표지의 통계

나. 집단 성질에 따른 통계 구분

① 자연통계 : 자연현상에 관한 기후통계·생물통계 등

② 사회통계 : 사회현상에 관한 경제통계·경영통계 등

다. 저량(貯量)과 유량(流量)의 개념에 따른 통계 구분

① 정태통계(靜態統計) : 집단의 한 시점에 관한 통계, 국세조사(國勢調査) 등

② 동태통계(動態統計) : 어떤 기간에 관한 통계, 1년간의 출생수 · 사망수 · 공업 생산 등

라. 관찰 범위에 따른 통계 구분

① 전수통계(census) : 집단의 전체에 걸친 통계, 비교적 소박한 기술적 수리(記述的 數理)처리에 따른 방법인 기술통계

② 부분통계 : 집단의 일부분에 대한 통계, 부분에서 전체까지의 추측기법(推測技法)을 포함하는 추측통계

Ⅱ. 통계학의 개념과 구분

1. 통계학의 개념과 목적

- 통계학(statistics) : 분석대상 집단의 자료를 수집 · 요약 · 정리하고, 그 정보를 분석 · 해석하는데 필요한 일련의 방법과 규칙을 연구하는 학문
- 통계학의 목적

① 자료의 수집 · 정리 · 요약을 통한 정보의 획득

② 현상의 정확한 표현을 통한 관계(relationship)의 규명

③ 현상의 적합한 설명을 통한 인과관계(causality)의 분석

④ 미래상황의 예측(prediction)과 의사결정(decision making)

2. 통계학의 분류

① 통계학의 방법론에 따른 분류

• 기술통계학(descriptive statistics) : 수집한 자료의 특성을 쉽게 파악할 수 있도록 표, 그림, 대표값, 변동 크기 등의 측정치나 도구를 통해 자료를 정리, 요약, 처리하는 통계적 방법이며, 자료를 정보로 전환하는데 사용

• 추측(추론)통계학(inferential statistics) : 표본을 이용하여 표본을 추출한 모집단의 특성을 추정 · 검정하는데 사용하는 통계적 방법이며, 정보를 지식으로 전

환하는데 사용되는 예보(prediction), 예측(forecasts), 추정(estimates)에 대한 근거를 제공

② 통계학의 연구성격에 따른 분류

- 수리통계학(mathematical statistics) : 통계기법의 이론적 근거를 증명하여, 새로운 통계이론을 개발하여 체계적인 통계이론을 구축하는 방법
- 응용통계학(applied statistics) : 통계이론의 활용과 통계기법을 적용하는 방법

Ⅲ. 모집단과 자료

1. 모집단과 표본

- 모집단(population) : 관찰하려는 대상의 전체 집합 -- 집단 전체를 관찰하는 것은 상당히 힘이 들기 때문에 모집단에 대한 각종 분석은 이론적 세계의 분석

  ◦ 모수(parameter) : 모집단을 요약하여 하나의 값으로 표시하는 척도
- 표본(sample) : 관찰 대상의 측정과 평가를 위해 가려 뽑은(추출한) 그 대상의 일부이며, 모집단의 부분집합 -- 집단의 일부에 대한 특성을 조사하여 집단 전체의 특성으로 유추해석 하기 위한 현실 세계의 분석 대상

  ◦ 통계량(statistic) : 표본을 요약하여 하나의(단일한) 값으로 표시한 척도

2. 변수

- 변수(variable) : 공통적이며 수량화될 수 있는 특성을 갖는 통계단위(집단을 구성하는 개체, 원소)이며, 여러 개의 값(value)과 범주(category)로써 조사연구대상의 경험적 속성을 표현 → 대문자 X, Y, Z 등으로 표시
- 개체인 변수 X가 갖는 특성치인 측정치(관찰치)를 $x_1 ,..., x_n$ 등으로 표시

가. 척도에 따른 변수 종류

① 범주형 변수(categorical variable)

특성에 따른 구분을 위해 수치를 부여한 비계량적 변수(nonmetric variable) 또는 질적 변수(qualitative variable)

㉠ 명목변수(nominal variable) : 측정 대상을 고유 특성에 따라 분류 또는 구분할 목적으로 동일 특성을 갖는 대상들이 동일 수치를 갖도록 한 변수인 명명변수

-크기 또는 양 이외의 다른 특성을(성별, 혈액형, 전화번호 등과 같이) 숫자, 기호, 문자 등으로 표현한 변수

㉡ 순서변수(ordinal variable) : 측정 대상들의 비교를 위해, 많고 적음이나 크고 작음의 서열에 따라 측정대상에 수치를 부여한 변수인 서열변수

-식차, (편리한 검색을 위해 부여한) 색상번호 등

② 양적변수(quantitative variable): 크기나 양을 나타내는 숫자로 표현된 계량변수(metric variable)이며, 연속변수와 이산변수로 구분

㉠ 연속형 변수(continuous variable) : 어떤 실수(real number) 구간 내부의 임의의 값으로 나타낸 변수

- 등간변수(interval variable) : 연령, 키, 온도, 중량, 시간 등과 같이 측정 대상이 갖는 속성의 양적 정도의 차이에 따라 등간격으로 수치를 부여한 변수인 간격변수

- 비율변수(ratio variable) : 등간변수의 특성을 가진 것 이외에도 절대적 원점이 존재하고 비율계산이 가능한 변수

㉡ 이산변수(discrete variable) : 생산량, 매출액, 사고건수, 인구, 방문횟수 등과 같이 셀 수 있는 값을 갖는 변수

<table>
<tr><td rowspan="5">변수</td><td rowspan="2">질적변수
(범주형 변수)</td><td colspan="2">명목변수(명명변수)</td></tr>
<tr><td colspan="2">순서변수(서열변수)</td></tr>
<tr><td rowspan="3">양적변수
(계량변수)</td><td rowspan="2">연속변수</td><td>등간변수(간격변수)</td></tr>
<tr><td>비율변수</td></tr>
<tr><td colspan="2">이산변수</td></tr>
</table>

나. 인과관계에 따른 변수의 종류

① 독립변수

독립변수(independent variable)는 설명변수(explanatory variable)라고도 하며, 다른 변수에 영향을 주는 변수

② 종속변수

종속변수(dependent variable)는 반응변수(reaction variable)라고도 하며, 다른 변수에 영향을 받아 값이 결정되는 변수

다. 코딩(coding) 형식에 따른 변수의 종류

① 숫자변수 -- 숫자로 코딩된 변수

② 문자변수 -- 문자열로 코딩된 변수

③ 날짜변수 -- 날짜 표기형식으로 코딩된 변수

◦ 코딩 : 자료를 분류하는 기술적 절차

3. 자료

- 통계자료(statistical data) : 통계단위 관찰치들의 집합 $\{x_1, x_2, \ldots, x_n\}$
- 자료(Data)의 구분

① 자료 속성에 따른 구분 : 측정자료(measurement data), 순위자료(rank data), 분류자료(classification data) 등

② 시간 흐름 여부에 따른 구분 : 시계열자료(time series data), 횡단면(橫斷面)자료(cross sectional data), 패널 또는 장기 자료(panel or longitudinal data)

③ 정리여부에 따른 구분 자료 : 원시 또는 미그룹화 자료(raw or ungrouped data)와 그룹화 자료(grouped data)

④ 측정 척도에 따른 분류 : 비계량자료(nonmetric data)와 계량자료(metric data)

◦ 비계량자료 : 명목자료와 순서자료

◦ 계량자료 : 구간자료와 비율자료

- 정보(Information) : 사실 및 착상(아이디어, ideas)을 제공하는 가공·요약된 자료

- 지식(Knowledge) : 이해 · 권고 · 의사결정의 기준을 제공하는 선정되고 조직화된 정보

4. 자료의 측정단위

- 척도(尺度, scale) : 어떤 가설에 의거하여 본래 질적인 내용을 지닌 여러 속성을 수량적인 변수로 바꾸어 놓은 표지(식별할 수 있도록 사용하는 표시나 특징)

가. 척도의 구분

① 명목척도(名目尺度) : 서로 대립되는 범주를 구분하는데 사용하는 척도
예) 농촌형과 도시형의 분류표지, 남과 여

② 서열척도(序列尺度) : 대상을 어떤 변수에 관해 순위에 따라 서열로 배열할 경우(예컨대 물질을 무게의 순으로 배열하는 등)에 사용하는 척도
예) 아주 친절, 약간 친절, 보통, 약간 불친절, 아주 불친절

③ 간격척도(間隔尺度) : 크기, 높이 등의 차이를 수량적으로 비교할 수 있도록 표지가 수량화된 척도

④ 비율척도(比率尺度) : 간격척도에 절대영점(기준점)을 고정시켜 비율을 알 수 있게 만든 척도

◦측정 척도의 간격이 일정하고, 측정 척도 자체에 비율의 의미가 내재된 척도
◦법칙을 수식화하고 완전한 수학적 조작을 하는데 유리

나. 척도의 요건

① 신뢰도(reliability)

◦안정도 : 반복측정결과의 안정성
◦등가성 : 척도를 구성하는 여러 항목 속에 이질적인 것이 포함되어 있지 않는 성질

② 타당성(reasonableness) : 해당 척도가 과연 목적대상을 측정하는가의 여부를 결정하는 기준

5. 척도의 구성방법

① 서스톤척도(Thurstone scale) : 어떤 사실에 대해 가장 우호적 태도와 가장 비

우호적 태도를 나타내는 양극단의 거리를 등간격으로 구분하여 수치를 부여한 평등등간척도(equal-appearing interval scales)

◦ 특정 문제에 대해 약 20개의 독립적 의견진술문들로 구성

◦ 각 진술문을 평가자 자신이 느끼는 대로 11개의 범주로 구분하여, 호감-비호감의 차원에 따라 순서대로 서열 배치

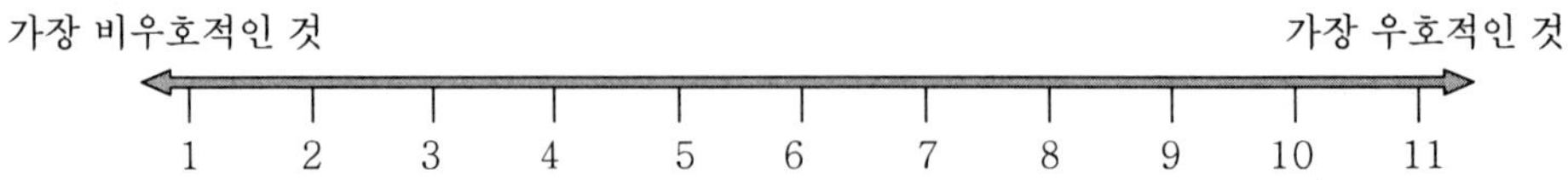

② 거트만척도(Guttman scale) : 어떤 사실에 대한 태도를 세분하여 단일 차원으로 측정하고, 그 측정값을 누적하여 응답자의 총평점으로 사용하는 누적척도

◦ 측정 대상이 되는 척도가 하나의 요소여야 한다는 전제에 기초한 스캘로그램척도(scalogram scales)

◦ 어떤 개인의 한 진술문을 받아들인다면, 그보다 긍정하기 쉬운 진술문은 모두 받아들인다는 것을 알 수 있는 누가척도(累加尺度, cumulative scale)

③ 리커트척도(Likert scale) : 어떤 사실에 대한 태도를 여러 문항으로 측정하고, 각 범주에 해당하는 문항들에 대한 측정치를 합산하여 평가대상자의 태도점수를 파악하는 총화평정척도(summated rating scale)

◦ 서스톤의 평등등간척도의 구성에 노력과 시간이 크게 소요되는 단점을 해소하고, 만들기 쉬우면서 신뢰성이 있도록 개발된 척도

◦ 질문자료로부터 지표를 추출하여 구성하는 체계적이며 세련된 방식으로, 서열적 수준(ordinal level)의 변수를 측정

◦ 한 개인의 태도가 각 문항(진술문)에 대한 찬성 또는 반대의 정도를 "적극 찬성, 찬성, 중립(그저 그렇다), 반대, 적극 반대"의 5점 척도 상에서 평정하고, 각 문항의 척도 값들을 모두 합하여 그 개인의 태도점수로 삼는 5점 척도

④ 보가더스척도(Bogardus scale) : 사회를 구성하는 제반집단간의 거리인 사회관계에서 인간 상호간에 느끼는 이해와 친근 정도를 측정하는데 사용하는 척도

⑤ 평정척도(rating scale) : 측정대상이나 피조사자의 어떤 속성을 하나의 연속된 직선으로 배열·표현하도록 설정한 기준에 따라 대상 속성의 강도에 대해 수치

를 부여한 척도

⑥ 소시오메트리(Sociometry) : 집단구성원간의 친화와 반발에 대한 빈도와 강도에 따라 인간관계의 집중화 경향을 측정하여 집단구조를 이해하기 위한 척도

⑦ 어의차척도(語義差尺度, semantic differential scale) : 일직선으로 도표화된 척도의 양끝에 서로 상반되는 형용사를 배열하여 양극단 사이의 여러 차원의 속성에 대한 평가와 비교를 위한 척도

◦ 개인의 언어응답에 대한 의미를 측정하기 위해 고안

◦ 각 진술문에 대한 7개 응답카테고리를 작성, 하나의 선택을 요구하는 7점 척도

6. 척도분석방법

① 문항분석(item analysis) : 척도를 구성하는 문항간의 내적 일관성·상관성을 파악하도록 문항의 식별능력을 계산하는 방법

- 크론바흐 알파(Cronbach's alpha) : 문항(변수)간의 내적 일관성 및 상관성을 평가하는 지표

② 요인분석(factor analysis) : (연구자가 특정 목적을 위해 개발 또는 채택하여 추상성이 높게 현상을 대표하는 표현인) 구성개념(construct)이 단일차원 또는 복수차원인지의 파악이 문항분석만으로는 어려운 경우에 다수의 상호 관련된 변수·문항들을 보다 제한된 수의 차원이나 공통요인으로 분류하는 기법

- 상이한 개념에 대한 측정문항을 개발하여 측정한 후에, 동일한 개념을 측정하는 문항들이 하나의 동일한 요인으로 결합되어 다른 요인들과 상호 독립성을 유지하는가를 분석
- 복수차원 자료를 분석하여 크론바흐 알파가 낮은 경우에 요인분석을 하여 가장 높은 상관을 갖는 문항들을 하나의 요인으로 결합하고, 그 요인들의 문항들에 대해 크론바흐 알파를 별도로 계산하여 내적 일관성 및 상관성을 측정

제 2 절 Excel 활용의 기초

Ⅰ. Excel 워크시트의 화면구조

엑셀 워크시트의 화면은 〈그림 1-1〉과 같이 제일 위부터 아래로 파일 이름, 메인 메뉴, 도구 아이콘 및 도구모음옵션, 셀 주소(이름상자) 및 수식입력(표시)줄, 워크시트(worksheet)로 구성

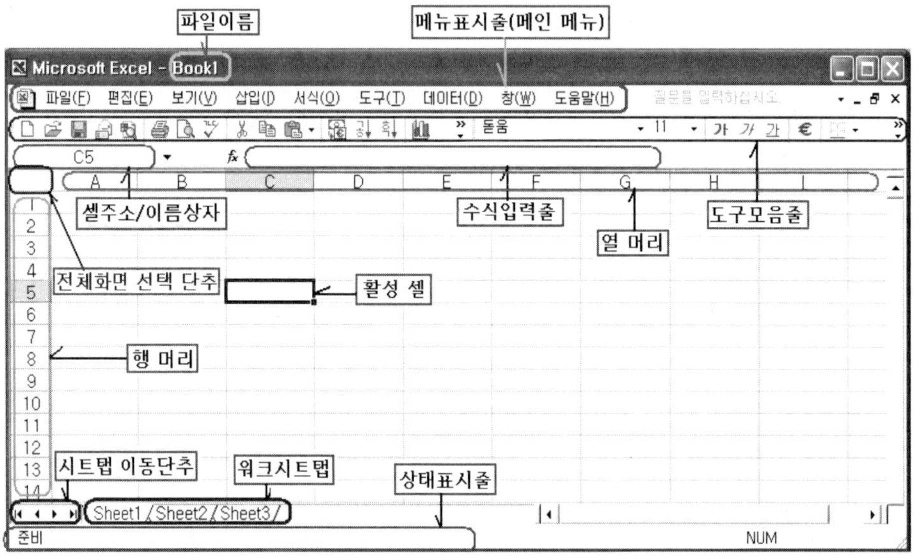

〈그림 1-1〉 Excel 화면의 구조

워크시트는 A, B, C 등으로 표시되는 열(column, 세로 칸) 위치와 1, 2, 3, 4 등으로 표시되는 행(row, 가로 칸) 위치를 갖는 셀(cell)로 구성된다.

컴퓨터 화면에서 입력 위치를 표시하는 커서(cursor)를 어떤 셀에 두면, 다음과 같이 화면이 변화한다.

① 해당 셀의 외곽선이 두껍게 변한다.

② 해당 셀의 위치가 워크시트화면 위의 줄 왼쪽에서 열과 행의 순서로 표시되고,

그 줄의 우측에는 해당 셀에 입력된 자료내용 또는 수식이 표시된다.

Ⅱ. 자료와 수식의 입력방법

1. 숫자 · 문자 · 기호의 입력방법

① 워크시트의 셀에 자료를 입력할 경우에 숫자, 일반 문자, 기호 등을 다른 프로그램에서와 동일한 방식으로 입력

② 특수한 문자나 기호 등은 메인 메뉴에서 "삽입→기호"를 누르고, 〈그림 1-2〉와 같이 기호에 대한 대화상자가 뜨면 해당 기호를 찾아 "삽입(I)" 단추를 눌러서 사용

대화상자에서 입력하고자 하는 기호가 없다면, 대화상자 하단 오른쪽의 "기준(M)"과 상단 오른쪽의 "기호종류(U)"를 변화시키면서 그 기호를 검색

〈그림 1-2〉 기호 대화상자

③ 분수를 입력하는 경우에 유의할 사항은 "스페이스"(space) 키를 눌러서 프로그램이 문자로 인식하도록 한 후에 분수를 입력

예컨대 2/3과 같은 분수를 입력하면 화면에는 02월 03일로 나타나고, 워크시트 위의 입력내용표시에는 "2006-02-03"으로 일자를 인식한 결과로 발생

2. 수식의 입력방법

① Excel을 이용한 계산에서는 반드시 "="을 먼저 사용(표시)하고, 관련 연산의 명령어를 작성한다. 연산을 완료하려면, 커서 이동키를 누르거나, 마우스로 다른 셀로 커서를 이동시키거나, 또는 "Enter"를 클릭

② 자동계산이나 수식입력항목을 추적하는데 쉽게 하기 위해서는 숫자를 직접 입력하는 대신에, 입력할 숫자들을 다른 셀들에 입력하고 해당 셀들을 이용하여 수식을 입력하는 것이 효과적

◦ 수식에 입력할 숫자가 많은 경우에 오타가 발생할 가능성이 크고, 같은 수식을 다른 경우에도 적용될 경우에 수식의 복사 또는 활용이 곤란

3. 각종 통화표시 금액 숫자의 입력방법

£100, ¥100, ₩1,234, U$100 등의 가치를 동일한 통화표시로 계산하려면, 숫자와 통화표시가 모두 하나의 셀에 입력하도록 다음 절차를 수행

① 마우스로 입력할 구간을 설정하고, 오른쪽 단추를 눌러 셀 대화상자 생성

② 대화상자에서 "셀서식(F)→표시형식 : 통화"를 지정

③ 소수 자릿수(D), 통화표시 기호(S), 음수(N)의 표시형식을 선택 후 확인을 클릭(누르기)

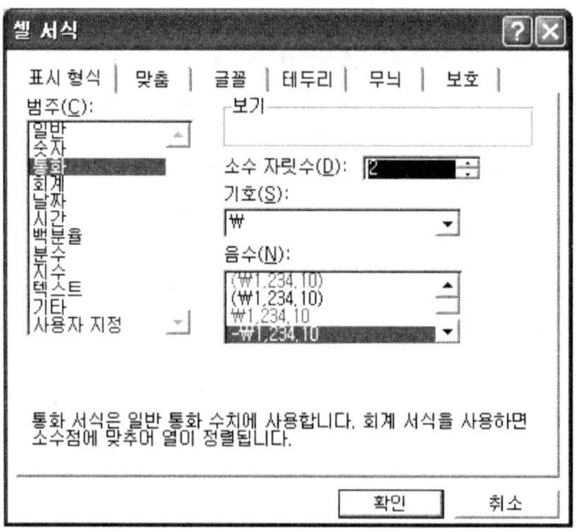

〈그림 1-3〉 셀 서식 대화상자

Ⅲ. Excel의 기본연산자

연산은 정해진 방식에 따라 계산을 하여 필요한 답을 구하는 행위이며, 연산자는 연산을 수행하는 기호 또는 표시

1. 산술연산자

- 더하기, 빼기, 곱하기, 나누기 등의 기본적인 수학 연산을 수행하는데 사용하는 기호

〈표 1-1〉 산술연산자

용 도	산술연산자	적용 예제	
		입력 식	결과
더하기	+(더하기)	=2+4	6
빼기	-(빼기)	=2-4	-2
곱하기	*(별표)	=2*4	8
나누기	/(슬래시)	=2/4	0.5
% 비율	%(백분률)	=50%*8	4
지수	^(캐럿)	=2^4	16

2. 비교연산자

- 두 개의 값을 비교하여, 조건의 진위 검정에 사용하는 기호
- 조건표시에서 검정(비교)할 대상은 좌측에, 검정기준은 우측에 표시

〈표 1-2〉 비교연산자

비교연산자	의미	비교연산자	의미
=	같음(일치, 一致)	〉=	크거나 같음(이상, 以上)
〉	보다 큼(초과, 超過)	〈=	작거나 같음(이하, 以下)
〈	보다 작음(미만, 未滿)	〈 〉	같지 않음(相異)

3. 텍스트 연결 및 참조 연산자

- 텍스트 문자열을 연결하여 하나의 텍스트로 만들려면 "&"(앰퍼샌드)를 사용
- 계산에 필요한 셀 범위를 결합하기 위해 참조연산자를 사용

〈표 1-3〉 참조연산자

참조연산자	의미	예제
:(콜론)	두 개의 참조 셀을 포함하고, 그 셀들 사이의 모든 셀을 하나의 참조로 만드는 범위 연산자	(A5:A25)
,(쉼표)	여러 참조를 하나의 참조로 결합하는 통합연산자	=SUM(A5:A25,B5:B15)
(공백)	두 참조에 공통되는 셀에 대한 참조를 만드는 논리곱 연산자	(A5:A12 B6:B13)

Ⅳ. Excel의 추가기능 설치

- 데이터 분석을 위해 필요한 수식들을 일일이 입력하지 않고서도, 메뉴표시줄에서 "도구→데이터 분석"을 활용하도록 "추가기능" 설치가 필요
- 추가기능 설치를 위해 메뉴표시줄에서 "도구→추가기능"을 지정하면 추가기능 대화상자가 생성
- 생성된 추가기능 대화상자에서 "분석도구, 분석도구-VBA, 조건부 합계 마법사, 찾기 마법사, 해 찾기 추가기능"을 표시하고, "확인" 단추를 클릭
- 다시 메뉴표시줄에서 도구를 눌러 "데이터 분석" 기능의 생성을 확인

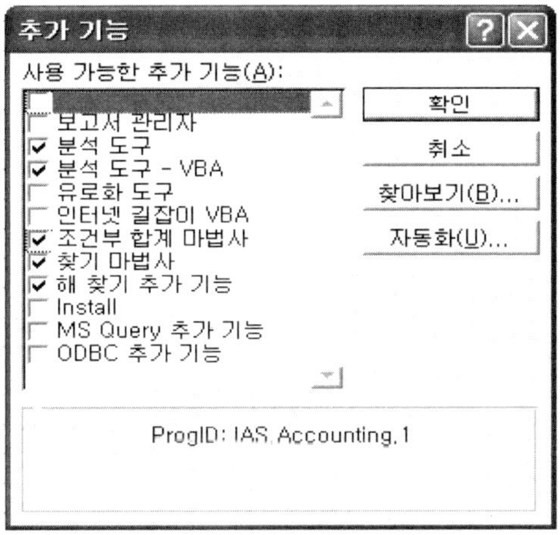

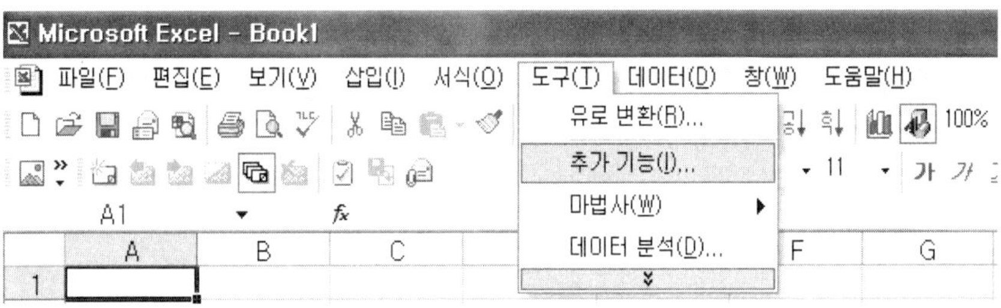

- 분석도구의 추가기능으로 수행 가능한 분석수단은 〈표 1-4〉와 같음

〈표 1-4〉 "데이터 분석" 도구로 이용 가능한 분석수단

분산 분석 : 일원배치법	이동 평균법
분산 분석 : 반복 있는 이원배치법	난수 생성
분산 분석 : 반복 없는 이원배치법	순위와 백분율
상관분석	회귀분석
공분산분석	표본 추출
기술통계법	t-검정 : 쌍체비교
지수평활법	t-검정 : 등분산 가정 두집단
F-검정 : 분산에 대한 두 집단	t-검정 : 이분산 가정 두집단
푸리에 분석	z-검정 : 평균에 대한 두집단
히스토그램	

〈참고문헌〉

박병식 · 박종관(2005), 『조사방법론 : 국가(행정자치부) 공인 자격제도 청책분석 평가사 1급』, 개정판, 시대고시기획, 70-100쪽.

배규한 · 이태림 · 이기재(2000), 『조사방법론과 사회통계』, SPSS아카데미, 149-206쪽.

홍종선 · 박옥희 · 최창현(1997), 『조사방법과 통계자료분석』, 박영사, 49-88쪽.

Chao, Lincoln L.(1974), *Statistics : Methods and Analyses*, 2nd ed., McGraw-Hill, Inc., pp. 124-137.

DeGroot, Morris H.(1989), *Probability and Statistics*, 2nd ed., Addison-Wesley Publishing Co., pp. 187-220.

Frank, Harry and Steven C. Althoen(1994), *Statistics : Concepts and Applications*, Cambridge university Press, pp. 107-121, 150-200.

Harnett, D.L. and A.K. Soni(1991), *Statistical Methods : For Business and Economics*, 4th ed., Addison-Wesley Publishing Co., Inc., pp. 47-78.

Kazmier, Leonard J.(1988), *Theory and Problems of Business Statistics with Computer Applications*, 2nd ed., McGraw-Hill Book Co., pp. 65-86.

Koop, Gary(2005), *Analysis of Economic Data*, 2nd ed., John Wiley & Sons, Ltd., pp.33-36.

Lee, Cheng F.(1993), *Statistics for Business and Financial Economics*, D.C. Heath and Company, pp. 144-178; 278-281.

Mason, Robert D.(1982), *Statistical Techniques in Business and Economics*, 5th ed., Richard D. Irwin, Inc., pp. 221-254.

Spiegel, Murray R.(1992), *Theory and Problems of Probability and Statistics*, McGraw-Hill, Inc., pp. 1-11, 76-86.

Wonnacott, T.H. and R.J. Wonnacott(1990), *Introductory Statistics for Business and Economics*, 4th ed., John Wiley & Sons, pp. 134-159.

http://www.ats.ucla.edu/stat/spss/faq/alpha.html

http://www.sysurvey.com/tips/arsham.htm

제2장

기술통계량의 개념과 위치통계량

[핵심용어]

· 도수분포	· 그룹화자료	· 도수분포표
· Sturges공식	· 계급	· 미그룹화자료
· 히스토그램	· 위치통계량	· 최빈치(Mode)
· 중위수(Median)	· 가중평균	· 산술평균
· 기하평균	· 조화평균	

[주요 Excel함수와 기능]

· MAX	· MIN	· COUNT
· ROUND	· IF	· FREQUENCY
· SUM	· 히스토그램(도구 → 데이터 분석)	
· 피벗 차트 보고서(데이터→피벗 테이블)		· AVERAGE
· COUNTIF	· 기술통계법(도구 → 데이터 분석)	
· MEDIAN	· GEOMEAN	· HARMEAN

제 1 절 자료의 표현과 기술통계량의 개념

Ⅰ. 자료의 표현

1. 도수분포표

사전에 자료가 위치하는 범위를 몇 개의 구간으로 나누어, 각 구간 범위에 있는 자료 값의 수를 표시한 그룹별 자료의 표(tabular representation of grouped data)

- 도수분포표(frequency distribution)의 구성요소

◦ 계급구간(class interval) : 자료가 속하는 범위 또는 범주

(2.1) 계급구간 = 완전계급상한 - 완전계급하한

◦ 완전계급한계(exact class limits or class boundaries) : 인접하는 계급과 분리하기 위해 설정하는 값

◦ 완전계급하한(lower exact class limit) : 해당 계급하한과 인접 계급상한의 1/2

◦ 완전계급상한(upper exact class limit) : 해당 계급상한과 인접 계급하한의 1/2

◦ 계급 중점(class midpoint) : 계급구간에서 중간(중앙)이 되는 값 → 계급구간의 1/2을 계급의 완전하한(lower exact limit)에 더하여 결정하는 계급치

◦ 도수(frequency) : 계급구간의 값으로 발생한 자료 값의 수

- 그룹별 자료 : 도수분포표로 작성하여 구성된 정성(범주형)변수나 정량(연속형) 변수의 자료

2. 정량변수의 도수분포표

가. 도수분포표의 작성절차

[Excel을 이용한 작성절차]

① 자료의 범위 계산

- 자료의 최대값을 "=MAX(자료구간)"으로 계산
- 자료의 최소값을 "=MIN(자료구간)"으로 계산
- 자료의 범위(range)를 "=MAX(자료구간)-MIN(자료구간)"으로 계산

(2.2) 자료 범위 = 자료의 최대값 - 자료의 최소값

② 자료의 수(표본크기) N의 측정

- 자료 수 N을 "=COUNT(구간)"으로 계산

③ 계급의 수 n의 결정과 계급간격의 계산

- 자료의 성격에 따른 관행을 기초
  - ◦ 점수는 등급(계급)을 A^+, A^0, ..., D^0, F와 같이 9단계 또는 A, B, ... F와 같이 5단계로 결정
- 특정 관행이 없는 경우 H.A. Sturges 공식 사용

(2.3) $$n = 1 + 3.322 \log N$$

- 계급간격을 범위/계급의 수로 계산

(2.4) $$\text{계급간격} = \frac{\text{범위}}{\text{계급의 수}} = \frac{\text{최대값} - \text{최소값}}{\text{계급의 수}}$$

④ 계급과 계급상한의 입력

⑤ 계급별 도수의 계산과 도수분포표 완성

- FREQUENCY(data_array,bins_array) 함수의 사용
  - ◦ data-array에는 입력한 자료를 지정
  - ◦ bins-array에는 계급 분류에 사용할 참조 값들인 계급상한들을 지정
  - ◦ 도수를 표시할 구간의 첫 셀에 "=FREQUENCY(자료구간,참조구간)"을 입력

◦ 마우스 커서로 도수를 표시할 구간을 지정하고, 키보드 상단의 "F2"를 클릭하여 입력한 수식을 배열수식으로 전환

◦ "Ctrl+Shift+Enter"를 동시에 눌러 도수들을 획득

예제 2-1) A1:A13구간의 자료를 이용하여 다음의 절차를 통해 도수분포표를 작성할 수 있다.

	A	B	C	D	E	F	G
1	점수	평점	최대값	97	=MAX(AB)		
2	79	C	최소값	45	=MIN(AB)		
3	85	B	범위	52	=D1-D2		
4	78	C	자료크기(N)	12	=COUNT(AB)		
5	85	B	계급 수(n)	5	=ROUND(1+3.322*LOG(D4,10),0)		
6	50	F	계급 간격	10	=ROUND(D3/D5,0)		
7	81	B					
8	95	A					
9	88	B					
10	97	A					
11	68	D					
12	45	F					
13	71	C					

① 자료 입력과 범위 계산

- 12명의 점수를 A1:A13구간에 입력
- A2:A13구간을 마우스 커서로 지정, 열 머리의 좌측 위에 있는 이름상자에 마우스 커서를 두고 왼쪽 단추를 눌러 셀 표시가 검게 변하면 "AB"로 구간 이름을 지정

A2

	A	B
1	점수	평점

- D1셀에 "=MAX(AB)", D2셀에 "=MIN(AB)"를 입력하여 최대값과 최소값을 계산
- D3셀에 "=D1-D2"를 입력하여 자료의 범위를 계산

② 자료크기 N과 계급의 수 n 계산

- D4셀에 "=COUNT(AB)"를 입력하여 자료크기 N을 12로 계산

- H.A. Sturges 공식에 따라 D5셀에 "=ROUND(1+3.322*LOG(D4,10),0)"을 입력하여 계급의 수 n을 5로 계산

③ 계급간격과 평점 등급의 표시

- D6셀에 "=ROUND(D3/D5,0)"을 입력하여 계급간격을 10으로 계산
- 등급을 "F : 59점 이하, D : 60~69점, C : 70~79, B : 80~89점, A : 90~100점"으로 결정
- 각 평점을 B열에서 표시하기 위해 B1셀에 "평점"을 입력한다.
- B2셀에 "=IF(A2>=90,"A",IF(A2>=80,"B",IF(A2>=70,"C",IF(A?>=60,"D","F"))))"를 입력
- B2셀의 수식을 "Ctrl+C"로 복사하고 B2셀에 마우스 커서를 두고 마우스 왼쪽 단추를 한번 클릭, "Shift"키를 누른 채로 B13셀에 마우스 커서를 두고 마우스 왼쪽 단추를 클릭하여 B2:B13구간을 지정
- "Shift"와 마우스를 놓고, "Enter"키를 눌러 복사한 B2셀의 수식을 B2:B13구간에 붙여 넣기
- "=IF(logical_test,value_if_true,value_if_true)" 함수의 구성요소

◦ logical_test : 설정조건

◦ value_if_true : 조건이 충족되는 경우에 발생할 값이나 기호

◦ value_if_false : 조건 충족이 되지 않는 경우에 발생할 값이나 기호

④ 평점 등급과 계급구간 상한의 입력

- A15:A20구간에 평점, A, B, C, D, F를 각각 입력
- B15셀에 계급상한, B16:B20구간에 59, 69, 79, 89, 100을 각각 입력
- C16셀에 "=FREQUENCY(AB,B16:B20)"을 입력
- C16:C20구간을 마우스 커서로 지정한 후에, 편집키인 "F2"를 눌러 지정값들을 배열수식으로 전환되도록 하고 난 뒤에 "Ctrl+Shift+Enter"를 동시에 눌러 각 계급의 (절대)도수를 계산
- C21셀에 "=SUM(C16:C20)"을 입력하여 절대도수의 합계를 계산

⑤ 완전계급한계와 계급중점의 계산

- D16셀에 "=(0-1)/2", D17셀에 "=(B16+B16+1)/2"를 입력, D17:D20구간에

자동 채우기로 D17셀의 수식을 복사하여 완전계급하한 계산

- E16셀에 "=(B16+B16+1)/2"를 입력, 자동 채우기로 그 수식을 E17:E20구간에 복사하여 완전계급상한을 계산
- F16셀에 "=E16-D16"을 입력, 그 수식을 F17:F20구간에 자동 채우기로 복사하여 계급구간을 계산
- G16셀에 "=D16+(F16/2)"를 입력, 그 수식을 G17:G20구간에 자동 채우기로 복사하여 계급중점(계급중앙값)을 계산

	A	B	C	D	E	F	G
15	계급	계급상한	도수	완전계급하한	완전계급상한	계급구간	계급중점
16	F	59	2	-0.5	59.5	60	29.5
17	D	69	1	59.5	69.5	10	64.5
18	C	79	3	69.5	79.5	10	74.5
19	B	89	4	79.5	89.5	10	84.5
20	A	100	2	89.5	100.5	11	95.0
21	합계		12				

나. 도수분포도

- 도수분포표를 표시한 그림
- 막대그래프(bar charts) : 개별 범주에 대한 측정치(측정값)를 보여주며, 각 범주의 막대(bar)가 서로 떨어져 있음
- 히스토그램(Histograms) : 막대그래프와 유사하지만, 각 막대(bar)가 서로 붙어 있고, 각 막대의 면적이 해당 계급에서 관찰치들의 수에 비례
- 원그래프(pie charts) : 전체를 구성하는 각 구성요소의 비율을 보여주는데 사용
- 도수꺽은선(run chart or frequency polygon) : 원점(0)에서부터 계급 중앙값들을 연결한 직선들로 구성한 그림, 관찰치들의 집합을 평활(smooth)시키는 역할을 수행
- 누적(상대)도수분포곡선(ogive) : 각 계급의 하한(계급이 시작하는 값)과 그 계급까지의 누적(상대)도수의 쌍으로 된 조합들을 연결한 직선

◦ 상대도수(relative frequency) : 관찰치의 도수를 도수합계(총도수)로 나눈 값

예제 2-2) 예제 2-1의 자료를 사용하여 다음과 같이 히스토그램을 작성할 수 있다.

① 구간의 지정과 차트마법사 1단계 지정

- C15:C20구간을 마우스 커서로 지정한 후에, 메뉴표시줄 아래의 도구모음줄에서 "차트마법사" 단추인 를 클릭
- 생성된 차트마법사 1단계 대화상자에서 "차트 종류(C)→세로막대형"과 "차트하위종류→묶은 세로막대형"을 선택하고 "다음(N)" 단추를 클릭

② 차트마법사 2단계 지정

- 2단계 대화상자에서 계열을 클릭한 후, X(항목) 축 레이블의 빈칸에 마우스 커서를 두고 마우스 왼쪽 단추를 누르고 다시 G16:G20을 마우스 커서로 지정

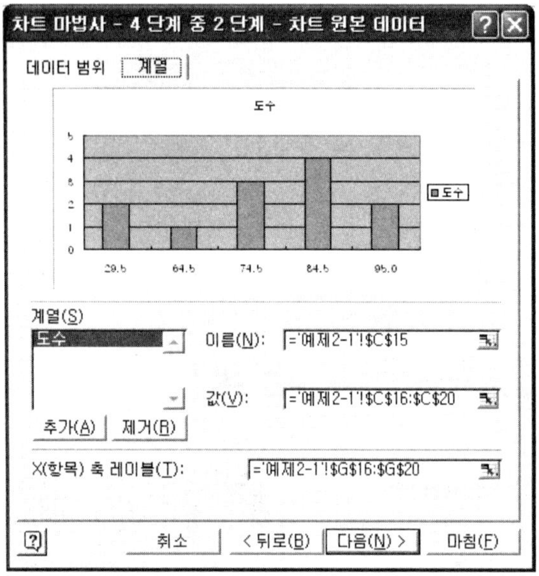

③ 차트마법사 3단계 지정

- 3단계 차트마법사 대화상자가 생성되면, "제목"과 "범례"를 각각 아래와 같이 지정하고 "다음(N)" 단추를 클릭

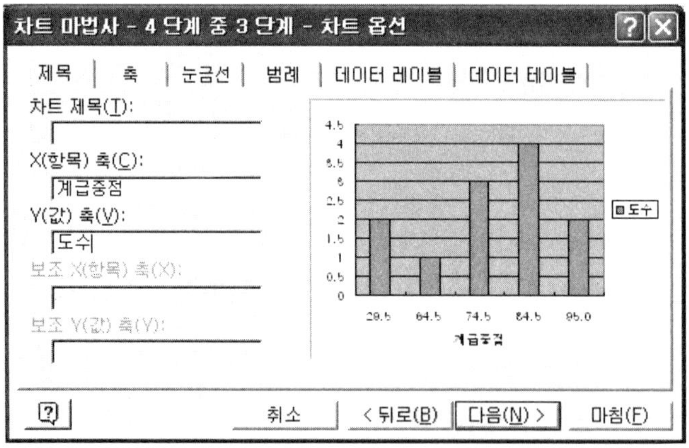

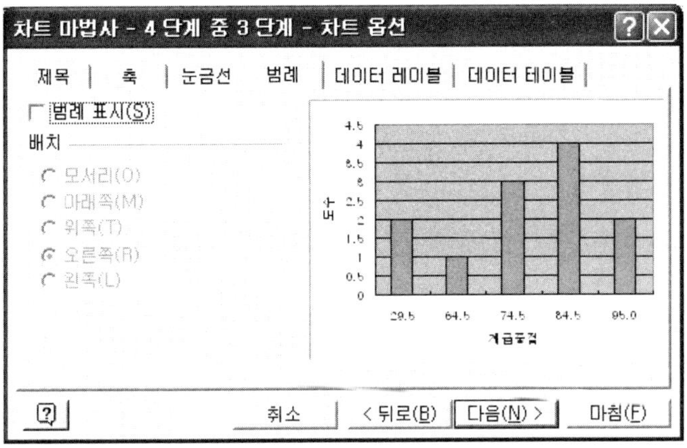

④ 차트마법사 4단계 지정

- 4단계 차트 마법사 대화상자가 생성되면, "워크시트에 삽입(O)"을 지정하고, "마침(F)" 단추를 클릭하여 히스토그램을 생성

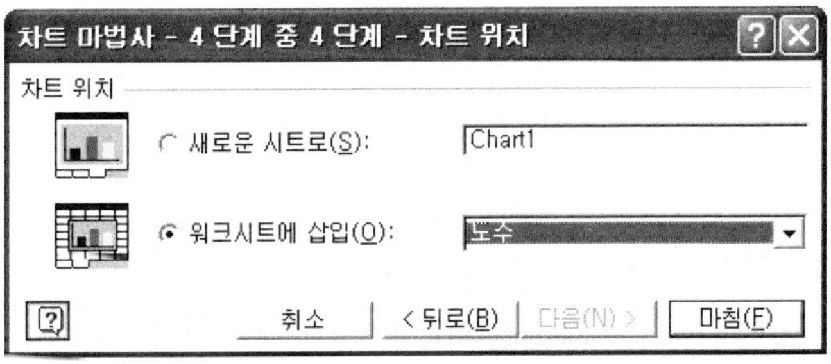

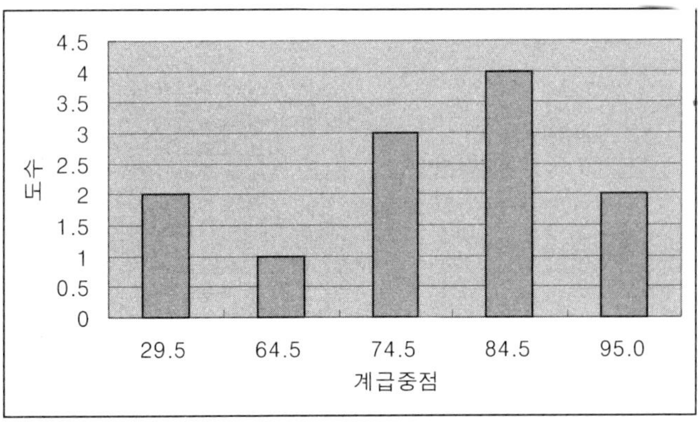

⑤ 히스토그램의 표시 조정

- 생성된 히스토그램에서 X축과 Y축에 각각 마우스 커서를 두고 왼쪽 단추를 더

블 클릭을 하여 다음과 같이 X축과 Y축의 서식 대화상자를 생성한 후에 무늬, 글꼴 등을 적절하게 조정

- 그래프의 바탕에 마우스 커서를 두고 왼쪽 단추를 더블 클릭하여 그림 영역 서식 대화창을 생성하여 무늬를 적절하게 조정

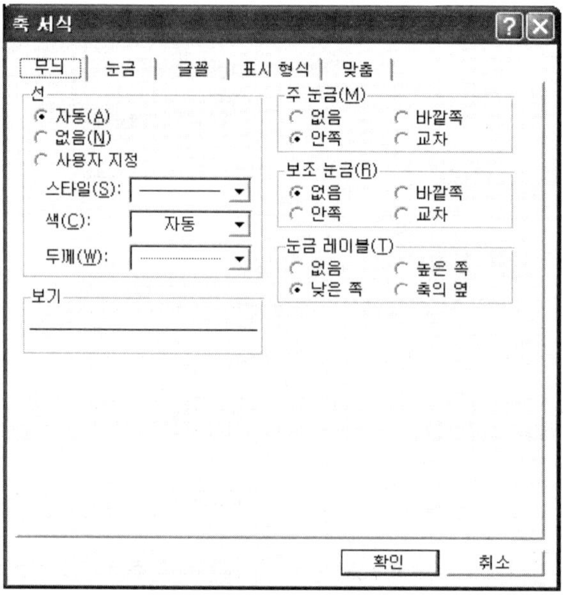

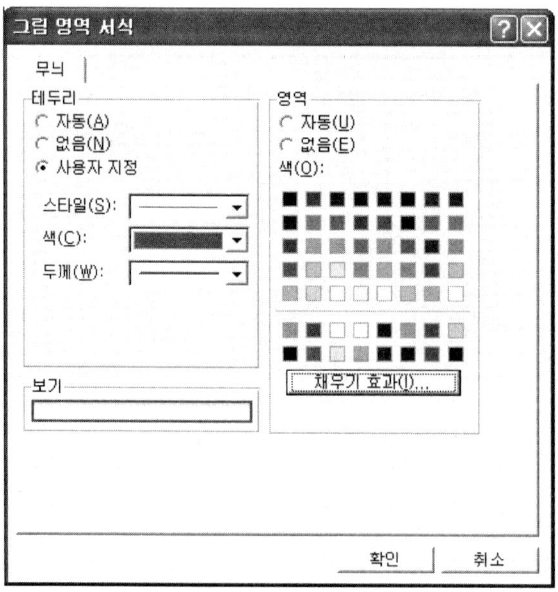

- 그래프 막대에 마우스 커서를 두고 왼쪽 단추를 더블 클릭하여 데이터 계열 서식 대화창을 생성한 후에, 무늬를 눌러 막대의 색상을 조정

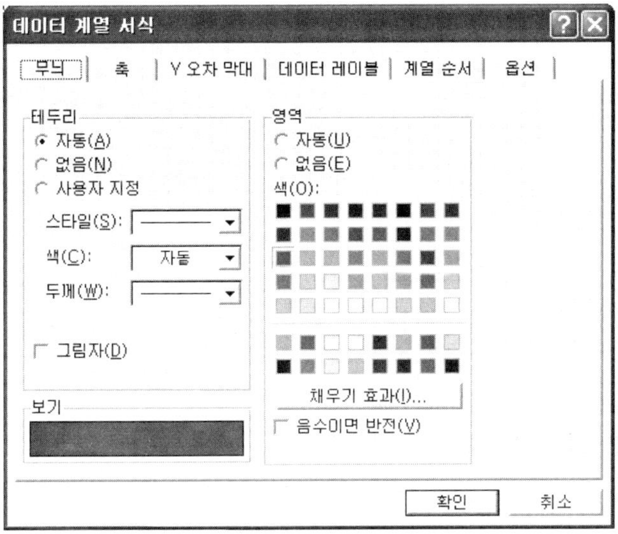

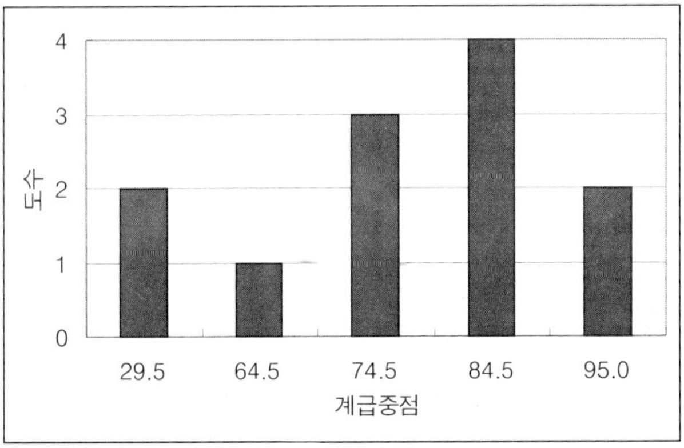

- 다시 옵션을 눌러서 "간격 너비(W)"를 0으로 조정한 후에 "확인" 단추를 클릭하여 아래와 같은 히스토그램을 획득

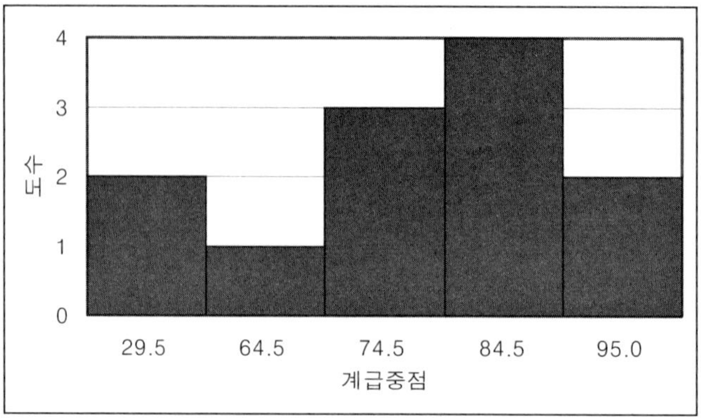

다. Excel의 히스토그램을 이용한 도수분포표와 도수분포도의 작성

[히스토그램을 이용한 작성절차]

① 메뉴표시줄에서 "도구→데이터"를 지정

② 생성된 통계 데이터 분석 대화상자에서 히스토그램을 지정

③ 생성된 히스토그램 대화상자를 지정하여 도수분포표와 도수분포도를 획득

예제 2-3) 예제 2-1과 2-2의 자료를 기초로 히스토그램(도구→데이터 분석)을 이용한 도수분포표와 도수분포도를 다음과 같이 간단하게 작성할 수 있다.

	A	B	C	D	E	F
22	히스토그램(도구→데이터)의 사용					
23	계급	계급상한	계급상한	빈도수	누적 %	
24	F	59	59	2	18.18%	
25	D	69	69	1	27.27%	
26	C	79	79	2	45.45%	
27	B	89	89	4	81.82%	
28	A	100	100	2	100.00%	
29			기타	0	100.00%	

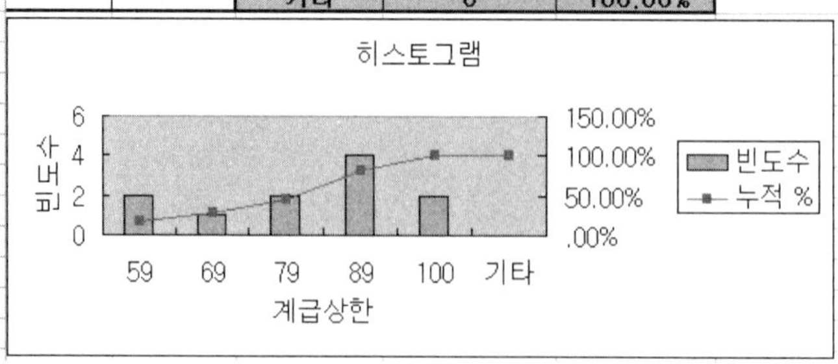

① 계급과 계급상한의 입력

- A15:B20구간을 "Ctrl+C"로 복사하여 A23셀에 붙여 넣기

② 히스토그램 대화상자의 지정

- 메뉴표시줄에서 "도구→데이터 분석"을 지정, 생성된 통계 데이터 분석 대화상자에서 "히스토그램"을 지정
- 히스토그램의 "입력범위 : AB, 계급구간 : B23:B28, 이름표 표시, 출력범위 : C23, 누적백분율 표시, 차트출력 표시"를 지정하고 확인을 눌러 C23:D29구간의 표본분포표와 히스토그램의 노수분포도 작성

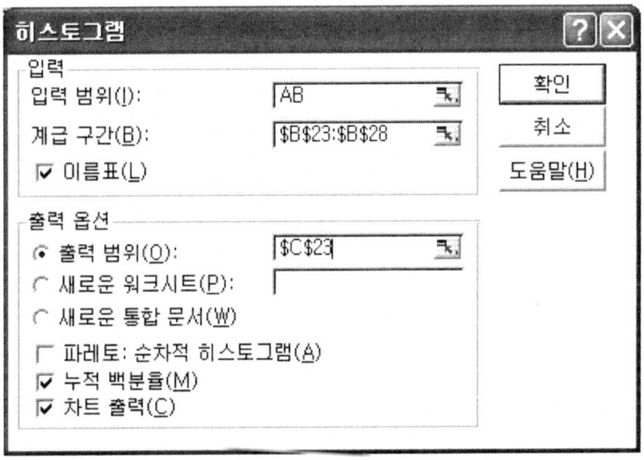

3. 정성변수의 도수분포표 작성절차

- 정성변수(범주형변수, 비계량변수)의 도수분포표는 피벗테이블이나 COUNTIF 함수를 사용하여 작성 가능

예제 2-4) 어떤 무역회사는 주로 미국(U), 중국(C), 일본(J), 프랑스(F), 독일(G), 태국(T), 인도(I)의 수입상들로부터 제시된 제품 조회에 대한 상담을 한다고 하자.

어떤 일자에 조회를 한 수입상들의 국적이 다음의 A2:A26구간과 같다고 하자. 조회국의 빈도를 피벗 테이블을 사용하여 구하면 다음과 같다.

	A	B	C	D	E
1	조회국	개수:조회국			
2	J	조회국 ▾	합계		
3	U	C	7		
4	U	G	4		
5	T	J	4		
6	T	T	4		
7	T	U	6		
8	C	총합계	25		
9	C				
10	U				
11	G				
12	G				
13	G				
14	G				
15	C				
16	C				
17	C				
18	U				
19	J				
20	J				
21	U				
22	C				
23	T				
24	C				
25	J				
26	U				

① 자료의 열 방향 입력과 피벗 테이블 마법사 대화상자 생성

- 분석할 자료를 열 방향으로 입력
- 메뉴표시줄에서 "데이터(D)→피벗 테이블/피벗 차트 보고서(P)"를 지정하여, 피벗 테이블 마법사 1단계 대화상자를 생성
- 데이터 위치의 지정과 보고서 데이터 종류의 선택 후에 "다음(N)" 단추를 클릭

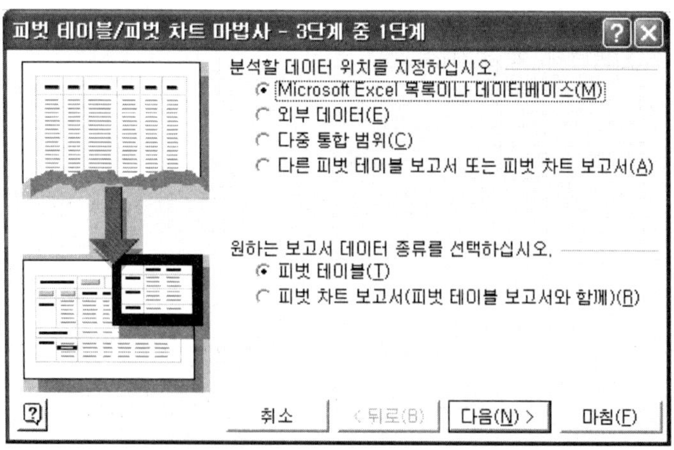

② 피벗 테이블 2단계 마법사 지정

- 2대계 마법사의 범위(R)에 워크시트의 A1:A26구간을 마우스로 지정한 후에 "다음(N)"을 클릭

③ 피벗 테이블 3단계 마법사 지정과 레이아웃 실행

- 3단계 마법사에서 "기존 워크시트 : B1"을 지정

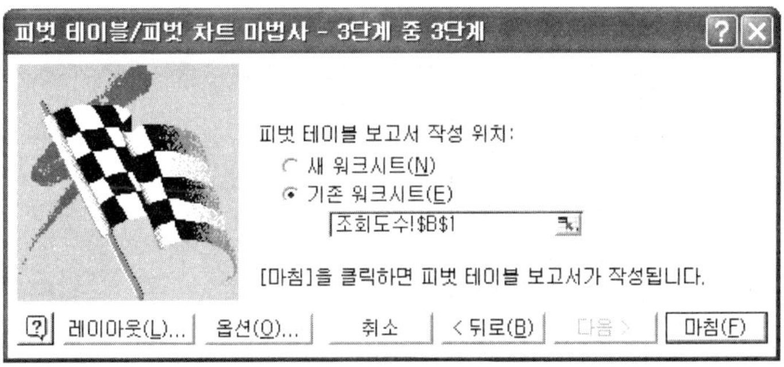

- "레이아웃(L)" 단추를 클릭하여 레이아웃 대화상자 생성
- 우측의 "조회구" 단추를 행(R)과 데이터(D)로 각각 이동시킨 후 "확인"을 클릭

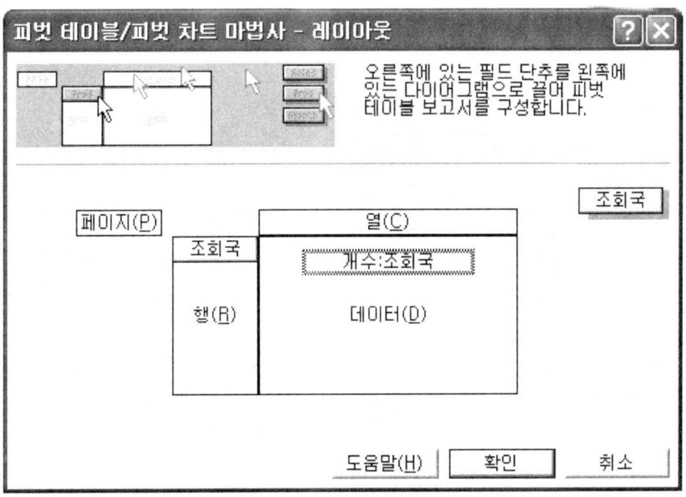

- 다시 3단계 마법사 대화상자의 "마침(F)"를 클릭하여 도수분포표 획득

예제 2-5) 예제 2-4의 회사가 5일 동안 조회를 받은 수입국들을 보면 아래 표의 A2:E31과 같이 분포되어 있다고 가정하자. 이러한 경우에 각 수입국의 조회수 분포는 다음과 같이 구할 수 있다.

	A	B	C	D	E	F	G	H	I	J	K	L
1	1일	2일	3일	4일	5일	조회국	1일	2일	3일	4일	5일	평균
2	J	C	J	J	J	C	7	9	9	7	9	8.2
3	U	C	C	U	U	F	2	1	2	2	2	1.8
4	U	U	C	U	U	G	4	3	3	2	2	2.8
5	T	T	T	U	C	I	3	3	2	3	2	2.6
6	T	T	T	U	C	J	4	5	7	4	4	4.8
7	T	T	T	U	U	T	4	4	4	1	1	2.8
8	I	I	J	I	U	U	6	5	3	11	10	7.0
9	I	I	I	I	I	합계	30	30	30	30	30	30
10	C	C	C	C	C							
11	C	C	C	C	C							
12	U	U	U	U	U							
13	G	G	G	G	G							
14	F	F	F	F	F							
15	F	C	F	F	F							
16	G	G	G	G	G							
17	G	G	G	U	U							
18	G	J	J	U	U							
19	C	C	C	C	C							
20	C	C	C	C	C							
21	C	J	C	C	C							
22	U	U	J	U	U							
23	J	J	J	J	J							
24	I	I	I	I	I							
25	J	J	J	J	J							
26	U	U	U	U	U							
27	C	C	C	C	C							
28	T	T	T	T	T							
29	C	C	C	C	C							
30	J	J	J	J	J							
31	U	U	U	U	U							

① 조회한 국가들의 자료를 A2:E31구간과 같이 입력

② 도수분포표의 표시 입력

- F1:F9구간에 조회국, 조회국 표시, 합계를 입력
- G1:L1구간에 일자와 평균을 입력

③ 도수의 계산

- G2셀에 "=COUNTIF(A$2:A$31,$F2)"를 입력하고, 그 수식을 "Ctrl+C"로

복사한 후에 G2:K8구간을 마우스 커서로 지정하여 "Enter"키를 눌러 붙여 넣기 수행

- "COUNTIF(구간, 기준 셀)" 함수는 기준 셀과 같은 값이나 기호와 동일한 것이 지정한 구간에 있는 수를 계산하는 역할을 수행
- 셀의 열이나 행 앞의 기호 $는 그 열이나 행을 고정시키는 역할을 수행

④ 평균 도수 및 합계의 계산

- L2셀에 "=AVERAGE(G2:K2)"를 입력, 그 수식을 자동 채우기로 L3:L8구간에 복사하여 붙이기
- G9셀에 "=SUM(G2:G8)"을 입력, 그 수식을 자동 채우기로 H9:L9구간에 복사

Ⅱ. 기술통계량의 개념과 요건

1. 기술통계량의 개념

자료의 특성을 파악할 수 있도록 도수분포 또는 상대도수분포의 특성을 설명 또는 요약하는 숫자 표시의 지수(numerical index)

- 기술통계량(descriptive statistics)의 획득 과정

2. 기술통계량의 요건

① 하나의 값으로 표시 : 수집한 각종 자료 또는 기술적 특성을 단일 값으로 표시

② 대수학적 처리의 가능 : 덧셈, 곱셈, 나눗셈, 멱수 등의 산술적 연산을 사용하여 계산·변환 또는 조작이 가능해야 하는 특성

③ 모든 관찰치를 기초로 하는 요약 특성치

④ 모든 관찰치의 도수를 기초로 하는 요약 특성치

[계산방식]

Excel의 “도구 : 데이터 분석 기능”의 기술통계법을 사용하여 관찰한 자료의 각종 기술통계량을 하나의 표로 작성하여, 분석이 가능

예제 2-6) 다음과 같이 가계 교육비에 대한 표본 자료를 기초로 Excel의 기술통계법을 이용하여 가계교육비의 특성을 요약하고 설명할 수 있다.

	A	B	C	D	E	F	G
1	가계	교육비 (10만원)		교육비 (10만원)		개별 함수 사용 계산	
2	1	7.12					
3	2	9.9		평균	14.8896	14.8896	=AVERAGE(가)
4	3	11.3		표준 오차	0.9653503	0.96535	=E7/SQRT(E15)
5	4	9.67		중앙값	14.19	14.19	=MEDIAN(가)
6	5	18		최빈값	8.5	8.5	=MODE(가)
7	6	18.59		표준 편차	4.8267514	4.826751	=STDEV(가)
8	7	22.2		분산	23.297529	23.29753	=VAR(가)
9	8	16.29		첨도	-1.2408241	-1.24082	=KURT(가)
10	9	22.37		왜도	0.0273975	0.027398	=SKEW(가)
11	10	14.02		범위	15.25	15.25	=F13-F12
12	11	8.5		최소값	7.12	7.12	=MIN(가)
13	12	10.37		최대값	22.37	22.37	=MAX(가)
14	13	8.5		합	372.24	372.24	=SUM(가)
15	14	8.5		관측수	25	25	=COUNT(가)
16	15	16.25		가장 큰 값(1)	22.37	22.37	=LARGE(가,1)
17	16	21.81		가장 작은 값(1)	7.12	7.12	=SMALL(가,1)
18	17	15.7		신뢰 수준(95.0%	1.9923846	1.992385	=TINV(5%,F15-1)*F4
19	18	14.19					
20	19	13.85			평균편차	4.09158	=AVEDEV(가)
21	20	18			10% 절사평균	14.9022	=TRIMMEAN(가,10%)
22	21	12.42			0사분위수	7.12	=QUARTILE(가,0)
23	22	21.07			1사분위수	10.37	=QUARTILE(가,1)
24	23	19.02			2사분위수	14.19	=QUARTILE(가,2)
25	24	20.52			3사분위수	18.59	=QUARTILE(가,3)
26	25	14.08			4사분위수	22.37	=QUARTILE(가,4)

① 기술통계법 기능의 사용

- B2:B26구간과 같이 특성을 조사하고자 하는 자료를 하나의 열 또는 행으로 배열
- 메뉴표시줄에서 “도구 → 데이터 분석”을 지정하고, 생성된 통계 데이터 분석 대화상자에서 “기술통계법”을 지정 후 “확인” 단추를 클릭
- 생성된 기술통계법 대화상자를 다음과 같이 지정 후 “확인”을 클릭

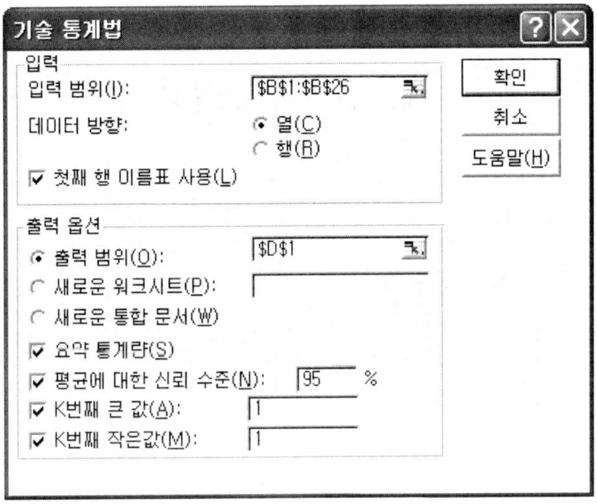

- 그 결과는 D1:E18구간의 기술통계량에 대한 표로 발생
- 기술 통계법 대화상자에서 K번째 큰 값과 작은 값에 대한 지정을 1에서 2로 전환시킨다면, D16:E16구간에는 "가장 큰 값(2) : 22.2"로, D17:E17구간에는 "가장 작은 값(2) : 8.5"로 전환된 결과를 구할 수 있다.

② 개별통계량의 계산 방법

- F3:F18구간은 기술통계량 기능으로 계산된 결과들을 개별 함수를 이용하여 다시 계산한 결과
- B2셀에 마우스 포인터를 두고 왼쪽 단추를 한 번 클릭한 후에, "Shift"키를 누른 채로 B26셀로 마우스 포인터를 이동하여 B2:B26구간을 지정
- 다음과 같이 "이름상자"에 "가"를 입력한 후에 "Enter"키를 클릭하여, B2:B26구간의 이름을 지정

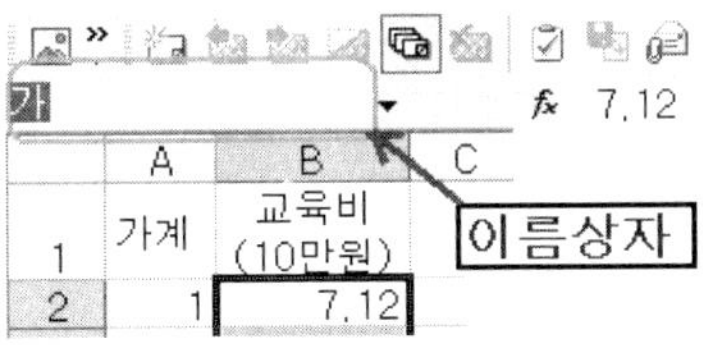

- G3:G18구간에서 제공하는 해당하는 각 행의 F열 셀에 있는 통계량 계산 방법에 따라 함수식을 입력하여, 각 통계량을 확인
- E20:F26구간의 설명은 제3장을 참조

제 2 절 위치통계량

도수분포의 위치통계량(location statistics)은 관찰치 분포의 중심화 경향(central tendency)을 설명하도록 계산한 값이다.

Ⅰ. 최빈치와 중위수

1. 최빈치

출현빈도인 도수(popularity or frequency)가 가장 큰 값

① 미그룹화자료(ungrouped data)의 최빈치(Mode : Mo)
가장 도수가 큰(많이 발생한) 관찰치

② 그룹화자료(grouped data)의 최빈치

(2.5) $$M_o = B_L + \frac{d_1}{d_1 + d_2}\, i$$

B_L : 최빈치를 포함하는 계급구간의 하한,

d_1 : 최빈치 계급구간 도수 - 그 앞의 계급구간 도수

d_2 : 최빈치 계급구간 도수 - 그 뒤의 계급구간 도수

i : 계급간격 = 계급하한의 격차 (= 최빈치 계급하한 - 그 앞 계급하한)

2. 중위수

관찰치 분포의 중간에 있는 값이며, 최빈치보다 더 많이 사용되는 통계량

① 미그룹화자료의 중위수(중앙값, Median : $\tilde{X}$) : 관찰치의 수 N에 대해

$$\tilde{X} = \begin{cases} \dfrac{N+1}{2} & \text{for } N\text{이 홀수} \\ \dfrac{N}{2} \text{와 } \dfrac{N}{2}+1 \text{번째 관찰치들의 평균} & \text{for } N\text{이 짝수} \end{cases} \tag{2.6.1}$$

② 그룹화자료의 중위수 : $\tilde{x}=$ 누적상대도수가 0.50이 되는 값

◦ 중위수의 누적도수를 $Cf_{\tilde{X}}$라고 하면, $\dfrac{Cf_{\tilde{X}}}{N}=0.50$

$$\tilde{x} = x_L + \frac{0.5N - f_L}{f_M}(x_U - x_L) \tag{2.6.2}$$

x_L : 중위수 계급구간의 하한, x_U : 중위수 계급구간의 상한

f_L : 중위수 계급구간보다 낮은 값까지 발생한 누적 도수

$f_M = f_U - f_L$: 중위수 계급구간의 도수

f_U : 중위수 계급구간까지의 누적도수

예제 2-7) 미그룹화자료의 경우에 Excel의 MEDIAN함수를 이용하면 다음과 같이 관찰치의 수 N이 홀수 어부외는 무관하게 중위수를 구할 수 있다.

	A	B	C	D	E	F	G	H	I	J	K	L	M	N
1	미그룹자료(N이 홀수)													
2	1	1	2	3	4	4	5	6	8	10	14	15	17	
3	N	13	=COUNT(A2:M2)											
4	중위수	5	=MEDIAN(A2:M2)											
5	미그룹자료(N이 짝수)													
6	1	1	2	2	3	4	4	5	6	8	10	14	15	17
7	N	14	=COUNT(A6:N6)											
8	중위수	4.5	=MEDIAN(A6:N6)											

- B3셀에 "=COUNT(A2:M2)"를 입력하여 관찰치의 수를 13으로 계산
- B4셀에 "=MEDIAN(A2:M2)"를 입력하여 중위수를 5로 계산
- B7셀과 B8셀에서도 각각 B3셀과 B4셀에서와 같은 방식으로 계산을 수행

예제 2-8) 다음의 N이 21인 가계의 연간소득(USD1,000 단위)에 대한 그룹화자료에 대해 최빈치와 중위수를 (2.5)식과 (2.6.2)식에 따라 구할 수 있다.

	A	B	C	D	E	F
10	그룹화자료					
11	소득(x)	4.5 이하	4.5-9.5	9.5-14.5	14.5-19.5	19.5 이상
12	도수(f)	3	1	8	7	2
13	누적도수(Cf)	3	4	12	19	21
14	f/N	0.143	0.048	0.381	0.333	0.095
15	누적 f/N	0.143	0.190	0.571	0.905	1.000
16	x_L	9.5				
17	x_U	14.5				
18	f_L	4	=C13			
19	중위수	13.563	=B16+((0.5*F13-B18)/D12)*(B17-B16)			
20	B_L	9.5				
21	d1	7	=D12-C12			
22	d2	1	=D12-E12			
23	i(계급간격)	5	=9.5-4.5			
24	최빈치	13.875	=B20+(B21/(B21+B22))*B23			

① 누적도수와 누적상대도수의 계산

- 누적도수 Cf를 계산하도록 B13셀에는 "=B12"를, C13셀에는 "=B13+C12"를 입력하고, C13셀의 수식을 복사하여 C13:F13구간에 붙이기
- 상대도수 f/N을 계산하도록 B14셀에 "=B12/$F$13"를 입력하고, 그 수식을 복사하여 B14:F14구간에 붙이기
- B15셀에 "=B14"를, C15셀에 "=B15+C14"를 입력하고, C15셀의 수식을 C15:F15구간에 복사하여 붙여 누적상대도수를 계산

② 중위수 계급구간의 식별과 중위수 계산

- B16셀에는 0.50의 누적상대도수가 포함될 계급구간의 하한인 "9.5"를, B17셀에는 그 구간의 상한인 "14.5"를 입력
- B18셀에 중위수 계급구간의 직전 구간까지의 누적도수가 표시된 셀인 "=C13"을 입력
- B19셀에 중위수를 계산하도록 "=B16+((0.5*F13-B18)/D12)*(B17-B16)"을 입력하여, (2.6.2)식에 따라 13.563으로 중위수를 계산

③ 최빈치 계산

- B20셀에 가장 높은 도수가 높아 최빈치가 포함된 계급구간 하한인 "9.5"를 입력
- B21셀에 "=D12-C12"를 입력하여 d_1을 구하고, B22셀에 "=D12-E12"를 입력하여 d_2를, B23셀에 "최빈치 계급구간 하한-직전 계급구간 하한"으로 계급간격 i를 계산하도록 "=B17-B16" 또는 "=9.5-4.5"를 입력

- (2.5)식에 따라 B24셀에 "=B20+(B21/(B21+B22))*B23"을 입력하여, 최빈치를 13.875로 계산
- 계산한 결과는 최빈치〉중위수여서, 이러한 자료는 우측에 관찰치들이 상대적으로 많아 분포의 모양이 왼쪽 꼬리가 길게 나타나는 것을 반영

Ⅱ. 평균

1. 미그룹화자료의 평균

① 산술평균(arithmetic mean) : 관찰치들의 합을 관찰치 수로 나눈 값

- N개 관찰치들에 대한 산술평균 $\bar{x}$의 결정공식

(2.7) $$\bar{x} = \frac{\sum^{N} x}{N}$$

◦ Excel에서는 "=AVERAGE(구간)"으로 계산

② 기하평균(geometric mean) : N개 관찰치들 곱의 (1/N)승근(Nth root)으로 계산

◦ 평균 변화율, 지수, 상대가격 등의 계산에 주로 사용

(2.8) $$G.M. = \sqrt[N]{X_1 \cdot X_2 \cdots X_N} = \sqrt[N]{\Pi_i^N X_i}$$

◦ Excel에서는 "=GEOMEAN(구간)"으로 계산

◦ 수익률의 경우에 음(negative)의 수익률도 발생하므로, 다음의 공식으로 평균수익률을 계산

(2.9) $$R_G = [\Pi_{t=1}^N (1+R_i)]^{1/N} - 1 = \sqrt[N]{\Pi_{t=1}^N (1+R_i)}$$

③ 조화평균(harmonic mean) : N개 관찰치들 역수의 산술평균을 구하고, 다시 그 산술평균의 역수로 계산 …… 시간의 변화에 따라 값이 변하는 속도, 상품가격 등의 평균을 계산하는데 사용

$$(2.10) \qquad H.M. = \frac{1}{\frac{1}{N}\left(\frac{1}{x_1}+\frac{1}{x_2}+\cdots+\frac{1}{x_N}\right)} = \frac{N}{\sum_i^N \frac{1}{x_i}}$$

◦ Excel에서는 "=HARMEAN(구간)"으로 계산

예제 2-9) 다음 A1:K2구간에 제시된 수익률자료에서 월별 평균수익률을 각각 (2.7)식과 (2.9)식을 이용하여 산술평균과 기하평균으로 구할 수 있다.

	A	B	C	D	E	F	G	H	I	J	K
1	월	1	2	3	4	5	6	7	8	9	10
2	수익률(R)	5.4%	2.3%	-1.8%	-2.5%	3.6%	1.4%	2.1%	-4.8%	2.7%	1.9%
3	산술평균	1.03%	=AVERAGE(B2:K2)								
4	1+R	105.4%	102.3%	98.2%	97.5%	103.6%	101.4%	102.1%	95.2%	102.7%	101.9%
5	기하평균	0.99%	=GEOMEAN(B4:K4)-1								
6	(2.7)식과 (2.9)식 사용										
7	관찰치 수(N)	10	=COUNT(B2:K2)								
8	산술평균	1.03%	=SUM(B2:K2)/B7								
9	기하평균	0.99%	=(PRODUCT(B4:K4))^(1/B7)-1								

- B3셀에 "=AVERAGE(B2:K2)"를 입력하여 산술평균을 1.03%로 계산
- 기하평균을 구할 수 있도록 음의 값을 제거하기 위해 B4셀에 "=1+B2"를 입력하고, 그 수식을 "Ctrl+C"로 복사하여 B4:K4구간에 붙여 "1+수익률"의 자료를 생성
- B5셀에 "=GEOMEAN(B4:K4)-1"을 입력하여 수익률의 기하평균을 계산
- (2.7)식의 산술평균 공식을 이용하도록 B7셀에 "=COUNT(B2:K2)"를 입력, 자료크기를 계산
- B8셀에 "=SUM(B2:K2)/B7"을 입력하여 산술평균값을 1.03%로 계산
- (2.9)식의 기하평균 공식에 따라 B9셀에 "=(PRODUCT(B4:K4))^(1/B7)-1"을 입력하여 기하평균값을 0.99%로 계산

예제 2-10) 어떤 거리를 7개 구간으로 구분하여, 자동차로 각 구간을 통과하는데 걸린 평균시간을 다음과 같이 구할 수 있다.

	A	B	C	D	E	F	G	H
10	산술, 기하, 조화 평균의 비교							
11	구간 번호	1	2	3	4	5	6	7
12	주행시간(분)	15	13	21	17	19	11	8
13	산술평균	14.857	=AVERAGE(B12:H12)					
14	기하평균	14.2	=GEOMEAN(B12:H12)					
15	조화평균	13.499	=HARMEAN(B12:H12)					
16	(2.10)식의 이용							
17	1/주행시간	0.0667	0.0769	0.0476	0.0588	0.0526	0.0909	0.125
18	조화평균	13.499	=1/(SUM(B17:H17)/7)					

- B13셀에 "=AVERAGE(B12:H12)"를 입력하여 산술평균을 계산
- B14셀에 "=GEOMEAN(B12:H12)"를 입력하여 기하평균을 계산
- B15셀에 "=HARMEAN(B12:H12)"를 입력하여 조화평균을 계산
- (2.10)식을 이용하여 조화평균을 계산할 수 있도록 B17셀에 "=1/B12"를 입력하고, 그 수식을 복사하여 B17:H17구간에 붙여 각 관찰치의 역수를 계산
- B18셀에 "=1/(SUM(B17:H17)/7)"을 입력하여 B15셀과 같은 값의 조화평균 계산
- 동일한 관찰치들의 평균을 계산할 경우에 "산술평균〉기하평균〉조화평균"의 형태로 크기가 다르게 결정되는 것을 B13:B15구간의 각 평균에서 확인

④ 가중평균(weighted mean)

$$(2.11) \qquad \mu_w = \frac{\sum_{i=1}^{N}(w_i x_i)}{\sum_{i=1}^{N} w_i} = \sum_{i=1}^{N} w_i x_i$$

w_i : i 번째 관찰치 x_i 에 대한 가중치

예제 2-11) 어떤 학생이 계절학기에 모두 10학점을 신청하여 6학점인 통계학에서 A, 4학점인 경상수학에서 B를 받았다고 가정하자.

A학점의 점수는 4점, B학점의 점수는 3점이다. 그 때 학생의 계절학기 평점은 다음과 같이 3.6으로 계산할 수 있다.

	A	B	C	D	E	F
20	가중평균의 계산					
21	과목	통계학	경상수학	계		
22	학점	6	4	10	=SUM(B22:C22)	
23	평점(x)	4	3			
24	가중치(w)	0.6	0.4			
25	w*x	2.4	1.2	3.6	=SUM(B25:C25)	

- D22셀에 "=SUM(B22:C22)"를 입력하여 신청학점의 합계를 계산
- B24셀에 "=B22/$D$22"를 입력하고, 그 수식을 복사하여 C24셀에 붙여 각 과목의 가중치(학점 비중)를 계산
- B25셀에 "=B24*B23"를 입력하고, 그 수식을 복사하여 C25셀에 붙여 넣어 각 과목의 가중치와 평점의 곱을 계산
- D25셀에 "=SUM(B25:C25)"를 입력하여, 각 과목의 가중치×평점의 합계로 가중평균을 3.6으로 계산

2. 그룹화자료의 산술평균

① 산술평균 $\bar{x}$의 계산 : 계급치의 값 x_{Mi}, 그 값의 발생 도수 f_i, 계급의 수 n, 총도수(관찰치 총합) N인 경우

(2.12) $$\bar{x} = \frac{\sum_{i=1}^{n} x_{Mi} f_i}{N}$$

② 계급구간 중간점(계급치 : class mark) x_M의 계산 : 그룹화자료에서 계급의 하한과 상한이 각각 x_L과 x_U로 주어진 경우

(2.13) $$x_M = \frac{x_L + x_U}{2}$$

예제 2-12) 다음의 그룹화자료에서 평균을 구하려면 각 계급구간의 중간인 계급치를 먼저 구하고, 계급치와 도수 곱의 합을 관찰치의 수로 나누어야 한다.

	A	B	C	D	E	F
25	소득(x)	4.5 이하	4.5-9.5	9.5-14.5	14.5-19.5	19.5 이상
26	도수(f)	3	1	8	7	2
27	f/N	0.14	0.05	0.38	0.33	0.10
28	x_M	2	7	12	17	22
29	f*x_M	6	7	96	119	44
30	평균					12.95

① 계급치를 쉽게 구할 수 있는 두 계급을 선택하여, 계급치를 계산

- C28셀에 "=(4.5+9.5)/2", D28셀에 "=(9.5+14.5)/2"를 입력
- 계급간격이 각 구간들에 대해 일정하므로 "D28-C28"의 계급간격을 이용하여 다른 계급들의 계급치를 계산
- B28셀에 "=C28-($D$28-$C$28)"를 E28셀에 "=D28+($D$28-$C$28)"을 입력하고, E28셀의 식을 F28셀에 복사

② 도수와 계급치 곱의 계산과 평균값 도출

- B29셀에 "=B26*B28"를 입력하고, 그 수식을 "Ctrl+C"를 눌러 복사한 후에 B29:F29구간을 지정하여 붙이기
- B30셀에 "=SUM(B29:F29)/SUM(B26:F26)"을 입력, 평균값을 12.95로 계산

[Excel에서 계산 구간 지정방법("Shift"키의 활용)]

- A6:N6구간의 지정

① 마우스 커서로 A6셀을 지정

② "Shift"키를 누른 채로 N6셀을 마우스 커서로 지정하면 A6:N6구간이 지정됨

- A6:D1500구간의 지정

① E9셀을 마우스 커서로 지정(자료를 보는데 편리한 다른 셀을 선택해도 좋음)

② 메뉴표시줄에서 "창→틀고정"을 지정

③ "Page Down"키를 눌러 1500행이 보이게 한 후 화면의 셀 위치를 적절히 조정

④ A6셀에 마우스 커서를 두고 왼쪽 단추를 클릭한 후에 "Shift"키를 누른 채로 다시 D1500셀을 마우스 커서로 지정

	A	B	C	D	E	F	G	H	I	J	K	L	M	N
1	미그룹자료(N이 홀수)													
2	1	1	2	3	4	4	5	6	8	10	14	15	17	
3	N	13	=COUNT(A2:M2)											
4	중위수	5	=MEDIAN(A2:M2)											
5	미그룹자료(N이 짝수)													
6	1	1	2	2	3	4	4	5	6	8	10	14	15	17
7	N	14	=COUNT(A6:N6)											
8	중위수	4.5	=MEDIAN(A6:N6)											
1496														
1497														
1498														
1499														
1500														

〈참고문헌〉

김주환 · 정훈조 · 손창균(2003), 『Excel로 풀어본 확률 및 통계학』, 교우사, 6-7쪽.

Chao, Lincoln L.(1974), *Statistics : Methods and Analyses*, 2nd ed., McGraw-Hill, Inc., pp. 73-100.

Frank, Harry and Steven C. Althoen(1994), *Statistics : Concepts and Applications*, Cambridge university Press, pp. 3-48.

Freedman, D., R. Pisani, and R. Purves(1998), *Statistics*, 3rd ed., W.W. Norton & Co., pp. 31-67.

Harnett, D.L. and A.K. Soni(1991), *Statistical Methods : For Business and Economics*, 4th ed., Addison-Wesley Publishing Co., Inc., pp. 1-36.

Kazmier, Leonard J.(1988), *Theory and Problems of Business Statistics with Computer Applications*, 2nd. ed., McGraw-Hill Book Co., pp. 7-29.

Lee, Cheng F.(1993), *Statistics for Business and Financial Economics*, D.C. Heath and Company, pp. 91-127, pp. 13-90.

Mansfield, Edwin(1983), *Statistics for Business and Economics : Methods and Applications*, W.W.Norton & Co., pp. 29-51.

Mason, Robert D.(1982), *Statistical Techniques in Business and Economics*, 5th ed., Richard D. Irwin, Inc., pp. 15-93.

Wonnacott, T.H. and R.J. Wonnacott(1990), *Introductory Statistics for Business and Economics*, 4th ed., John Wiley & Sons, pp. 25-64.

http://ntl.bts.gov/lib/23000/23500/23523/paper-Smith-IncidentCapacityEstimation.pdf

http://people.freenet.de/matkuch1/tutstat.htm.

제3장

분포의 산포와 모양

[핵심용어]

· 평균편차	· 표준편차	· 분산
· 체비세프 정리	· 이상점	· 사분위 범위와 편차
· 절사평균	· 백분위 범위	· 변동(변이)계수
· 왜도	· 피어슨 비대칭계수	· 첨도

[주요 Excel함수와 기능]

· AVEDEV	· VARP	· STDEVP
· STDEV	· QUARTILE	· TRIMMEAN
· SKEW	· KURT	

제 1 절 분포의 산포

- 산포도(degree of dispersion) : 관찰된 자료점들의 분포가 흩어져 있는 정도

Ⅰ. 평균편차, 표준편차와 분산

1. 평균편차

각 관찰치 x_i 가 산술평균 $\bar{x}$에 대해 갖는 편차(deviation)의 절대값들을 산술평균으로 구한 값

- 관찰치의 수 N에 대한 평균편차(average deviation) A.D.

$$A.D. = \frac{\sum_{i=1}^{N} | x_i - \bar{x} |}{N} \tag{3.1}$$

[계산방식]

Excel에서는 "AVEDEV(관찰치구간)"함수로 계산

◦ 예제 2-6의 F20셀에 "=AVEDEV(가)"를 입력하여 평균편차를 계산

2. 분산

관찰치가 산술평균에서 떨어진 정도를 평균편차 자승 합의 산술평균으로 표시한 측정치

(1) 모분산(population variance) : σ^2 으로 표시하며, 관찰치 수 N과 모평균(population mean) μ에 대해

$$\sigma^2 = \frac{\sum_{i=1}^{N} (x_i - \mu)^2}{N} = \frac{\sum_{i=1}^{N} x_i^2}{N} - \left(\frac{\sum_{i=1}^{N} x_i}{N} \right)^2 \quad : \text{미그룹화자료} \tag{3.2}$$

$$\sigma^2 = \frac{\sum_{i=1}^{n} (x_{Mi} - \mu)^2 f_i}{N} = \frac{\sum_{i=1}^{n} x_{Mi}^2 f_i}{N} - \left(\frac{\sum_{i=1}^{n} x_{Mi} f_i}{N} \right)^2 \quad : \text{그룹화자료} \tag{3.3}$$

◦ Excel에서는 "VARP(관찰치구간)"함수로 계산

(2) 표본분산(sample variance) : s^2 으로 표시하며, 관찰치 수 N과 표본평균(sample mean) $\bar{x}$에 대해

$$(3.4.1)\quad s^2 = \frac{\sum_{i=1}^{N}(x_i - \bar{x})^2}{N-1} = \frac{\sum_{i=1}^{N}x_i^2 - \frac{(\sum_{i=1}^{N}x_i)^2}{N}}{N-1}$$: 미그룹화자료

$$(3.4.2)\quad s^2 = \frac{\sum_{i=1}^{n}(x_{Mi} - \bar{x})^2 f_i}{N-1} = \frac{\sum_{i=1}^{n}x_{Mi}^2 f_i - \frac{(\sum_{i=1}^{n}x_{Mi}f_i)^2}{N}}{N-1}$$: 그룹화자료

◦ Excel에서는 "VAR(관찰치 자료구간)"함수로 계산

3. 표준편차

2개 이상의 관찰치 집합들의 산포(spread)를 비교하는 보편적 측정치

- 관찰치가 산술평균에서 떨어진 격차의 자승근이며, 분산의 자승근으로 계산

(1) 모표준편차(population standard deviation)

$$(3.5.1)\quad \sigma = \sqrt{\frac{\sum_{i=1}^{N}(x_i - \mu)^2}{N}} = \sqrt{\frac{\sum_{i=1}^{N}x_i^2}{N} - \left(\frac{\sum_{i=1}^{N}x_i}{N}\right)^2}$$: 미그룹화자료

$$(3.5.2)\quad \sigma = \sqrt{\frac{\sum_{i=1}^{n}x_{Mi}^2 f_i}{N} - \left(\frac{\sum_{i=1}^{n}x_{Mi}f_i}{N}\right)^2}$$: 그룹화자료

◦ Excel에서는 "STDEVP(관찰치구간)"함수로 계산

(2) 표본표준편차(sample standard deviation)

$$(3.6.1)\quad s = \sqrt{\frac{\sum_{i=1}^{N}(x_i - \bar{x})^2}{N-1}} = \sqrt{\frac{\sum_{i=1}^{N}x_i^2 - \frac{(\sum_{i=1}^{N}x_i)^2}{N}}{N-1}}$$: 미그룹화자료

$$(3.6.2)\quad s = \sqrt{\frac{\sum_{i=1}^{n}(x_{Mi} - \bar{x})^2 f_i}{N-1}} = \sqrt{\frac{\sum_{i=1}^{n}x_{Mi}^2 f_i - \frac{(\sum_{i=1}^{n}x_{Mi}f_i)^2}{N}}{N-1}}$$: 그룹화자료

◦ Excel에서는 "STDEV(관찰치구간)"함수로 계산

[해석과 사용방식]

- 표준편차가 작은 관찰치일수록 그 평균의 신뢰가능성은 증가
- 평균으로부터 표준편차의 배수로 떨어진 구간에 위치할 분포의 비율을 계산하는데 사용 가능

예제 3-1) 예제 2-12와 같은 그룹화자료의 경우에 표본평균을 계산하기로 하자.

	A	B	C	D	E	F	G	H	I
1	소득구간	4.5 이하	4.5-9.5	9.5-14.5	14.5-19.5	19.5 이상	계		
2	도수(f)	3	1	8	7	2	21		
3	계급치(x)	2	7	12	17	22			
4	x*f	6	7	96	119	44	272		
5	bar x						12.95238		
6	x-bar x	-10.9524	-5.95238	-0.95238	4.047619	9.047619			
7	(x-bar x)^2	119.9546	35.43084	0.907029	16.38322	81.85941			
8	((x-bar x)^2)*f	359.8639	35.43084	7.256236	114.6825	163.7188	680.9524		
9	s^2						34.04762	=G8/(G2-1)	
10	(x^2)*f	12	49	1152	2023	968	4204		
11	(Σx*f)^2						73984		
12	((Σx*f)^2)/N						3523.048		
13	s^2						34.04762	=(G10-G12)/(G2-1)	
14	s						5.835034	=SQRT(G13)	

① 계급구간의 계급치 계산

- 예제 2-12와 동일한 방식으로 수행

② 표본평균의 계산

- G2셀에 "=SUM(B2:F2)"를 입력하여 관찰치 수인 도수의 합계를 21로 계산
- B4셀에 "=B3*B2"를 입력하고, 그 수식을 "Ctrl+C"로 복사한 후에 "Shift"키를 누른 채로 B4에 마우스 포인트를 두고 마우스 왼쪽 단추를 한 번 클릭한 후에, 다시 F4에 마우스 포인트를 두고 마우스 왼쪽 단추를 한 번 클릭하여 B4:F4구간을 지정

다시 누르고 있는 "Shift"키를 놓고, "Enter"키를 클릭하여 복사한 수식을 지정한 구간에 붙이기를 수행

- G4셀에 "=SUM(B4:F4)"를 입력
- G5셀에 "=G4/G2"를 입력하여 표본평균을 12.95238로 계산

예제 3-2) 예제 3-1의 자료를 이용하여 표본분산, 표본표준편차를 다음과 같이

구할 수 있다.

① 표본분산의 계산

- (3.4.2)식의 ($x_{Mi}-\bar{x}$)를 계산하도록 B6셀에 "=(B3-$G$5)"를 입력하고, 그 수식을 복사하여 B6:F6구간에 붙여 넣기
- $(x_{Mi}-\bar{x})^2$을 계산하도록 B7셀에 "=B6^2"를 입력하고, 그 수식을 복사하여 B7:F7구간에 붙여 넣기
- $(x_{Mi}-\bar{x})^2 f_i$를 계산하도록 B8셀에 "=B7*B2"를 입력하고, 그 수식을 복사하여 B8:F8구간에 붙여 넣기
- G8셀에 "=SUM(B8:F8)"을 입력하여 (3.4.2)식의 $\sum_{i=1}^{n}(x_{Mi}-\bar{x})^2 f_i$을 계산
- G9셀에 "=G8/(G2-1)"을 입력하여 (3.4.2)식에 따라 표본분산을 계산

② (3.4.2)식 우변에 따른 분산의 계산

- $x_{Mi}^2 f_i$를 계산하도록 B10셀에 "=(B3^2)*B2"를 입력하고, 그 수식을 복사하여 B10:F10구간에 붙여 넣기
- G10셀에 "=SUM(B10:F10)"을 입력하여 $\sum_{i=1}^{n}x_{Mi}^2 f_i$를 계산
- G11셀에 "=G4^2"를 입력하여 $(\sum_{i=1}^{n}x_{Mi}f_i)^2$을 계산
- G12셀에 "=G11/G2"를 입력하여 $\frac{(\sum_{i=1}^{n}x_{Mi}f_i)^2}{N}$을 계산
- G13셀에 "=(G10-G12)/(G2-1)"을 입력하여 표본분산을 구하고 G9셀의 값과 동일한 것을 확인

③ 표본표준편차의 계산

- G14셀에 "=SQRT(G13)" 또는 "=G13^(1/2)"을 입력하여 표본표준편차를 계산

[체비셰프 정리(Chebyshev's theorem)]

어떤 관찰치 집합이라도 평균으로부터 표준편차의 $k(>0)$ 배 떨어진 구간에 위치

할 그 집합의 비율(상대도수 : RF)은 $1-\frac{1}{k^2}$ 이상이다[7장 2절의 대수의 법칙을 참조].

$$RF(|X-\overline{X}| \le ks) \ge 1-\frac{1}{k^2}$$

예제 3-3) 어떤 영업사원이 매일 받는 수당은 평균 6만원이고, 그 표준편차가 1.2만원이라고 하자. 그 영업사원이 평균에서 표준편차의 ±2배가 떨어진 3.6만원 이상과 8.4만원 이하의 구간으로 수당을 받을 확률은 다음과 같이 75% 이상이다.

	A	B	C	D
16	체비세프의 정리			
17	평균(m)	6.0		
18	표준편차(s)	1.2		
19	m-2s(L)	3.6	=B17-2*1.2	
20	m+2s(U)	8.4	=B17+2*1.2	
21	P(L≤x≤U)	0.75	=1-(1/2^2)	

Ⅱ. 범위와 이상점

1. 범위

가장 큰(최대) 관찰치 x_{MAX}와 가장 작은(최소) 관찰치 x_{MIN}간의 격차로 범위 x_R을 계산 → 관찰치의 모든 값들을 고려하지 않는다는 단점 내포

$$x_R = x_{MAX} - x_{MIN}$$

◦ 특정 구간에 있는 관찰치에 대해 범위(range)는 제2장의 예제 2-6에서와 같이 Excel에서 "=MAX(구간)-MIN(구간)"을 입력하여 계산

2. 사분위 범위와 사분위 편차

(1) 사분위 범위(interquartile range) : 3사분위수 Q_3와 1사분위수 Q_1간의 거리

(3.7) $$R_Q = Q_3 - Q_1$$

(3.7.1) $$Q_1 = L_1 + \frac{\frac{N}{4} - CF_1}{f_1} i_1$$

(3.7.2) $$Q_3 = L_3 + \frac{\frac{3N}{4} - CF_3}{f_3} i_3$$

L_1 : 1사분위수를 포함하는 계급의 하한

L_3 : 3사분위수를 포함하는 계급의 하한

N : 관찰치의 수(각 계급 도수 합계)

CF_1 : 1사분위수가 포함된 계급의 직전 계급까지의 누적도수

CF_3 : 3사분위수가 포함된 계급의 직전 계급까지의 누적도수

f_1 : 1사분위수가 포함된 계급의 도수

f_3 : 3사분위수가 포함된 계급의 도수

i_1 : 1사분위수가 포함된 계급의 폭

i_3 : 3사분위수가 포함된 계급의 폭

(2) 사분위 편차(quatile deviation ˙ Q.D.) ˙ 1사분위수와 3사분위수간 거리의 1/2

(3.8) $$Q.D. = \frac{Q_3 - Q_1}{2}$$

(3) 사분위수(quartiles) : 자료를 올림(내림)차순으로 배열한 경우에, 그 자료들을 4등분하는 수

Q_1(제1사분위수) $= X_{[(N/4)+(1/2)]}$: 올림차순에서 (N/4)+(1/2)번째 관찰치

Q_2(제2사분위수) $= X_{[(2N/4)+(1/2)]}$: 올림차순에서 (2N/4)+(1/2)번째 관찰치

Q_3(제3사분위수) $= X_{[(3N/4)+(1/2)]}$: 올림차순에서 (3N/4)+(1/2)번째 관찰치

◦ 미그룹화자료에 대한 사분위수는 Excel에서 "QUARTILE(구간,순위)"함수를 입력하여 계산하며, 순위는 0부터 4까지 사용

◦ 예제 2-6의 F22셀에 "=QUARTILE(가,0)"를 입력하여 구한 0사분위수는 최소값 및 0백분위수와 동일

◦ 예제 2-6의 F26셀에 "=QUARTILE(가,4)"를 입력하여 구한 4사분위수는 최대값 및 100백분위수와 동일

예제 3-4) 다음의 그룹화자료에서 사분위 범위와 사분위 편차를 구하기로 하자.

	A	B	C	D	E	F	G	H
1	명목적 계급구간	완전 계급한계	계급 도수	누적 도수	Q_1 도수	30.5	Q_3 도수	90.5
2	30-34	29.5-34.5	3	3	L_1	44.5	L_3	54.5
3	35-39	34.5-39.5	7	10	CF_1	21	CF_3	83
4	40-44	39.5-44.5	11	21	f_1	22	f_3	24
5	45-49	44.5-49.5	22	43	i_1	5	i_3	5
6	50-54	49.5-54.5	40	83	Q_1	46.55	Q_3	55.96
7	55-59	54.5-59.5	24	107	R_Q	9.41	Q.D.	4.71
8	60-64	59.5-64.5	9	116	Step	14.1193	FNC_L	32.43
9	65-69	64.5-69.5	4	120			FNC_U	70.08

- 명목상의 계급구간들이 A2:A9구간과 같이 주어지면, 진정한(완전) 계급한계를 특정 계급의 상한과 다음 계급의 상한이 겹치도록 B2:B9구간과 같이 변환
- D2셀에 "=C2"를 , D3셀에 "=C3+D2"를 입력하고, D3셀의 수식을 복사하여 D3:D9구간에 붙여 넣어 각 계급에 대한 누적도수를 계산
- F1셀에 "=(D9/4)+1/2"을, H1셀에 "=(3*D9/4)+1/2"을 입력하여 각각 Q_1과 Q_3가 발생할 누적도수를 계산
- F2셀에 "44.5"를, H2셀에 "54.5"를 입력하여 각각 Q_1과 Q_3가 위치한 계급의 하한인 L_1과 L_3를 입력
- F3셀에 "=D4"를 입력하고, H3셀에 "=D6"을 입력하여 각각 Q_1과 Q_3가 포함될 계급의 직전 계급까지의 누적도수를 계산

- F4셀에는 "=C5"를, H4셀에는 "=C7"을 입력하여 Q_1과 Q_3가 위치한 계급의 도수인 f_1과 f_3를 입력
- F5셀에는 "=49.5-44.5"를, H5셀에는 "=59.5-54.5"를 입력하여 Q_1과 Q_3가 위치한 계급의 폭들을 계산
- (3.7.1)식에 따라 F6셀에 "=F2+(((D9/4)-F3)/F4)*F5"를 입력, Q_1 =46.55를 계산
- (3.7.2)식에 따라 H6셀에 "=H2+(((3*D9/4)-H3)/H4)*H5"를 입력하여 Q_3 =55.96을 계산
- (3.7)식에 따라 F7셀에 "=H6-F6"을 입력하여 R_Q =9.41을 계산
- (3.8)식에 따라 H7셀에 "=F7/2"를 입력하여 $Q.D.$ =4.71을 계산

3. 이상점

자료분포의 중위수나 평균에 비해 멀리 떨어져 있는 자료값

◦ 이상점(異常點 : outlier)은 분포의 중심경향을 왜곡시킬 수 있기 때문에 분포특성의 적절한 파악을 위해 일반적으로 제거

◦ 보통 다음과 같이 사분위수를 이용하여 정상구간(울타리)를 계산하고, 그 외부의 자료점들을 이상점으로 간주

① R_Q에 1.5배한 값인 Step의 계산

예제 3-4의 F8셀에서 "=1.5*F7"로 계산

② 울타리(fence)의 하한 $FNC_L(=Q_1 - Step)$과 상한 $FNC_U(Q_3 + Step)$의 계산

- 예제 3-4의 H8셀에 "=F6-F8"을 입력하여 FNC_L을 32.43으로 계산
- H9셀에 "=F6+F8"을 입력하여 FNC_U를 70.08로 계산

③ 울타리의 외부에 위치하는 자료점들을 이상점으로 간주

- 구간 [32.43, 70.08] 외부에 있는 자료점들을 이상점으로 간주

[제거방식]

이상점을 제거하고 평균을 구하는 방식으로 Excel에서는 절사평균(trimmed mean)인 "TRIMMEAN(구간,절사비율 percent)"함수를 사용 … 통계량 계산에서 제외시킬 자료값의 범위를 절사비율 %로 사용, 자료의 최대값과 최소값으로 5%를 제거하고 90%의 값들에 대해 계산하려면 "10%"를 지정

◦ 제2장의 예제 2-6에서 F21셀에 "=TRIMMEAN(가,10%)"을 입력하여 상하 끝에서 5%의 자료들을 각각 제거하고, 총 90%의 내부자료만으로 계산하여 구한 10% 절사평균은 약 14.9

4. 백분위 범위

3개의 사분위수가 분포를 4개 구간으로 분할하듯이, 99개 백분위수를 통해 분포를 100개 구간으로 분할하여 산포를 측정하는 수단

- 10-90 백분위 범위(10-to-90 percentile range : $R_{P,10-90}$) : 10백분위수 P_{10}와 90백분위수 P_{90}간 거리의 측정치

(3.9) $$P_{10} = L_{10} + \frac{\frac{10N}{100} - CF_{10}}{f_{10}} i_{10}$$

(3.10) $$P_{90} = L_{90} + \frac{\frac{90N}{100} - CF_{90}}{f_{90}} i_{90}$$

(3.11) $$R_{P,10-90} = P_{90} - P_{10}$$

◦ (3.9)식과 (3.10)식은 (3.7.1)식과 (3.7.2)식의 원리를 같은 방식으로 적용하여 계산

예제 3-5) 예제 3-4의 자료를 사용하여 10백분위수, 90백분위수, 10-90 백분위 범위를 다음과 같이 구할 수 있다.

	A	B	C	D	E	F	G	H
1	명목적 계급구간	진정한 계급한계	계급 도수	누적 도수	P10 도수	12.5	P90 도수	108.5
2	30-34	29.5-34.5	3	3	L10	39.5	L90	59.5
3	35-39	34.5-39.5	7	10	CF10	10	CF90	107
4	40-44	39.5-44.5	11	21	f10	11	f90	9
5	45-49	44.5-49.5	22	43	i10	5	i90	5
6	50-54	49.5-54.5	40	83	P10	40.41	P90	60.06
7	55-59	54.5-59.5	24	107	RP(10-90)	19.65		
8	60-64	59.5-64.5	9	116				
9	65-69	64.5-69.5	4	120				

- 예제 3-4의 계산 방식 적용을 통해 도출 가능

5. 변동계수

산술표본평균에 대한 표본표준편차의 % 비율

- 변동계수(변이계수, coefficient of variation : CV)는 다른 단위들로 측정된 자료집합들을 비교하거나 또는 어떤 자료집합을 여러 기간에 대해 서로 비교하는 데 도움이 되는 측정치

(3.12) $$CV = \frac{s}{\bar{X}} \times 100\%$$

[해석방식] 변동계수가 낮을수록 도수분포의 평균값이 유지될 수 있는 정도는 높음

예제 3-6) 3개월 동안의 일일 평균 판매액과 그 표준편차가 영업사원 A는 20만원과 2만원이고, 영업사원 B는 영업사원 B는 15만원과 1.7만원이다. 이러한 경우에 영업사원 A와 B의 판매액 변동계수를 다음과 같이 구할 수 있다.

	A	B	C	D	E
22	변동계수				
23		평균판매액	표준편차	변동계수	
24	영업사원 A	20	2.0	10.00%	=C24/B24
25	영업사원 B	15	1.7	11.33%	=C25/B25

- A23:C25구간에 자료를 입력
- D24셀에 "=C24/B24"를 입력, 그 수식을 복사하여 D25셀에 붙여 넣고 D24:D25 구간의 셀 서식을 %로 전환하여 변동계수를 계산
- 표준편차는 영업사원 A가 B보다 크지만, 변동계수는 오히려 작아 영업사원 A가 B보다 안정적인 판매수입을 제공하는 것으로 해석

제2절 분포의 형태

- 위치와 산포는 정량적 개념(quantitative concepts)이어서 분포 그림에서 수평축의 숫자가 없으면 어떤 의미도 얻을 수 없다는 단점을 내포
- 도수분포의 그래프 특징인 형태(shape)는 왜도(skewness)와 첨도(kurtosis)를 이용하여 설명
- 왜도와 첨도를 요약하는데 사용하는 통계량은 특히 소표본에 적합

Ⅰ. 왜도

1. 왜도의 개념과 해석

도수분포의 모양이 평균을 기준으로 좌측과 우측 중에서 어디로 더 많이 편중된 정도를 나타내는 측정치

- 대칭분포(symmetrical distribution) : 평균을 기준으로 분포가 좌측과 우측에 동일한 비율로 구성되어 있는 분포
- 왜곡된 분포(skewed distribution) : 평균을 기준으로 어느 한 쪽에 더 많은 비율의 관찰치를 갖는 분포

[해석방식]

◦ 양의 왜도 분포(positively skewed distribution) : 평균의 왼쪽에 더 많은 관찰치가 있어 우측 긴 꼬리(long tail to the right)를 갖는 분포

◦ 음의 왜도 분포(negatively skewed distribution) : 평균의 오른쪽에 더 많은 관찰치가 있어 왼쪽 긴 꼬리(long tail to the left)를 갖는 분포

2. 왜도의 측정

- 피어슨의 비대칭계수(Pearson's coefficient of skewness : SK_P) : 미그룹화자료의 왜도 측정치

$$(3.13) \qquad SK_P = \frac{3(\text{평균} - \text{중위수})}{\text{표준편차}} = \frac{3(\bar{x} - \tilde{x})}{s}$$

◦ 표본평균과 중위수가 일치하여 $\bar{x} = \tilde{x}$인 분포는 $Sk_P = 0$인 대칭분포

◦ 표본평균이 중위수보다 커서 $\bar{x} > \tilde{x}$인 분포는 자료가 왼쪽으로 지우쳐 $Sk_P > 0$인 우측 긴 꼬리를 갖는 양의 왜도분포(최빈치<중위수<평균)

◦ 표본평균이 중위수보다 작아 $\bar{x} < \tilde{x}$인 분포는 자료가 오른쪽으로 지우쳐 $Sk_P < 0$인 좌측 긴 꼬리를 갖는 음의 왜도분포(최빈치>중위수>평균)

- 그룹화자료의 왜도계수(coefficient of skewness)

$$(3.14.1) \qquad CS = \frac{\sum_{i=1}^{n} (x_{Mi} - \mu)^3 f_i}{\sigma^3} \quad : \text{ 모집단 왜도계수}$$

$$(3.14.2) \qquad SCS = \frac{\sum_{i=1}^{n} (x_{Mi} - \bar{x})^3 f_i}{s^3} \quad : \text{ 표본 왜도계수}$$

계산방식 Excel에서 "SKEW(구간)"함수로 계산

◦ Excel의 왜도계수 CS $= \dfrac{N}{(N-1)(N-2)} \sum_{i=1}^{N} \left(\dfrac{x_{Mi} - \bar{x}}{s} \right)^3$

◦ 제2장의 예제 2-6의 F10셀에서 "=SKEW(가)"를 입력하여 0.027398의 양의 왜도를 계산

Ⅱ. 첨도

도수분포곡선의 뾰족함(peakedness) 또는 평평함(flatness)을 표시하는 용어

① 모집단 첨도(population kurtosis) Kur의 계산 공식

$$(3.15) \qquad Kur = \frac{\sum_{i=1}^{n} f_i (x_{Mi} - \mu)^4}{\sigma^4}$$

② 표본첨도(sample kurtosis)

$$(3.16) \qquad Kurs = \frac{\sum_{i=1}^{n} f_i (x_{Mi} - \bar{x})^4}{s^4}$$: 모집단 첨도의 추정에 사용

[해석] 첨도 Kur의 값이 클수록 도수분포곡선은 보다 뾰족하며, 그 값이 작을수록 도수분포곡선은 보다 평평해진다.

[계산절차]

◦ Excel에서는 "Kurt(구간)"으로 계산되며, 예제 2-6의 F9에서 "=KURT(가)"를 입력하여 첨도를 -1.24082로 계산

◦ Excel의 "KURT"함수는 다음의 표본첨도계수(sample coefficient of kurtosis) SCK를 사용

◦ $SCK = \frac{n(n+1)}{(n-1)(n-2)(n-3)} \sum_{i}^{n} \left(\frac{x_{Mi} - \bar{x}}{s} \right)^4 - \frac{3(n-1)^2}{(n-2)(n-3)}$

◦ $SCK > 0$ 이며 클수록 더 뾰족한 분포곡선의 형태를, $SCK < 0$ 이며 음의 절대값이 클수록 더 평평한 분포곡선의 형태를 표시

예제 3-7) 예제 2-8의 자료에서 표본 왜도계수 및 첨도를 다음과 같이 계산할 수 있다.

	A	B	C	D	E	F	G
1	소득(x)	4.5 이하	4.5-9.5	9.5-14.5	14.5-19.5	19.5 이상	계
2	도수(f)	3	1	8	7	2	
3	누적도수(Cf)	3	4	12	19	21	
4	누적 f/N	0.143	0.190	0.571	0.905	1.000	
5	계급치(x)	2	7	12	17	22	
6	x*f	6	7	96	119	44	272
7	x_L	9.5	x_U	14.5	f_L	4	
8	중위수 tilde x	13.563			bar x	12.952	
9	((x-bar x)^2)*f	359.86	35.431	7.2562	114.683	163.72	680.95
10	s^2	34.048	s	5.835	SK_P	-0.314	
11	((x-bar x)^3)*f	-3941	-210.9	-6.911	464.191	1481.3	-2214
12	s^3	198.67			SCS	-11.14	
13	((x-bar x)^4)*f	43167	1255.3	6.5816	1878.87	13402	59710
14	s^4	1159.2			Kurs	51.508	

- 예제 2-8의 A11:F13구간을 "Ctrl+C"로 복사, 새로운 시트의 A1셀에 붙여 넣기
- B4셀에 "=B3/$F$3"을 입력, 그 수식을 자동 채우기로 C4:F4구간에 복사하여 각 계급에 대한 누적상대도수 f/N을 계산
- 예제 2-8에서와 같은 방식으로 C5:F5구간에서 계급치를 계산하고, B8셀에서 중위수를 13.563으로 계산
- B6셀에 "=B5*B2"를 입력하고, 그 수식을 자동채우기로 C6:F6구간에 복사하여 계급치와 도수의 곱을 각 계급에 대해 계산, G6셀에 "=SUM(B6:F6)"을 입력
- F8셀에 "=G6/F3"을 입력하여 표본평균을 계산
- (3.4.2)식에 따라 B9셀에 "=((B5-$F$8)^2)*B2"를 입력, 그 수식을 자동채우기로 C9:F9구간에 복사, G9셀에 "=SUM(B9:F9)"를 입력, B10셀에 "=G9/(F3-1)"을 입력하여 표본분산을 34.048로 계산
-(3.6.2)식에 따라 D10셀에 "=SQRT(B10)"을 입력, 표본표준편차를 5.835로 계산
- (3.13)식에 따라 F10셀에 "=3*(F8-B8)/D10"을 입력, 피어슨의 비대칭계수를 -0.314로 계산하여 음의 왜도분포(좌측 긴 꼬리 왜도분포)를 확인
- (3.14.2)식에 따라 B11셀에 "=((B5-$F$8)^3)*B2"를 대입, 그 수식을 자동채우기로 C11:F11구간에 복사하고, G11셀에 "=SUM(B11:F11)"을, B12셀에 "=D10^3"을, F12셀에 "=G11/B12"를 입력하여 표본왜도계수를 -11.14로 계산

- (3.16)식에 따라 B13셀에 "=((B5-$F$8)^4)*B2"를 입력, 그 수식을 자동채우기로 C13:F13구간에 복사, G13셀에 "=SUM(B13:F13)"을, B14셀에 "=D10^4"를, F14셀에 "=G13/B14"를 입력하여 표본첨도를 51.508로 계산

〈참고문헌〉

Bohrnstedt, G.W. and D. Knoke(1988), *Statistics for Social Data Analysis*, 2nd. ed., pp. 65-99.

Chao, Lincoln L.(1974), *Statistics : Methods and Analyses*, 2nd ed., McGraw-Hill, Inc., pp. 75-123.

Frank, Harry and Steven C. Althoen(1994), *Statistics : Concepts and Applications*, Cambridge university Press, pp. 18-77.

Freedman, D., R. Pisani, and R. Purves(1998), *Statistics*, 3rd ed., W.W. Norton & Co., pp. 67-77.

Harnett, D.L. and A.K. Soni(1991), *Statistical Methods : For Business and Economics*, 4th ed., Addison-Wesley Publishing Co., Inc., pp. 13-36.

Lee, Cheng F.(1993), *Statistics for Business and Financial Economics*, D.C. Heath and Company, pp. 91-142.

Mansfield, Edwin(1983), *Statistics for Business and Economics : Methods and Applications*, W.W.Norton & Co., pp. 29-65.

Mason, Robert D.(1982), *Statistical Techniques in Business and Economics*, 5th ed., Richard D. Irwin, Inc., pp. 34-132.

Wonnacott, T.H. and R.J. Wonnacott(1990), *Introductory Statistics for Business and Economics*, 4th ed., John Wiley & Sons, pp. 25-68.

제4장

지수의 계산과 활용

[핵심용어]

· 지수	· 가격지수	· 수량지수
· 금액지수	· 라스파이레스 가격지수	· 파쉐 가격지수
· 무역관련지수	· 교역조건지수	· 무역특화지수
· 소비자물가지수	· 상대물가지수	· 실질환율

[주요 Excel함수와 기능]

· SUMPRODUCT

제 1 절 지수의 개념과 계산방식

Ⅰ. 지수의 개념과 종류

1. 지수의 개념과 특성

지수 : 100을 기준으로 하여 특정 기간 동안에 관찰치의 변화된 크기를 측정하기 위해 사용하는 비율

[특성]

① 지수(index number)는 기준지수(base number)를 주로 100으로 사용하며, 1 또는 10 등의 다른 숫자의 기준지수 역시 사용 가능

② 기준이 되는 관찰치와 비교 대상의 관찰치를 포함하여 2개 이상의 관찰치들을 이용

③ 분수로 계산한 결과를 정수 또는 소수점(decimal point) 1자리로 표시

2. 지수의 종류

(1) 가격지수(price indexes)

◦ 소비자물가지수(consumer price index) : 서울을 포함한 전도시, 도시별, 도별 소비자물가를 총지수, 식료품, 주거비, 광열·수도, 가구집기·가사용품, 피복 및 신발, 보건의료, 교육, 교양오락, 교통·통신, 기타 잡비, 식료품 이외에 대해 2000년을 100으로 하여 계산

◦ 생산자물가지수(producer price indexes) : 모든 생산단계의 상품 생산자들이 출하시점에서 받는 가격들의 평균 변화를 측정하는 지수 → 상품, 농림수산품, 광산품, 공산품, 전력, 수도 및 도시가스, 서비스, 총지수에 대해 2000년을 100으로 하여 계산

◦ 농가판매가격지수(P.I. of farm products received by farmer) : 곡물, 채소, 축산물, 청과물, 기타 농산물 등의 판매가격을 2000년을 100으로 하여 계산

(2) 수량지수(quantity indexes)

- 산업생산지수(Industrial Production Indices) : 2000년을 기준으로 한 광업·제조업통계조사 결과를 기초로 작성하며, 실물경제동향분석, 국민총생산추계, 노동생산성측정 등에 이용
- 고용지수(index of employment) : 2000년을 기준으로 전산업과 제조업에 대한 지수를 주로 계산하여 발표

(3) 금액지수(value indexes)

- 도소매업판매액지수(wholesale and retail sales index) : 2000년을 기준으로 도매업과 소매업 판매액 변화를 측정하는 지수

(4) 특수목적지수(special-purpose indexes)

전반적 경제활동의 변화를 측정하기 위해 사용하는 여러 가지 지수 → 종합주가지수, 무역지수, 교역조건지수, 소비자평가 및 기대지수, 기계류내수출하지수 등

Ⅱ. 지수의 계산방식

1. 라스파이레스 가격지수

기준년도에 구입된 각 상품의 수량에 비례하는 가중치를 기초로 하는 가중평균을 계산하여 측정된 평균가격지수

- 우리나라에서 발표되는 각종 지수는 이를 이용하여 작성하며, 지수작성에 적용되는 기준물량 및 가중치는 5년마다 개편
- Laspeyres 가격 지수 LPI의 공식 : 0의 기준시점과 t의 비교시점에 대해

$$LPI_t = \frac{\sum_{i=1}^{N} P_{it} Q_{i0}}{\sum_{i=1}^{N} P_{i0} Q_{i0}} \times 100 \tag{4.1}$$

예제 4-1) 과일 물가지수를 다음과 같이 라스파이레스방식으로 구할 수 있다.

	A	B	C	D	E	F	G
1		구입량 (1000Kg)					
2	연도	바나나	사과	키위(Kiwi)			
3	1999	100	78	1			
4	2000	100	82	1			
5	2001	98	86	3			
6	2002	94	87	4			
7	2003	96	88	5			
8							
9		가격(천원/Kg)					
10	연도	바나나	사과	키위(Kiwi)			
11	1999	0.89	0.44	1.58			
12	2000	0.91	0.43	1.66			
13	2001	0.91	0.46	1.90			
14	2002	0.94	0.50	2.10			
15	2003	0.95	0.51	2.25			
16			=SUMPRODUCT(B11:D11,$B$4:$D$4)				
17		라스파이레스 가격지수		=SUMPRODUCT($B$12:$D$12,$B$4:$D$4)			
18	연도	분자	분모	LPI			
19	1999	126.66	127.92	99.0			
20	2000	127.92	127.92	100.0			
21	2001	130.62	127.92	102.1			
22	2002	137.10	127.92	107.2			
23	2003	139.07	127.92	108.7			

- A1:D10에 연도별 수량과 가격 자료를 입력
- (4.1)식에 따라 B19셀에 "=SUMPRODUCT(B11:D11, $B$4: $D$4)"를 입력하고, 그 식을 "Ctrl+C"로 복사하여 B19:B23구간에 붙여 넣기
- C19셀에 "=SUMPRODUCT($B$12: $D$12, $B$4: $D$4)"를 입력하고, 그 수식을 "Ctrl+C"로 복사하여 C19:C23구간에 붙여 넣기
- D19셀에 "=(B19/C19)*100"을 입력하고, 그 수식을 "Ctrl+C"로 복사하여 D19:D23구간에 붙여 넣어 라스파이레스 가격지수를 각 연도별로 계산

2. 파쉐 가격지수

비교년도에 구입된 각 상품의 수량에 비례하는 가중치를 갖는 가중평균을 사용하여 측정된 평균가격지수

- Paasche 가격 지수 PPI

(4-2) $$PPI_t = \frac{\sum_{i=1}^{n} P_{it} Q_{it}}{\sum_{i}^{n} P_{i0} Q_{it}} \times 100$$

예제 4-2) 예제 4-1의 자료를 이용하여 과일물가지수를 파쉐방식으로 다음과 같이 구할 수 있다.

	A	B	C	D
1		구입량 (1000Kg)		
2	연도	바나나	사과	키위(Kiwi)
3	1999	100	78	1
4	2000	100	82	1
5	2001	98	86	3
6	2002	94	87	4
7	2003	96	88	5
8				
9		가격(천원/Kg)		
10	연도	바나나	사과	키위(Kiwi)
11	1999	0.89	0.44	1.58
12	2000	0.91	0.43	1.66
13	2001	0.91	0.46	1.90
14	2002	0.94	0.50	2.10
15	2003	0.95	0.51	2.25
25		파쉐 가격지수		
26	연도	분자	분모	PPI
27	1999	124.90	126.20	99.0
28	2000	127.92	127.92	100.0
29	2001	134.44	131.14	102.5
30	2002	140.26	129.59	108.2
31	2003	147.33	133.50	110.4
32	=SUMPRODUCT(B15:D15,B7:D7)			
33		=SUMPRODUCT($B$12:$D$12,B7:D7)		
34				

- (4.2)식에 따라 B27셀에 "=SUMPRODUCT(B11:D11,B3:D3)"을 입력하고, 그 식을 "Ctrl+C"로 복사하여 B27:B31구간에 붙여 넣기
- C27셀에 "=SUMPRODUCT($B$12: $D$12,B3:D3)"을 입력하고, 그 수식을 "Ctrl+C"로 복사하여 C27:C31구간에 붙여 넣기
- D27셀에 "=(B27/C27)*100"을 입력하고, 그 수식을 "Ctrl+C"로 복사하여 D27:D31구간에 붙여 넣어 파쉐 가격지수를 각 연도별로 계산

제2절 무역관련지수와 소비자물가지수의 활용

Ⅰ. 무역관련지수

1. 교역조건지수

① 상품교역조건지수(commodity terms of trade index)

자국의 수출품(X재)의 수입품(Y재)에 대한 상대가격 P_X/P_Y의 변동을 측정하는 지수이며, 순바터교역조건지수(net barter terms of trade index)라고도 한다.

- 상품교역조건지수는 수출입의 가격변동만을 다루어, 수출량과 수입량의 변동을 고려하지 않기 때문에 실질적인 무역이익의 변동 파악에는 곤란
- 기준시점 0기에 대한 비교시점 t기의 상품교역조건지수

$$상품교역조건지수 = \frac{(P_X/P_Y)_t}{(P_X/P_Y)_0} \times 100$$

② 소득교역조건지수(income terms of trade index)

소득교역조건 TOT_Y는 상품교역조건 (P_X/P_Y)에 수출물량지수 Q_X를 곱하여 계산하며, 수출총액으로 획득할 수 있는 수입품 수량을 표시

$$TOT_Y = (P_X/P_Y)Q_X = (P_X Q_X)/P_Y$$

- 기준시점 0기에 대한 비교시점 t기의 소득교역조건지수

$$소득교역조건지수 = \frac{(Q_X P_X/P_Y)_t}{(Q_X P_X/P_Y)_0} \times 100$$

- 수출입상품들간의 가격변동뿐만 아니라, 수출을 통한 수입품 획득능력의 측정 가능

③ 단일요소 교역조건지수(single factoral terms of trade index)

생산요소의 생산성증가에 대해 수입품가격의 변동추이를 비교하는 지수

- 단일요소 교역조건지수 TOT_{SF}는 상품교역조건에 수출산업의 생산성지수 (productivity index : O_X)를 곱하여 계산

$$TOT_{SF} = (P_X / P_Y) \cdot O_X$$

- TOT_{SF}의 상승은 수출산업에서 사용되는 1단위의 생산요소가 획득할 수 있는 수입품 수량이 증가된 것을 의미

④ 이중요소 교역조건지수(double factoral terms of trade index)

단일요소 교역조건지수을 무역상대국의 생산성추이에 대해 조정한 지수

- 이중요소 교역조건지수 TOT_{DF}는 단일요소 교역조건지수를 무역상대국의 수출생산성지수(수입품의 생산성지수: O_Y)로 나누어 계산

$$TOT_{DF} = TOT_{SF} / O_Y = (P_X / P_Y)(O_X / O_Y)$$

- 이중요소 교역조건의 상승은 국내수출산업에서 소요되는 1단위의 생산요소가 무역상대국의 수출산업에서 생산에 소요되는 생산요소의 용역(service)을 더 많이 획득할 수 있는 것을 의미

2. 무역특화지수

① 수출특화지수(export specialization index)

일정한 상품이 한 국가의 총수출액에서 차지하는 비율이 세계 총수출액에서의 비율에 대해 갖는 값으로 규정

$$ESI(i) = \left(\frac{X_i}{X} \bigg/ \frac{W_i}{W} \right) \times 100$$

$ESI(i)$: 상품 i의 수출특화지수, X_i : 그 국가의 상품 i 수출액,

X : 그 국가의 총수출액, W_i : 상품 i의 세계 수출액,

W : 세계 총수출액

- $ESI(i)>100$의 경우는 조사대상 국가가 상품 i를 세계의 평균수준보다 더 많이 수출하므로, 세계의 평균 이상으로 수출에 특화되어 있는 것을 의미

② 수입특화지수(import specialization index)

한 국가의 총수입액에서 차지하는 비율이 세계 총수입액에서의 비율에 대해 갖는 값으로 규정

$$MSI(i) = \left(\frac{M_i}{M} \Big/ \frac{W_i}{W} \right) \times 100$$

$MSI(i)$: 상품 i의 수입특화지수, M_i : 그 국가의 상품 i 수입액,

M : 그 국가의 총수입액, W_i : 상품 i의 세계 수입액

W : 세계 총수입액

- $MSI(i)$가 100보다 크다면, 그 국가는 상품 i를 세계의 평균수준보다 더 많이 수입하므로 세계의 평균 이상으로 수입에 특화된 것을 의미

③ 무역특화지수(trade specialization index)

한 국가에서 일정한 상품의 순수출액(= 수출액-수입액)이 그 상품의 무역액에서 차지하는 비율을 나타내는 지수

$$TSI(i) = \frac{X_i - M_i}{X_i + M_i} \times 100$$

$TSI(i)$: 상품 i의 수입특화지수, X_i : 그 국가에서의 상품 i의 수출액

M_i : 그 국가에서의 상품 i의 수입액

- $TSI(i)$가 100보다 크다면, 그 국가는 상품 i에 대해 비교우위를 가진 것을 표시

④ 현시비교우위지수(Revealed Comparative Advantage Index : RCA지수)

일정한 상품에 있어서 한 국가의 수출이 그 수출품의 수입국에서 차지하는 비율(점유율)과 그 수출국이 세계수출액에서 차지하는 비율을 상대적으로 표시한 지수

- 상품과 국가의 무역결합의 정도와 비교우위의 정도를 표시

$$RCA_{BC}(i) = \left(\frac{X_i^{BC}}{M_i^C} \Big/ \frac{X_i^B}{W_i} \right) \times 100$$

$RCA_{BC}(i)$: 상품 i무역에서 B국이 C국에 대해 갖는 현시비교우위지수

X_i^{BC} : B국이 C국으로 수출하는 상품 i의 금액

M_i^C : C국이 갖는 상품 i의 총수입액

X_i^B : B국이 갖는 상품 i의 총수출액

W_i : 상품 i의 세계 총수출액

- $RCA_{BC}(i)$가 100보다 크다면, i상품에 있어서 B국은 C국에 대해 비교우위를 가지며, 양국은 여타국들에 대한 평균 수준보다 더 큰 비율의 무역을 서로 수행하는 것을 의미

Ⅱ. 소비자물가지수의 활용

예제 4-3) 다음의 소비자물가지수(CPI)를 이용하여 실질소득 및 원화(우리나라 통화)의 미국 달러에 대한 실질환율의 변화를 측정하고, 그에 따른 경제여건의 변화를 개략적으로 파악할 수 있나.

	A	B	C	D	E	F	G	H
1	연도	CPI(KR)	CPI(US)	1인당 명목국민소득(만원)	KRW/USD	1인당 실질국민소득(만원)	한국대미 상대CPI	실질 KRW/USD
2	2000	100.0	100.0	1,226	1,272.00	1,226	1.00	1,272.00
3	2001	104.1	102.8	1,311	1,339.00	1,259	1.01	1,322.12
4	2002	106.9	104.5	1,439	1,212.10	1,346	1.02	1,184.56
5	2003	110.7	106.9	1,516	1,209.50	1,369	1.04	1,167.46
6	2004	114.7	109.7	1,621	1,054.00	1,413	1.05	1,008.04

① 자료입력

- 통계청과 "http://woodrow.mpls.frb.fed.us/research/data/us/calc/"에 접속하여 우리나라 전체도시의 CPI, 미국 전체도시의 CPI, 1인당 명목국민소득, 대미달러 환율(KRW/USD)에 대한 자료를 획득
- A1:E6구간에 관련자료를 연도별로 입력

② 1인당 실질국민소득의 계산

- "실질국민소득=(명목국민소득/소비자물가지수)×100"에 따라 우리나라 1인당

실질국민소득을 계산하도록 F2셀에 "=(D2/B2)*100"을 입력하고, 그 수식을 복사하여 F2:F6구간에 붙여 넣기

③ 상대물가지수와 실질환율의 계산

- "한국의 미국에 대한 상대CPI=한국CPI/미국CPI"에 따라 G2셀에 "=B2/C2"를 입력하고, 그 수식을 복사하여 G2:G6구간에 붙여 넣기 → 상대CPI가 지속적으로 상승하여 미국에 비해 우리나라의 생계비(cost of living) 등의 각종 소비자비용이 더 크게 증가하고 있다는 것을 반영
- "실질환율=명목환율/상대물가지수"에 따라 H2셀에 "=E2/G2"를 입력하고, 그 수식을 복사하여 H2:H6구간에 붙여 넣어 실질 KRW/USD를 계산
- 우리나라의 1인당 실질국민소득은 꾸준히 증가한 반면에, 미국 달러에 대한 우리나라 원화의 실질환율은 2002년부터 지속적으로 하락 → 우리나라 상품의 국제가격경쟁력이 지속적으로 악화되는 것을 반영

〈참고문헌〉

문창권(2004), 『무역학입문』, 도서출판 대경.

Chao, Lincoln L.(1974), *Statistics : Methods and Analyses*, 2nd ed., McGraw-Hill, Inc., pp. 393-403.

Harnett, D.L. and A.K. Soni(1991), *Statistical Methods : For Business and Economics*, 4th ed., Addison-Wesley Publishing Co., Inc., pp. 574-582.

Koop, Gary(2005), *Analysis of Economic Data*, 2nd ed., John Wiley & Sons, Ltd., pp. 10-31.

Lee, Cheng F.(1993), *Statistics for Business and Financial Economics*, D.C. Heath and Company, pp. 807-834.

Mason, Robert D.(1982), *Statistical Techniques in Business and Economics*, 5th ed., Richard D. Irwin, Inc., pp. 133-167.

제5장

확률과 확률분포

[핵심용어]

· 표본공간	· 확률변수	· 확률접근법
· 덧셈법칙	· 곱셈법칙	· 분할표
· 주변확률	· 베이즈법칙	· 확률실험
· 순열	· 조합	· 확률분포
· 기대치	· 분산	· 공분산
· 상관계수	· 계단함수	

[주요 Excel함수와 기능]

· PERMUT	· FACT	· PRODUCT
· COMBIN	· COVAR	· CORREL

제 1 절 표본공간과 확률의 계산법칙

Ⅰ. 표본공간과 확률

1. 확률실험과 표본공간

- 실험(experiment) : 본질적으로 안정된 여건에서 반복 수행할 수 있는 구체적이거나 추상적인 행위들로 구성된 과정
- 확률실험(random experiment) : 두 가지 이상의 가능한 결과들을 가지며, 어떤 결과가 발생할지는 불확실한 특성을 가진 과정

◦ 확률실험의 특성

① 실물적 또는 개념적으로 반복 가능

② 표본공간은 사전에 설정한 조건으로 지정

③ 각종 반복 시행에 대해서도 서로 다른 결과의 발생이 가능

- 기초적 결과(basic outcomes) : 확률실험의 가능한 결과인 표본점(sample points)
- 표본공간(sample space) : 어떤 실험이나 시행을 통해 발생 가능한 모든 기초적 결과들의 집합이며, 대문자 S로 표시
- 사상(事象, event) : 표본공간에서의 하나 이상의 기초적 결과(표본점)들의 집합

◦ 표본공간의 부분집합이며, 어떤 확률실험으로 발생할 수 있는 하나 또는 그 이상의 결과들의 집합

◦ 표본공간은 어느 결과도 발생하지 않는 경우인 공집합(empty set) ϕ를 포함

- 단일사상(simple event) : 각 사상의 안에 있는 각각의 기초적 결과인 표본점

예제 5-1) 주사위 던지기로 가능한 모든 결과들인 기초적 결과들은 1, 2, 3, 4, 5, 6이다.

① 이러한 모든 기초적 결과들의 집합은 표본공간 S이며, 그 표본공간은 S = {1, 2, 3, 4, 5, 6}이다.

② 사상이 짝수의 기초적 결과들이라 가정하고 이를 A로 표시하면, A={2, 4, 6}이다. 여기서 {2}, {4}, {6}은 단일사상(표본점)들이다.

2. 확률과 확률변수의 개념

- 어떤 사상의 확률(probability) : 그 사상의 발생 가능성을 측정하며, 크기가 0부터 1까지의 실수로 표시
- 확률변수(random variable) : 어떤 확률실험의 가능한 각 결과인 표본공간의 각 원소를 수량화하기 위해 하나의 수치(숫자값)를 할당한 변수

◦ 확률변수는 확률실험의 결과로 발생할 수 있는 어떤 예측 불가능한 수열(연속적인 수들의 배열 : sequence)로 표시된 여러 수치로 변할 수 있는 수

① 이산(離散)확률변수(discrete random variable) : 셀 수 있는 수(보통 정수)의 값들을 갖는 확률변수

② 연속(連續)확률변수(continuous random variable) : 하나의 구간 내에서 이떤 셀 수 없는(무수히 많은) 수의 값들을 갖는 확률변수

- 확률변수 X가 어떤 특정값 x를 가질 확률을 $P(X=x)$ 또는 $P(x)$로 표시

◦ 주어진 표본공간 S에 대한 어떤 사상 A에 대해 다음의 기초적 확률법칙이 성립

(5.1.1) $P(\phi)=0$

(5.1.2) $P(S)=1$

(5.1.3) $0 \leq P(A) \leq 1$

Ⅱ. 확률의 계산방법과 기본법칙

1. 확률 접근법

(1) 고전적 확률 접근법(classical probability approach) : 실험의 단순한 결과들이 균등한 발생 가능성을 갖는다는 가정을 기초로 확률을 계산하는 방식

- 사전적(事前的) 또는 객관적 확률(a priori or objective probability) : 고전적 확률의 관점에 따라 계산된 확률

(5.2) 사상 i의 확률 $\equiv P(e_i) = \dfrac{n_i}{N} = \dfrac{\text{사상 } i\text{에 포함된 결과들의 수}}{\text{가능한 결과들의 총수}}$

$$= \frac{e_i}{S} = \frac{\text{사상 } i\text{의 수}}{\text{표본공간 표본점의 수}}$$

예제 5-2) ① 앞면(head)과 뒷면(tail)을 갖고, 그 양면이 고른 동전을 던질 때 뒷면이 나타날 확률은 $P(tail)$는 다음과 같다.

$$P(tail) = \frac{1}{1+1} = \frac{1}{2}$$

② 각 면에 1개부터 6개의 점들을 표시한 주사위를 던지는 경우에, 주사위의 점이 4개가 나올 확률은 표본공간 표본점의 수는 6이고, 사상 4의 수는 1이어서 $P(4)$는 1/6이다.

(2) 상대도수접근법(relative frequency approach) : 과거 경험을 기초로 하는 확률의 역사적 해석방법

◦ 장기적으로 어떤 사상이 발생할 확률의 추정을 가능하게 해주는 방법

(5.3) 사상 i의 확률 $\equiv P(e_i) = \dfrac{n_i}{N} = \dfrac{\text{과거에 발생한 사상 } i\text{의 횟수}}{\text{관찰치의 총수}}$

예제 5-3) 과거 10년 동안 P사 국제비즈니스 관련 부서에 채용된 100명의 대졸자들 중에서 무역학과 및 국제통상학과 이외의 학과 졸업생들이 35명이었다고 하자. 이러한 경우에 P사의 국제비즈니스 관련 부서가 무역 및 국제통상학과 이외의 졸업생들을 채용할 확률 $P(A)$는 35%(=35/100)이다.

따라서 P사 국제비즈니스 관련 부서의 사상 A(여타 전공자 채용)의 발생가능성은 35%라고 할 수 있다.

(3) 주관적 또는 개인적 접근법(subjective or personal approach) : 반복적인 확률실험의 개념을 사용하지 않고, 주관적 또는 개인적 믿음(개념)을 조건으로 확률을 결정하는 방법

예제 5-4) 품질관리자가 자신의 경험을 기초로 차후에 도입할 상품에서 불량이 발생할 확률을 1.5% 또는 그 이하로 간주하는 경우에, 그렇게 간주된 확률은 주관적 확률이다.

확률 접근법	고전적(사전적, 객관적)	· 특정사상 발생가능횟수를 전체 사상 발생가능 횟수로 나눈 값 · 실험을 수행하지 않고서도 확률 계산이 가능
	상대도수(경험적)	· 특정 사상의 실제 발생횟수를 전체 사상들의 실제 발생횟수로 나눈 값 · 실험 또는 시행 횟수가 증가할수록, 그 확률은 고전적 확률에 접근
	주관적(개인적)	· 입수 가능한 각종 증거를 기초로 특정 사상이 발생할 것으로 보는 개인 믿음의 정도

연습 5-1) 다음의 각 경우에 대한 확률의 계산에 적절한 방식은?

① 내년에 경기회복이 발생할 확률 : 주관적

② 각 표면이 균등한 주사위가 한 번 던져서 2 또는 3의 값이 나올 확률 : 고전적

③ 일정한 수의 불량품이 포함된 주어진 수량의 진열상품에서, 불량품이 선택될 확률 : 고전적

④ 대량의 상품들 중에서 무작위로 뽑아낸 상품이 불량품일 확률 : 상대도수(불량품의 사전적 확률을 모르기 때문)

⑤ 대형 백화점에 들어오는 손님이 구입을 할 확률 : 상대도수

⑥ 종합주가지수가 다음 해에 50% 이상 상승할 확률 : 주관적

2. 확률 계산의 기본 법칙

가. 덧셈법칙

(1) 특수덧셈법칙(special rule of addition)

상호배반사상들(mutually exclusive events)의 경우에 한 사상 또는 다른 사상의 발생확률은 그 모든 사상의 발생확률들의 합과 일치

- 상호배반사상들 : 어떤 사상이 발생할 때에 어떤 다른 사상들도 발생할 수 없는 관계의 사상들 → 주사위를 던지는 경우에 4의 사상은 다른 사상들인 1, 2, 3, 5, 6의 사상들과는 결코 동시에 발생할 수 없으므로, 이들은 모두 상호배반사상들의 관계를 보유

◦ 상호배반사상들인 A 또는 B가 발생할 확률은 다음과 같다.

$$P(A \text{ or } B) = P(A) + P(B) \tag{5.4.1}$$

◦ 상호배반사상들인 A, B 또는 C가 발생할 확률은 다음과 같다.

$$P(A \text{ or } B \text{ or } C) = P(A) + P(B) + P(C) \tag{5.4.2}$$

- 여집합(餘集合, complement) 법칙

◦ A의 여집합 : 주어진 표본공간 S에서 어떤 사상 A가 아닌 사상들의 집합 A^C

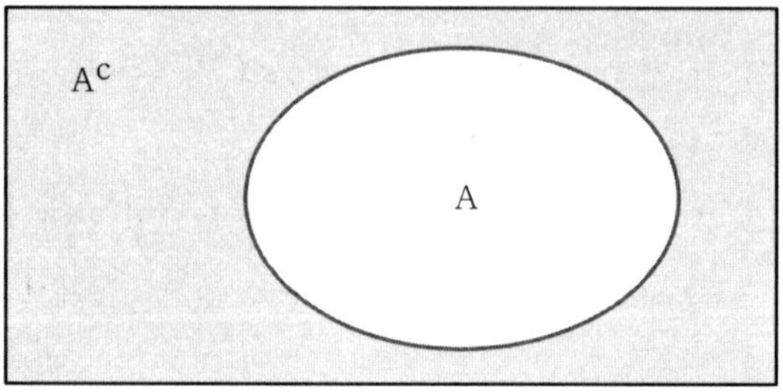

◦ 주어진 표본공간에서 사상 A가 발생할 확률 $P(A)$ 와 사상 A가 발생하지 않을 확률 $P(A^C)$ 의 합은 항상 1과 같다.

(5.4.3) $$P(A) + P(A^C) = 1$$

◦ (5.4.3)식에서 다음의 여집합법칙(complement rule)이 성립

(5.4.4) $$P(A) = 1 - P(A^C)$$: 여집합법칙

(2) 일반덧셈법칙(general rule of addition)

- 복합사상(compound event) : 여러 사상들이 동시에 중복적으로 발생하여 나타나는 사상
- 결합확률(joint probability) : 복합사상의 발생확률, 임의의 사상들 A와 B가 동시에 발생할 확률은 $P(A \cap B)$ 또는 $P(A \text{ and } B)$ 로 표시

◦ 복합사상 역시 존재하는 경우에 주어진 표본공간에서 사상 A 또는 B가 발생할 확률 $P(A\ or\ B)$ 또는 $P(A \cup B)$ 는 다음과 같이 일반덧셈법칙으로 계산

(5.5) $$P(A\ or\ B) = P(A) + P(B) - P(A \cap B)$$

예제 5-5) 다음 벤 다이어그램(Venn diagram)과 같이 주어진 표본공간에서 P(A)는 0.4(=0.35+0.05), P(B)는 0.2(=0.15+0.05)인 경우에 사상 A 또는 B가 발생할 확률 $P(A \cup B)$ 는 (5.5)식에 따라 0.55이다.

$$P(A\ or\ B) = P(A) + P(B) - P(A \cap B) = 0.4+0.2-0.05 = 0.55$$

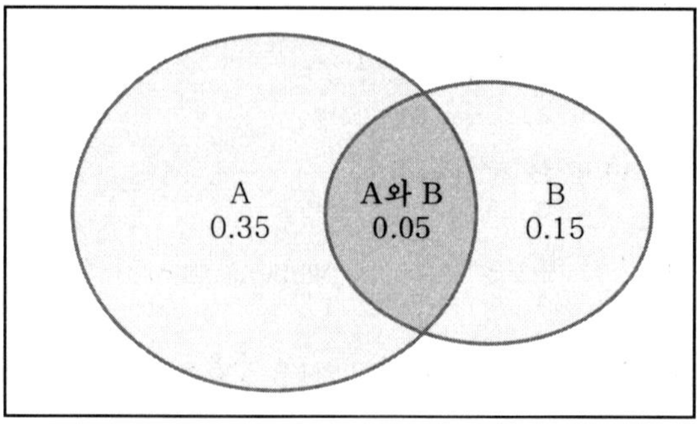

나. 곱셈법칙

(1) 특수곱셈법칙(special rule of multiplication)

- 독립적 사상들(independent events) : 각 사상의 발생이 서로 다른 사상의 발생에 대해 영향을 주지 않는 사상들

◦두 독립적 사상들 A와 B가 동시에 발생할 확률 $P(A \cap B)$ 또는 P(A and B)는 각 사상의 발생확률들 $P(A)$와 $P(B)$의 곱으로 계산

(5.6.1) $$P(A \cap B) = P(A) \times P(B) = P(A) \cdot P(B)$$

◦3개의 독립적 사상들 A, B, C가 동시에 발생할 확률 $P(A \cap B \cap C)$ 또는 $P(A \text{ and } B \text{ and } C)$는 각 사상의 발생확률들 $P(A)$, $P(B)$, $P(C)$의 곱으로 계산

(5.6.2) $$P(A \cap B \cap C) = P(A) \cdot P(B) \cdot P(C)$$

예제 5-6) 2개의 동전을 던질 경우에 모두 뒷면이 나올 확률은 (5.6.1)식에 따라 0.25[=(1/2)×(1/2)]가 된다. 이는 던진 각 동전의 결과가 다른 동전의 결과에 영향을 주지 않는 독립적 사상들인 경우이기 때문이다.

예제 5-7) 자동차 바퀴의 타이어 수명이 5만 Km 이내일 확률이 1/2이라고 가정하자. 이러한 경우 그 자동차의 4 바퀴 모두 5만 Km 주행 후에 교환이 필요할 확률은 1/16[= $(1/2)^4$]이 된다.

(2) 일반곱셈법칙(general rule of multiplication)

- 종속사상들(dependent events) : 상호 독립적이 아니어서 다른 사상의 발생에 영향을 서로 주는 사상들
- 조건부확률(conditional probability) : 다른 종속사상이 발생한 상황에서 어떤 사상이 발생할 확률

◦ 다른 종속사상 B가 이미 발생한 경우에 어떤 사상 A가 발생할 확률(the probability of A given B) $P(A \mid B)$는 다음과 같이 계산

(5.7.1) $$P(A \mid B) = \frac{P(A \cap B)}{P(B)} = \frac{P(A \text{ and } B)}{P(B)}$$

◦ 다른 종속사상 A가 이미 발생한 경우에 어떤 사상 B가 발생할 확률(the probability of B given A) $P(B \mid A)$는 다음과 같이 계산

(5.7.2) $$P(B \mid A) = \frac{P(A \cap B)}{P(A)} = \frac{P(A \text{ and } B)}{P(A)}$$

◦ (5.7.1)식과 (5.7.2)식을 이용하여 사상 A와 B의 결합확률(joint probability) $P(A \cap B)$를 계산

(5.7.3) $$P(A \cap B) = P(A) \cdot P(B \mid A) = P(B) \cdot P(A \mid B)$$

◦ (5.7.3)식을 확장하여 사상 A, B, C의 동시 발생에 대한 결합확률 $P(A \cap B \cap C)$는 다음과 같이 계산

(5.7.4) $$\begin{aligned} P(A \cap B \cap C) &= P(A) \cdot P(B \mid A) \cdot P(C \mid A \cap B) \\ &= P(A \cap B) \cdot P(C \mid A \cap B) \end{aligned}$$

예제 5-8) 상자에 10통의 필름이 있는데, 그 중에서 3통이 불량품이라고 하자. 그 상자에서 필름을 2통을 순차적으로 따라 꺼내려고 한다면, 두 번 모두 불량품을 선택할 확률은 다음과 같이 6/90이 된다.

① 첫째 결과인 사상 A가 불량품일 확률 $P(A) = 3/10$

② A가 불량품인 상황에서 둘째 결과인 사상 B가 불량품일 확률 $P(B \mid A)$ =2/9
③ 첫째 및 둘째 사상 A와 B가 모두 불량품일 확률 P(A and B) = 6/90

$$P(A \cap B) = \frac{3}{10} \times \frac{2}{9} = \frac{6}{90}$$

Ⅲ. 분할표와 주변확률

1. 분할표

일반곱셈법칙을 적용하여 어떤 모집단 자료를 변수의 속성에 따라 구분하고, 전체 자료가 속성별로 분포된 상태를 한눈에 파악할 수 있도록 표시한 빈도표

- 분할표를 교차집계표(cross-table) 또는 결합분포표(joint distribution table)라고도 하며, 다음과 같은 차원으로 작성 가능

◦일원분할표(one-way contingency table) : 하나의 변수에 의해 분류된 분할표
◦이원분할표(two-way contingency table) : 두 개의 변수에 의해 분류된 분할표

[장점]

교차표(cross-table) 또는 분할표(contingency table)는 작성하기 쉬우며, 많은 양의 정보를 정리하여 한눈에 쉽게 알도록 하는데 도움을 제공

예제 5-9) 성별여부에 따른 일원분할표와 취업여부에 따른 일원분할표를 사용하여 다음과 같이 이원분할표를 작성할 수 있다.

	A	B	C	D
1	**성별에 따른 일원분할표**			
2	성별			
3	남	50		
4	여	30		
5	계	80		
6				
7	**취업여부에 따른 일원분할표**			
8	취업여부			
9	취업	46		
10	미취업	34		
11	계	80		
12				
13	**성별과 취업여부에 따른 이원분할표**			
14		취업(B1)	미취업(B2)	
15	남(A1)	31	19	50
16	여(A2)	15	15	30
17	계	46	34	80

2. 주변확률과 베이즈법칙

가. 주변확률

결합확률분포표(분할표)의 주변(가장자리)에 위치한 사상의 확률

- 주변확률(marginal probability)은 한계확률 또는 무조건부확률이라고 하며, 단일사상의 확률이어서 단일확률(simple probability)이라고도 한다.

[계산방식]

예제 5-9의 이원분할표에서 남성(A1), 여성(A2), 취업(B1), 미취업(B2)의 각 주변확률들은 P(A1)=50/80, P(A2)=30/80, P(B1)=46/80, P(B2)=34/80이다.

◦특정 사상의 주변확률은 다음과 같이 해당 사상의 결합확률들의 합과 일치

$$P(A1 \cap B1) + P(A1 \cap B2) = (31/80) + (19/80) = 50/80 = P(A1)$$

$$P(A2 \cap B1) + P(A2 \cap B2) = (15/80) + (15/80) = 30/80 = P(A2)$$

$$P(B1 \cap A1) + P(B1 \cap A2) = (31/80) + (15/80) = 46/80 = P(B1)$$

$$P(B2 \cap A1) + P(B2 \cap A2) = (19/80) + (15/80) = 34/80 = P(B2)$$

나. 베이즈법칙

결합확률 및 주변확률 공식을 통해 자료분석에서 추가정보를 이용하여, 사상에 대한 관련확률을 도출하는 방식

- 사상 A와 상호 배반적인 E_1, E_2, · · ·, E_N으로 분할되는 사상 E가 교집합을 이루는 경우에 다음의 전확률 정리(total probability theorem)가 성립

(5.8.1) $$P(A) = \sum_{i=1}^{N} P(A \cap E_i) = \sum_{i=1}^{N} P(A \mid E_i) P(E_i)$$

- 사상 A에 대한 사상 E_i의 조건부확률은 (5.7.3)식을 이용하면 다음과 같다.

(5.8.2) $$P(E_i \mid A) = \frac{P(E_i \cap A)}{P(A)} = \frac{P(E_i) P(A \mid E_i)}{P(A)}$$

- (5.8.2)식에 (5.8.1)식을 대입하면 다음의 베이즈법칙(Bayes' Rule)이 성립

(5.8.3) $$P(E_i \mid A) = \frac{P(E_i) P(A \mid E_i)}{\sum_{i=1}^{N} P(E_i) P(A \mid E_i)}$$

예제 5-10) A와 B의 두 제품이 불량(Defective)과 정상(Regular)으로 구분된다고 하자.

어떤 상자에 불량인 A제품 A∩D가 20개, 정상 품질의 A제품 A∩R이 80개, 불량인 B제품 B∩D가 10개, 정상 품질의 B제품 B∩R이 90개가 있는 경우에, 다음과 같이 조건부확률들을 계산할 수 있다.

	A	B	C	D	E	F	G	H
1	**자료입력**							
2		A	B	계				
3	R	80	90	170				
4	D	20	10	30				
5	계	100	100	200				
6	**확률표시 전환**							
7		A	B	계		A	B	계
8	R	0.40	0.45	0.85	R	P(A∩R)	P(B∩R)	P(R)
9	D	0.10	0.05	0.15	D	P(A∩D)	P(B∩D)	P(D)
10	계	0.50	0.50	1.00	계	P(A)	P(B)	1.00
11	**조건부확률 계산**							
12	**P(A|R)**	**0.471**		P(A|R)=P(A∩R)/P(R)				
13	**P(B|R)**	**0.529**		P(B|R)=P(B∩R)/P(R)				
14	**P(A|D)**	**0.667**		P(A|D)=P(A∩R)/P(D)				
15	**P(B|D)**	**0.333**		P(B|D)=P(B∩R)/P(D)				

① 자료 입력과 확률표시전환

- A2:C4구간에 사상들 A, B, R, D의 발생가능 횟수를 입력
- D3셀에 "=B3+C3"을 입력하고, 그 수식을 D4:D5구간에 복사하여 붙이기
- B5셀에 "=B3+B4"를 입력하고, 그 수식을 C5셀에 복사하여 붙이기
- A2:D5구간을 "Ctrl+C"로 복사하여 A7셀에 붙여 넣기
- B8셀에 "=B3/$D$5"를 입력하고, 그 수식을 "Ctrl+C"로 복사하여 B8:C9셀에 붙여 넣기
- E7:H10구간은 A7:D10구간에 있는 각 사상의 확률을 표시하기 위한 보완자료임

② 상자에서 꺼낸 제품이 정상 품질인 경우에 그 제품이 A일 확률 $P(A \mid R)$ =0.471(=40/85)과 B일 확률 $P(B \mid R)$ =0.529(=45/85)를 (5.8.3)식의 베이즈법칙을 이용하여 다음과 같이 계산

$$- \ P(A \mid R) = \frac{P(A \cap R)}{P(R)} = \frac{P(A \cap R)}{P(A \cap R) + P(B \cap R)}$$

$$= \frac{P(A)P(R \mid A)}{P(A)P(R \mid A) + P(B)P(R \mid B)} = \frac{0.5 \cdot 0.8}{0.5 \cdot 0.8 + 0.5 \cdot 0.9} = \frac{0.4}{0.85}$$

◦ B12셀에 "=B8/D8"를 입력하여 0.471로 계산

$$- \ P(B \mid R) = \frac{P(B \cap R)}{P(R)} = \frac{P(B \cap R)}{P(A \cap R) + P(B \cap R)}$$

$$= \frac{P(B)P(R \mid B)}{P(A)P(R \mid A) + P(B)P(R \mid B)} = \frac{0.5 \cdot 0.9}{0.5 \cdot 0.8 + 0.5 \cdot 0.9} = \frac{0.45}{0.85}$$

◦ B13셀에 "=C8/D8"를 입력하여 0.529로 계산

③ 상자에서 꺼낸 제품이 불량품인 경우에 그 제품이 A일 확률 $P(A \mid D)$ =0.667(=10/15)과 B일 확률 $P(B \mid D)$ =0.333(=5/15)을 (5.8.3)식의 베이즈법칙을 이용하여 다음과 같이 계산

- $P(A \mid D) = \dfrac{P(A \cap D)}{P(D)} = \dfrac{P(A \cap D)}{P(A \cap D) + P(B \cap D)}$

$= \dfrac{P(A)P(D \mid A)}{P(A)P(D \mid A) + P(B)P(D \mid B)} = \dfrac{0.5 \cdot 0.2}{0.5 \cdot 0.2 + 0.5 \cdot 0.1} = \dfrac{0.1}{0.15}$

◦ B14셀에 "=B9/D9"를 입력하여 0.667로 계산

- $P(B \mid D) = \dfrac{P(B \cap D)}{P(D)} = \dfrac{P(B \cap D)}{P(A \cap D) + P(B \cap D)}$

$= \dfrac{P(B)P(D \mid B)}{P(A)P(D \mid A) + P(B)P(D \mid B)} = \dfrac{0.5 \cdot 0.1}{0.5 \cdot 0.2 + 0.5 \cdot 0.1} = \dfrac{0.05}{0.15}$

◦ B15셀에 "=C9/D9"를 입력하여 0.333으로 계산

- 이상과 같이 베이즈법칙은 후진조건부 확률(backward conditional probability)의 계산에 적용 가능

제 2 절 계산원리와 확률분포

Ⅰ. 확률실험결과의 계산원리

- 어떤 확률실험에서 발생 가능한 결과들 총수의 계산(counting)은 곱셈(multiplication), 순열(順列, permutation), 조합(組合,combination)의 원리를 이용하여 쉽게 수행

1. 곱셈원리

2가지 이상의 집단에 대한 배열 방식을 각 집단 배열방식들의 곱으로 계산하는 원리

[계산방식]

◦ 2개 집단(사상)의 경우 : 한 가지 일을 하는데 m개의 방식이, 또 다른 일을 하는데 n개의 방식이 있다면, 그 일들을 모두 하는 방식은 m×n가지로 계산

◦ 3개의 사상에 대해 각각 m, n, o의 배열방식(arrangements)이 있다면, 3개의 사상들을 함께 배열하는 방식은 m×n×o가지로 계산

- 곱셈원리(multiplication principle)는 2가지 이상의 집단이나 사상의 배열방식에 적용되므로, 하나의 사상을 배열하는 방식에는 부적합

예제 5-11) 실내장식업자가 8가지의 외부스타일과 6가지의 실내장식디자인을 이용할 수 있는 경우, 집을 꾸미는 가능한 방식의 배열은 곱셈원리에 따라 48(=8×6)가지를 이용할 수 있다.

2. 순열

단지 한 집단에 대한 배열 방식에 관하여 배열 방식을 찾는 원리이며, 어떤 집합의 원소들이 순서대로 1부터 n까지 있을 경우에 그 원소들의 배열

- 순열에서는 배열의 순서가 중요

◦ 1,2,3과 2,1,3은 다른 순열들

[계산방식]

(1) 반복사용(replacement)이 허용되지 않는 경우

- 어떤 집합의 n개 원소들 중에서 r개를 선택하여 순서에 따라 배열하는 방식들인 순열들의 수 ${}_nP_r$를 구하는 순열공식

(5.9) $${}_nP_r = \frac{n!}{(n-r)!}$$: 반복사용이 없는 경우

◦ Excel에서는 "=PERMUT(n, r)"를 사용하여 계산

◦ Excel에서 (5.9)식에 따라 "=FACT(n)/FACT($n-r$)"을 입력하여 계승(階乘, factorial)을 이용하는 방식으로 계산 가능

예제 5-12) 어떤 순서에 따라 조립되어야 하는 3개의 부품들로 된 집단이 있는 경우에 이 부품들은 조립할 수 있는 방식은 다음과 같다.

조립되어야 하는 부품의 수가 3개여서 n=3이며, 3개의 부품이 모두 조립되어야 하므로 r=3이므로, 조립가능한 방식들인 순열들의 수는

$$_3P_3 = \frac{3!}{(3-3)!} = \frac{3!}{0!} = \frac{3 \cdot 2 \cdot 1}{1} = 6$$

- 다음과 같이 A2:B3구간에 원소의 수 n과 선택할 원소의 수 r을 입력
- B4셀에 "=PERMUT(B2,B3)"을 입력하여 수열의 수를 6으로 계산
- (5.9)식에 따라 B5셀에 "=FACT(B2)/FACT(B2-B3)"을 입력하여 수열의 수를 6으로 계산

	A	B	C	D	E
1	**순열**				
2	원소의 수(n)	3			
3	선택원소의 수(r)	3			
4	순열의 수(nPr)	6	=PERMUT(B2,B3)		
5	순열의 수(nPr)	6	=FACT(B2)/FACT(B2-B3)		

예제 5-13) 점포의 3군데 공간에 8개의 상품을 배열하는 방법인 순열들의 수를 곱셈원리와 순열공식을 사용하여 구할 수 있다.

	A	B	C	D	E
6	**곱셈원리와 순열**				
7	상품의 수(n)	8			
8	공간의 수(r)	3			
9	곱셈원리[n*(n-1)*(n-2)]	336	=PRODUCT(B7,B7-1,B7-2)		
10	곱셈원리[n*(n-1)*(n-2)]	336	=B7*(B7-1)*(B7-2)		
11	순열의 수(nPr)	336	=PERMUT(B7,B8)		
12	순열의 수(nPr)	336	=FACT(B7)/FACT(B7-B8)		

① 곱셈원리에 따른 계산

배열한 뒤에는 한 상품을 사용할 수 없으므로, 첫째 공간에는 8개의 방식이, 둘째 공간에는 7개의 방식이, 셋째 공간에는 6개의 방식이 사용할 수 있다. 따라서 곱셈원리에 따라 $8 \times 7 \times 6 = 336$순열들이 존재한다.

- B9셀에 "=PRODUCT(B7,B7-1,B7-2)"를 입력하여 336으로 순열들의 수를 계산
- B10셀에 "=B7*(B7-1)*(B7-2)"를 입력하여 336으로 순열들의 수를 계산

② 순열공식에 따른 계산

- B11셀에 "=PERMUT(B7,B8)" 또는 B12셀에 "=FACT(B7)/FACT(B7-B8)"을 입력하여 (5.9)식을 다음과 같이 적용하여 336으로 순열들의 수를 계산

$$_{8}P_{3} = \frac{8\,!}{(8-3)\,!} = \frac{8\,!}{5\,!} = 8 \cdot 7 \cdot 6 = 336$$

(2) 반복사용이 허용되는 경우

- 어떤 것을 배열한 후에도 반복 사용이 다른 배열에서도 허용된다면, 순열들의 수는 다음과 같이 계산

(5.10) $P = n^{r}$: 반복사용이 허용되는 경우

예제 5-14) C와 D의 두 글자를 한 번에 모두 배열한다면, 반복이 허용되지 않는 경우가 된다. 그리고 그 때 가능한 순열은 2개로 CD와 DC이다. 그리고 이는 $P = \frac{n\,!}{(n-r)\,!} = \frac{2\,!}{(2-2)\,!} = 2$ 로 계산할 수 있다.

그런데 CC, DD와 같은 식의 배열 역시 가능하여 반복 사용이 허용된다면, CC, CD, DC, DD의 4개의 순열이 가능하다. 이는 $P = n^{r} = 2^{2} = 4$ 로 계산할 수 있다.

3. 조합

n개의 원소들을 순서에 관계없이 한 번에 r개만큼 선정할 경우의 배열방식을 계산하는데 사용되는 원리

[계산방식]

n개 원소 중 r개(조합항목 수)를 순서에 관계없이 선택하는 방법인 조합의 수 $_{n}C_{r}$를 계산하는 공식

(5.11) $$_nC_r = \binom{n}{r} = \frac{n!}{r!\,(n-r)!}$$

◦ Excel에서는 "=COMBIN(n, r)"을 사용하여 계산

◦ Excel에서 (5.11)식에 따라 "=FACT(n)/(FACT(r)*FACT($n-r$))"을 입력하여 계승(階乘, factorial)을 이용하는 방식으로 계산 가능

예제 5-15) 7개 색상에서 선정 순서에 관계없이 3가지 색상을 선정하는 방식은 다음과 같이 35이다.

	A	B	C	D	E	F
13	조합					
14	원소의 수(n)	7				
15	조합항목 수(r)	3				
16	조합의 수(nCr)	35	=COMBIN(B14,B15)			
17	조합의 수(nCr)	35	=FACT(B14)/(FACT(B15)*FACT(B14-B15))			

- B14:B15구간에 원소의 수와 조합항목 수를 각각 7과 3으로 입력
- B16셀에 "=COMBIN(B14,B15)"를 입력하여 35로 계산
- B17셀에 (5.11)식에 따라 "=FACT(B14)/(FACT(B15)*FACT(B14-B15))"를 입력

$$_7C_3 = \frac{7!}{3!\,(7-3)!} = \frac{7!}{3!\,4!} = \frac{7\times6\times5}{1\times2\times3} = 7\times5 = 35$$

Ⅱ. 확률분포의 개념과 종류

1. 확률분포의 개념

- 확률함수(probability function) 또는 확률분포(probability distribution) : 한 확률변수가 취할 수 있는 모든 값들을 그 확률과 함께 체계적으로 표를 작성하거나 또는 수리적 함수를 이용하여 표시한 것

◦ 확률변수 X의 서로 다른 값 x_i와 그에 대응하는 확률 $f(x_i) = P(X = x_i)$를 대응시켜 주는 관계이며, 확률변수가 갖는 값과 그 값들이 발생할 확률로 표시

◦ 확률분포의 값들은 확률이어서 0과 1 사이의 값으로 결정

◦ 확률분포의 모든 값들의 합은 1

◦ 실험결과들의 일람표(listing)는 완전히 그 결과들을 보여주고, 실험결과들은 상호 배반적이어서 중복되지 않음

2. 확률분포의 종류

가. 이산확률변수 확률분포

- 이산확률변수가 가질 수 있는 모든 가능한 수치들을 그 각 수치들의 발생확률에 대응시켜 표시한 표, 그래프, 또는 함수
- 이산형함수(discrete function) 또는 확률질량함수(probability mass function)라고 하며, 이산확률함수가 이산적인 표본점들 x 에서 0이 아닌 값들만을 갖기 때문에 부르는 용어

◦ $P(X=x)$ 또는 $f_x(x)$ 로 표시

◦ 이산확률변수의 요건 : x_i 가 확률변수 X의 i 번째 관찰치일 때

① 모든 i 에 대해 $P(x_i) \geq 0$ 으로 그 확률은 음이 될 수 없다.

② 개별 확률들은 모두 더하면 1이어서, $\sum_{i=1}^{n} P(x_i) = 1$ 이 성립한다.

- 누적분포함수(cumulative distribution function : cdf) : 어떤 주어진 수치(number) 이하의 값을 확률변수 X가 가질 확률이며 $F(x)$ 로 표시

◦ X가 갖는 m 개의 값들 $x_1,\ldots, x_m$ 이 오름차순(increasing order)으로 배열하여 $x_1 < x_2 < \ldots < x_m$ 인 경우에 $x_k(1 \leq k \leq m)$ 의 누적분포함수 $F(x_k)$ 는 다음과 같다.

$$F(x_k) = P(X \leq x_k) = P(x_1) + \ldots + P(x_k) = \sum_{i=1}^{k} P(x_i) \qquad (5.12)$$

◦ (5.12)식의 경우에 X의 범위(range) 외부에 있어 x_1 보다 작거나 x_m 보다 큰 값들을 확률변수 X가 가질 확률은 0이기 때문에 (5.12)식은 다음과 같다.

$$F(x_k) = \sum_{i=-\infty}^{k} P(x_i) \qquad (5.13)$$

- 주로 이항분포(binomial distribution), 초기하분포(hypergeometric distribution), 포아송 확률분포(Poisson probability distribution)를 사용

예제 5-16) 주사위를 던지는 경우에 1, 2, 3, 4, 5, 6의 값이 발생할 확률은 모두 동일하여 이러한 실험의 확률분포는 균등분포(uniform distribution)를 이룬다.

	A	B	C	D
1	**주사위 던지기 결과의 누적확률분포**			
2	x	확률함수 P(x)	누적확률 함수 F(x)	
3	1	0.167	0.17	=B3
4	2	0.167	0.33	=C3+B4
5	3	0.167	0.50	=C4+B5
6	4	0.167	0.67	=C5+B6
7	5	0.167	0.83	=C6+B7
8	6	0.167	1.00	=C7+B8

- B3:B8구간의 각 확률은 0.167(=1/6)로 균등
- C3:C8구간의 누적확률은 각각 D3:D8구간에 표시된 식으로 계산
- 누적확률의 그래프는 다음과 같이 확률변수 X의 각 정수값들에서 이산적인 단계들로 값이 변화되는 것을 보여주는 계단함수(step function)

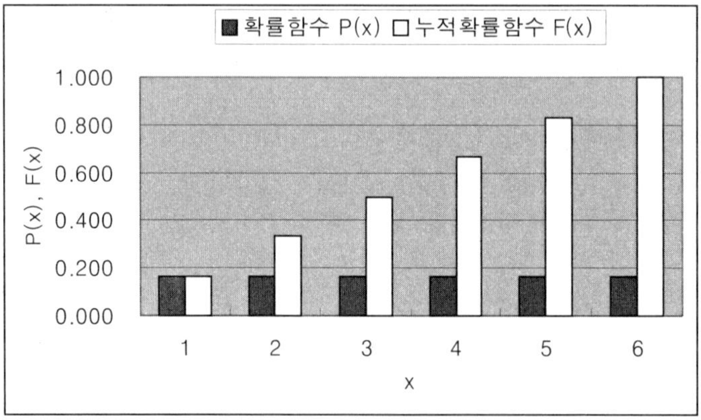

나. 연속확률변수 확률분포

- 연속확률변수가 갖는 실수구간에 대해 확률을 대응시켜 분포의 개략적인 전체 형태를 설명하는 함수 또는 곡선

- 연속확률변수가 가질 수 있는 가능한 모든 수치들을 열거할 수 없기 때문에, 확률밀도함수(probability density function) 또는 확률곡선(probability curve)에 의해 수리적 함수로 결정된 확률을 표시

◦ 확률밀도함수 곡선 아래의 전체 면적은 1이고, 연속확률변수의 확률은 밀도함수 아래의 면적으로 측정

- 확률밀도함수의 조건

① 모든 $x(-\infty < x < \infty)$에 대해 $f(x) \geq 0$

② $P(X=x)=0$

③ $P(\alpha \leq X \leq \beta) = \int_{\alpha}^{\beta} f(x)\,dx$

④ $P(-\infty \leq X \leq \infty) = \int_{-\infty}^{\infty} f(x)\,dx = 1$

- 연속확률변수의 누적밀도함수를 누적균등밀도함수(cumulative uniform density function)라 한다.

◦ 연속확률변수가 x_0 이하의 구간에 있는 값을 갖는 누적확률 $F(x_0)$는

$$F(x_0) - \int_{-\infty}^{x_0} f(x)dx \qquad (5.14)$$

◦ 연속확률변수 X가 a와 $b(\geq a)$의 구간에 위치할 확률 $P(a \leq X \leq b)$는 누적분포함수를 이용하여 다음과 같이 계산

(5.15)

$$P(a \leq X \leq b) = \int_{a}^{b} f(x)dx = \int_{-\infty}^{b} f(x)dx - \int_{-\infty}^{a} f(x)dx = F(b) - F(a)$$

Ⅲ. 기대치와 분산

1. 이산확률변수의 기대치와 분산

- 기대치(expected value) : 확률함수를 통해 계산한 확률변수 또는 그 분포의 예상값(expectation) 또는 평균(mean)이며, E(X) 또는 μ로 표시

- 이산확률변수의 기대치는 이산확률을 사용하여 계산

(5.16) $$\mu = E(X) = \sum_{i=1}^{N} x_i P(x_i)$$

- 분포의 분산(variance) σ^2을 확률질량함수를 사용하여 계산

(5.17) $$\sigma^2 = \sum_{i=1}^{N} (x_i - \mu)^2 P(x_i) = \sum_{i=1}^{N} x_i^2 P(x_i) - \mu^2$$

예제 5-17) 어떤 공장에서 불량품이 생산될 확률분포가 다음과 같다고 하자. 이러한 경우에 생산될 불량품의 기대치와 그 분산을 아래와 같이 구할 수 있다.

	A	B	C	D
1	**불량품 확률분포표와 기대치 및 분산**			
2	불량품 개수 xi	확률 P(xi)	xi*P(xi)	(xi-μ)^2*P(xi)
3	0	0.05	0	0.392
4	1	0.15	0.15	0.486
5	2	0.20	0.4	0.128
6	3	0.25	0.75	0.01
7	4	0.25	1	0.36
8	5	0.10	0.5	0.484
9	계	1.00	**2.80**	**1.86**

① 기대치 계산

- (5.16)식에 따라 $x_i P(x_i)$의 값을 계산하도록 C3셀에 "=A3*B3"를 입력하고, 그 식을 "Ctrl+C"를 눌러 복사하여 C3:C8구간에 붙여 넣기
- C9셀에 "=SUM(C3:C8)"을 입력하여, μ를 2.80으로 계산

② 분산 계산

- D3셀에 "=((A3-$C$9)^2)*B3"을 입력하고, 그 식을 "Ctrl+C"로 복사하여 D3:D8구간에 붙여 넣어 (5.17)식에 따라 $(x_i - \mu)^2 P(x_i)$의 값을 계산
- D9셀에 "=SUM(D3:D8)"을 입력하여 σ^2을 1.86으로 계산

2. 연속확률변수의 기대치와 분산

- 연속확률변수의 기대치 μ를 확률밀도함수 $f(x)$를 이용하여 계산

(5.18) $$\mu = E(X) = \int_{-\infty}^{\infty} xf(x)dx$$

- 연속확률변수의 분산 σ^2을 확률밀도함수 $f(x)$를 이용하여 계산

(5.19) $$\sigma^2 = \int_{-\infty}^{\infty} (x-\mu)^2 f(x)dx = \int_{-\infty}^{\infty} x^2 f(x)dx - \mu^2 = E(X^2) - \mu^2$$

예제 5-18) 다음 확률밀도함수를 갖는 연속확률변수의 기대치와 분산을 아래와 같이 구할 수 있다.

$$\text{확률밀도함수 } f(x) = \begin{cases} 2(1-x) & for \quad 0 < x < 1 \\ 0 & otherwise \end{cases}$$

① 기대치 계산

$$E(X) = \int_{-\infty}^{\infty} x2(1-x)\,dx = \int_0^1 x2(1-x)\,dx = x^2 - \frac{2}{3}x^3 \Bigg|_0^1 = 1 - \frac{2}{3} = \frac{1}{3}$$

② 분산 계산

- $$E(X^2) = \int_{-\infty}^{\infty} x^2 f(x)\,dx = \int_0^1 x^2 2(1-x)\,dx = \frac{2}{3}x^3 - \frac{2}{4}x^4 \Bigg|_0^1$$

$$= \frac{2}{3} - \frac{2}{4} = \frac{1}{6}$$

- $$\sigma^2 = E(X^2) - \mu^2 = \frac{1}{6} - \left(\frac{1}{3}\right)^2 = \frac{1}{6} - \frac{1}{9} = \frac{1}{18}$$

3. 기대치의 특성

① $Y = aX + b$이고, 여기서 a와 b가 상수인 경우

(5.20) $$E(Y) = a\int_{-\infty}^{\infty} xf(x)\,dx + b\int_{-\infty}^{\infty} f(x)dx = aE(X) + b$$

◦ $E(2X-7) = 2E(X) - E(7) = 2E(X) - 7$

② n개의 확률변수들 $X_1, X_2, ..., X_n$에 대한 각 기대치 $E(X_i)$가 존재하는

경우

(5.21) $$E(X_1 + \cdot\cdot\cdot + X_n) = E(X_1) + \cdot\cdot\cdot + E(X_n)$$

◦ $E(X_1 + X_2) = \int_{-\infty}^{\infty}\int_{-\infty}^{\infty}(x_1 + x_2)f(x_1, x_2)\,dx_1 dx_2$

$= \int_{-\infty}^{\infty}\int_{-\infty}^{\infty}x_1 f(x_1, x_2)\,dx_1 dx_2 + \int_{-\infty}^{\infty}\int_{-\infty}^{\infty}x_2 f(x_1, x_2)\,dx_1 dx_2$

$= E(X_1) + E(X_2)$

③ 상수 $a_1, ..., a_n$과 b에 대해

(5.22) $$E(a_1X_1 + \cdot\cdot\cdot + a_nX_n + b)$$
$$= a_1E(X_1) + a_2E(X_2) + \cdot\cdot\cdot + a_nE(X_n) + b$$

◦ $E(2X_1 + 3X_2 + 5) = 2E(X_1) + 3E(X_2) + 5$

④ $X_1, X_2, ..., X_n$이 서로의 변화에 영향을 주지 않아 독립적이고, 각 예상값 $E(X_i)$가 존재하는 경우

(5.23) $$E(\Pi_{i=1}^{n}X_i) = \int_{-\infty}^{\infty}\cdot\cdot\cdot\int_{-\infty}^{\infty}(\Pi_{i=1}^{n}x_i)f(x_1, ..., x_n)dx_1\cdot\cdot\cdot dx_n$$
$$= \int_{-\infty}^{\infty}\cdot\cdot\cdot\int_{-\infty}^{\infty}[\Pi_{i=1}^{n}x_if_i(x_i)]dx_1\cdot\cdot\cdot dx_n$$
$$= \Pi_{i=1}^{n}\int_{-\infty}^{\infty}x_if_i(x_i)\,dx_i = \Pi_{i=1}^{n}E(X_i)$$

◦ $E[X_1^2(X_2 - 2X_3)^2] = E(X_1^2)E[(X_2 - 2X_3)^2]$

$= E(X_1^2)E(X_2^2 - 4X_2X_3 + 4X_3^2) = E(X_1^2)[E(X_2^2) - 4E(X_2X_3) + 4E(X_3^2)]$

$= E(X_1^2)E(X_2^2) - 4E(X_1^2)E(X_2X_3) + 4E(X_1^2)E(X_3^2)$

4. 분산의 특성

- 평균 $\mu = E(X)$를 갖는 확률변수 X의 분산 $Var(X)$의 공식

(5.24) $$\sigma^2 = Var(X) = E[(X - \mu)^2] = E(X^2 - 2\mu X + \mu^2)$$

$$= E(X^2) - 2\mu E(X) + \mu^2 = E(X^2) - \mu^2$$

① 상수 c에 대해 항상 $X = c$인 경우 확률 $\Pr(X = c) = 1$이므로

(5.25) $$Var(X) = Var(c) = E[(X - c)^2] = 0$$

② $E(X) = \mu$와 상수 a와 b에 대해

(5.26) $$Var(aX + b) = E[(aX + b - a\mu - b)^2] = E[(aX - a\mu)^2]$$
$$= a^2 E[(X - \mu)^2] = a^2 Var(X)$$

◦ $Var(2X - 3) = E[(2X - 3 - 2\mu + 3)^2] = E[(2X - 2\mu)^2]$
$= E[4X^2 - 8\mu X + 4\mu^2] = 4E(X^2) - 8\mu^2 + 4\mu^2 = 4E(X^2) - 4\mu^2$

③ 각 기대치 $E(X_i)$를 갖는 독립적인 확률변수들 X_1, X_2, ..., X_n에 대해

(5.27) $$Var(X_1 + \cdot\cdot\cdot + X_n) = Var(X_1) + \cdot\cdot\cdot + Var(X_n)$$

◦ $Var(X_1 + X_2) = E[(X_1 + X_2 - \mu_1 - \mu_2)^2]$

$$= E[(X_1 - \mu_1)^2 + (X_2 - \mu_2)^2 + 2(X_1 - \mu_1)(X_2 - \mu_2)]$$
$$= Var(X_1) + Var(X_2) + 2E[(X_1 - \mu_1)(X_2 - \mu_2)]$$
$$= Var(X_1) + Var(X_2) + 2Cov(XY)$$
$$= Var(X_1) + Var(X_2) \quad [X_1 \text{과 } X_2 \text{가 독립적인 경우}]$$

◦ X_1과 X_2가 독립적인 경우

$$E[(X_1 - \mu_1)(X_2 - \mu_2)] = E(X_1 - \mu_1)E(X_2 - \mu_2)$$
$$= (\mu_1 - \mu_1)(\mu_2 - \mu_2) = 0$$

④ 각 기대치 $E(X_i)$를 갖는 독립적인 확률변수들 X_1, X_2, ..., X_n과 상수 a_1,..., a_n에 대해

(5.28) $$Var(a_1X_1 + \cdot\cdot\cdot + a_nX_n) = a_1^2 Var(X_1) + \cdot\cdot\cdot + a_n^2 Var(X_n)$$

Ⅳ. 공분산과 상관계수

1. 공분산

가. 공분산의 개념

두 확률변수 X와 Y가 함께 변동하는 정도인 두 변수간의 선형관련(linear association)에 대한 통계적 측정치이며, $Cov(X, Y) = C_{XY} = \sigma_{XY}$로 표시

- 어떤 결합분포를 구성하고, $E(X) = \mu_X$와 $E(Y) = \mu_Y$의 기대치와 $Var(X) = \sigma_X^2$과 $Var(Y) = \sigma_Y^2$의 분산을 갖는 경우에 두 확률변수 X와 Y의 공분산(covariance)

$$(5.29) \quad Cov(X, Y) = E[(X-\mu_X)(Y-\mu_Y)] = \frac{\sum_{i=1}^{n}(X_i-\mu_X)(Y_i-\mu_Y)}{n}$$

- 확률변수 X와 Y의 표본평균 $\overline{X}$와 $\overline{Y}$에 대해 공분산 Cov(X,Y) = $C_{XY} = s_{XY}$

$$Cov(X, Y) = C_{XY} = s_{XY} = \frac{\sum_{i=1}^{n}(X_i-\overline{X})(Y_i-\overline{Y})}{n}$$

$$= \frac{n\sum_{i=1}^{n}X_iY_i - (\sum_{i=1}^{n}X_i)(\sum_{i=1}^{n}Y_i)}{n^2} = \frac{n\sum_{i=1}^{n}X_iY_i}{n^2} - \frac{(\sum_{i=1}^{n}X_i)}{n}\frac{(\sum_{i=1}^{n}Y_i)}{n}$$

에서

$$(5.30) \quad Cov(X, Y) = s_{XY} = \overline{XY} - (\overline{X})(\overline{Y}) = E(XY) - E(X)E(Y)$$

◦ Excel에서 두 변수 X와 Y의 자료들을 이용한 공분산 계산은 "=COVAR(X자료구간,Y자료구간)"을 지정하여 계산[제12장과 제14장을 참조]

- (5.30)식에서 두 변수간의 공분산은 두 변수의 측정단위에 따라 값이 크게 다를 수 있어, 두 변수간의 변화관계에 대한 방향은 알 수 있지만 정도를 측정하기 곤란

나. 공분산의 특성

∞보다 작은 분산 σ_X^2와 σ_Y^2을 갖는 두 확률변수 X와 Y의 경우

- $Cov(X, Y) = E[(X-\mu_X)(Y-\mu_Y)] = E(XY-\mu_X Y - m_Y Y + \mu_X \mu_Y)$

  $= E(XY) - \mu_X E(Y) - \mu_Y E(X) + \mu_X \mu_Y = E(XY) - \mu_X \mu_Y$에서

$$Cov(X, Y) = E(XY) - E(X)E(Y) \quad (5.31)$$

- $Var(X+Y) = Var(X) + Var(Y) + 2Cov(X, Y)$에서

$$Cov(X, Y) = \frac{Var(X+Y) - [Var(X) + Var(Y)]}{2} \quad (5.32.1)$$

- $Var(X-Y) = Var(X) + Var(Y) - 2Cov(X, Y)$에서

$$Cov(X, Y) = \frac{Var(X-Y) + Var(X) + Var(Y)}{2} \quad (5.32.2)$$

2. 상관계수

공분산과는 달리 확률변수의 측정단위와는 무관하게 상호 변화에 대한 관계의 정도를 측정할 수 있도록 공분산을 표준화시킨 측정치

- 두 확률변수 X와 Y의 상관계수(correlation coefficient) ρ_{XY}는 공분산을 두 변수의 표준편차로 표준화시킨 값

$$\rho_{XY} = \frac{Cov(X, Y)}{\sigma_X \sigma_Y} \quad (5.33)$$

- 표본표준편차 s_X와 s_Y에 대한 상관계수 r_{XY}

$$r_{XY} = \frac{\sum_{i=1}^{N}(Y_i - \overline{Y})(X_i - \overline{X})}{\sqrt{\sum_{i=1}^{N}(Y_i - \overline{Y})^2}\sqrt{\sum_{i=1}^{N}(X_i - \overline{X})^2}} = \frac{Cov(X, Y)}{s_X s_Y} \quad (5.34)$$

◦ 엑셀에서는 "=CORREL(X자료구간,Y자료구간)"을 입력하여 두 변수간의 상관

계수를 계산(제12장과 제14장 참조)

[2변수간 상관계수의 주요 특성]

① r은 항상 -1과 1 사이에 있고, $-1 \leq r \leq 1$로 표시

② r의 양의 값들은 X와 Y간에 양의 상관관계를, 음의 값들은 음의 상관관계를, 0의 값은 상관되지 않은 것을 표시

③ r의 양의 값이 클수록 보다 강력한 양의 상관을 표시하며, $r=1$은 완전한 양의 상관을 표시. r의 음의 값이 클수록 강력한 음의 상관을 표시하고, $r=-1$은 완전한 음의 상관을 표시

④ Y와 X간의 상관은 X와 Y간의 상관계수와 일치

⑤ 어떤 변수와 그 자체간의 상관계수는 1

〈참고문헌〉

Chao, Lincoln L.(1974), *Statistics : Methods and Analyses*, 2nd ed., McGraw-Hill, Inc., pp. 51-72, 115-116.

DeGroot, Morris H.(1989), *Probability and Statistics*, 2nd ed., Addison-Wesley Publishing Co., pp. 187-220.

Frank, Harry and Steven C. Althoen(1994), *Statistics : Concepts and Applications*, Cambridge university Press, pp. 107-121, 150-200.

Harnett, D.L. and A.K. Soni(1991), *Statistical Methods : For Business and Economics*, 4th ed., Addison-Wesley Publishing Co., Inc., pp. 47-78.

Kazmier, Leonard J.(1988), *Theory and Problems of Business Statistics with Computer Applications*, 2nd. ed., McGraw-Hill Book Co., pp. 65-86.

Koop, Gary(2005), *Analysis of Economic Data*, 2nd ed., John Wiley & Sons, Ltd., pp.33-36.

Lee, Cheng F.(1993), *Statistics for Business and Financial Economics*, D.C. Heath and Company, pp. 144-178; 278-281.

Mason, Robert D.(1982), *Statistical Techniques in Business and Economics*, 5th ed., Richard D. Irwin, Inc., pp. 221-254.

Spiegel, Murray R.(1992), *Theory and Problems of Probability and Statistics*,

McGraw-Hill, Inc., pp. 1-11, 76-86.

Wonnacott, T.H. and R.J. Wonnacott(1990), *Introductory Statistics for Business and Economics*, 4th ed., John Wiley & Sons, pp. 134-159.

제6장

확률분포의 형태

[핵심용어]

· 베르누이과정	· 이항분포	· 기하분포
· 음이항분포	· 초기하분포	· 포아송분포
· 정규분포	· 표준정규분포	· 지수확률분포
· 로그정규분포	· 확률밀도곡선	· 파스칼 분포

[주요 Excel함수와 기능]

· BINOMDIST	· NEGBINOMDIST	· HYPGEOMDIST
· POISSON	· NORMDIST	· NORMSDIST
· EXPONDIST	· LOGNORMDIST	

제 1 절 이산확률분포

Ⅰ. 베르누이과정과 이항분포

1. 베르누이과정

동등한 실험조건에서 실험 결과가 (성공과 실패 또는 앞면과 뒷면 등) 단지 두 가지 결과만을 같은 확률로 갖는 여러 독립적 시행들로 구성된 반복적 과정

- 성공확률인 모수 p를 갖는 N개의 베르누이 시행(N Bernoulli trials with parameter p)을 구성하는 N개의 확률변수 X는 독립균등 분포되고 (independently and identically distributed : i.i.d.), 각 확률변수는 모수 p의 베르누이분포를 갖는다.
- 베르누이시행의 조건
• 매 시행은 2가지의 가능한 결과만을 보유
• 성공의 확률을 p라고 하면 실패의 확률은 $1-p$
• 매 시행 결과는 다른 시행 결과와 독립적으로 발생

[적용] 품질검사에서 제품의 합격과 불합격 판정, 사망보험 가입자의 사망 여부, 세일즈맨의 판촉성공 여부 등 많은 상황이 베르누이과정으로 설명 가능

2. 이항분포

어떤 실험에서 성공 확률이 p인 베르누이과정을 n번 반복적으로 시행했을 경우에 성공 횟수인 확률변수 X가 따르는 시행횟수 n과 성공 확률 p를 모수로 갖는 확률분포이며, $X \sim B(n, p)$로 표시

- 이항분포(binomial distribution)의 구성 정보
① 성공 횟수, ② 시행의 횟수, ③ 한 시행에서 성공 확률

- 이항분포의 확률함수

(6.1) $$P(X=x) = f(x) = \binom{n}{x} p^x (1-p)^{n-x}, \quad x = 0, 1, \cdots, n$$

x : 성공횟수, n : 시행횟수, p : 성공확률

◦ Excel에서는 "=BINOMDIST(성공횟수,시행횟수,성공확률,FALSE)"를 이용하여 이항분포의 확률을 계산, BINOMDIST함수 마지막 항의 FALSE 대신에 0을 사용 할 수 있음

- 이항분포의 누적확률함수인 누적이항함수(cumulative binomial function)

(6.2) $$B(n, p) = \sum_{x=0}^{n} \binom{n}{x} p^x (1-p)^{n-x}$$

◦ 누적확률은 "=BINOMDIST(성공횟수,시행횟수,성공확률,TRUE)"를 이용하여 계산하고, BINOMDIST함수 마지막 항의 TRUE 대신 1을 사용할 수 있음

- 이항분포확률변수 $X \sim B(n, p)$의 기대치와 분산

(6.2) $$\mu = E(X) = np$$

(6.3) $$\sigma^2 = Var(X) = np(1-p) = npq$$

◦ (6.2)와 (6.3)식은 성공횟수의 기대치와 분산

[적용] 성공과 실패 또는 앞면과 뒷면 등과 같이 두 가지의 배반적 결과로 표시할 수 있는 상황에서 성공 또는 존재의 확률이 일정할 경우에 그 성공 또는 앞면의 횟수인 확률변수가 갖는 값들의 확률을 계산

예제 6-1) 판매 성공의 확률이 20%인 보험설계사가 10명의 고객을 만나서 성공할 횟수의 확률을 다음과 같이 이항분포 계산으로 구할 수 있다.

	A	B	C	D	E	F	G
1	**이항분포**						
2	성공횟수(x)	확률	누적확률	시행횟수(n)	10		
3	0	0.107374	0.107374	성공확률(p)	0.2		2
4	1	0.268435	0.37581				
5	2	0.30199	0.6778				
6	3	0.201327	0.879126				
7	4	0.08808	0.967207				
8	5	0.026424	0.993631				
9	6	0.005505	0.999136				
10	7	0.000786	0.999922				
11	8	7.37E-05	0.999996				
12	9	4.1E-06	1				
13	10	1.02E-07	1				

- A2:A13구간의 각 셀에 성공횟수(x)의 표시와 숫자를 입력
- D2:E3구간에 시행횟수와 확률분포 자료를 입력

① 이항분포의 확률 계산

- B3셀에 “=BINOMDIST(A3,$E$2,$E$3,0)”을 입력
- B3셀에 마우스 커서를 두고 그 수식을 “Ctrl+C”로 복사하고, B3:B13구간에 붙여 넣기를 하여 각 성공횟수의 확률을 계산

② 이항분포의 누적확률 계산

- C3셀에 “=BINOMDIST(A3,$E$2,$E$3,1)”을 입력
- C3셀의 수식을 “Ctrl+C”로 복사하고, C3:C13구간에 붙여 넣기를 하여 각 성공횟수까지의 누적확률을 계산

③ 이항분포곡선 작성

- A2:B13구간을 지정하고 을 눌러 차트마법사 대화상자에서 “분산형 : 곡선으로 연결된 분산형”을 지정한 후에, 적절한 지정 및 조정을 통해 다음과 같은 분포곡선을 작성

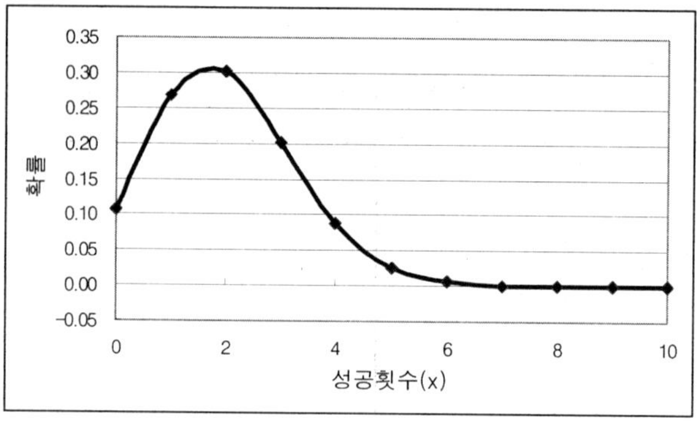

④ 스크롤막대를 이용한 확률의 시행횟수 및 성공확률에 대한 민감도분석

- 다음과 같이 메뉴표시줄에서 "보기→도구모음→양식"을 지정

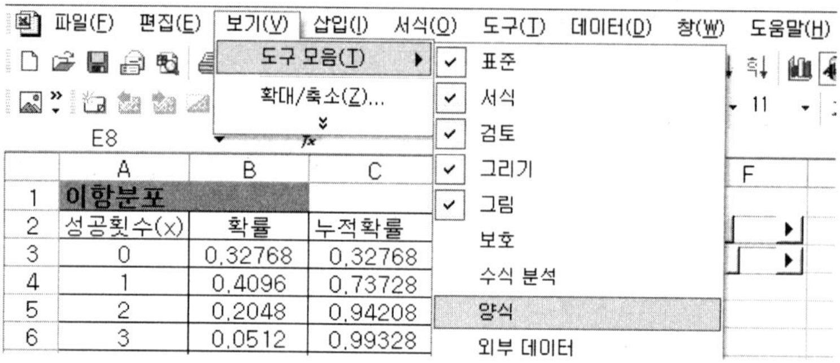

- 생성된 양식도구상자에서 를 마우스 커서로 지정하고, 마우스 왼쪽 단추를 한 번 누르고, 마우스 커서를 이동시키면 커서가 "+"로 변하게 된다.
- "+"로 변화된 마우스 커서 F2셀에 두고 마우스 왼쪽 단추를 누른 채로 F2셀의 왼쪽 위 가장자리부터 시작하여 F2셀에 사각형이 차도록 붙이기를 하고 마우스 왼쪽 단추에서 손을 떼면 스크롤 막대가 그려진다.
- 다시 스크롤 막대에 마우스 커서를 두고 마우스 오른쪽 단추를 눌러 다음 대화상자를 생성시킨다.

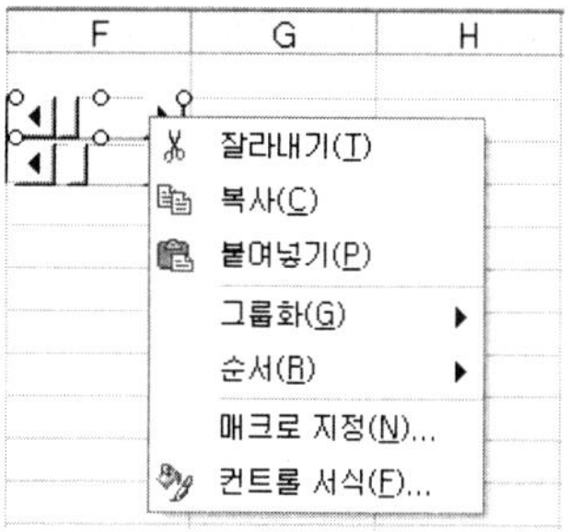

- 대화상자에서 컨트롤 서식을 눌러 생성된 대화상자를 아래와 같이 지정하여 E2 셀에 스크롤 막대를 연결한 후에 "확인"을 클릭

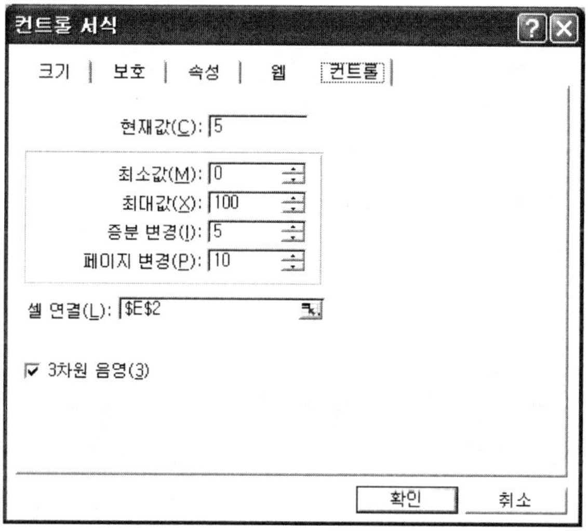

- F2셀의 스크롤 막대에 마우스 커서를 두고 오른쪽 단추를 눌러 생성된 대화상자에서 "복사"를 지정
- F3셀에 마우스 커서를 두고, 다시 마우스 오른쪽 단추를 눌러 생성된 대화상자에서 붙이기를 지정하여 새로운 스크롤 막대를 F3에 붙인다.
- F3셀의 스크롤 막대에 마우스 커서를 두고 마우스 오른쪽 단추를 눌러 생성시킨 컨트롤 서식 대화상자를 다음과 같이 지정하여 스크롤 막대를 G3셀에 연결

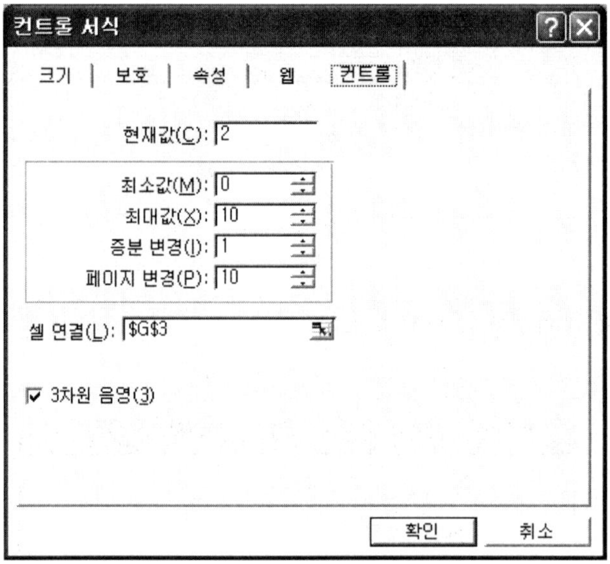

- E3셀에 "=G3/10"를 입력하여, F3셀의 스크롤 막대에 따라 E3셀의 성공확률이 변화하도록 연결
- F2셀의 스크롤 막대를 조작하면 시행횟수가 변화하고, F3셀의 스크롤 막대를 조작하면 성공확률이 변화하여 확률분포곡선과 누적확률분포곡선의 변화 형태와 그 민감도 포착이 가능
- 관찰치를 증가시킬수록 확률분포곡선은 오른쪽 꼬리를 갖는 형태에서 평균값 주변의 값들이 더 높은 확률들을 갖는 정규분포곡선의 형태로 전환

⑤ 성공횟수의 평균 및 분산 계산

- $X \sim B(5, 0.2)$를 따르는 확률변수 X의 평균 μ는 (6.2)식에 따라 1

$$\mu = E(X) = np = 5 \times 0.2 = 1$$

- 확률변수 X의 분산 σ^2은 (6.3)식에 따라 0.8

$$\sigma^2 = Var(X) = np(1-p) = 5 \times 0.2 \times 0.8 = 0.8$$

Ⅱ. 기하분포와 음이항분포

1. 기하분포

독립적이고 동일하게 분포된 베르누이 과정들의 수열에서, 최초 성공을 얻기 위해 요구되는 시행의 수가 갖는 확률분포

- 어떤 단일 사상 또는 시행이 일정한 확률 p와 $1-p$로 성공과 실패 등의 두 가지 가능한 결과만을 갖는 경우에, $k-1$회까지 실패하고 k번째 처음으로 성공하는 시행이 발생할 확률은 다음의 기하분포(geometric distribution)로 계산

(6.4) $$P(X=k)=(1-p)^{k-1}p$$

◦ Excel에서 음이항분포함수인 "=NEGBINOMDIST(실패횟수,성공횟수,성공확률)"을 사용하여 계산

◦ NEGBINOMDIST함수에서 k번째에 최초 성공한 기하분포확률은 실패횟수를 $k-1$, 성공횟수를 1로 설정하여 계산

- 기하분포의 평균 μ과 분산 σ^2

(6.5) $$\mu = 1/p$$

(6.6) $$\sigma^2 = \frac{(1-p)}{p^2}$$

[적용] 품질관리, 제품 신뢰성, 제품개발, 방문판매성공, 오퍼(offer)의 계약체결 성공, 석유탐사 및 기타 산업상황

예제 6-2) 한 번의 오퍼로 수주를 받을 확률이 0.5인 경우에, 1회 오퍼로 수주를 받을 확률부터, 30번까지 오퍼를 했지만 수주를 받지 못하다가 31번째가 되어서야 수주를 받을 확률을 다음과 같이 기하분포로 계산할 수 있다.

	A	B	C	D	E
1	기하분포				
2	실패횟수(f)	직후 최초 성공확률	성공확률(p)		
3	0	0.5000000000	0.5		5
4	1	0.2500000000			
5	2	0.1250000000			
6	3	0.0625000000			
27	24	0.0000000298			
28	25	0.0000000149			
29	26	0.0000000075			
30	27	0.0000000037			
31	28	0.0000000019			
32	29	0.0000000009			
33	30	0.0000000005			
34	* 실패횟수 = 최초 성공 발생 시행수-1				

① 기하분포확률의 계산

- $f+1$번째 오퍼에서 수주를 받는데 처음으로 성공한 확률을 계산하도록 먼저 실패 횟수 f를 A3:A33구간에 0부터 30까지 입력
- C3셀에 각 시행의 성공확률 p를 0.5로 입력
- (6.4)식에 따른 확률 계산을 위해 B3셀에 "=NEGBINOMDIST(A3,1,$C$3)"를 입력하고, "Ctrl+C"로 그 수식을 복사하여 B3:B33구간을 지정한 후에 붙여넣기
- B3:B33구간에 계산된 이후 최초 성공확률은 실패횟수 다음 회의 시행에서 최초로 성공할 확률이다. 따라서 2번의 수주 실패 후에 3번째 수주를 받을 확률은 0.125, 5번의 수주 실패 후에 6번째 수주를 받을 확률은 0.015625 등으로 계산결과를 획득

② 확률분포곡선의 작성

- A2:B33구간을 마우스 커서로 지정하고, 도구모음줄에서 차트도구 를 눌러 차트마법사 대화상자를 생성
- 차트마법사 1단계에서 "분산형 : 곡선으로 연결된 분산형"을 지정하여 아래와 같이 기하분포곡선을 작성

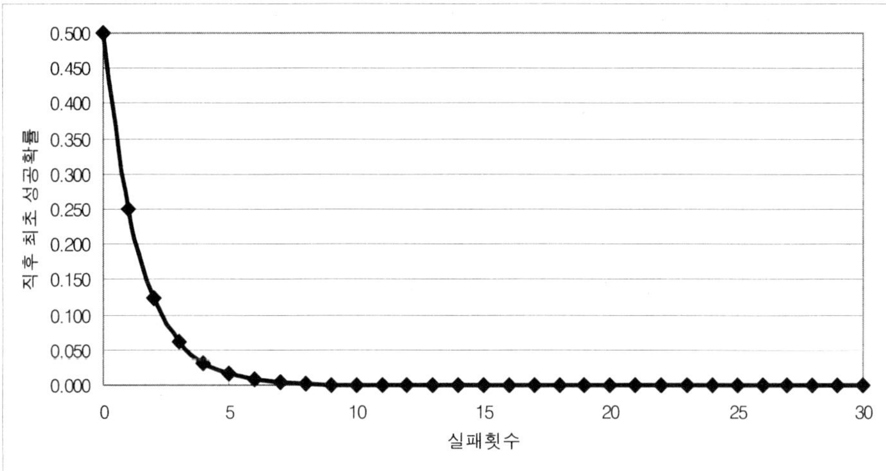

③ 기하분포의 성공확률에 대한 민감도 분석

- 메뉴표시줄에서 "보기→도구모음→양식"을 지정하여 D3셀에 스크롤 막대를 붙이고, 스크롤 막대를 E3셀에 연결
- C3셀에 "=E3/10"을 입력하고, D3셀의 스크롤 막대를 조정하여 확률분포곡선의 변화를 확인

2. 음이항분포

f번의 실패 후에 r번째 시행부터 계속 성공하여 총 $k(=f+r)$번의 시행을 수행하는 경우에 확률변수 X가 갖는 f의 값에 대한 확률을 나타내는 분포

- 음이항분포(Negative Binomial Distribution)는 파스칼 분포(Pascal's Distribution)라고 하며, 성공횟수인 r과 성공확률인 p를 모수로 갖는 확장형 기하분포
- 마지막 k번째 시행에서 r번 성공할 확률은 다음의 음이항분포에 의해 주어진다.

(6.7.1) $$P(X=k)=\binom{k-1}{r-1}p^{r-1}(1-p)^{k-r}p$$
$$=\binom{k-1}{r-1}p^{r}(1-p)^{k-r}=nb(k-r,r,p) \quad \text{for} \quad r>0$$

◦ Excel에서 "=NEGBINOMDIST(실패횟수,성공횟수,성공확률)"을 사용하여 계산

(6.7.2) $$nb(k-r,r,p)=0 \quad \text{for} \quad r\leq 0$$

- (6.7.1)식은 ① k-1 번의 시행에서 r-1 번의 성공확률과 ② 1번 시행으로 성공할 확률의 곱으로 구성
- (6.7.1)식의 첫째 부분은 이전의 k-1 번의 시행에서 r-1 번의 성공을 이항확률로 표시한 부분

(6.8.1)

$$P(X=r-1)=\binom{k-1}{r-1}p^{r-1}(1-p)^{(k-1)-(r-1)}=\binom{k-1}{r-1}p^{r-1}(1-p)^{k-r}$$

- (6.7.1)식의 우변에서 마지막으로 곱하는 항인 p는 1번 시행으로 성공할 확률

(6.8.2) $$P(X=1)=\binom{1}{1}p^{1}(1-p)^{0}=p$$

- 기하분포는 음이항분포에서 성공횟수가 1로 한정된 특수한 경우1)

(6.4.1)

$$nB(k-r,r,p)=nB(k-1,1,p)=\binom{k-1}{0}p^{1}(1-p)^{k-1}=p(1-p)^{k-1}$$

[적용] 품질관리, 제품 신뢰성, 제품개발, 상담성공, 석유탐사 및 기타 산업상황

예제 6-3) 성공확률 p가 0.8인 경우에 30회 시행에서 30번 모두 성공할 확률, 1번 실패 후에 29회 성공할 확률, 2번 실패 후에 28회 성공할 확률의 순으로 29회 실패한 후에 1번 성공한 확률과 30번 실패한 후에 전혀 성공하지 못할 확률까지 전부 다음과 같이 구할 수 있다.

1) $\because \binom{k-1}{0}=\frac{(k-1)!}{(k-1-0)!0!}=\frac{(k-1)!}{(k-1)!}=1$

	A	B	C	D	E
1	음이항분포				
2	실패횟수(f)	이후 모두 성공할 확률	성공확률(p)		
3	0	0.0012379400	0.8	◀ ▶	8
4	1	0.0089750653			
5	2	0.0314127285			
6	3	0.0706786391			
7	4	0.1148527886			
8	5	0.1435659857			
9	6	0.1435659857			
10	7	0.1179292025			
11	8	0.0810763268			
29	26	0.0000000000			
30	27	0.0000000000			
31	28	0.0000000000			
32	29	0.0000000000			
33	30	0.0000000000			
34	* 실패횟수 = 최초 성공 발생 시행수-1				

① 자료입력

- 실패횟수를 A2:A33구간에 입력
- 성공확률 p를 C3셀에 0.8로 입력

② 음이항분포 변수인 실패횟수 값의 확률계산

- B3셀에 "=IF(30-A3>0,NEGBINOMDIST(A3,30-A3,$C$3),0)"을 입력하여, r(성공횟수 = 30-f)가 0보다 큰 경우에 (6.7.1)식에 따른 확률과 $r \leq 0$인 경우에는 (6.7.2)식에 따른 확률을 계산

③ 확률분포곡선의 작성

- A2:B33구간을 "Shift"를 이용하여 지정하고, 도구모음줄에서 차트도구 를 눌러 차트마법사 대화상자를 생성
- 차트마법사 1단계에서 "분산형 : 곡선으로 연결된 분산형"을 지정하여 아래와 같이 기하분포곡선을 작성

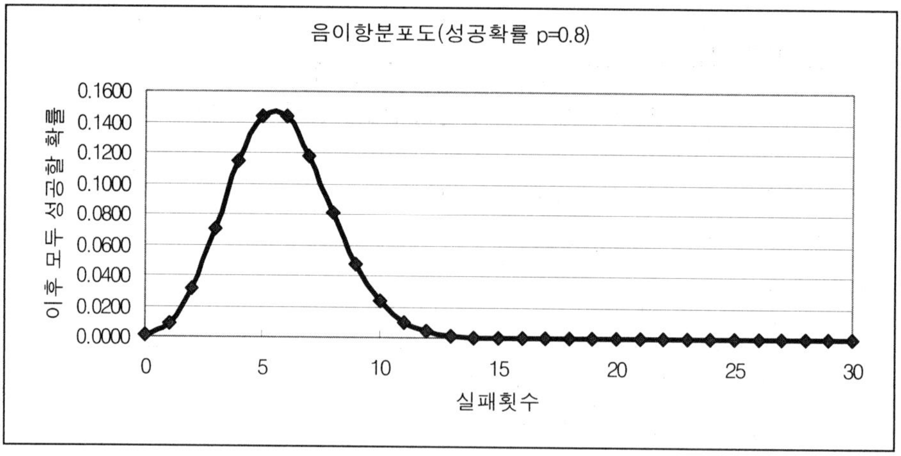

④ 확률의 성공확률에 대한 민감도분석

- 메뉴표시줄에서 "보기→도구모음→양식"을 지정하여 D3셀에 스크롤 막대를 붙이고, 스크롤 막대를 E3셀에 연결
- C3셀에 " =E3/10"을 입력하고, D3셀의 스크롤 막대를 조정하여 확률분포곡선의 변화를 확인

Ⅲ. 초기하분포와 포아송분포

1. 초기하분포

성공과 실패의 두 가지로 구별되는 원소들만을 유한하게 갖는 모집단에서의 비복원 표본추출(sampling without replacement)에서 성공확률이 각 시행(추출)마다 다른 경우에 추출된 표본의 성공횟수인 확률변수의 값이 갖는 확률을 표시하는 분포

- 초기하분포(Hypergeometric distribution)는 표본추출이 복원 없이 수행되는 경우에 베르누이 과정을 성립시키기 위해, 모집단을 성공과 실패의 두 범주로 구분하여 성공횟수의 발생확률을 다음과 같이 계산

$$P(x \mid N, T, n) = \frac{\binom{T}{x}\binom{N-T}{n-x}}{\binom{N}{n}} \tag{6.9}$$

N : 모집단 관찰치의 수, T : 모집단 성공도수,
n : 추출표본크기, x : 추출표본 성공도수

◦ Excel에서는 "=HYPGEOMDIST(x, n, T, N)"함수를 이용하여 계산

- 초기하분포의 평균

$$\mu = \sum_{i=1}^{n} x_i P(x_i) = n(T/N) \tag{6.10}$$

◦ 비율 T/N은 최초 시행에서의 성공확률이며, 기대치 $n(T/N)$ 은 이항분포의 평균 np와 유사한 특성을 제공

◦ 보통 $N/n \geq 20$ 인 경우에 초기하분포 대신에 이항분포를 사용

- 초기하분포의 분산

$$\sigma^2 = \left(\frac{N-n}{N-1}\right)\left[n\left(\frac{T}{N}\right)\left(1 - \frac{T}{N}\right)\right] \tag{6.11}$$

◦ 초기하분포의 분산은 조정인수 [(N-n)/(N-1)]을 가진 이항분포

◦ 조정인수 [(N-n)/(N-1)]은 표본크기가 관찰치의 총수 N에 비해 상대적으로 작을수록 1의 값에 접근하여, $p = T/N$ 및 $1-p = 1-(T/N)$ 이어서 초기하분포의 분산은 이항분포의 분산으로 전환

[적용] 품질관리, 물류관리, 시장조사, 고객관리 등

〈표 6-1〉 두 결과만을 일정한 확률로 갖는 베르누이과정의 분포별 특성

분포	표현 확률	Excel 함수
이항	주어진 시행으로 성공횟수가 발생할 확률	BINOMDIST(성공횟수,시행횟수,성공확률,0)
기하	f번을 실패한 후에 $f+1$ 번째에 최초로 성공할 확률	NEGBINOMDIST(실패횟수,성공횟수,성공확률)
음이항 (파스칼)	기하분포의 확장형, 주어진 시행에서 f번을 실패한 후에 $f+1$ 번째 이후부터 모두 성공할 확률	IF(성공횟수>0,NEGBINOMDIST(실패횟수,성공횟수,성공확률),0) * 성공횟수 = 시행횟수-실패횟수(f)
초기하	모집단에서 성공도수와 관찰치 수(크기)가 주어진 경우에, 추출된 표본크기에서 어떤 성공도수가 발생할 확률	HYPGEOMDIST(성공도수,추출표본크기,모집단 성공도수,모집단 크기)

예제 6-4) 재고처리를 위해 원가 이하로 100개의 어떤 제품을 판매하는 상점에서 60개가 정상제품이라고 하자. 그 상점에서 30개의 제품을 무작위로 구입하는 경우에 정상제품이 하나도 없는 경우부터 30개 모두 정상제품일 확률을 전부 다음과 같이 구할 수 있다.

	A	B	C	D
1	초기하분포			
2	성공횟수(x)	추출확률	모집단 성공도수	
3	0	0.0000000000	60	
4	1	0.0000000000	모집단크기	
5	2	0.0000000000	100	
6	3	0.0000000000	표본크기	
7	4	0.0000000004	30	
8	5	0.0000000075		
30	27	0.0000296023		
31	28	0.0000027543		
32	29	0.0000001559		
33	30	0.0000000040		

① 추출표본의 성공도수(정상제품의 수) 확률 계산

- A2:A33구간에 성공횟수의 수를 입력하고, C2:C7구간에 모집단 성공도수, 모집단크기, 표본크기의 자료를 입력
- (6.9)식의 확률 계산을 위해 B3셀에 "=HYPGEOMDIST(A3,$C$7,$C$3,$C$5)"를 입력하고, 그 수식을 "Ctrl+C"로 복사하여 "Shift"를 이용하여

B3:B33구간을 설정한 후에 "Enter"를 클릭하여 붙이기

◦ 표본추출된 30개 중에서 27개가 정상제품일 확률은 B30셀의 0.000029602

② 확률분포곡선의 작성

- A2:B33구간을 "Shift"를 이용하여 지정하고, 도구모음줄에서 차트도구 ▦를 눌러 차트마법사 대화상자를 생성
- 차트마법사 1단계에서 "분산형 : 곡선으로 연결된 분산형"을 지정하여 아래와 같이 초기하분포곡선을 작성

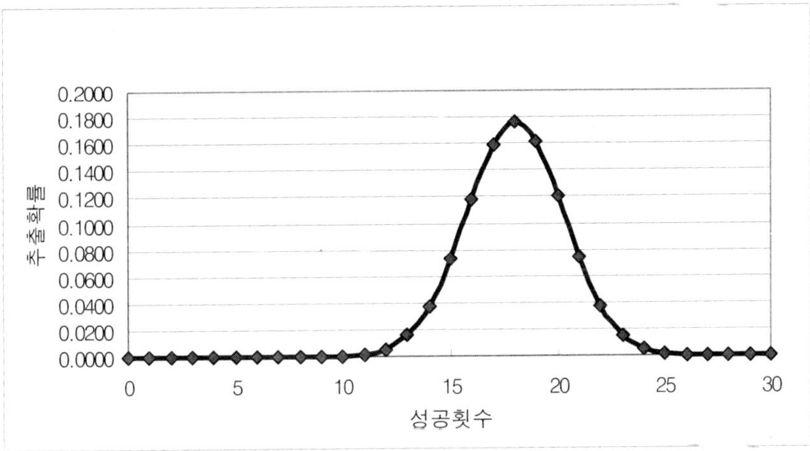

③ 초기하분포확률의 모집단 성공도수, 모집단크기, 표본크기에 대한 민감도 분석

- 메뉴표시줄에서 "보기→도구모음→양식"을 지정하여 D3셀에 스크롤 막대를 붙이고, 컨트롤 서식 대화상자를 열어 스크롤 막대를 C3셀에 연결하여 모집단 성공도수의 변화에 따른 확률변화를 관찰
- D3의 스크롤 막대를 복사하여 D5셀에 붙이고, 컨트롤 서식 대화상자를 열어 스크롤 막대를 C5셀에 연결하여 모집단크기의 변화에 따른 확률변화를 관찰
- D5의 스크롤 막대를 복사하여 D7셀에 붙이고, 컨트롤 서식 대화상자를 열어 스크롤 막대를 C7셀에 연결하여 표본크기의 변화에 따른 확률변화를 관찰

2. 포아송분포

연속적인 시간 또는 공간의 구간에서 어떤 사상이 발생할 횟수에 대한 확률을 표시하는데 사용되는 분포

- 이항확률분포와 초기하확률분포는 모두 일정한 횟수의 실험을 기초로 하는 성공횟수의 확률을 표시하는 반면에, 포아송분포(Poisson distribution)는 특정기간이나 특정공간에서 발생할 어떤 사건의 횟수에 대한 확률을 표시
- 포아송확률분포의 공식

(6.12) $$P(X=x)=\frac{e^{-\lambda}\lambda^{x}}{x!} \quad \text{for } x=0,1,2,3,\dots \text{ and } \lambda>0$$

X : 이산적인 포아송확률변수,

x : 단위시간, 공간, 또는 수량에서 발생할 사상의 횟수,

λ는 x의 평균값,

e는 자연로그의 밑수인 네이피어수(Napier's number)

◦ Excel에서는 "=POISSON(사상의 발생횟수,기대치,0(FALSE))"을 사용하여 계산

◦ 누적확률 계산은 "=POISSON(사상의 발생횟수,기대치,1(TRUE))"을 사용

- 포아송분포의 평균과 분산

(6.13) $$E(X)=\lambda$$

(6.14) $$Var(X)=\lambda$$

- 포아송과정의 공준(Poisson process postulates) : 크기 $\triangle t$의 작고 겹치지 않는 아주 많은 구간으로 구분되는 시간연속체(time continuum)에 대하여 다음의 특성을 따르는 사상의 발생횟수는 모수 λ를 갖는 포아송확률분포를 따른다.

◦ 중복되지 않는 시간구간들에서의 발생횟수는 통계적으로 독립

◦ 발생횟수는 모든 시간구간에 대해 동일한 확률분포로 발생

◦ 어떤 시간구간 $(t, t+\triangle t)$에서 사상의 발생확률은 구간크기 $\triangle t$에 거의 비례하여, λ가 비례상수(constant of proportionality)인 경우에 사상의 발생확률은 거의 $\lambda\triangle t$로 결정

◦ 어떤 시간구간 $(t, t+\triangle t)$에서 하나의 발생확률에 비해 둘 이상의 발생할

확률은 무시할 수 있을 정도로 아주 작음

[적용]

◦어떤 주어진 연도에 주가지수 또는 환율이 특정비율로 변화되는 일자들의 수

◦전구공장에서 품질검사원이 매일 검출하는 불량품의 수

◦컴퓨터의 월별 고장 횟수

◦어떤 상소에서 발생하는 교통사고의 월별 횟수

예제 6-5) 30분마다 어떤 은행에 평균적으로 25명의 고객이 온다고 하자. 30분마다 0명부터 30명까지의 고객들이 각각 방문할 확률을 $\lambda = 25$로 설정하고, Excel의 "=POISSON"함수를 사용하여 다음과 같이 계산할 수 있다.

	A	B	C	D	E
1	포아송분포				
2	발생횟수(k)	P(X=k)	P(X≤k)	평균건수(λ)	
3	0	0.0000000	0.0000000	25	
4	1	0.0000000	0.0000000		
5	2	0.0000000	0.0000000		
6	3	0.0000000	0.0000000		
7	4	0.0000002	0.0000003		
28	25	0.0795230	0.5529214		
29	26	0.0764644	0.6293858		
30	27	0.0708003	0.7001861		
31	28	0.0632146	0.7634007		
32	29	0.0544953	0.8178961		
33	30	0.0454128	0.8633089		

① 발생횟수의 확률 및 누적확률 계산

- A2:A33구간에 발생횟수를, D2:D3구간에 발생횟수의 기대치인 평균건수(λ)를 25로 입력
- B3셀에 "=POISSON(A3,$D$3,0)"을 입력하고, 그 수식을 "Ctrl+C"로 복사하여 "Shift"를 이용하여 B3:B33구간을 지정하고 "Enter"를 클릭하여 붙여 확률질량함수인 (6.12)식에 따른 각 발생횟수의 확률을 계산
- C3셀에 "=POISSON(A3,$D$3,1)"을 입력하고, 그 수식을 "Ctrl+C"로 복사하여 "Shift"를 이용하여 C3:C33구간을 지정하고 "Enter"를 클릭하여 붙여 각 발

생횟수의 누적확률을 계산

② 발생횟수의 확률분포곡선 작성

- A2:B33구간을 "Shift"를 이용하여 지정하고, 도구모음줄에서 차트도구 를 눌러 차트마법사 대화상자를 생성
- 차트마법사 1단계에서 "분산형 : 곡선으로 연결된 분산형"을 지정하여 아래와 같이 포아송분포곡선을 작성

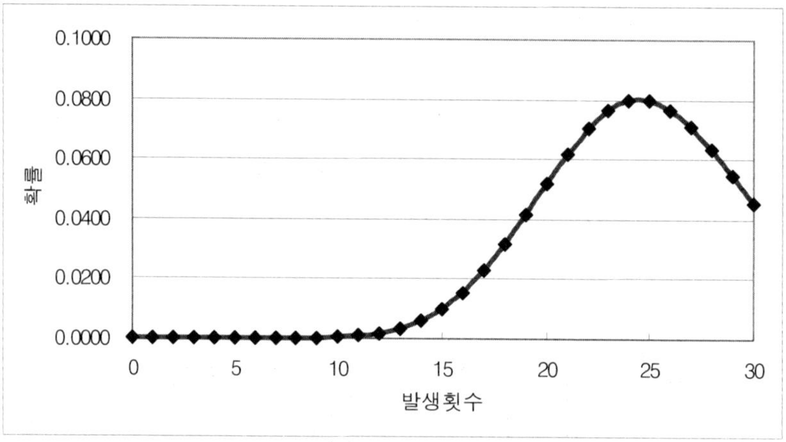

③ 포아송분포확률의 기대치에 대한 민감도분석

- 메뉴표시줄에서 "보기→도구모음→양식"을 지정하여 양식 도구상자에서 스크롤 막대를 선택하여 E3셀에 스크롤 막대를 붙이기
- 스크롤 막대에 마우스 커서를 두고 마우스 오른쪽 단추를 눌러 컨트롤 서식을 지정하여 컨트롤 서식 대화상자를 열기
- 컨트롤 서식에서 스크롤 막대를 D3셀에 연결한 후에 "확인"을 클릭하고, 기대치의 변화에 따른 확률 변화를 관찰

제 2 절 연속확률분포

Ⅰ. 정규분포와 표준정규분포

1. 정규분포

좌우 대칭의 모양으로 평균에 집중된 연속변수의 확률분포

- 정규분포(normal distribution)는 드무아브르(De Moivre Abraham)의 측정오차 분포에 관한 연구(1733)에서 시작되고, 독일의 수학자 K. F. Gauss에 의하여 정립되어 "가우스분포"(Gaussian distribution) 또는 "오차의 정규함수"(normal function of error)라고도 한다.
- 평균 μ와 분산 σ^2의 정규분포를 갖는 확률변수 X는 $X \sim N(\mu, \sigma^2)$로 표시
- 정규분포확률변수의 밀도함수(또는 확률밀도곡선)의 공식

(6.15) $$f(X) = \frac{1}{\sqrt{2\pi\sigma^2}} e^{-\frac{(X-\mu)^2}{2\sigma^2}} \quad \text{for} \quad -\infty < X < \infty$$

π : 값이 3.1416인 상수, e : 값이 2.71828인 네이피어수(Napier's number)

μ : 분포의 평균, σ : 분포의 표준편차

◦ Excel에서는 "=NORMDIST(변수값,표본산술평균,표본표준편차, 0(FALSE))" 함수로 (6.15)식의 확률밀도를 계산

◦ 누적확률은 "=NORMDIST(변수값,표본산술평균,표본표준편차, 1(TRUE))"를 사용하여 계산

가. 정규분포의 중요성

◦ 많은 확률과정의 측정치가 정규분포를 따른다.

◦ 정규분포는 이항분포, 포아송분포 등의 다른 확률분포 근사치를 구하는데 자주 사용된다.

◦ 표본크기가 큰 경우에 표본평균 및 표본비율과 같은 통계량의 분포는 모집단의 분포와는 상관없이 정규분포를 이룬다.

* 표본비율 $\hat{p}(=T/n)$: 표본크기 n에 대한 성공횟수 T의 비율

- 정규분포를 따르는 확률변수에서 통계적 추론에 많이 사용하는 χ^2, t, F분포 등이 파생된다.

나. 정규분포곡선의 특성

- 정규분포는 평균 μ를 중심으로 좌우대칭이면서 종 모양을 나타낸다.

◦ 정규확률변수가 갖는 값의 절반은 평균의 아래와 위에 각각 위치한다.

- 정규분포곡선의 양쪽 끝은 급격히 아래로 내려간다.
- 정규분포에서는 평균=중위수=최빈치의 관계가 성립한다.

◦ 정규곡선은 점근적(asymptotic)이어서 정규곡선이 X축에 더욱 접근하더라도, 곡선의 꼬리는 실제로 결코 X축과는 접촉하지 않는다.

◦ 하나의 정규분포뿐만 아니라 정규분포들의 족(族, family)이 존재한다.

◦ 정규분포의 확률은 표준편차 σ와 평균 μ 사이의 구간에 대해 일정한 관계를 가져, 정규분포의 확률밀도곡선 아래의 면적은 다음과 같다.

정규확률변수의 구간	분포곡선 면적(확률)
$\mu \pm \sigma$	0.683
$\mu \pm 2\sigma$	0.954
$\mu \pm 3\sigma$	0.997

예제 6-6) 평균(μ) 65와 표준편차(σ) 6의 정규분포를 갖는 확률변수 X가 0부터 5단위로 증가하여 100까지의 각 값을 가질 확률과 누적확률을 다음과 같이 구할 수 있다.

	A	B	C	D	E
1	**정규분포**				
2	크기(k)	pd(X=k)	P(X≤k)	평균(μ)	
3	0	0.00000000	0.00000000	65	
4	5	0.00000000	0.00000000	표준편차(σ)	
5	10	0.00000000	0.00000000	6	
6	15	0.00000000	0.00000000		
7	20	0.00000000	0.00000000		
8	25	0.00000000	0.00000000		
9	30	0.00000000	0.00000000		
10	35	0.00000025	0.00000029		
11	40	0.00001129	0.00001546		
12	45	0.00025705	0.00042912		
13	50	0.00292138	0.00620968		
14	55	0.01657952	0.04779033		
15	60	0.04698531	0.20232832		
16	65	0.06649038	0.50000000		
17	70	0.04698531	0.79767168		
18	75	0.01657952	0.95220967		
19	80	0.00292138	0.99379032		
20	85	0.00025705	0.99957088		
21	90	0.00001129	0.99998454		
22	95	0.00000025	0.99999971		
23	100	0.00000000	1.00000000		
24		**크기(k)**	**P(X≤k)**	**구간면적**	
25	**μ-σ**	**59.00**	**0.1586553**	**0.6827**	
26	**μ+σ**	**71.00**	**0.8413447**		
27	**μ-2σ**	**53.00**	**0.0227501**	**0.9545**	
28	**μ+2σ**	**77.00**	**0.9772499**		
29	**μ-3σ**	**47.00**	**0.0013500**	**0.9973**	
30	**μ+3σ**	**83.00**	**0.9986500**		

① 자료입력

- A3셀에 0을 입력하고, 메뉴표시줄에서 "편집→채우기→연속 데이터"를 지정하여 연속 데이터 대화상자를 생성
- 연속 데이터 대화상자를 다음과 같이 지정한 후에 "확인"을 클릭하여 A3:A23 구간에 0부터 100을 5단위로 입력

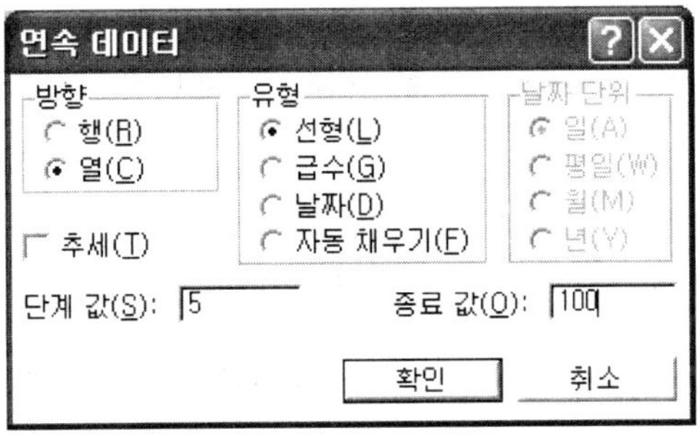

- D2:D5구간에 평균과 표준편차를 각각 입력

② 정규변수의 값들에 대한 확률밀도 및 누적확률의 계산

- (6.15)식에 따라 B3셀에 "=NORMDIST(A3,$D$3,$D$5,0)"을 입력하여 확률밀도를 계산
- C3셀에 "=NORMDIST(A3,$D$3,$D$5,1)"을 입력하여 누적확률을 계산
- B3:C3구간을 마우스 커서로 지정하고, "Ctrl+C"를 눌러 그 수식들을 복사
- B3셀에 마우스 커서를 두고 마우스 왼쪽 단추를 한번 클릭한 후에, "Shift"를 누른 채로 다시 마우스 커서를 C23셀에 두고 마우스 왼쪽 단추를 한번 클릭하여 B3:C23구간을 지정
- 누르고 있는 "Shift"를 놓고, "Enter"를 눌러 B3:C3구간의 수식을 B3:C23구간에 붙여 확률밀도 및 누적확률을 계산

③ 평균과 표준편차간의 관계 규명

- A25:A30구간에 정규확률변수의 크기를 각각 $\mu \pm \sigma$, $\mu \pm 2\sigma$, $\mu \pm 3\sigma$로 표시
- B25셀에 "=$D$3-$D$5"를, B26셀에 "=$D$3+$D$5"를 입력하고, B25:B26구간을 지정하여 "Ctrl+C"로 수식들을 복사
- "Shift"를 이용하여 B25:B30구간을 지정한 후에 "Enter"로 복사한 수식들을 붙여 넣기
- B27셀과 B28셀에 각각 마우스 커서를 두고 왼쪽 단추를 더블 클릭(두번 누르기)하여 "=$D$3-2*$D$5"와 "=$D$3+2*$D$5"로 수정
- B29셀과 B30셀의 수식들을 각각 "=$D$3-3*$D$5"와 "=$D$3+3*$D$5"으로 수정
- C25셀에 "=NORMDIST(B25,$D$3,$D$5,1)"을 입력하여 B25셀의 값에 대한 누적확률을 계산
- C25셀의 수식을 "Ctrl+C"로 복사하여, "Shift"키로 C25:C30구간을 지정한 후에 붙여 넣기
- D25:D26구간을 지정하고, 도구모음줄에서 ""를 눌러서 셀 합치기를 하고, 병합된 D25셀에 "=C26-C25"를 입력
- 병합된 D25셀에 마우스 커서를 두고 "Ctrl+C"로 그 수식을 복사하고, "Shift"를 이

용하여 D25:D30구간을 지정한 후에 "Enter"로 복사한 수식과 서식을 붙여 넣기

- 변수 값의 구간 $\mu\pm\sigma$, $\mu\pm2\sigma$, $\mu\pm3\sigma$에 대한 정규확률분포곡선 면적을 확인

④ 정규분포 확률밀도함수의 곡선 작성

- A2:B23구간을 "Shift"를 이용하여 지정하고, 도구모음줄에서 차트도구 를 눌러 차트마법사 대화상자를 생성
- 차트마법사 1단계에서 "분산형 : 곡선으로 연결된 분산형"을 지정하여 아래와 같이 정규분포곡선을 작성

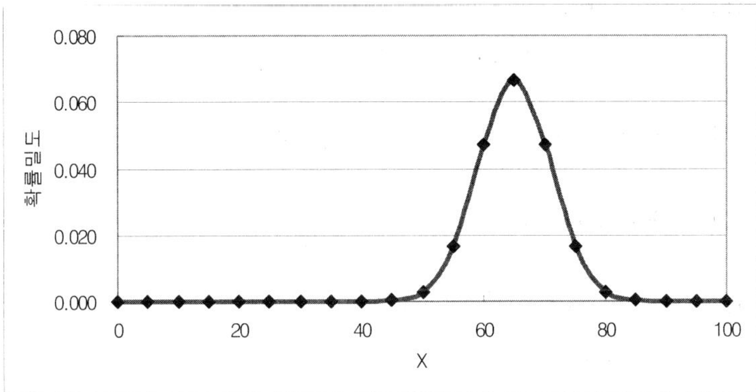

⑤ 정규분포 확률밀도함수의 평균과 표준편차에 대한 민감도분석

- 메뉴표시줄에서 "보기→도구모음→양식"을 지정하여 양식 도구상자에서 스크롤 막대를 선택하여 E3셀에 스크롤 막대를 붙이고, 컨트롤 서식에서 스크롤 막대를 D3셀에 연결한 후에 "확인"을 클릭
- E3셀의 스크롤 막대를 복사하여 E5셀에 붙여 넣고, 컨트롤 서식에서 E5셀의 스크롤 막대를 D5셀에 연결
- E3셀의 스크롤 막대를 조작하여 평균 변화에 따른 확률밀도 변화를 확인
- E5셀의 스크롤 막대를 조작하여 표준편차 변화에 따른 확률밀도 변화를 확인

2. 표준정규분포

가. 표준정규변수의 개념

평균 0과 분산 1을 갖는 정규확률변수가 이루는 분포, 관찰치 X가 평균(mean)에 대해 갖는 격차를 그 표준편차로 나누어 구한 확률변수 Z값(Z score)의 분포이며

$Z \sim N(0,1)$로 표시

- 표준화 변수(standardized variable) : 평균 0과 분산 1인 정규분포를 갖는 확률변수, 이는 정규확률변수 X를 다음과 같이 평균을 뺀 값을 그 표준편차로 나누어 전환한 값

(6.16) $$X \sim N(\mu, \sigma^2) \Rightarrow \frac{X-\mu}{\sigma} = \frac{1}{\sigma}X - \frac{\mu}{\sigma} = Z \sim N(0,1)$$

나. 표준정규변수의 특성

- 표준정규변수의 기대치 $E(Z)$와 분산 $Var(Z)$

(6.16.1) $$E(Z) = E\left(\frac{1}{\sigma}X - \frac{\mu}{\sigma}\right) = \frac{1}{\sigma}E(X) - \frac{\mu}{\sigma} = \frac{\mu}{\sigma} - \frac{\mu}{\sigma} = 0$$

(6.16.2) $$Var(Z) = \sigma_Z^2 = \sigma^2_{\frac{1}{\sigma}X - \frac{\mu}{\sigma}} = \frac{1}{\sigma^2}\sigma^2 = 1$$

$\because \quad \sigma_Y^2 = b^2\sigma_X^2 \quad$ for $\quad Y = a + bX$

- 표준정규분포(standard normal distribution)의 확률밀도함수

(6.17) $$f(z) = \frac{1}{\sqrt{2\pi}} e^{\frac{-z^2}{2}} \quad \text{for} \quad -\infty < z < \infty$$

◦ Excel에서는 정규분포의 확률밀도함수와 마찬가지로 "=NORMDIST(Z값,0,1,0)"을 입력하여 계산

- 모든 정규확률변수인 X를 Z로 표준화하여 표준정규분포를 이용하여 확률을 계산하는 것이 편리하기 때문에 표준정규분포를 자주 사용

◦ Excel에서 정규확률변수 값의 누적확률은 "=NORMDIST(Z값,0,1,1(TRUE))" 또는 "=NORMSDIST(Z값)"을 이용하여 계산

예제 6-7) 평균 5, 분산 4인 정규분포를 갖는 확률변수 X가 1 이하의 값부터 10 이하의 값을 갖는 각 누적확률들을 다음과 같이 표준정규변수에 대한 확률로 전환하여 구할 수 있다.

	A	B	C	D	E	F	G	H
1	표준정규분포							
2	정규변수(X)	표준정규변수(z)	pd(Z=z)	P(Z≤z)	평균(μ)			P(Z≤z)
3	0	-2.50	0.01753	0.00621	5			0.00621
4	1	-2.00	0.05399	0.02275	σ		σ^2	0.02275
5	2	-1.50	0.12952	0.06681	2		4	0.06681
6	3	-1.00	0.24197	0.15866				0.15866
7	4	-0.50	0.35207	0.30854				0.30854
8	5	0.00	0.39894	0.50000				0.50000
9	6	0.50	0.35207	0.69146				0.69146
10	7	1.00	0.24197	0.84134				0.84134
11	8	1.50	0.12952	0.93319				0.93319
12	9	2.00	0.05399	0.97725				0.97725
13	10	2.50	0.01753	0.99379				0.99379
14			P(4<X≤7)	0.53281	=D10-D7			
15			P(3<X≤8)	0.77454	=D11-D6			
16			P(5<X≤9)	0.47725	=D12-D8			

① 자료 입력

- A3셀에 0을 입력한 후에 메뉴표시줄에서 "편집→채우기→연속 데이터"를 지정하여 A3:A13구간에 0부터 10까지 입력
- E3셀에 평균값 5를, G5셀에 분산 4를 입력
- E5셀에 "=SQRT(G5)"를 입력하여 표준편차를 계산

② 표준정규변수의 계산

- (6.16)식에 따라 B3셀에 "=(A3-$E$3)/$E$5"를 입력하여 정규변수를 표준화변수로 전환
- B3셀의 수식을 "Ctrl+C"로 복사하고, B3셀에 마우스 커서를 두고 마우스 왼쪽 단추를 한번 클릭한 후에 "Shift"를 누른 채로 B13셀에 마우스 커서를 두고 마우스 왼쪽 단추를 한번 클릭하여 B3:B13구간을 지정
- 누르고 있는 "Shift"를 놓고, "Enter"를 눌러 복사한 수식을 B3:B13구간에 붙여넣어 표준정규변수의 값으로 계산

③ 표준정규분포의 확률밀도함수와 누적확률 계산

- C3셀에 "=NORMDIST(B3,0,1,0)"을 입력하여 (6.17)식에 따른 표준정규변수의 확률밀도를 계산
- D4셀에 "=NORMDIST(B3,0,1,1)"을 입력하거나 또는 H4셀에 "=NORMSDIST(B3)"을 입력하여 표준정규변수의 누적확률을 계산

- C3:D3구간을 마우스 커서로 지정하고, "Ctrl+C"로 그 수식들을 복사하여 "Shfit"를 이용하여 지정한 C3:D13구간에 붙여 넣기
- H3셀의 수식을 "Ctrl+C"로 그 수식들을 복사하고, "Shfit"를 이용하여 지정한 H3:H13구간에 붙여 넣기. H3:H13구간의 값들이 D3:D13구간의 값들과 동일한지의 여부를 확인
- D3:D13구간의 각 셀에 계산된 누적확률들을 확률변수 X가 0 이하의 값부터 10 이하의 값을 갖는 각각의 경우에 대한 누적확률로 적용
- 예컨대 확률변수 X가 3 이하의 값을 가질 누적확률은 0.1586553
- 표준정규변수가 0이 되는 경우에 그 누적확률은 0.5이고, 각 밀도함수는 0을 기준으로 하여 대칭이 되는 값을 가진 것을 C3:C13구간의 값들로 확인할 수 있음
- 확률변수 X가 4보다 크고 7 이하일 확률은 C14셀에 "=D10-D7"을 입력하여 0.5328로 계산

④ 표준정규분포곡선의 작성

- B2:C13구간을 "Shift"를 이용하여 지정
- 도구모음줄에서 차트도구 를 눌러 차트마법사 대화상자를 생성
- 차트마법사 1단계에서 "분산형 : 곡선으로 연결된 분산형"을 지정하여 아래와 같이 표준정규분포곡선을 작성
- 차트마법사 4단계에서 "마침"을 눌러 생성된 차트에서 Y축의 서식 대화상자에서 "무늬 : 눈금 레이블 : 낮은 쪽"을 지정하여 차트를 식별이 용이하도록 변경

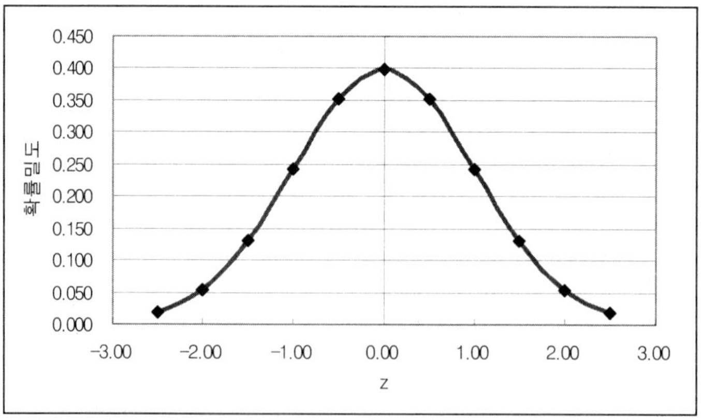

⑤ 표준정규분포곡선의 정규변수 평균 및 분산에 대한 민감도 분석

- F3셀과 F5셀에 스크롤 막대를 붙이고, 각각 E3셀과 G5셀에 연결되도록 컨트롤 서식을 설정
- F3셀의 스크롤 막대를 조작하여 평균이 증가해도 중심점(평균=중위수=최빈치)인 0에서의 확률밀도가 0.4로 일정하고, 형태 또한 일정하게 유지되는 것을 확인
- F5셀의 스크롤 막대를 조작하여 표준편차가 증가할수록 중심점의 확률밀도는 일정하지만 분포곡선의 형태는 보다 완만하게 위로 이동하고, 표준편차가 감소할수록 중심점의 확률밀도가 일정하지만 분포곡선의 형태가 아주 뾰족하게 폭이 좁아지는 것을 확인

Ⅱ. 지수분포와 로그정규분포

1. 지수확률분포

가. 지수확률분포의 개념

포아송과정(Poisson process)의 상황에서 발생하는 연속적 사상들간의 시간 또는 공간의 길이를 측정하는 분포

- 지수확률분포(exponential probability distribution)는 첫째 사상까지의 시간 (또는 공간), 두 연속적 사상들간의 시간, 또는 어떤 확률적으로 선택된 시점 후에 첫째 사상이 발생할 때까지의 시간을 측정하는데 적용
- 모수 λ의 지수분포를 따르는 확률변수 X(대기시간)의 확률밀도함수

$$f(x \mid \lambda) = \begin{cases} \lambda e^{-\lambda x} & \text{for} \quad x > 0 \\ 0 & \text{for} \quad x \leq 0 \end{cases} \tag{6.18}$$

◦ Excel에서는 "=EXPONDIST(지수확률변수의 값,기대치 모수 λ,0(FALSE))로 지수분포의 확률밀도를 계산

나. 지수확률분포의 특성과 확률계산

- 지수분포의 평균 및 분산

(6.19) $E(X) = \frac{1}{\lambda}$

(6.20) $Var(X) = \frac{1}{\lambda^2}$

- 모수 λ의 지수분포를 따르는 확률변수 X가 어떤 숫자 $t(>0)$를 초과할 확률

(6.21) $P(X > t) = \int_t^{-\infty} \lambda \exp(-\lambda)\, dx = e^{-\lambda t}$

- (6.21)식에서 다음과 같이 확률변수 X가 어떤 숫자 $t(>0)$ 이내가 될 확률은 다음과 같이 계산 가능

(6.22) $P(X \leq t) = 1 - P(X > t) = 1 - e^{-\lambda t}$

◦ Excel에서 (6.22)식의 누적확률은 "=EXPONDIST(지수확률변수의 값,기대치 모수λ,1(TRUE))로 계산

예제 6-6) 수선소에 고객이 시간당 5명이 방문한다고 하자. 어떤 시점에서 관찰할 경우에 15분 이내부터 15분 단위로 3시간 이내까지 첫째 고객이 방문할 확률을 다음과 같이 지수함수를 사용하여 구할 수 있다.

	A	B	C	D	E
1	지수분포				
2	경과시간(분) t	pd(T=t)	P(T≤t)	시간당평균고객수	
3	15	0.0238754	0.7134952	5	
4	30	0.0068404	0.9179150	평균경과시간(분) μ	
5	45	0.0019598	0.9764823	12	=60/D3
6	60	0.0005615	0.9932621	모수 λ	
7	75	0.0001609	0.9980695	0.083333333	=1/D5
8	90	0.0000461	0.9994469		
9	105	0.0000132	0.9998415		
10	120	0.0000038	0.9999546		
11	135	0.0000011	0.9999870		
12	150	0.0000003	0.9999963		
13	165	0.0000001	0.9999989		
14	180	0.0000000	0.9999997		

① 분당 평균고객 수 λ의 계산

- D3셀에서 시간당 평균 방문고객수가 5이므로, D5셀에 "=60/D3"을 입력하여 고객 1인 방문에 대한 평균 대기시간을 12분으로 계산

- (6.19)식에 따라 $E(X) = 1/\lambda$에서 $\lambda = 1/12$을 계산하도록 D7셀에 "=1/D5"를

입력하여 모수 λ를 0.0833으로 계산

② 지수분포의 확률밀도 및 누적확률의 계산

- B3셀에 "=EXPONDIST(A3,$D$7,0)"을 입력하여 X=15분에 대한 확률밀도를 계산
- C3셀에 "=EXPONDIST(A3,$D$7,1)"을 입력하여 $X \leq 15$분에 대한 누적확률을 0.7134952로 계산
- B3:C3구간을 마우스 커서로 지정하여 "Ctrl+C"로 그 수식들을 복사
- B3셀에 마우스 커서를 두고 마우스 왼쪽 단추를 한번 클릭한 후에 "Shift"를 누른채로 마우스 커서를 C14셀에 두고 마우스 왼쪽 단추를 한번 클릭하여 B3:C14구간을 지정
- 누르고 있는 "Shift"를 놓고, "Enter"를 눌러 복사한 수식을 B3:C14구간에 붙여넣기
- A3:A14구간의 경과시간 이내에 첫 고객이 방문할 확률을 C3:C14구간에 계산된 해당 셀의 값들로 획득

③ 지수분포곡선의 작성

- A2:B14구간을 지정한 후에 도구모음줄에서 차트도구 를 눌러 차트마법사 대화상자를 생성
- 차트마법사 1단계에서 "분산형 : 곡선으로 연결된 분산형"을 지정하여 아래와 같이 지수분포곡선을 작성

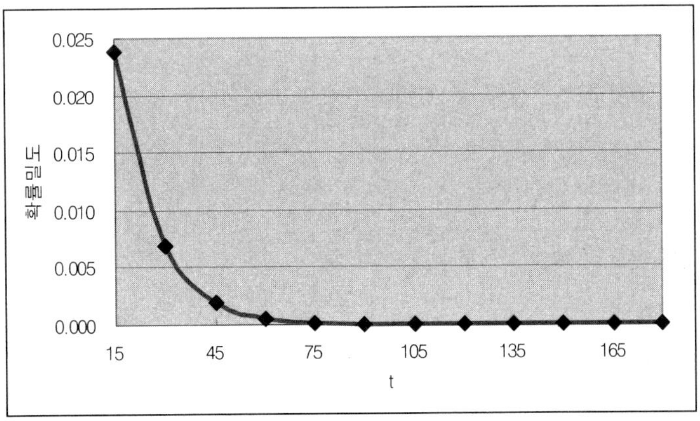

④ 지수분포 확률밀도의 모수에 대한 민감도분석

- 모수의 크기를 결정하는 방문고객수 변화를 가져 오도록 E3셀에 스크롤 막대를 붙이고, D3셀에 스크롤 막대를 연결
- E3셀의 스크롤 막대를 조작하여 고객수를 증가시켜 모수 λ를 증가시킬수록 확률밀도함수곡선은 낮아지는 반면에, 각 경과시간에 대한 누적확률은 증가하는 것을 확인

2. 로그정규분포

가 . 로그정규분포의 개념

확률변수의 자연로그값이 정규분포되어 있는 확률분포

- 로그정규분포의 밀도함수

(6.23) $$f(x) = \frac{1}{x\sigma\sqrt{2\pi}} \exp\left[-\frac{1}{2\sigma^2} (\ln x - \mu)^2 \right], \quad x > 0$$

μ : 정규확률변수(로그정규확률변수의 (자연)로그값)의 평균

σ^2 : 정규확률변수(로그정규확률변수의 (자연)로그값)의 분산

◦ Excel에서는 "=LOGNORMDIST(로그정규확률변수값,로그정규변수로그값의 평균,로그정규변수로그값의 표준편차)"를 이용하여 로그정규누적분포의 확률을 계산

- 자료로 주어진 확률정규변수의 평균 μ_N와 표준편차 σ_N을 로그값 평균 μ와 σ로의 전환공식

(6.24) $$\mu = \ln(\mu_N) - \frac{1}{2} \ln\left(1 + \left(\frac{\sigma_N}{\mu_N}\right)^2\right)$$

(6.25) $$\sigma = \sqrt{\ln\left(1 + \left(\frac{\sigma_N}{\mu_N}\right)^2\right)}$$

나. 로그정규분포의 특성

- 로그정규분포 확률변수들(lognormally distributed random variables)은 정규분포 연속확률변수들에 관련되지만, 정규분포 확률변수들은 0의 왜도를 갖는 반면에 로그정규분포 연속확률변수들은 (우측꼬리를 가져 자료들이 중위수의 왼쪽에 지우친) 양의 왜도(positive skewness)를 가짐

- 로그정규분포된 연속확률변수 $X = e^{Y}$를 (자연)로그변환하면 다음과 같이 정규분포 연속확률변수 Y를 획득

(6.26) $$\ln(X) = \ln(e^{Y}) = Y$$

- 로그정규연속확률변수 (자연)로그값의 평균과 분산

(6.27) $$E[\ln(X)] = E(Y) = \mu$$

(6.28) $$Var[\ln(X)] = Var(Y) = \sigma^2$$

- (6.27)식과 (6.28)식을 이용한 로그정규변수 X의 평균과 분산

(6.29) $$\mu_X = \exp\left(\mu + \frac{1}{2\sigma^2}\right)$$

(6.30) $$\sigma_X^2 = e^{2\mu^2 + \sigma^2}(e^{\sigma^2} - 1)$$

예제 6-7) 어떤 상품 판매량 Q가 평균 μ_N=5,000개와 표준편차 σ_N=400개의 정규분포를 갖는다고 하자. 판매량이 0개를 초과할 확률부터 600개 단위로 1.2만개를 초과할 확률까지를 전부 다음과 같이 구할 수 있다.

또한 표준편차의 증가에 따라 평균 수준을 초과하는 특정수준들의 판매량 달성에 대한 확률이 로그정규분포를 사용하면 정규분포보다 더 낮게 나타나는 양의 왜도를 민감도분석을 통해 확인할 수 있다.

	A	B	C	D	E	F	G	H
1	로그정규분포					확률분포곡선(계급간격 : 600)		
2	판매량(k)	NP(X>k)	LNP(X>k)	평균(μ_N)		판매량구간상한	정규확률	로그정규확률
3	0	1.0000	1.0000	5,000		1	0.0000	0.0000
4	600	1.0000	1.0000	표준편차(σ_N)		600	0.0000	0.0000
5	1,200	1.0000	1.0000	400		1,200	0.0000	0.0000
6	1,800	1.0000	1.0000	변동계수		1,800	0.0000	0.0000
7	2,400	1.0000	1.0000	0.08	=D5/D3	2,400	0.0000	0.0000
8	3,000	1.0000	1.0000	로그평균(μ)		3,000	0.0000	0.0000
9	3,600	0.9998	1.0000	8.514003		3,600	0.0002	0.0000
10	4,200	0.9772	0.9839	로그σ(σ)		4,200	0.0225	0.0160
11	4,800	0.6915	0.6812	0.079872		4,800	0.2858	0.3027
12	5,400	0.1587	0.1578			5,400	0.5328	0.5234
13	6,000	0.0062	0.0101			6,000	0.1524	0.1477
14	6,600	0.0000	0.0002			6,600	0.0062	0.0099
15	7,200	0.0000	0.0000			7,200	0.0000	0.0002
16	7,800	0.0000	0.0000			7,800	0.0000	0.0000
17	8,400	0.0000	0.0000			8,400	0.0000	0.0000
18	9,000	0.0000	0.0000			9,000	0.0000	0.0000
19	9,600	0.0000	0.0000			9,600	0.0000	0.0000
20	10,200	0.0000	0.0000			10,200	0.0000	0.0000
21	10,800	0.0000	0.0000			10,800	0.0000	0.0000
22	11,400	0.0000	0.0000			11,400	0.0000	0.0000
23	12,000	0.0000	0.0000			12,000	0.0000	0.0000

① 판매량 자료 입력

- A3셀에 0을 입력한 후에, 메뉴표시줄에서 "편집→채우기→연속 데이터"를 지정하여 연속 데이터 대화상자를 다음과 같이 지정 후에 "확인"을 클릭

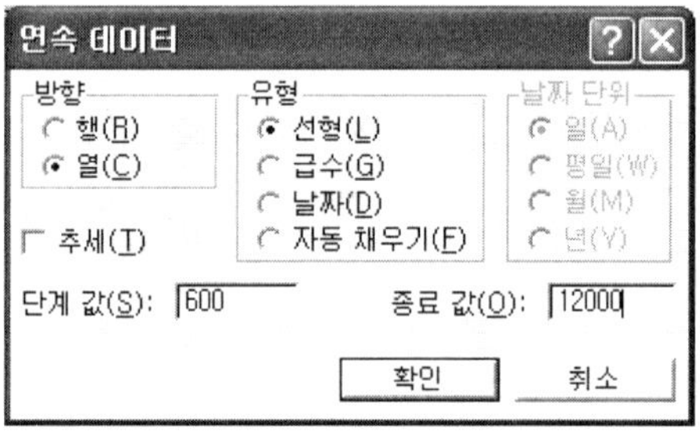

- D3셀에 평균값 5000을, D5셀에 표준편차 400을 입력

② 로그정규변수의 로그평균값 μ와 로그표준편차 σ 계산

- (6.24)식에 따라 D9셀에 "=LN(D3)-(1/2)*LN(1+(D5/D3)^2)"를 입력하여 로그평균값 μ의 값을 8.514로 계산
- (6.25)식에 따라 D11셀에 "=SQRT(LN(1+(D5/D3)^2))"를 입력하여 로그표준편차 σ의 값을 계산

③ 0부터 12,000개까지 각 수준을 초과할 확률(1-지정값 누적확률) 계산

- B3셀에 "=1-NORMDIST(A3,$D$3,$D$5,1)"을 입력하고, B3셀의 수식을 "Ctrl+C"로 그 수식들을 복사
- "Shfit"를 이용하여 지정한 B3:B23구간에 B3셀의 수식을 붙여 넣어 정규분포를 이용한 확률을 계산
- (6.23)식에 따라 지정한 값이 0 이하일 경우에는 누적확률이 0이 되고, 그 값이 0을 초과하는 경우에는 로그정규밀도함수에 따라 누적확률을 계산하도록 로그정규확률을 구하는 C열에 IF함수를 사용

  C3셀에 "=1 IF(A3>0,LOGNORMDIST(A3,$D$9,$D$11),0)"을 입력하고, 그 수식을 "Ctrl+C"로 복사하여 "Shfit"를 이용해 지정한 C3:C23구간에 붙여 넣어 로그정규분포를 이용한 확률을 계산
- 확률의 계산 결과는 3,600개를 초과하는 수준부터 정규분포확률과 로그정규분포확률이 다르게 나타났고, 정규분포 확률이 상대적으로 더 크게 변화되는 결과를 제공

④ 확률분포곡선(계급간격 : 600)의 작성

- F3셀에 1을 입력하고, F4셀을 600을 입력한 후에 메뉴표시줄에서 "편집→채우기→연속 데이터"를 지정하여 생성된 연속 데이터 대화상자를 이용하여 F4:F23구간에 12,000까지 계급구간의 상한값들을 입력
- G3셀에 "=NORMDIST(F3,$D$3,$D$5,1)-NORMDIST(0,$D$3,$D$5,1)"을 입력하고, G4셀에 "=NORMDIST(F4,$D$3,$D$5,1)-NORMDIST(F3,$D$3,$D$5,1)" 입력
- G4셀의 수식을 "Ctrl+C"로 복사하여 "Shfit"를 이용해 지정한 G4:G23구간에 붙여 넣어 정규분포 누적확률의 격차에 따른 각 계급구간의 발생확률을 계산
- 로그정규확률밀도함수 (6.23)식에 따라 0의 값에 대한 누적확률이 0이기 때문에 H3셀에 "=LOGNORMDIST(F3,$D$9,$D$11)"을 입력
- H4셀에 "=LOGNORMDIST(F4,$D$9,$D$11)-LOGNORMDIST(F3,$D$9,$D$11)"을 입력하고, 그 수식을 "Ctrl+C"로 복사하여 "Shfit"를 이용해 지정한 H4:H23구간에 붙여 넣어 로그정규분포 누적확률 격차에 따른 각 계급구간의 발생확률을 계산

- F2:H23구간을 지정하고 도구모음줄에서 차트도구 를 눌러 차트마법사 대화상자를 생성
- 차트마법사 1단계에서 "분산형 : 곡선으로 연결된 분산형"을 지정하여 아래와 같이 확률분포곡선을 작성
- 차트마법사 4단계에서 "마침"을 눌러 생성된 차트에서 Y축의 서식 대화상자에서 "무늬 : 눈금 레이블 : 낮은 쪽"을 지정하여 차트를 식별이 용이하도록 변경

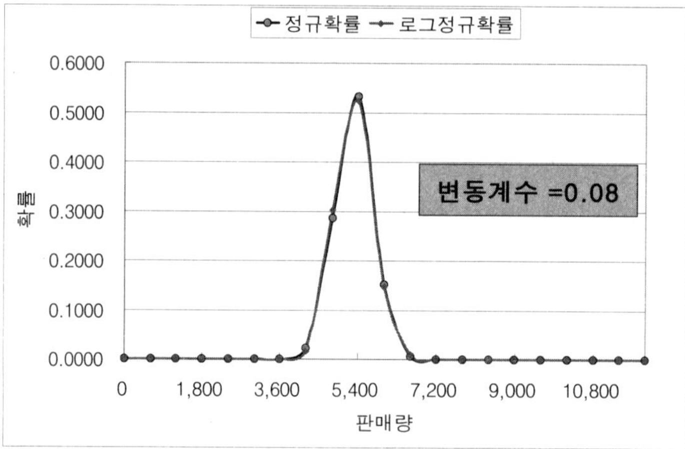

⑤ 표준편차에 대한 각 확률밀도곡선의 민감도 분석

- E3셀과 E5셀에 스크롤 막대를 붙이고, 각각 D3셀과 D5셀에 연결되도록 컨트롤서식을 설정
- E3셀의 스크롤 막대를 조작하여 원자료의 평균 변동에 따라 두 확률곡선이 동시에 중심점이 이동하는 것을 확인
- E5셀의 스크롤 막대를 조작하여 원자료의 표준편차 증가에 따라 두 곡선이 괴리되는 것을 확인

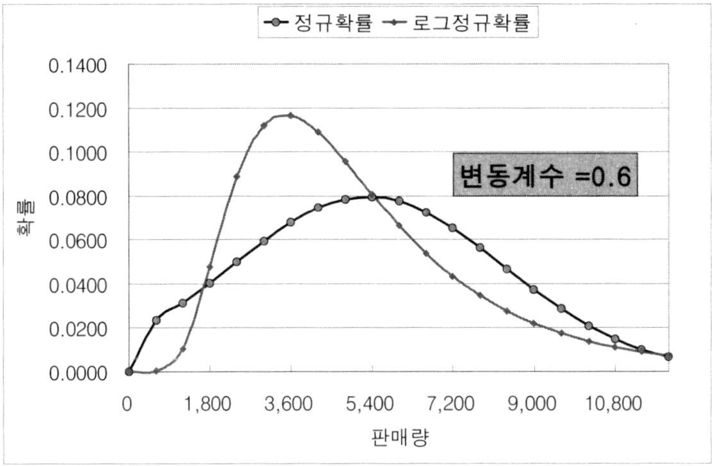

〈참고문헌〉

http://www.brighton-webs.co.uk/distributions/lognormal.asp

Chao, Lincoln L.(1974), *Statistics : Methods and Analyses*, 2nd ed., McGraw-Hill, Inc., pp. 147-197.

DeGroot, Morris H.(1989), *Probability and Statistics*, 2nd ed., Addison-Wesley Publishing Co., pp. 243-307.

Frank, Harry and Steven C. Althoen(1994), *Statistics : Concepts and Applications*, Cambridge university Press, pp. 186-269.

Freedman, D., R. Pisani, and R. Purves(1991), *Statistics*, 3rd ed., W.W. Norton Co., pp. 221-270.

Harnett, D.L. and A.K. Soni(1991), *Statistical Methods : For Business and Economics*, 4th ed., Addison-Wesley Publishing Co., Inc., pp. 129-191.

Kazmier, Leonard J.(1988), *Theory and Problems of Business Statistics with Computer Applications*, 2nd. ed., McGraw-Hill Book Co., pp. 91-116.

Lee, Cheng F.(1993), *Statistics for Business and Financial Economics*, D.C. Heath and Company, pp. 193-332.

Mason, Robert D.(1982), *Statistical Techniques in Business and Economics*, 5th ed., Richard D. Irwin, Inc., pp. 255-300.

Spiegel, Murray R.(1992), *Theory and Problems of Probability and Statistics*, McGraw-Hill, Inc., pp. 108-154.

Wonnacott, T.H. and R.J. Wonnacott(1990), *Introductory Statistics for Business and Economics*, 4th ed., John Wiley & Sons, pp. 110-175.

제7장

표본추출과 표본분포

[핵심용어]

· 표본조사	· 확률표본	· 표본추출
· 획률표본추출법	· 비확률표본추출법	· 조사분석
· 표본평균분포	· 중심극한정리	· 대수의 법칙
· 정규 근사법	· 점추정	

[주요 Excel함수와 기능]

· AVERAGE	· MAX	· SUMPRODUCT
· MIN	· COUNTIF	· SQRT
· NORMSDIST	· NORMDIST	· BINOMDIST

제1절 표본조사와 표본추출

Ⅰ. 표본조사와 조사분석목적

1. 표본조사

통계학적 원리에 의해 표본을 추출하여 조사대상 전체를 추정하는 방법

- 표본조사(sample survey)의 장점

① 신속성 : 조사대상 전부인 모집단 구성요소를 모두 조사하는 전수조사에 비해 자료의 수집 · 집계 · 분석 과정을 신속한 처리로 시간 절약

② 경제성 : 조사에 소요되는 시간 · 노력 · 비용의 절약

③ 다량의 정보확보 : 전수조사보다 더 많은 종류의 정보 획득

④ 전수조사가 불가능한 경우에 적용 가능 : 무한히 큰 모집단, (자동차 안전도 검사, 통조림 위생검사 등의) 파괴적 조사 대상, 정확한 파악이 불가능한 조사 등의 경우에도 적용 가능

⑤ 정확도 증가 : 조사과정의 적절한 통제를 통해 자료의 조사과정과 집계과정에서 발생하는 오차인 비표본오차의 감소, 조사대상의 오염방지 등의 효과를 달성하여 전수조사보다 정확한 자료 획득이 가능

2. 표본조사분석의 목적과 비교특성

가. 표본조사분석의 목적

① 기술(description) : 요약 및 기록을 통해 관찰된 사실의 특성(what)을 표현

② 설명(explanation) : 현상의 발생 이유와 원인(why)을 규명

③ 예측(prediction) : 이론, 법칙, 특수한 조건을 기초로 관찰에 의해 증명할 수 있는 미래 현상의 특정 국면에 대한 예상이나 기대를 표현

④ 통제(control) : 현상을 결정하는 원인이나 선행조건을 조작하여 현상을 바람직한 방향으로 유도하는 행위

나. 표본과 모집단의 특징 비교

	표 본	모집단
숫자 값(수치)	자료	확률변수들의 값
분포	상대도수	확률
특성표시 (특성치)	기술통계학 (통계량)	모집단 값들 (모수)
표시 기호	로마자(s, r 등)	그리스문자(σ, ρ 등)

Ⅱ. 표본추출의 설계와 방법

1. 표본추출의 개념과 설계과정

가. 표본추출의 개념

- 표본추출(sampling) : 모집단에서 표본을 선택하는 과정
- 확률표본(random sample) : 관찰치의 각 구성요소(elementary unit)가 동일하게 선택될 확률을 갖도록 하여 추출된 표본

나. 표본추출설계의 과정

① 연구대상인 모집단 결정

② 표본구성에 필요한 모집단 구성요소의 열거목록인 표본추출 프레임 작성

③ 표본추출방법의 결정

④ 표본크기의 결정

2. 표본추출의 방법

가. 확률표본추출법

- 확률표본추출법(probability sampling)은 표본추출 프레임의 구성요소가 표본으로 추출될 확률이 알려져 있는 경우에 무작위로 표본을 추출하는 방법

단순무작위 표본추출 (simple random sampling)	모집단의 각 구성요소가 표본으로 선택될 확률을 동등하게 부여하여 표본을 선정
계통적 표본추출 (systematic sampling)	자연적 순서 또는 일정한 질서에 따라 배열된 모집단 구성요소들의 목록에서 매 k번째 구성요소를 선정
층화표본추출 (stratified sampling)	모집단을 2개 이상의 층(strata, 그룹이나 계급)으로 구분하고, 각 층에서 단순무작위로 표본을 선정
집락(군집)표본추출 (cluster sampling)	모집단을 이질적 구성요소를 포함하는 여러 집락으로 구분한 후에, 집락별로 표본을 단순무작위 선정

- 모수 추정에 대한 편의(bias)가 없고, 표본오차추정이 가능하며, 표본분석결과의 일반화가 가능하다는 장점을 보유

* 편의(bias) : 표본을 기초로 구한 모집단의 추정치가 모수의 진정한 값과 계통적으로 차이가 나도록 만드는 오차

나. 비확률표본추출법

- 비확률표본추출법(nonprobability sampling)은 조사자가 자산의 판단이나 직관에 의해 주관적으로 표본을 선정하는 방법
- 시간과 비용이 확률표본추출에 비해 적게 들지만, 모수추정에 편의(bias)가 초래, 표본분석결과의 일반화 곤란, 표본오차 추정 불가능의 단점을 초래

임의(편의)표본추출 (accidental or convenience sampling)	연구자 편의에 따라 모집단 일정단위 또는 사례를 표집하여 일정한 표본추출크기가 되면 표본추출을 종료하는 방법
판단(의도)표본추출 (judgement or purposive sampling)	조사 모집단의 사전지식을 갖고 모집단의 대표적 구성요소로 판단되는 사례를 표본으로 선정하는 방법
할당표본추출 (quota sampling)	모집단을 일정한 범주로 구분한 후에, 각 범주별로 표본설계자가 지정한 수의 요소들을 각 조사자의 주관에 따라 표본으로 선정하는 방법
누적표본추출 (snowball sampling)	모집단 구성원을 모두 파악하지 못하는 경우에 연구자가 임의로 표본을 선정하고, 다시 선정한 표본에 해당되는 사람의 추천을 받아 다른 표본을 선정하는 과정을 반복하여 표본을 누적해 나가는 방법

3. 추출표본의 크기

- 표본은 추출되는 구성요소의 순서와는 무관한 조합이므로, 크기 N의 유한 모집단에서 n개 원소를 갖는 표본 ${}_N C_n$개를 비복원으로(without replacement) 추

출 가능

- (추출된 원소를 다시 모집단에 복원시켜 추출을 반복하는) 복원추출(sampling with replacement)을 한다면, 크기 N의 유한 모집단에서 n 개 원소를 갖는 표본의 수는 N^n 개로 결정

4. 조사분석의 신뢰도 측정

- 신뢰도(reliability) : 실험, 조사 등의 측정에서 반복된 측정에서 동일한 결과를 얻는 정도이며, 안정성(stability)과 등가성(equivalence)의 두 차원을 기준으로 측정

① 재검증법(test-retest method) : 특정 대상을 조사하고 일정 기간이 지난 후에 그 대상에 대해 동일한 내용으로(동일한 측정도구와 방법의 사용으로) 다시 조사하여 얻은 관찰치들의 상관계수로 신뢰도를 측정하는 방법

② 동형(대안형)방법(alternate form method) : 실제 내용은 동일한 둘 이상의 측정도구나 방법을 사용하여 각 측정에서 얻은 관찰치들의 비교를 통해 신뢰도를 측정하는 방법

③ 반분법(split-halves method) : 동일한 내용에 대해 표현을 달리하는 두 문항을 제시하여 그 응답결과의 비교를 통해 내적 일관성을 측정하는 방법

Spearman Brown의 신뢰도 계수 $r_{XX'}$ 공식

(7.1) $$r_{XX'} = \frac{2r_{OE}}{1+r_{OE}}$$

r_{OE} : 홀수문항점수(O)와 짝수문항점수(E)간의 상관계수

④ 내적 일관성법(international consistency method) : 문항간의 일관성 정도를 측정하는 방법

- 크론바흐 알파(Cronbach's alpha)의 표준화 공식

(7.2) $$\alpha = \frac{N \cdot \bar{r}}{1+(N-1) \cdot \bar{r}}$$

N : 문항의 수, $\bar{r}$: 평균 문항간 상관계수(average inter-item correlation)

◦ 문항들이 동일한 기초적인 구성개념(construct)을 측정하여 일관성이 높을수록 α의 값이 높게 발생

◦ 알파가 0.5(=50%) 미만의 일관성이 낮은 문항은 버리고, 알파 값이 높아 응답자 태도를 양호하게 차별화시키는 문항만을 선택

제2절 표본평균분포와 점추정

Ⅰ. 표본평균의 분포와 중심극한정리

1. 표본평균의 분포

가. 표본평균분포의 개념

어떤 모집단으로부터 선택 가능한 표본을 모두 추출한 경우에 발생하는 표본평균 $\overline{X}$가 이루는 확률분포인 $\overline{X}$-분포

- 모집단 분포의 평균이 μ이고 분산이 σ^2인 경우에 크기 n의 확률표본 $X_1, X_2, \cdots, X_n$의 표본평균 $\overline{X}$

$$\overline{X} = \frac{1}{n}(X_1 + X_2 + \cdots + X_n) = \frac{1}{n} \sum_{i=1}^{n} X_i \qquad (7.3)$$

- 표본평균 $\overline{X}$로 모집단 평균 μ를 추정하는 경우에 발생하는 오차

◦ 표본추출오차(sampling error) : 추출된 표본의 조사에서 발생하는 오차로써 추출된 표본의 통계량이 모집단 모수에 대해 갖는 오차

◦ 비표본추출오차(nonsampling error) : 자료의 수집이나 처리 등의 표본추출과정에서 부정확한 측정, 잘못된 관찰, 자료의 누락, 추출방법의 오류 등으로 인해 발생하는 오차

나. 표본평균분포의 특성

① 표본평균의 기대치

$$(7.4)\quad E(\overline{X}) = \frac{1}{n} E(X_1 + X_2 + \cdots + X_n)$$

$$= \frac{1}{n}[E(X_1) + E(X_2) + \cdots + E(X_n)] = \frac{1}{n} n\mu = \mu$$

② 표본평균의 분산(variance of the sample means)

$$(7.5)\quad Var(\overline{X}) = \frac{1}{n^2} Var(X_1 + X_2 + \cdots + X_n)$$

- (7.5)식에서 $X_1 + X_2 + \cdots + X_n$은 n개의 독립적인 확률변수들이며, 동일한 모집단에서 추출되었기 때문에 다음이 성립

$$(7.6)\quad \sigma^2_{\overline{X}} = Var(\overline{X}) = \frac{1}{n^2}(\sigma_1^2 + \sigma_2^2 + \cdots + \sigma_n^2)$$

$$= \frac{1}{n^2}(\sigma^2 + \sigma^2 + \cdots + \sigma^2) = \frac{1}{n^2}(n\sigma^2) = \frac{\sigma^2}{n}$$

③ 평균의 표준오차(standard error of the mean) 또는 표본평균의 표준편차(standard deviation of the sample means) : 표본평균이 모(집단)평균으로부터 얼마나 떨어져 있는가를 나타내 주는 척도

- 표본평균의 분산 $\sigma^2_{\overline{X}} = \sigma^2 / n$에서 다음의 평균의 표준오차 $\sigma_{\overline{X}}$를 도출

$$(7.7)\quad \sigma_{\overline{X}} = \sqrt{\frac{\sigma^2}{n}} = \frac{\sigma}{\sqrt{n}}$$

- 평균의 표준오차는 관찰치가 클수록 감소하여 표본평균들간의 변동성이 감소하는 것을 반영 → 표본크기가 클수록 표본평균 $\overline{X}$의 평균은 모집단의 평균에 접근하여 표본평균의 분산이 0으로 수렴
- 모집단 분포가 정규분포 $N(\mu, \sigma^2)$인 경우에 표본평균 $\overline{X}$ 역시 정규분포 $N(\mu, \sigma^2/n)$으로 발생

- 표본크기 n이 모집단크기 N의 5% 이상이어서 $n \geq 0.05N$인 경우의 평균의 표준오차는 유한수정요소(finite correction factor) $\sqrt{(N-n)/(N-1)}$ 을 반드시 포함해야 함

$$\sigma_{\overline{X}} = \frac{\sigma}{\sqrt{n}}\sqrt{\frac{N-n}{N-1}} \tag{7.8}$$

- 모집단 표준편차 σ를 모르는 경우에 표본표준편차 s를 사용하여 평균의 표준오차를 결정

$$s_{\overline{X}} = \begin{cases} \dfrac{s}{\sqrt{n}} & \text{for} \quad n < 0.05N \\ \dfrac{s}{\sqrt{n}}\sqrt{\dfrac{N-n}{N-1}} & \text{for} \quad n \geq 0.05N \end{cases} \tag{7.9}$$

- 평균의 표준오차는 알려지지 않은 모집단 평균에 대한 통계적 추론의 중요한 기초를 제공
- 평균의 표준오차를 이용하여 아래의 중심극한정리에 따라 각 확률변수를 정규확률변수로 전환하여 사건의 발생확률과 추정 및 예측을 수행

예제 7-1) 어떤 회사에 근무하고 있는 5명 A, B, C, D, E의 근무연수가 다음과 같다고 하자. 5명 중에서 2명을 선정하여 추출한 표본들을 이용하여 아래의 분석을 수행할 수 있다.

① 모집단 모수의 계산
② 가능한 조합들로 구성된 표본들의 수의 계산과 표본평균들의 계산
③ 표본평균분포표의 작성
④ 모집단 평균과 표본평균의 기대치 비교
⑤ 모집단의 산포(dispersion)와 표본평균의 분포 비교
⑥ 모집단에서 균등분포를 이루는 각 근무연수의 도수에 비해, 표본평균분포의 정규분포 수렴 경향

	A	B	C	D	E	F
1	**모집단 분포**					
2	이름	근무연수	도수	확률	모집단모수	
3	A	20	1	0.2	평균	24
4	B	22	1	0.2	분산	8
5	C	26	1	0.2	표준편차	2.828427
6	D	24	1	0.2	도수합계	5
7	E	28	1	0.2		
8	**크기 2의 표본 구성 가능 조합**					
9	표본구성		근무연수		표본평균	
10	A	B	20	22	21	
11	A	C	20	26	23	
12	A	D	20	24	22	
13	A	E	20	28	24	
14	B	C	22	26	24	
15	B	D	22	24	23	
16	B	E	22	28	25	
17	C	D	26	24	25	
18	C	E	26	28	27	
19	D	E	24	28	26	
20	10	10				

① 모집단 모수의 계산

- C3:C7구간에 각 도수를 1로 입력
- F3셀에 "=AVERAGE(B3:B7)"을 입력하여 근무연수의 모집단 평균을 24로 계산
- F4셀에 "=VARP(B3:B7)"을 입력하여 모집단 분산을 8로 계산
- F5셀에 "=STDEVP(B3:B7)"을 입력하여 모집단 표준편차를 2.828427로 계산
- D열에서 각 확률을 계산하도록 F6셀에 "=SUM(C3:C7)"을 입력
- D3셀에 "=C3/$F$6"을 입력하고, 그 수식을 "Ctrl+C"로 복사하여 D3:D7에 붙여 넣어 확률을 계산

② 가능한 조합들로 구성된 표본들의 수의 계산과 표본평균들의 계산

- A10:B19구간에 두 변수의 조합을 구성하도록 먼저 A10:A13구간에 A를 각각 입력하고, B10:B13구간에 각각 B, C, D, E를 입력
- A14:A16구간에 B를 각각 입력하고, B14:B16구간에 C, D, E를 입력
- A17:A18구간에 C를 각각 입력하고, B17:B18구간에 D, E를 입력
- A19셀에 D를 입력하고, B19셀에 E를 입력
- C10셀에 다음 식을 입력하여, 각 사람에 따른 근무연수를 자동으로 구할 수 있

도록, 그 식을 "Ctrl+C"로 복사하여 C10:D19구간에 붙여 넣기를 수행 "=IF(A10="A", $B$3,IF(A10="B", $B$4,IF(A10="C", $B$5,IF(A10="D", $B$6, $B$7))))"

- E10셀에 "=AVERAGE(C10:D10)"을 입력하고, 그 수식을 복사하여 E10:E19구간에 붙여 넣어 표본평균들을 계산
- A20셀에 "=COMBIN(5,2)"를 입력하여, 5개의 원소로 구성 가능한 조합 수를 계산
- B20셀에 "=COUNTA(B10:B19)"를 입력하여, 실제 구성된 조합 수를 계산

	A	B	C	D	E
21	**표본평균의 분포구간**				
22	최대값	27	최소값	21	
23	**표본평균의 도수분포표**				
24	표본평균	도수	확률		
25	21	1	0.10		
26	22	1	0.10		
27	23	2	0.20		
28	24	2	0.20		
29	25	2	0.20		
30	26	1	0.10		
31	27	1	0.10		
32	계	10	1.00		
33	표본평균의 기대치		24		

③ 표본평균분포표의 작성

- E10:E19구간을 지정하고, 다음과 같이 수식입력줄 왼쪽 칸의 이름상자에 "가"를 입력하고 "Enter"를 클릭, E10:E19구간을 "가"로 편리하게 지정하도록 설정

가	▾	fx =AVERAGE(C10:D10)		
A	B	C	D	E

- B22셀에 "=MAX(가)"를 입력하여 표본평균의 최대값을 27로 구하고, "=MIN(가)"를 입력하여 표본평균의 최소값을 21로 계산
- A25셀에 21을 입력한 후에, 메뉴표시줄에서 "편집→채우기→연속 데이터"를 지정하여 연속 데이터 대화상자를 생성하여 종료값을 27로 설정하여 표본평균을 입력
- B25에 "=COUNTIF(가,A25)"를 입력하고, 그 수식을 "Ctrl+C"로 복사하여

B25:B31구간에 붙여 넣어 각 표본평균의 도수를 계산

- B32셀에 "=SUM(B25:B31)"을 입력하여 도수 합계를 계산
- C25셀에 "=B25/$B$32"를 입력하고, 그 수식을 "Ctrl+C"로 복사하여 C25:C31구간에 붙여 넣어 각 표본평균 값의 확률을 계산

④ 모집단 평균과 표본평균의 기대치 비교

- C33셀에 "=SUMPRODUCT(A25:A31,C25:C31)"을 입력하여 표본평균의 기대치를 24로 계산하고, F3셀의 모집단 평균과 일치하는지를 확인

⑤ 모집단의 도수분포도 작성

- B2:C7구간을 설정하고, 도구모음줄에서 "📊"를 클릭하여 차트마법사를 생성
- 차트마법사 1단계에서 "세로막대형 : 묶은 세로 막대형"을 지정한 후에 "다음"을 눌러 차트마법사 2단계 대화상자를 생성
- 차트마법사 2단계에서 계열을 클릭하고, 계열에서 "근무연수"를 지정한 후에 "제거"를 누르고, 다시 X축 레이블에 마우스 커서를 둔 다음 B3:B7구간 지정으로 대화상자를 아래와 같이 조정하여 "다음"을 클릭하는 방식으로 차트를 작성

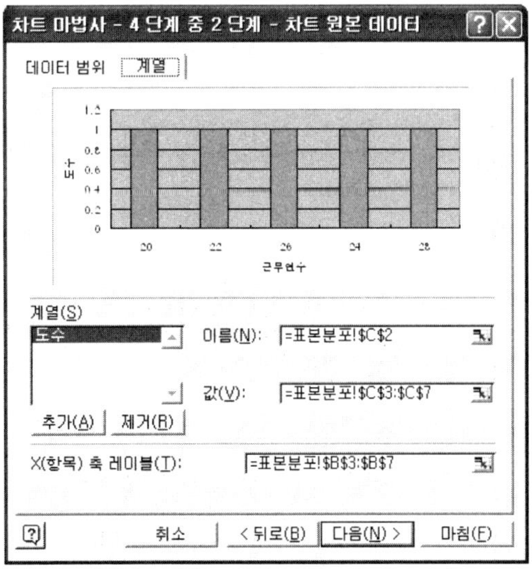

- 도출된 모집단 도수분포도 차트를 차트영역, X축, Y축 서식 변경으로 조정

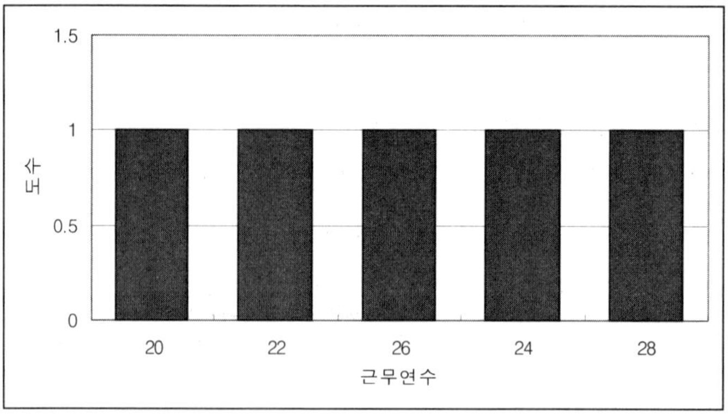

⑥ 표본평균분포곡선의 작성과 모집단 도수분포도와의 비교

- A24:B31구간을 지정하고, 도구모음줄에서 " "를 클릭하여 차트마법사를 생성
- 차트마법사 1단계에서 "세로막대형 : 묶은 세로 막대형"을 지정한 후에 "다음"을 눌러 차트마법사 2단계 대화상자를 생성
- 차트마법사 2단계에서 계열을 클릭하고, 계열에서 "표본평균"을 지정한 후에 "제거"를 누르고, 다시 X축 레이블에 마우스 커서를 둔 다음 A25:A31구간 지정으로 대화상자를 아래와 같이 조정하여 "다음"을 클릭하는 방식으로 차트를 작성

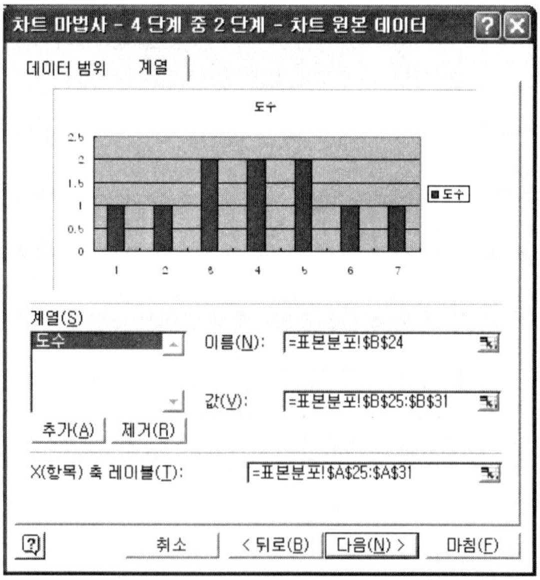

- 차트의 데이터 계열(막대그래프)에 마우스 커서를 두고 마우스 왼쪽 단추를 두 번 눌러 생성된 데이터 계열 서식 대화상자에서의 옵션에서 "간격너비 : 0"을 지정한 후 "확인"을 클릭

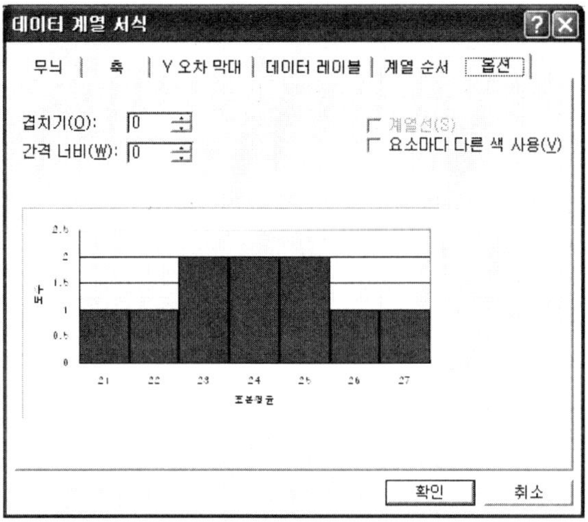

- 각종 서식을 조정하여 다음과 같이 조정된 표본평균 분포곡선과 모집단 도수분포곡선을 비교, 표본평균 분포곡선은 정규분포의 형식으로 나타나며 구간이 모집단 도수분포곡선보다 오른쪽으로 1만큼 더 큰 구간에 위치

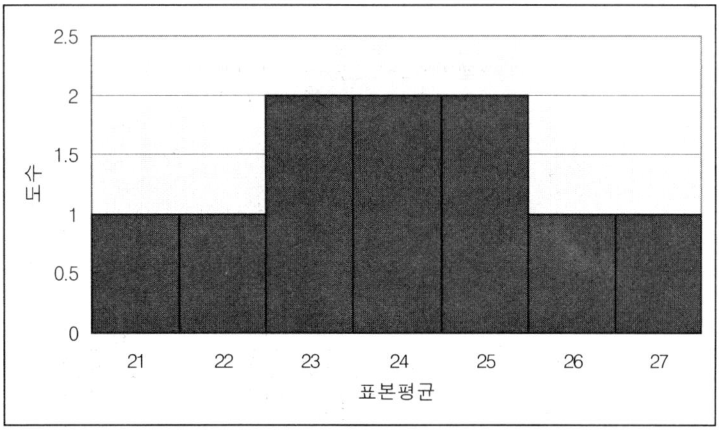

2. 중심극한정리와 대수의 법칙

가. 중심극한정리

어떤 분포의 모집단에서 추출되더라도, 확률표본의 평균 $\overline{X}$의 분포는 표본크기 n이 증가함에 따라 (평균 μ와 표준편차 $\sigma/\sqrt{n}$를 갖는) 정규분포에 접근

[적용] 중심극한정리(central limit theory)는 표본크기가 보통 30개 이상으로 충분히 큰 경우에 그 확률표본의 평균의 분포는 근사적으로(approximately) 정규분포이기 때문에, 평균의 표준오차를 이용한 표준정규확률변수를 이용 가능

예제 7-2) 매출채권 모집단이 크기 1,000개이며, 평균 μ가 260, 표준편차 σ가 45라고 하자.

이러한 매출채권의 모집단에서 36개의 확률표본을 추출한 경우에, 표본평균이 각각 (5의 추가단위로 배열된) 235, 240,...., 285보다 작을 확률과 표본평균이 245와 275 사이의 구간에서 발생할 확률을 다음과 같이 구할 수 있다.

	A	B	C	D	E
1	표본평균의 분포				
2	정규변수(X)	표준정규변수(z)	P(Z≤z)	평균(μ)	pd(Z=z)
3	235	-3.33	0.0004	260	0.0015
4	240	-2.67	0.0038	σ	0.0114
5	245	-2.00	0.0228	45	0.0540
6	250	-1.33	0.0912	n	0.1640
7	255	-0.67	0.2525	36	0.3194
8	260	0.00	0.5000	se	0.3989
9	265	0.67	0.7475	7.5	0.3194
10	270	1.33	0.9088		0.1640
11	275	2.00	0.9772		0.0540
12	280	2.67	0.9962		0.0114
13	285	3.33	0.9996		0.0015
14	P(-2≤z≤2)		0.9545	=C11-C5	

① 표본평균의 표준정규변수 전환

- (7.4)식과 같이 표본평균분포의 기대치는 $E(\overline{X}) = 260$

- D3셀에 모집단 평균 μ인 260을, D5셀에 모집단 표준편차 σ인 45를 입력
- D7셀에 표본크기 n인 36을 입력하고, D9셀에 평균의 표준오차를 계산하도록 "=D5/SQRT(D7)"를 입력
- D9셀에서 (7.6)식의 $\sigma_{\overline{X}} = \frac{\sigma}{\sqrt{n}}$을 이용한 것은 n=36이 N의 5%인 50(=0.05 ×1000)보다 작기 때문임
- A3:A13구간에 235부터 5를 간격으로 285까지 입력
- $z = \frac{\overline{X} - \mu}{\sigma_{\overline{X}}}$에 따라 B3셀에 "=(A3-$D$3)/$D$9"를 입력하고, 그 셀의 수식을 "Ctrl+C"로 복사하여 B3:B13구간에 붙여 넣어 표본평균을 표준정규변수로 전환

② 표본평균의 누적확률 계산

- C3셀에 "=NORMSDIST(B3)"을 입력하고, 그 수식을 "Ctrl+C"로 복사하여 C3:C13구간에 붙여 넣어 표본평균이 주어진 값들보다 작을 확률을 계산

③ 확률 $P(245 \leq \overline{X} \leq 275)$의 계산

- 구간 245와 275 사이에서 표본평균이 발생할 확률을 C14셀에 "=C11-C5"를 입력하여 $P(\overline{X} \leq 275) - P(\overline{X} \leq 245) = P(z \leq 2) - P(z \leq -2)$에 따라 0.9545로 계산

④ 표본평균분포의 확률곡선 도출

- E3셀에 "=NORMDIST(B3,0,1,0)"을 입력하고, 그 수식을 "Ctrl+C"로 복사하고 E3:E13구간에 붙여 넣어 표준정변수의 각 값에 대한 확률밀도를 계산
- A3에 마우스 커서를 두고 "Shift"를 누른 채로 마우스 커서를 A13셀로 이동시킨 후에 마우스의 왼쪽 단추를 한 번 클릭
- "Shift"에서 손을 떼고 다시 "Ctrl"을 누른 채로 마우스 커서로 E3셀에 두고 마우스 왼쪽 단추를 누른 채로 E3:E13구간을 지정
- 도구모음줄에서 ""를 눌러 차트마법사를 생성시킨 후에 "분산형 : 곡선으로 연결된 분산형"을 지정하여 차트를 도출
- 도출된 차트의 X축, Y축, 영역, 그림, 데이터 서식 등을 조정하여 확률분포곡선을 다음과 같이 작도

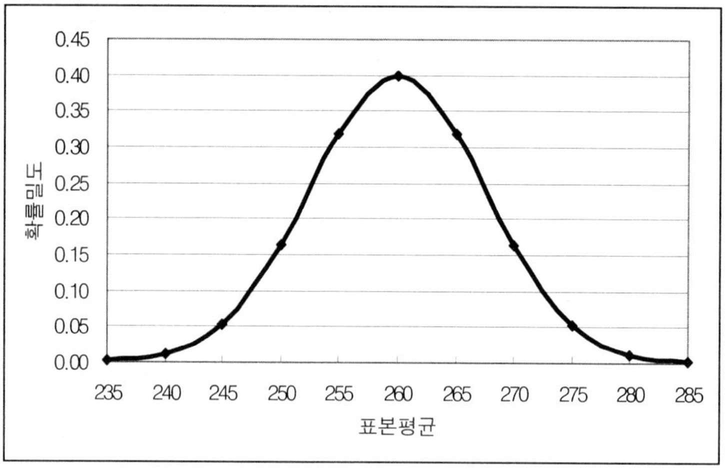

나. 대수의 법칙

표본크기 n이 증가함에 따라 표본평균의 분산 $\sigma^2_{\overline{X}} = \sigma^2 / n$이 0에 접근하여 표본평균이 모집단 평균에 보다 일치하는 경향

- 대수의 법칙(law of large numbers)에 따르면 표본크기 n이 클수록 표본평균 $\overline{X}$가 모집단 평균 μ에 근접할 확률이 보다 증가
- 표본크기를 크게 선택하여 $\overline{X}$와 μ간의 격차가 임의의 값(arbitrary value) d 이하가 되는 확률의 최대화가 가능 → $\overline{X}$와 μ간의 격차를 어떤 작은 값인 d 이하로 최소화시키는 확률을 증가시킬 수 있음

[적용]

◦사고비율의 평균을 기초로 보험료율을 결정하는 보험계약

◦소득수준, 매출액 등의 안정성 측정

◦기타 각종 수준이나 비율의 추정

-체비셰프 정리(Tchebycheff theorem) : 표본평균과 모집단 평균간의 격차가 $d(= k\sigma_{\overline{X}})$ 이하일 확률은 $1-(1/k^2)$ 이상으로 발생(예제 3-3을 참조)

(7.4.1) $$P(\mid \overline{X} - \mu \mid \leq k\sigma_{\overline{X}}) \geq 1 - \frac{1}{k^2}$$

3. 이항분포의 정규 근사법

- 표본 크기가 30 이상인 경우에 표준정규변수로 이항확률변수를 전환하여 편리하게 확률을 계산하는 방법
- 표준화된 이항확률변수 : 성공확률 p와 표본크기 n을 갖는 이항확률변수 x에 대한 표준화 공식

$$z = \frac{x-\mu}{\sigma} = \frac{x-np}{\sqrt{np(1-p)}} \qquad (7.10)$$

◦ np와 $n(1-p)$ 모두 5보다 큰 경우에 일반적으로 정규확률변수의 사용을 통해 이항확률분포의 우량 근사치 획득이 가능

예제 7-3) 성공확률이 0.2인 이항분포확률변수의 확률분포곡선은 표본크기가 20 이상이 됨에 따라 확률분포곡선의 오른쪽 꼬리가 거의 사라져, 정규확률분포가 이항확률분포의 우량 근사치가 되는 것을 다음과 같이 확인할 수 있다.

	A	B	C	D	E
1	이항분포				
2	성공 횟수(x)	확률 (n=15)	확률 (n=20)	확률 (n=25)	확률 (n=30)
3	0	0.035	0.012	0.004	0.001
4	1	0.132	0.058	0.024	0.009
5	2	0.231	0.137	0.071	0.034
6	3	0.250	0.205	0.136	0.079
7	4	0.188	0.218	0.187	0.133
8	5	0.103	0.175	0.196	0.172
9	6	0.043	0.109	0.163	0.179
10	7	0.014	0.055	0.111	0.154
11	8	0.003	0.022	0.062	0.111
12	9	0.001	0.007	0.029	0.068
13	10	0.000	0.002	0.012	0.035
14	11	0.000	0.000	0.004	0.016
15	12	0.000	0.000	0.001	0.006
16	13	0.000	0.000	0.000	0.002
17	14	0.000	0.000	0.000	0.001
18	15	0.000	0.000	0.000	0.000

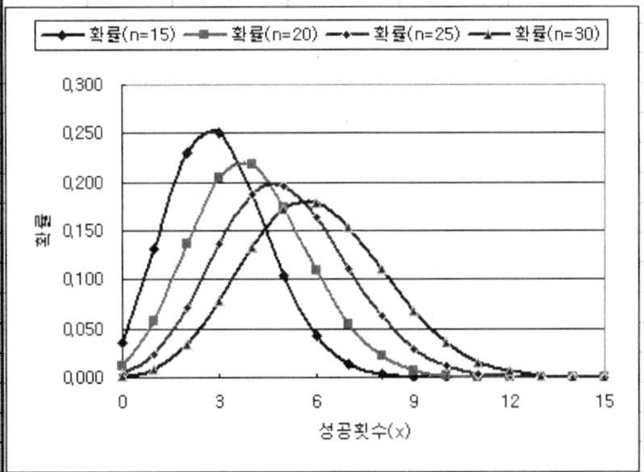

① 성공횟수의 입력

- A3셀에 0을 입력
- 마우스 커서를 A3셀에 두고, 메뉴표시줄에서 "편집→채우기→연속 데이터"를

지정하여 열 방향으로 15까지 입력

② 이항분포확률의 계산

- B3셀에 "=BINOMDIST($A3,15,0.2,0)"을 입력하고, 그 수식을 "Ctrl+C"로 복사하여 B3:E3구간에 붙여 넣기
- 복사한 수식을 표본크기에 따라 C3셀은 "=BINOMDIST($A3,20,0.2,0)"으로 전환
- D3셀의 수식은 "=BINOMDIST($A3,25,0.2,0)"으로 전환
- E3셀의 수식은 "=BINOMDIST($A3,30,0.2,0)"으로 전환
- B3:E3구간의 식들을 "Ctrl+C"로 복사
- 마우스 커서로 B3셀을 지정하고 마우스 왼쪽 단추를 한번 클릭한 후에 "Shift"를 누른 채로 E18셀에 마우스 커서를 두고 마우스 왼쪽 단추를 클릭하여 B3:E18구간을 지정
- "Enter"를 눌러 복사한 B3:E3구간의 수식들을 붙여 넣기

③ 이항분포곡선의 도출

- A2:E18구간을 지정한 후에 도구모음줄에서 ""를 클릭
- 생성된 차트마법사 1단계에서 "분산형 : 곡선으로 연결된 분산형"을 지정하여 각 표본크기에 따른 이항분포곡선들을 도출
- 차트의 X축, Y축, 그림영역, 차트영역 서식 수정으로 식별이 용이하게 조정

④ 조정된 차트 크기의 조정

- 차트에 마우스 커서를 지정하고 마우스 왼쪽 단추를 한번 눌러 차트 외곽의 사각형에 작은 점들이 나타나게 한다.
- "Alt"를 누른 채로 사각형 가로줄 중간, 세로줄 중간, 좌우측 위아래 모서리의 작은 검은 점에 마우스 커서를 지정하고 마우스 왼쪽 단추를 누른 채로 원하는 크기로 조정

예제 7-4) 어떤 영업사원이 개인적으로 접촉한 사람들의 20%가 구매를 한다고 가정하자.

그 영업사원이 20명, 25명, 또는 30명의 유망고객을 만난 경우에, 1

명 이상이 구입할 확률부터 15명 이상이 구입할 확률까지를 이항분포누적확률함수 또는 표준정규누적확률함수를 이용하여 구할 수 있다.

	A	B	C	D	E	F
19	**이항분포의 정규근사법**					
20	성공 횟수(x)	z(n=30)	P(Z≤z)	BP(X≤x)	P(Z≥z)	BP(X≥x)
21	0	-2.97	0.002	0.001	0.9985	1.0000
22	1	-2.51	0.006	0.011	0.9940	0.9988
23	2	-2.05	0.020	0.044	0.9800	0.9895
24	3	-1.60	0.055	0.123	0.9449	0.9558
25	4	-1.14	0.127	0.255	0.8731	0.8773
26	5	-0.68	0.247	0.428	0.7532	0.7448
27	6	-0.23	0.410	0.607	0.5903	0.5725
28	7	0.23	0.590	0.761	0.4097	0.3930
29	8	0.68	0.753	0.871	0.2468	0.2392
30	9	1.14	0.873	0.939	0.1269	0.1287
31	10	1.60	0.945	0.974	0.0551	0.0611
32	11	2.05	0.980	0.991	0.0200	0.0256
33	12	2.51	0.994	0.997	0.0060	0.0095
34	13	2.97	0.998	0.999	0.0015	0.0031
35	14	3.42	1.000	1.000	0.0003	0.0009
36	15	3.88	1.000	1.000	0.0001	0.0002

① 정규 근사법 기준의 충족 여부를 검토

- $n \geq 30$ 의 여부 : $n = 30$이어서 충족
- $np \geq 5$ 의 여부 : $np = (30)(0.2) = 6 > 5$ 여서 충족
- $n(1-p) \geq 5$ 의 여부 : $nq = (30)(0.8) = 24 > 5$ 여서 충족

② 이항확률분포변수의 정규 근사법 적용을 위한 이항변수의 표준정규변수 전환

- $\mu = np = (30)(0.2) = 6$
- $\sigma = \sqrt{npq} = \sqrt{(30)(0.2)(0.8)} = \sqrt{4.8} \cong 2.19$
- $Z = \dfrac{X - \mu}{\sigma}$
- A21:A36구간에 0부터 15까지 입력
- B21셀에 "=(A21-0.5-30*0.2)/SQRT(30*0.2*(1-0.2))"를 입력하고, 그 수식을 "Ctrl+C"로 복사하여 B21:B36구간에 붙여 넣어 이항분포변수를 표준정규변수 Z로 전환
- X의 값을 Z로 전환하기 위해 0.5를 빼는 것은 연속변수가 되도록 1/2단위의 조

정을 취하는 것이다. 예컨대 10명과 같은 이산적 사상은 완전하한(exact lower limit) 9.5부터 완전상한(exact upper limit) 10.5까지의 범위를 형성하는 값들의 연속적 구간으로 간주한다.

③ 누적확률의 계산

- C21셀에 "=NORMSDIST(B21)"을 입력하고, 그 수식을 "Ctrl+C"로 복사하여 C21:C36구간에 붙여 넣어 표준정규변수의 누적확률을 계산
- D21셀에 "=BINOMDIST($A21,30,0.2,1)"을 입력하고, 그 수식을 "Ctrl+C"로 복사하여 D21:D36구간에 붙여 넣어 이항확률변수의 누적확률을 계산

④ 변수 값 이상일 확률의 계산

- 연속변수의 경우에 $P(Z \geq z) = 1 - P(Z \leq z)$이므로, E21구간에 "=1-C21"를 입력하고, 그 수식을 복사하여 E21:E36구간에 붙여 넣어 $P(Z \geq z)$를 계산
- 이산변수인 이항확률변수의 누적확률은 $BP(X \geq x) = 1 - BP(X \leq x-1)$으로 계산하므로, F21셀에는 "=1-0"을, F22셀에는 "=1-D21"을 입력하고 F22셀의 수식을 복사하여 F22:F36구간에 붙여 넣기를 하여 각 변수 값을 초과하는 확률을 계산
- 예컨대 30명 중에서 10명 이상이 구입할 확률은 정규근사법으로는 0.0551, 이항누적확률로는 0.0611로 계산

Ⅱ. 점추정

1. 점추정과 점추정자의 개념

- 표본통계량을 통한 추정은 모집단 모수 측정에 비해 비용 및 시간의 절약을 제공하고, 모집단 모수 특성 파악의 실현가능성을 제고
- 추정자(estimator) : 모집단 모수의 추정을 위해 사용된 표본통계량
- 추정치(estimate) : 표본통계량의 특정한 관찰된 값
- 점추정(point estimation) : 모집단 분포의 각종 특성을 추론(추측하고 그 성질을 조사)하기 위해 표본을 이용하여 하나의 단일한 값 또는 점인 평균, 분산, 비율 등을 구하는 방식

- 점추정은 모집단 모수를 추정하기 위해 표본의 통계량으로 구한 점추정치(point estimate)를 사용

◦ 점추정자(point estimator) : 모집단 모수를 추정하기 위해 사용하는 표본 통계량이며, 모집단 모수 θ의 점추정자는 $\hat{\theta}$로 표시

◦ 점추정치(point estimate) : 모집단 모수에 대해 하나의 숫자로 주어지는 추정치

◦ 모집단 평균 μ의 점추정자인 표본평균 $\overline{X}$

$$\overline{X} = \frac{\sum_{i=1}^{n} x_i}{n}$$

$\overline{X}$의 어떤 단일한 값 $= \mu$의 점추정치 $= \hat{\mu}$

◦ 모집단 분산 σ^2의 점추정자 = 표본분산 s^2

$$s^2 = \frac{\sum_{i=1}^{n} (x_i - \overline{X})^2}{n-1}$$

s^2의 어떤 단일한 값 $=$ σ^2의 점추정치 $= \hat{\sigma}^2$

◦ 모집단 비율 p의 점추정자 = 표본비율 $\overline{p}$

$$\overline{p} = \frac{x}{n}$$

p의 점추정치 $= \hat{p}$

2. 점추정자의 요건

① 불편성(unbiasedness) : 모수 θ의 추정자 $\overline{\theta}$의 기대치가 모수와 일치하는 성질

◦ 편의(bias) $\equiv E(\overline{\theta}) - \theta$

② 일치성(consistency) : 표본 크기의 증가에 따라 추정자 $\overline{\theta}$가 모수에 보다 근사하는 성질, 표본 크기의 증가에 따라 어떤 양의 값 ε에 대해 $P(\mid \overline{\theta} - \theta \mid < \varepsilon)$이 1로 수렴하여 추정자가 확실하게 모수로 근사하는 성질

(7.12) $\lim_{n \to \infty} P(|\overline{\theta} - \theta| < \varepsilon) = 1$

③ 효율성(efficiency) : 추정자가 진정한 모수에 접근할 가능성이 클수록 추정의 정확성이 증가하는 성질

◦ 모든 불편추정자들 중에서 가장 효율적인 추정자는 어떤 주어진 표본크기에 대해 최소 분산을 가진 추정자

◦ 두 불편추정자 $\overline{\theta}_1$ 과 $\overline{\theta}_2$ 의 상대적 효율성(relative efficiency)은 다음 비율로 계산이 가능

(7.13) $$\text{상대적 효율성} = \frac{Var(\overline{\theta}_1)}{Var(\overline{\theta}_2)} = \frac{MSE(\overline{\theta}_1)}{MSE(\overline{\theta}_2)}$$

◦ (7.13)식의 상대적 효율성이 1보다 작은 경우에 $\overline{\theta}_1$ 은 $\overline{\theta}_2$ 보다 효율적인 불편추정자

- 평균자승오차(mean squared error : MSE) : 추정자와 모수간 격차 자승의 기대치

(7.14) $$MSE = E(\overline{\theta} - \theta)^2 = Var(\overline{\theta}) + (E(\overline{\theta}) - \theta)^2$$

$$\text{평균자승오차} = \text{추정자 분산} + (\text{추정자 편의})^2$$

④ 충분성(sufficiency) : 사용하는 추정자 이외에 어떤 다른 추정자도 추정할 모수에 대해 추가정보를 제공할 수 없는 성질

- 충분통계량(sufficient statistics) : 표본이 추정할 모수에 대해 포함하는 모든 정부를 이용하는 추정자

예제 7-5) 재학생이 20,000명이 되는 한 대학에서 조사한 1인당 하루 담배소비량(갑)의 평균 μ는 0.45였다. 그런데 1주일 동안 설문지를 돌려서 응답자를 중심으로 조사한 결과는 5,000명이 응답(하위모집단)했고, 소비량별 도수는 모집단과는 다르게 평균 m이 0.2로 나타났다. 이제 다음과 같이 조사·분석할 수 있다.

① 5,000명의 응답자 중에서 200명을 추출하여 다시 전화로 질문을 한 결과 50명

으로부터 대답을 듣는다고 하자. 그 표본평균 $\overline{X}$로 모집단 평균을 추정하는 경우에 $E(\overline{X})$는 크기 5,000명의 하위모집단 평균인 m이 될 것이어서, 추정자 $\overline{X}$의 편의(bias) $E(\overline{X})-\mu$는 -0.25로 발생

② 모집단 분산과 하위모집단 분산을 계산하여, 표본평균 $\overline{X}$가 모집단 평균 μ 주변에서 얼마나 크게 변동하는지를 측정하도록 (7.14)식에 따라 MSE(평균자승오차)를 0.0657로 계산

③ 표본의 크기를 5배로 하더라도 모집단의 모수와 차이가 큰 하위모집단의 모수를 기초로 추출된 표본의 MSE는 0.0631로 거의 감소되지 않는 사실을 발견

④ 모집단에서 크기 20의 표본을 추출할 경우에 MSE는 추정자의 편의가 0이어서 표본평균의 분산과 동일하게 0.0136으로 계산되어 MSE가 하위모집단 표본평균(추정자) MSE의 1/4 미만으로 개선된 것으로 나타남. 이러한 결과는 편의를 감소시키지 않고 표본크기만을 증가시키는 것은 추정자의 효율성을 증가시키지 못하는 것을 의미

	A	B	C	D	E	F	G	H	I
1	흡연량(갑)	모집단		응답자하위모집단					
2	x	도수(f)	상대도수(rf)	도수(f)	상대도수(rf)				
3	0	10,000	0.50	3,800	0.76				
4	0.5	4,000	0.20	600	0.12				
5	1	4,000	0.20	400	0.08				
6	1.5	2,000	0.10	200	0.04				
7	계	20,000	1.00	5,000	1.00				
8	평균	μ	0.45	m	0.2				
9	편의 (m-μ)				-0.25	=E8-C8			
10	표본평균분산(추정자분산)								
11	흡연량(x)	모비율	하위모비	(x-μ)^2	(x-m)^2				
12		p(x)	율 p(r)						
13	0	0.50	0.76	0.2025	0.04				
14	0.5	0.20	0.12	0.0025	0.09				
15	1	0.20	0.08	0.3025	0.64				
16	1.5	0.10	0.04	1.1025	1.69				
17	모집단 분산				0.27	=SUMPRODUCT(B13:B16,D13:D16)			
18	하위모집단 분산				0.16	=SUMPRODUCT(C13:C16,E13:E16)			
19	표본크기 n=50의 경우								
20	표본평균의 분산(하위모분산/표본크기)				0.0032	=E18/50			
21	평균자승오차(MSE)=표본평균 분산+편의^2				0.0657	=E20+E9^2			
22	표본크기 n=250의 경우								
23	표본평균의 분산(하위모분산/표본크기)				0.0006	=E18/250			
24	평균자승오차(MSE)=표본평균 분산+편의^2				0.0631	=E23+E9^2			
25	모집단 추출표본 크기 n=20의 경우								
26	표본평균의 분산(모분산/표본크기)				0.0136	=E17/20			
27	평균자승오차(MSE)=표본평균 분산+편의^2				0.0136	=E26+0^2			
28	추정자들인 표본평균들의 상대적 효율성				4.6341	=E24/E27			

① 자료의 입력과 추정자 편의 계산

- A3:B6구간에 크기 20,000명의 모집단에 대한 변수(흡연량)의 값과 도수를 입력
- D3:D6구간에 응답자 5,000명의 하위모집단에 대한 도수를 입력
- B7셀에 "=SUM(B3:B6)"을 입력하고, 그 수식을 복사하여 B7:D7구간에 붙여 넣기
- C3셀에 "=B3/$B$7"을 입력하고, 그 수식을 복사하여 C3:C6구간에 붙여 넣기
- E3셀에 "=D3/$D$7"을 입력하고, 그 수식을 복사하여 E3:E7구간에 붙여 넣기
- C8셀에 "=SUMPRODUCT(A3:A6,C3:C6)"을 입력하여 모집단 평균을 계산
- E8셀에 "=SUMPRODUCT(A3:A6,E3:E6)"을 입력하여 하위모집단 평균을 계산
- E9셀에 "=E8-C8"을 입력하여 하위모집단 평균의 모집단 평균에 대한 편의를 계산

② 모집단 및 하위모집단 분산과 표본평균의 평균자승오차(MSE) 계산

- A1:A6구간을 "Ctrl+C"로 복사하여 A11셀에 붙여 넣기
- B13셀에 "=C3"을 입력하고, 그 수식을 복사하여 B13:B16구간에 붙여 넣어 모집단 상대도수를 모집단 비율로 사용
- C13셀에 "=E3"을 입력하고, 그 수식을 복사하여 C13:C16구간에 붙여 넣어 하위모집단 상대도수를 하위모집단 비율로 사용
- D13셀에 "=(A13-$C$8)^2"를 입력하고, 그 수식을 복사하여 D13:D16구간에 붙여 넣어 변수 값이 모평균에 대해 갖는 격차 자승 값인 $(x-\mu)^2$의 값들을 계산
- E13셀에 "=(A13-$E$8)^2"를 입력하고, 그 수식을 복사하여 E13:E16구간에 붙여 넣어 변수 값이 하위모평균에 대해 갖는 격차 자승 값인 $(x-m)^2$의 값들을 계산
- E17셀에 "=SUMPRODUCT(B13:B16,D13:D16)"을 입력하여 $\sum(x_i-\mu)^2 p(x_i)$에 따라 모집단 분산을 0.27로 계산
- E18셀에 "=SUMPRODUCT(C13:C16,E13:E16)"을 입력하여 $\sum(x_i-m)p(r_i)$에 따라 하위모집단 분산을 0.16으로 계산
- E20셀에 "=E18/50"을 입력하여 크기 50의 표본에 대한 표본평균의 분산을 0.0032로 계산

- E21셀에 "=E20+E9^2"를 입력하여 (7.14)식에 따라 표본평균의 모평균에 대한 평균자승오차 MSE를 0.0657로 계산

③ 크기 250의 표본에 대한 표본평균의 분산과 평균자승오차 계산

- E23셀에 "=E18/250"을 입력하여 크기 250의 표본에 대한 표본평균의 분산을 0.0006으로 계산
- E24셀에 "=E23+E9^2"를 입력하여 표본평균의 평균자승오차 MSE를 0.0631로 계산. 이는 크기 50의 표본에 대한 MSE와 거의 같아 표본크기를 증가시켜도 추정자의 효율성을 개선시킬 수는 거의 없다는 것을 의미

④ 모집단에서 추출된 크기 20의 표본에 대한 표본평균의 분산과 평균자승오차 계산

- E26셀에 "=E17/20"을 입력하여 표본분포의 분산을 0.0136으로 계산
- E27셀에 "=E26+0^2"을 입력하여 MSE를 0.0136으로 계산. 여기서 편의 $E(\overline{X}-\mu)$가 모집단에서 추출된 표본이어서 0이기 때문에 MSE가 하위모집단에서 추출된 표본들에 비해 크게 감소
- E28셀에 "=E24/E27"를 입력하여 크기 250의 하위모집단 추출 표본에 대한 상대효율성을 4.6341로 계산

〈참고문헌〉

박병식 · 박종관(2005), 『조사방법론 : 국가(행정자치부) 공인 자격제도 정책분석 평가사 1급』, 개정판, 시대고시기획, 138-157쪽.

배규한 · 이태림 · 이기재(2000), 『조사방법론과 사회통계』, SPSS아카데미, 103-156쪽.

홍종선 · 박옥희 · 최창현(1997), 『조사방법과 통계자료분석』, 박영사, 96-113쪽.

Frank, Harry and Steven C. Althoen(1994), *Statistics : Concepts and Applications*, Cambridge University Press, pp. 287-291.

Chao, Lincoln L.(1974), *Statistics : Methods and Analyses*, 2nd ed., McGraw-Hill, Inc., pp. 124-145.

DeGroot, Morris H.(1989), *Probability and Statistics*, 2nd ed., Addison-Wesley Publishing Co., pp. 371-376.

Frank, Harry and Steven C. Althoen(1994), *Statistics : Concepts and Applications*, Cambridge university Press, pp. 186-269.

Harnett, D.L. and A.K. Soni(1991), *Statistical Methods : For Business and Economics*, 4th ed., Addison-Wesley Publishing Co., Inc., pp. 257-266.

Kazmier, Leonard J.(1988), *Theory and Problems of Business Statistics with Computer Applications*, 2nd ed., McGraw-Hill Book Co., pp. 128-143.

Lee, Cheng F.(1993), *Statistics for Business and Financial Economics*, D.C. Heath and Company, pp. 292-325.

Mason, Robert D.(1982), *Statistical Techniques in Business and Economics*, 5th ed., Richard D. Irwin, Inc., pp. 302-315.

Spiegel, Murray R.(1992), *Theory and Problems of Probability and Statistics*, McGraw-Hill, Inc., pp. 155-195.

Wonnacott, T.H. and R.J. Wonnacott(1990), *Introductory Statistics for Business and Economics*, 4th ed., John Wiley & Sons, pp. 189-252.

제8장

구간추정과 추정자 표본분포

[주요용어]

· 구간추정	· 신뢰한계	· 최대허용(가능)오차
· 표준정규변수	· 표본 비율	· Student t분포
· 카이자승분포	· F분포	· 평균간 격차의 표준오차
· 합동분산추정치	· t-통계량	· 분산과 표준편차의 신뢰구간

[주요 Excel함수]

· NORMSINV	· ROUND	· TDIST
· TINV	· NORMSDIST	· CHIDIST
· FDIST	· FINV	· CHIINV

제 1 절 모집단 평균과 비율의 구간추정

Ⅰ. 구간추정의 개념과 모집단 평균의 구간추정

1. 구간추정의 개념과 특성

일정한 방식에 따라 추정치에 대한 어떤 정도의 불확실성(uncertainty)을 알려진 오차확률로 허용하면서 모집단 모수의 값이 속할 것으로 예상되는 범위를 규정하는 방법

[특성]

① 구간 추정(interval estimation)은 점추정치에 대해 허용한 오차확률에 따라 계산한 신뢰계수(confidence coefficient)를 모집단 표준편차 또는 평균의 표준오차에 곱한 값을 가감한 구간을 모집단 모수의 값이 속할 신뢰구간으로 구하는 방법

② 구간 추정은 모집단 평균 값에 대한 설명을 위해 표본자료를 사용하는 귀납적 추론(inductive reasoning)의 행위

- 연역적 추론(inductive reasoning) 행위 : 알고 있는 모집단 평균과 표준편차를 이용하여 표본평균이 가질 수 있는 값들에 대한 확률을 결정
- 신뢰구간(confidence interval) : 모집단 모수 θ를 포함할 것으로 예상되는 값들의 구간
- 신뢰계수(confidence coefficient) : 신뢰구간 구성을 위해 표준편차 또는 표본평균의 표준오차에 곱하는 확률분포의 통계량
- 오차한계(margin of error) : 추정치를 신뢰할 수 있는 한도를 규정하는 추정치 최대오차(maximum error of estimate)이며, 추정치의 % 비율로 표시
- 신뢰도(degree of confidence) : 추정할 모수를 포함하는 구간에 대해 장기적으로 신뢰할 수 있는 비율

③ 구간추정은 주로 정규확률분포를 사용할 수 있다는 가정을 기초로 수행되며,

구간의 중점(midpoint)에 불편 추정자를 두고 양쪽에서 구간경계의 값인 신뢰한계(confidence limits)를 구성

2. 모집단 분산이 알려진 경우의 모집단 평균의 구간추정

- 확률변수 X가 정규분포를 이루어 $X: N(\mu, \sigma^2)$ 인 경우에, 표준정규변수 z가 z_b의 신뢰계수로 구성되는 신뢰구간 $[-z_b, z_b]$ 에 있을 확률 ℂ

(8.1) $$\mathbb{C}(x - z_b\sigma \le \mu \le x + z_b\sigma) = P(-z_b \le z \le z_b)$$

- z가 구간 $[-z_b, z_b]$ 의 외부에 있을 확률 1-ℂ

(8.2) $$1\text{-}\mathbb{C} = P(z < -z_b \quad or \quad z > z_b) = P(z < -z_b) + P(z > z_b)$$

- 표준정규곡선의 0에 대한 대칭성으로 인해 다음이 성립

(8.3) $$1 - \mathbb{C} = 2P(z > z_b) = 2[1 - P(z \le z_b)]$$

(8.4) $$P(z \le z_b) = \frac{1 + \mathbb{C}}{2}$$: 신뢰계수 누적확률

가. 하나의 관찰치 x에 대한 신뢰한계 계산 절차

① 신뢰확률 ℂ에 따라 신뢰계수의 누적확률 (1+ℂ)/2 계산

② 신뢰계수 z_b를 "=NORMSINV(신뢰계수 누적확률)"로 계산

③ 최대허용오차(maximum allowable error)를 신뢰계수와 표준편차의 곱 $z_b\sigma$로 계산하고, 그 최대허용오차를 관찰치에 가감한 값으로 신뢰상한과 신뢰하한인 신뢰한계를 계산

- ◦신뢰상한 = $x + z_b\sigma$
- ◦신뢰하한 = $x - z_b\sigma$

(8.5) $$\text{신뢰한계} = x \pm z_b\sigma$$

④ 신뢰확률로 설정된 신뢰도를 갖고 모집단 평균 μ가 신뢰한계에 포함될 것으

로 추정하는 구간추정을 완료

예제 8-1) 분산 σ^2 =225의 정규분포를 갖는 확률변수 X의 평균에 대해 90% 신뢰구간을 설정하는 경우에 어떤 관찰치 $x = 55$ 를 이용하여 다음의 분석을 수행할 수 있다.

	A	B	C	D
1	신뢰확률	90%	분산	225
2	신뢰계수 누적확률	95%	표준편차	15
3	신뢰계수	1.644853	관찰치	55
4	신뢰하한	30.3272	신뢰상한	79.6728

① 신뢰확률 C에 따라 신뢰계수의 누적확률 (1+C)/2 계산

- B1셀에 신뢰확률 90%를 입력
- (8.4)식에 따라 B2셀에 "=(1+B1)/2"를 입력, 신뢰계수 누적확률을 95%로 계산

② 95%의 신뢰계수 z_b 계산

- B3셀에 "=NORMSINV(B2)"를 입력하여 95% 신뢰계수를 1.644853으로 계산

③ 최대허용오차와 신뢰한계의 계산

- D1셀에 분산 225를 입력, D2셀에 "=SQRT(D1)"을 입력하여 표준편차 15를 계산
- D3셀에 관찰치 55를 입력
- B4셀에 "=D3-B3*D2"를 입력하여 신뢰하한 $x - z_b\sigma$ 를 30.3272로 계산
- D4셀에 "=D3+B3*D2"를 입력하여 신뢰상한 $x + z_b\sigma$ 를 79.6928로 계산

④ 모집단 평균 μ가 있을 것으로 90% 확신할 수 있는 구간을 [30.3, 79.7]로 추정

나. 표본크기 n의 표본평균 $\overline{X}$에 대한 구간추정 절차

① 신뢰확률 C에 따라 신뢰계수의 누적확률 (1+C)/2 계산

② 신뢰계수 z_b를 "=NORMSINV(신뢰계수 누적확률)"로 계산

③ 신뢰계수와 평균의 표준오차의 곱으로 계산한 최대허용가능오차 $z_b\sigma_{\overline{X}}$ 를 표본평균에 가감한 값으로 신뢰상한과 신뢰하한인 신뢰한계를 계산

◦ 신뢰상한 = $\overline{X} + z_b\sigma_{\overline{X}} = \overline{X} + z_b\frac{\sigma}{\sqrt{n}}$

◦ 신뢰하한 = $\overline{X} - z_b \sigma_{\overline{X}} = \overline{X} - z_b \frac{\sigma}{\sqrt{n}}$

$$\text{(8.6)}\qquad \text{신뢰한계} = \overline{X} \pm z_b \sigma_{\overline{X}} = \overline{X} \pm z_b \frac{\sigma}{\sqrt{n}}$$

④ 유한모집단에서 추출된 표본의 경우에 표본크기 n이 모집단 크기 N의 5%인 0.05N 이상인 경우의 신뢰한계

$$\text{(8.6.1)}\qquad \text{신뢰한계} - \overline{X} \pm z_b \sigma_{\overline{X}} = \overline{X} \pm z_b \frac{\sigma}{\sqrt{n}} \sqrt{\frac{N-n}{N-1}}$$

- 모집단 표준편차가 알려진 경우에 주어진 표본크기와 표본평균을 이용하여 모집단 평균을 추정하는데 필요한 최대허용오차의 계산을 위한 Excel 함수

◦ "=CONFIDENCE(alpha,standard__dev,size)"

◦ Alpha(α) : 신뢰도 계산에 사용하는 유의 수준이며, 신뢰도는 100*(1 - alpha)%로 계산 → alpha가 0.05이면, 신뢰도는 95%

◦ Standard__dev(σ) : 모집단의 표준 편차이며, 알려진 것으로 가정

◦ Size : 표본 크기

예제 8-1.1) 모집단 표준편차 σ=45(천원)인 어떤 회사의 매출채권 중에서 36건을 표본 추출한 결과, 표본평균이 260(천원)으로 나타났다. 이러한 경우에 매출채권의 평균액수인 모집단 평균에 대한 90% 신뢰구간을 다음과 같이 구할 수 있다.

	A	B	C	D	E	F	G
1	모표준편차	45	표본평균	260			
2	표본크기	36	신뢰확률	90%			
3	평균표준오차	7.5	신뢰계수누적확률	0.95	=(1+D2)/2		
4	90% 신뢰하한	247.664	신뢰계수	1.64485	=NORMSINV(D3)		
5	90% 신뢰상한	272.336	최대허용오차	12.3364	=D4*B3		
6	90% 신뢰하한	247.664	alpha(α)	10%	=1-D2		
7	90% 신뢰상한	272.336	최대허용오차	12.3364	=CONFIDENCE(D6,B1,B2)		

(1) 자료입력→평균의 표준오차 계산→신뢰계수 누적확률 계산→신뢰계수 계산→최대허용오차(=신뢰계수×평균의 표준오차) 계산→신뢰하한·신뢰상한 계산

① 자료입력

- A1:D2구간에 모집단 표준편차, 표본평균, 표본크기, 신뢰확률의 자료 입력

② 평균의 표준오차, 신뢰계수 누적확률, 신뢰계수의 계산

- B3셀에서 "=B1/SQRT(B2)"를 입력, (7.7)식에 따른 평균의 표준오차(표본평균의 표준편차)를 계산
- D3셀에 "=(1+D2)/2"를 입력, (8.4)식에 따른 신뢰계수 누적확률을 계산
- D4셀에 "=NORMSINV(D3)"을 입력, 누적표준정규분포확률의 임계값으로 신뢰계수를 계산

③ 최대허용오차와 신뢰구간의 계산

- (8.6)식에 따라 D5셀에 "=D4*B3"을 입력, 신뢰계수와 평균의 표준오차의 곱으로 주어진 신뢰확률에서의 최대허용오차를 계산
- (8.6)식에 따라 B4셀에 "=$D$1-$D$4*$B$3"을 입력, 신뢰하한을 계산
- B4셀의 수식을 자동채우기로 B5셀에 복사한 후에 마우스 커서를 두 번 눌러서 B7셀의 수식을 "=$D$1+$D$4*$B$3"으로 변경하여 신뢰상한을 계산

(2) 자료입력→유의수준 계산→최대허용오차(CONFIDENCE함수) 계산→신뢰하한·신뢰상한 계산

① 자료입력

- A1:D2구간에 모집단 표준편차, 표본평균, 표본크기, 신뢰확률의 자료 입력

② 유의수준과 최대허용오차 계산

- D6셀에 "=1-D2"를 입력, 신뢰확률에 따른 유의수준을 계산
- D7셀에 "=CONFIDENCE(D6,B1,B2)"를 입력, 90%의 신뢰확률에 대한 최대허용오차를 계산

③ 신뢰하한과 신뢰상한의 계산

- B6셀에 "=$D$1-$D$7"을 입력, 신뢰하한을 계산
- B6셀의 수식을 자동채우기로 B7셀에 복사한 후에 마우스 커서를 두 번 눌러서 B7셀의 수식을 "=$D$1+$D$7"로 변경하여 신뢰상한을 계산

3. 모평균 추정을 위한 표본크기 결정

가. 표본 크기 n의 결정요인

① 신뢰확률

② 최대허용가능오차(maximum allowable error) E

③ 모집단 변동(표준편차로 측정)

나. 표본크기의 결정 절차

- 주어신 신뢰확률에 따라 설정된 $\pm E$ (최대허용가능오차)를 이용

① 모집단 분산 σ^2을 아는 경우

(8.7) $$n = \left(\frac{z_b \sigma}{E} \right)^2$$

② 모집단 분산 σ^2을 모르는 경우

(8.8) $$n = \left(\frac{z_b s}{E} \right)^2$$

예제 8-2) 특정 상품에 대한 어떤 국가의 수입량이 9,000 - 29,000으로 예상된다고 하자. 그 모집단의 평균이 어떤 구간 이내의 값으로 나타날 확률이 95%이고, 모집단 평균의 총오차가 200 이내라고 설정한다고 하자.

이러한 상황에서 예비(시험)조사(pilot survey)를 하여 표본 표준편차 s를 3,000이 되게 하기 위해 필요한 표본크기를 다음과 같이 864로 계산할 수 있다.

한편 크기를 865로 설정한 예비조사에서 표본표준편차가 2,500으로 나타났다면, 표본크기를 600으로 축소시켜야 한다.

	A	B	C	D	E
1	표본크기의 결정				
2	신뢰확률	95%			
3	최대허용가능오차	200			
4	신뢰계수 누적확률	97.5%	=(1+B2)/2		
5	신뢰계수	1.96	=NORMSINV(B4)		
6	평균의 표준오차	102.04	=B3/B5		
7	목표 표본표준편차	3,000			
8	예상 표본크기	864	=ROUND((B5*B7/B3)^2,0)		
9	실제 표본표준편차	2,500			
10	필요한 표본크기	600	=ROUND((B5*B9/B3)^2,0)		

① 신뢰계수의 누적확률과 신뢰계수의 계산

- B2:B3구간에 신뢰확률과 최대허용가능오차를 95%와 200으로 입력
- B4셀에 "=(1+B2)/2"를 입력하여 신뢰계수 누적확률을 97.5%로 계산
- B5셀에 "=NORMSINV(B4)"를 입력하여 신뢰계수 z_b를 신뢰계수 누적확률 97.5%에 대해 1.96으로 계산

② 신뢰계수와 최대허용오차 E를 이용한 평균의 표준오차 계산

- 평균의 표준오차와 신뢰계수의 곱인 최대허용오차 E가 200이므로 평균의 표준오차를 E/z_b로 계산
- B6셀에 "=B3/B5"를 입력하여 평균의 표준오차를 102.04로 계산

③ 목표 표본표준편차에 따른 예상표본크기 계산

- 목표로 하는 표본표준편차 3000을 B7셀에 입력
- B8셀에 "=ROUND((B5*B7/B3)^2,0)"을 입력하여 예상되는 표본크기를 864로 계산, 여기서 "ROUND(계산대상, 소수점 자릿수)"는 지정한 소수점 자릿수로 반올림을 수행하는 함수

④ 조사결과에 따른 표본크기의 조정

- 예비조사 결과 계산된 표본 표준편차 2500을 B9셀에 입력
- B10셀에 "=ROUND((B5*B9/B3)^2,0)"을 입력하여 필요한 표본크기 600을 계산

Ⅱ. 모집단 비율의 구간추정과 표본크기

1. 모집단 비율의 구간추정

- 크기 n의 표본에서 성공횟수 x가 주어진 경우에 모집단 (성공)비율 p의 점 추정자(point estimate)인 표본 비율 $\hat{p}$는 x/n
- 이항확률분포에 대한 표본 성공비율 $\hat{p}$의 기대치와 분산

(8.9.1) $$E(\hat{p}) = p$$

(8.9.2) $$Var(\hat{p}) = \frac{p(1-p)}{n}$$

- 표준화된 이항비율(standardized binomial proportion)의 분포는 $np \geq 5$ 와 $n(1-p) \geq 5$ 인 경우에 표준정규변수 $Z \sim N(0,1)$ 의 분포에 근사적으로 접근

(8.10) $$z_{X/n} = \frac{\frac{X}{n} - p}{\sqrt{\frac{\hat{p}(1-\hat{p})}{n}}}$$

- 신뢰확률에 따른 신뢰계수 z_b가 주어진 경우 모비율의 신뢰한계

(8.11) $$\text{신뢰한계} = \hat{p} \pm z_b s_{\hat{p}} = \hat{p} \pm z_b \sqrt{\frac{\hat{p}(1-\hat{p})}{n}}$$

- (성공)비율의 표준오차 $s_{\hat{p}}$

(8.12.1) $$s_{\hat{p}} = \sqrt{\frac{\hat{p}(1-\hat{p})}{n}} \quad \text{for} \quad n < 0.05N$$

(8.12.2) $$s_{\hat{p}} = \sqrt{\frac{\hat{p}(1-\hat{p})}{n}} \sqrt{\frac{N-n}{N-1}} \quad \text{for} \quad n \geq 0.05N$$

예제 8-3) 어떤 회사의 수출담당자가 수입국 시장에서 2,000명의 소비자들에 대해 조사한 결과 1,600명이 자사 제품을 구입하기 원한다고 예상하자.

이와 같이 표본 비율이 80%로 나타난 경우에 95%의 신뢰확률로 모집단 비율의 추정치가 발생할 수 있는 구간은 다음과 같이 구할 수 있다.

	A	B	C	D
1	모집단 비율 추정			
2	표본크기	2,000	신뢰확률	95%
3	찬성 횟수	1,600	신뢰계수 누적확률	97.5%
4	표본 비율	0.8	신뢰계수	1.96
5	비율의 표준오차	0.00894	최대허용가능오차	0.01753
6	신뢰상한	0.81753	신뢰하한	0.78247

① 표본 (성공)비율의 계산

- B2:B3구간에 표본크기와 성공(찬성)횟수를 2000과 1600으로 입력
- B4셀에 "=B3/B2"를 입력하여 표본 (성공)비율을 0.8로 계산

② 비율의 표준오차 계산

- (8.12.1)식에 따라 B5셀에 "=SQRT(B4*(1-B4)/B2)"를 입력하여 비율의 표준오차를 0.00894로 계산

③ 신뢰계수 누적확률과 신뢰계수 계산

- D2셀에 신뢰확률 95%를 입력
- D3셀에 "=(1+D2)/2"를 입력하여 신뢰계수 누적확률을 97.5%로 계산
- D4셀에 "=NORMSINV(D3)"을 입력하여 신뢰계수를 1.96으로 계산

④ 최대허용가능오차의 계산

- D5셀에 "=D4*B5"를 입력하여 최대허용오차를 0.01753으로 계산

⑤ 추정구간의 신뢰한계의 계산

- B6셀에 "=B4+D5"를 입력하여 신뢰상한을 0.81753으로 계산
- D6셀에 "=B4-D5"를 입력하여 신뢰하한을 0.78247로 계산

2. 모비율 추정을 위한 표본크기

- 모비율의 초기 추정치 $\hat{p}$, 주어진 신뢰확률에 따라 설정된 신뢰계수 z_b와 최대허용가능오차 E를 이용(초기 추정치가 없는 경우에는 $\hat{p}=0.5$를 사용)

$$(8.13) \qquad n = \hat{p}(1-\hat{p})\left(\frac{z_b}{E}\right)^2$$

예제 8-4) 당좌계정 또는 저축계정을 가진 200명의 성인에 대한 표본조사에서 124명이 금융기관의 서비스에 불만을 표시했다. 이러한 자료를 기초로 불만을 갖는 성인의 비율에 대한 99.9% 신뢰구간의 한계를 다음과 같이 0.62 ± 0.113 으로 계산할 수 있다.

또한 모집단 비율 p가 위치할 신뢰수준을 99.9%로 유지하면서 최대추정오차(maximum error to estimate)를 0.113에서 0.02로 감소시키기 위해 필요한 표본크기를 다음과 같이 구할 수 있다.

	A	B	C	D
8	모집단 비율 추정(예제 8-4)			
9	표본크기	200	신뢰확률	99.9%
10	불만고객	124	신뢰계수 누적확률	99.95%
11	불만고객비율	0.62	신뢰계수 z_b	3.291
12	만족고객비율	0.38	비율의 표준오차	0.034
13	표본 불만비율의 분산	0.0012	최대허용가능오차	0.113
14	신뢰상한	0.733	신뢰하한	0.507
15	목표 최대허용가능오차	0.02	필요한 표본크기	6,378
16			=ROUNDUP(B11*B12*(D11/B15)^2,0)	
17				

① $\hat{p}$와 $\hat{q}$의 계산

- B9셀에 표본크기 200, D9셀에 신뢰확률 99.9%, B10셀에 불만고객의 수 124를 입력
- B11셀에 "=B10/B9"를 입력하여 불만고객비율의 점 추정치 $\hat{p} = \frac{x}{n}$ 를 계산
- B12셀에 "=1-B11"을 입력하여 만족고객비율의 점 추정치 $\hat{q} = 1 - \hat{p}$를 계산
- $n\hat{p} = 200(0.62) = 124$와 $n\hat{q} = 200(0.38) = 76$으로 모두 5보다 크기 때문에, 비율 x/n를 정규분포된 확률변수로 취급 가능

② 신뢰계수 누적확률과 신뢰계수 z_b의 계산

- D10셀에 "=(1+D9)/2"를 입력하여 신뢰확률 C=99.9%에 대한 신뢰계수의 누적확률 $P(z \leq z_b)$ 를 99.95%로 계산
- D11셀에 "=NORMSINV(D10)"을 입력하여 신뢰확률 99.9%에 대한 z-통계량

의 임계값인 신뢰계수 z_b를 3.291로 계산

③ 비율의 표준오차와 최대허용가능오차의 계산

- B13셀에 "=B11*B12/B9"를 입력하여 표본 (불만)비율의 분산을 0.0012로 계산
- D12셀에 "=SQRT(B13)"을 입력하여 비율의 표준오차를 0.034로 계산
- D13셀에 "=D11*D12"를 입력하여 최대허용가능오차를 0.113으로 계산

④ 신뢰한계의 계산

- B14셀에 "=B11+D13"을 입력하여 신뢰상한을 0.733으로 계산
- D14셀에 "=B11-D13"을 입력하여 신뢰하한을 0.507로 계산

⑤ 최대허용가능오차 변경에 따라 필요한 표본크기의 계산

- B15셀에 목표 최대허용가능오차인 0.02를 입력
- D15셀에 "=ROUNDUP(B11*B12*(D11/B15)^2,0)"을 입력하여 최대허용가능오차 0.02에 대해 필요한 표본크기를 6,378로 계산

제 2 절 추정자의 표본분포와 모집단 격차 추정

Ⅰ. Student t분포

1. Student t분포의 개념과 특성

가. Student t분포의 개념

분산이 알려지지 않은 정규분포를 갖는 모집단에서 추출한 크기 30개 미만의 표본이 정규분포를 갖는 경우에 갖는 분포이며, 1908년 S. Gosset이 개발

- 평균 μ를 가진 정규분포된 모집단에서 추출된 크기 n개, 평균 $\overline{X}$, 표본 표준편차 s를 갖는 확률표본의 변수 t는 다음의 (n-1)의 자유도 ν를 갖는 Student t분포를 따른다.

(8.14) $$t = \frac{\overline{X} - \mu}{s/\sqrt{n}}$$

◦ 자유도(degrees of freedom) = 관찰치 수 - 사전 추정되어야 하는 모수의 수

◦ n 개의 관찰치를 사용하고 하나의 모수(평균)를 추정하여 s를 계산한다면, 자유도는 $(n-1)$

- 자유도가 ν인 Student t분포를 갖는 확률변수는 t_ν로 표시

- t분포의 확률밀도함수

(8.15) $$\phi(t) = \frac{1}{K}\left(1 + \frac{t^2}{\nu}\right)^{\frac{-(1+\nu)}{2}} \quad \text{for} \quad -\infty < t < \infty$$

K : 자유도 ν에 따라 결정되는 양의 상수(positive constant)

- 모집단 평균에 대한 t분포를 갖는 신뢰 가능한 추정치가 자유도 ν를 갖는 임계 통계량 $t_{\nu,\,\alpha/2}$보다 클 확률의 공식

(8.16) $$P(t_\nu > t_{\nu,\,\alpha/2}) = P(t_\nu < -t_{\nu,\,\alpha/2}) = \frac{\alpha}{2}$$

◦ Excel에서는 "=TDIST(x,자유도,분포구분)"을 이용하여, t분포를 갖는 표본 관찰치 X가 주어진 값 x를 초과할 확률 $P(X > x)$ 을 계산

◦ (8.16)과 같은 양측 검정의 경우에 분포구분에는 2를 사용하고, 단측 검정의 경우에는 1을 사용

$P(x < t) =$ TDIST(x,자유도,1) : 단측분포

$1 - P(-x \leq t \leq x) =$ TDIST(x,자유도,2) : 양측분포

예제 8-5) 어떤 주어진 t값을 초과하는 t통계량을 갖는 t분포 변수들에 대한 양측검정 확률은 단측검정 확률의 2배로 나타나며, 자유도가 증가할수록 그 확률이 감소하는 것을 다음과 같이 볼 수 있다.

	A	B	C	D	E	F	G	H	I	J	K	L	M
1	단측검정 확률 P(x<t)와 양측검정 확률 1-P(-x<t<x)의 계산												
2	자유도	단측검정						양측검정					
3		t값						t값					
4	ν	0	1	2	3	4	5	0	1	2	3	4	5
5	1	0.5	0.250	0.148	0.102	0.078	0.063	1	0.500	0.295	0.205	0.156	0.126
6	2	0.5	0.211	0.092	0.048	0.029	0.019	1	0.423	0.184	0.095	0.057	0.038
7	3	0.5	0.196	0.070	0.029	0.014	0.008	1	0.391	0.139	0.058	0.028	0.015
8	4	0.5	0.187	0.058	0.020	0.008	0.004	1	0.374	0.116	0.040	0.016	0.007
9	5	0.5	0.182	0.051	0.015	0.005	0.002	1	0.363	0.102	0.030	0.010	0.004
33	29	0.5	0.163	0.027	0.003	0.000	0.000	1	0.326	0.055	0.005	0.000	0.000
34	30	0.5	0.163	0.027	0.003	0.000	0.000	1	0.325	0.055	0.005	0.000	0.000
35	35	0.5	0.162	0.027	0.002	0.000	0.000	1	0.324	0.053	0.005	0.000	0.000
36	40	0.5	0.162	0.026	0.002	0.000	0.000	1	0.323	0.052	0.005	0.000	0.000
37	50	0.5	0.161	0.025	0.002	0.000	0.000	1	0.322	0.051	0.004	0.000	0.000
38	60	0.5	0.161	0.025	0.002	0.000	0.000	1	0.321	0.050	0.004	0.000	0.000
39	120	0.5	0.160	0.024	0.002	0.000	0.000	1	0.319	0.048	0.003	0.000	0.000
40	10,000	0.5	0.159	0.023	0.001	0.000	0.000	1	0.317	0.046	0.003	0.000	0.000

① 자료 입력

- B2:M4구간에 단측검정과 양측검정에서 이용할 t값들을 0에서 5까지 각각 입력
- A5셀에 1을 입력하고, 메뉴표시줄에서 "편집→채우기→연속 데이터"를 지정한 후에 생성된 연속 데이터 대화상자를 "방향:열, 유형:선형, 단계값:1, 종료값:30"으로 지정한 후에 "확인"을 클릭
- 마우스 커서로 A10셀을 지정한 후에 메뉴표시줄에서 "창→틀 고정"을 지정한 후에, A35:A40구간에 35, 40, 50, 60, 120, 10000을 입력

② 단측검정 확률 $P(x < t)$ 의 계산

- B5셀에 "=TDIST(B$4,$A5,1)"을 입력하고, 그 수식을 "Ctrl+C"로 복사
- 다시 마우스 커서로 B5셀을 지정하여 마우스 왼쪽 단추를 한번 클릭하고, "Shift"를 누른 채로 G40셀을 마우스 커서로 지정한 후에 마우스 왼쪽 단추를 한번 클릭하여 구간 B5:G40을 지정
- "Shift"에서 손을 떼고, "Enter"를 클릭하여 복사했던 B5셀의 수식을 B5:G40구간에 붙여 넣기

③ 양측검정 확률 $1-P(-x \le t \le x)$ 의 계산

- H5셀에 "=TDIST(H$4,$A5,2)"를 입력하고, 그 수식을 "Ctrl+C"로 복사
- 다시 마우스 커서로 H5셀을 지정하여 마우스 왼쪽 단추를 한번 클릭하고, "Shift"를 누른 채로 M40셀을 마우스 커서로 지정한 후에 마우스 왼쪽 단추를 한번 클릭하여 구간 H5:M40을 지정

- "Shift"에서 손을 떼고, "Enter"를 클릭하여 복사했던 H5셀의 수식을 H5:M40 구간에 붙여 넣기
- 계산된 결과는 양측검정 확률이 단측검정 확률의 2배로 발생

나. Student t분포의 특성

① 연속변수의 확률분포

② 종의 형태(bell-shaped)로 $\overline{X} = \mu$ 인 $t_\nu = 0$ 에서 하나의 봉우리를 갖는 대칭 분포

③ 평균은 항상 0이지만, 표준편차는 표본크기에 따라 다르게 발생

④ t분포의 분산 $Var(t) = \nu/(\nu-2) = (n-1)/(n-3)$ 으로 인하여, t분포의 분산이 성립하기 위한 최소표본크기는 4이다. 또한 표본크기가 증가할수록 분산이 감소하여 1에 접근하므로, t-분포곡선은 표준정규분포에 비해 중심점(평균)으로부터 더 크게 흩어져 보다 평탄한 형태로 발생

⑤ 평균은 1보다 큰 n개의 값들에 대해 성립하므로, 표본크기 $n=1$ 인 경우에 t분포는 존재하지 않음

2. 모집단 분산을 모르는 경우에 모집단 평균의 구간추정

표본크기 n의 표본평균 $\overline{X}$과 표본표준편차 s를 이용하여 구간추정을 수행

- 추정구간의 신뢰한계

(8.17) 신뢰한계 $= \overline{X} + z_b s_{\overline{X}} = \overline{X} \pm z_b \frac{s}{\sqrt{n}}$ for $n \geq 30$ 인 대표본

◦ 모집단의 분포가 정규분포가 아닌 경우에도 가능

(8.18) 신뢰한계 $= \overline{X} \pm t_b s_{\overline{X}} = \overline{X} + t_b \frac{s}{\sqrt{n}}$ for $n < 30$ 인 소표본

t_b : 신뢰계수인 t-통계량 임계값

◦ 모집단 분포가 정규분포인 경우에만 가능

◦ Excel에서는 "=TINV(α,자유도)"를 입력하여 $t_{\nu,\alpha/2}$ 를 계산

◦크기 20의 t분포를 갖는 표본 자료를 사용하여 90%의 신뢰구간에 대한 신뢰계수 $t_b = t_{\nu,\alpha/2} = t_{19,10\%/2}$ 를 구하는 경우에는 유의수준(=1-신뢰확률)과 자유도를 이용하는 "=TINV(10%,19)"를 입력하여 계산

- 모집단 분포가 정규분포가 아닌 경우에 소표본의 표본평균을 이용한 구간추정의 신뢰한계는 주로 중위수를 계산하는 비모수절차(nonparametric)를 이용하여 수행

◦모집단 분포 여부를 모르는 경우에 신뢰한계의 추정을 위해서는 30개 이상의 표본을 추출하는 것이 바람직

예제 8-6) 표본크기 n=40, 표본평균 $\overline{X}$=40, 표본분산 s^2=250인 경우에 정규분포를 갖는 모집단 평균 μ가 35와 45의 구간에 위치할 확률은 다음과 같이 0.9545로 구할 수 있다.

	A	B	C	D
6	신뢰확률의 계산			
7	표본분산(s^2)	250	표본크기	40
8	s	15.811	표본평균	40
9	평균표준오차	2.500	신뢰상한	45
10	신뢰계수	2.000	신뢰하한	35
11	누적확률(FP)	0.98	신뢰확률	0.9545

① $s_{\bar{x}} = \frac{s}{\sqrt{n}}$ 의 계산

- B7셀에 표본분산 250을, D7셀에 표본크기 40을, D8셀에 표본평균 40을 입력
- B8셀에 "=SQRT(B7)"을 입력하여 표본표준편차를 15.811로 계산
- B9셀에 "=B8/(SQRT(D7))"을 입력하여 평균의 표준오차 $s_{\overline{X}}$를 2.5로 계산

② 신뢰계수 계산

- 최대허용가능오차 $z_b s_{\overline{X}}$ =신뢰상한-표본평균($\overline{X}$)=45-40=5를 이용
- B10셀에 "=(D9-D8)/B9"를 입력하여 신뢰상한에 대한 신뢰계수 z_b를 2로 계산

$$z_b = \frac{45 - \overline{X}}{s_{\overline{X}}} = \frac{45 - 40}{2.5} = 2$$

③ 신뢰확률 계산

- B11셀에 "=NORMSDIST(B10)"을 입력하여 신뢰상한의 신뢰계수에 대한 누적 확률을 0.98로 계산
- (8.4)식의 $P(z \leq z_b) = \frac{1+\mathbb{C}}{2}$ 에서 $\mathbb{C} = 2P(z \leq z_b) - 1$ 이 성립하므로, 신뢰확률은 D11셀에 "=2*B11-1"을 입력하여 0.9545로 계산

예제 8-7) 크기 $n=15$개의 전구에 대한 표본조사에서 표본평균 $\overline{X}$ =3,500시간, 표본 표준편차 s =250시간의 결과를 얻었다고 하자.

전구 수명이 근사적으로 정규분포를 갖는 경우에, 확률표본의 측정결과를 이용하여 90% 신뢰구간(90% confidence interval), 95% 신뢰구간, 99% 신뢰구간을 각각 다음과 같이 구할 수 있다.

	A	B	C	D	E	F
1	t-통계량 이용 신뢰구간 계산					
2	표본크기	15	신뢰확률	90%	95%	99%
3	표본평균	3,500	유의수준(α)	10%	5%	1%
4	표본 표준편차	250	신뢰계수 t_b	1.761	2.145	2.977
5	평균 표준오차	64.55	최대허용가능오차	113.692	138.446	192.155
6			신뢰하한	3,386	3,362	3,308
7			신뢰상한	3,614	3,638	3,692

① 평균의 표준오차 $s_{\overline{X}} = \frac{s}{\sqrt{n}}$ 의 계산

- B2셀에 표본크기 15, B3셀에 표본평균 3,500, B4셀에 표본 표준편차 250을 입력
- B5에 "=B4/SQRT(B2)"를 입력하여 평균의 표준오차를 64.55로 계산

② 신뢰계수와 최대허용가능오차 계산

- D2:F2구간에 신뢰확률 90%, 95%, 99%를 각각 입력
- 유의수준을 "1-신뢰확률"로 계산하도록 D3셀에 "=1-D2"를 입력하고, 그 수식을 E2:F2구간에 복사하여 붙여 넣기
- 신뢰계수 t_b를 계산하도록 D4셀에 "=TINV(D3,$B$2-1)"을 입력하고, 그 수식을 E4:F4셀에 복사하여 붙여 넣기
- D5셀에 "=D4*$B$5"를 입력하고, 그 수식을 E5:F5구간에 복사하여 붙여 최

대허용가능오차 $t_b s_{\overline{X}}$ 를 각 신뢰수준에 대해 계산

③ 신뢰한계 계산

- D6셀에 "=$B$3-D5"를 입력하고, 그 수식을 복사하여 E6:F6구간에 붙여 넣어 각 신뢰수준에 대한 신뢰하한을 계산
- D7셀에 "=$B$3+D5"를 입력하고, 그 수식을 복사하여 E7:F7구간에 붙여 넣어 각 신뢰수준에 대한 신뢰상한을 계산

Ⅱ. 카이자승분포

1. 카이자승분포의 개념

독립적인 표준정규변수 자승들 합의 표본분포

- 평균 μ와 분산 σ^2을 갖는 정규분포로부터 추출한 X_1, X_2, ..., X_n으로 구성된 n의 확률표본을 다음의 평균 0과 분산 1을 갖는 표준정규변수로 전환이 가능

$$Z_i = \frac{X_i - \mu}{\sigma}$$

- 다음 변수 Y는 자유도 n의 χ^2(카이자승)분포를 따르는 χ^2 확률변수

$$Y = Z_1^2 + Z_2^2 + \ldots + Z_n^2 = \sum_{i=1}^{n} \left(\frac{X_i - \mu}{\sigma} \right)^2 \qquad (8.19)$$

2. 카이자승분포의 특성과 확률계산

가. 카이자승분포의 특성

① 자유도 1의 카이자승(분포)변수 $\chi^2(1)$ 의 중위수는 그 기대치 1보다 작은 반면에, 자유도 2의 카이자승변수 $\chi^2(2)$ 의 중위수는 1보다 크다.

② 자유도가 증가할수록 χ^2분포는 보다 대칭적으로 된다. 자유도 ν의 값이 큰 경

우에 χ^2 의 분포는 근사적으로 정규분포가 된다.

③ $\chi^2(\nu)$ 의 분포를 이루어 ν개의 독립된 표준정규변수 자승들의 합의 확률분포를 갖는 확률변수 Y의 기대치는 ν이다.

(8.20) $$E(Y) = E(Z_1^2 + \ldots + Z_\nu^2) = E(Z_1^2) + \ldots + E(Z_\nu^2) = \nu$$

◦ (8.20)식은 $E(X) = \mu$, $Var(X) = \sigma^2$ 과 $\sigma^2 = E(X^2) - \mu^2$ 에서 $E(X^2) = \sigma^2 + \mu^2$이므로, $E(Z^2) = \mu_Z^2 + \sigma_Z^2 = 0^2 + 1^2$ 이기 때문이다.

◦ $Y = \chi^2(1)$ 은 Y 분포가 표준화된 정규확률변수 자승값 분포와 동일한 것을 의미

◦ 하나(2개, 또는 5개)의 표준정규분포를 갖는 변수의 자승이 갖는 분포는 1(2, 또는 5)의 자유도를 갖는 χ^2 분포

④ $\chi^2(\nu)$ 의 분포를 이루는 확률변수 Y의 분산은 2ν이다.

(8.21) $$Var(Y) = 2\nu$$

나. 카이자승분포의 확률계산

- χ^2 확률변수의 확률밀도함수

(8.19.1) $$f(x) = \begin{cases} \dfrac{1}{2^{\nu/2}\Gamma(\nu/2)} x^{\frac{\nu-2}{2}} e^{-\frac{x}{2}} & \text{for} \quad x > 0 \\ 0 & elsewhere \end{cases}$$

(8.19.2) $$\Gamma(\alpha) = \int_0^\infty y^{\alpha-1} e^{-y} dy \qquad \text{for} \quad \alpha > 0$$

- Excel에서 χ^2 분포의 확률은 $P(a < y)$ 의 형식으로 주어진 a보다 χ^2이 더 클 확률을 "=CHIDIST(a,자유도)"를 입력하여 계산
- "=CHIDIST(a,자유도)-CHIDIST(b,자유도)"로 $Y = \chi^2$ 이 특정구간($a < y \leq b$)의 값으로 나타날 확률을 계산

예제 8-8) 자유도 2, 15, 22, 30에 대한 χ^2의 확률밀도를 0.5 단위의 각 구간에 대해 다음과 같이 계산하고, 각 자유도에 따른 확률밀도곡선을 작성할 수 있다.

	A	B	C	D	E
1	y	확률(2)	확률(15)	확률(22)	확률(30)
2	0.0	0.2212	0.0000	0.0000	0.0000
3	0.5	0.1723	0.0000	0.0000	0.0000
4	1.0	0.1342	0.0000	0.0000	0.0000
5	1.5	0.1045	0.0000	0.0000	0.0000
6	2.0	0.0814	0.0001	0.0000	0.0000
7	2.5	0.0634	0.0003	0.0000	0.0000
8	3.0	0.0494	0.0006	0.0000	0.0000
9	3.5	0.0384	0.0012	0.0000	0.0000
57	27.5	0.0000	0.0033	0.0172	0.0265
58	28.0	0.0000	0.0029	0.0160	0.0265
59	28.5	0.0000	0.0026	0.0148	0.0264
60	29.0	0.0000	0.0022	0.0137	0.0261
61	29.5	0.0000	0.0019	0.0127	0.0258
62	30.0	0.0000	0.0017	0.0117	0.0254
63	30.5				

① 구간별 확률 계산

- B2셀에 "=CHIDIST(A2,2) -CHIDIST(A3,2)"를 입력하여 $P(0 < \chi(2) < 0.5)$을 0.2212로 계산하고, 그 수식을 복사하여 B2:B62구간에 붙여 자유도 2인 경우의 χ^2 확률을 각 구간에 계산
- C2셀에 "=CHIDIST(A2,15) -CHIDIST(A3,15)"를 입력하여 $P(0 < \chi(15) < 0.5)$를 계산하고, 그 수식을 복사하여 C2:C62구간에 붙여 자유도 15인 경우의 χ^2 확률을 각 구간에 계산
- D2셀에 "=CHIDIST(A2,22) -CHIDIST(A3,22)"를 입력하고, 그 수식을 복사하여 D2:D62구간에 붙여 자유도 22인 경우의 χ^2 확률을 각 구간에 계산
- E2셀에 "=CHIDIST(A2,30) -CHIDIST(A3,30)"을 입력하고, 그 수식을 복사하여 E2:E62구간에 붙여 자유도 30인 경우의 χ^2 확률을 각 구간에 계산

② 카이자승분포 확률밀도곡선의 작성

- A1:E62구간을 설정하고, 도구표시줄의 " "에 마우스 커서를 두고 왼쪽 단추

를 눌러 차트 마법사 대화상자를 생성

- 차트마법사 1단계에서 분산형 : 곡선으로 연결된 분산형"을 지정하여 아래와 같이 확률밀도곡선을 작성
- 차트마법사 4단계에서 "마침"을 눌러 생성된 차트에서 Y축의 서식 대화상자에서 "무늬 : 눈금 레이블 : 낮은 쪽"을 지정하여 차트를 식별이 용이하도록 변경

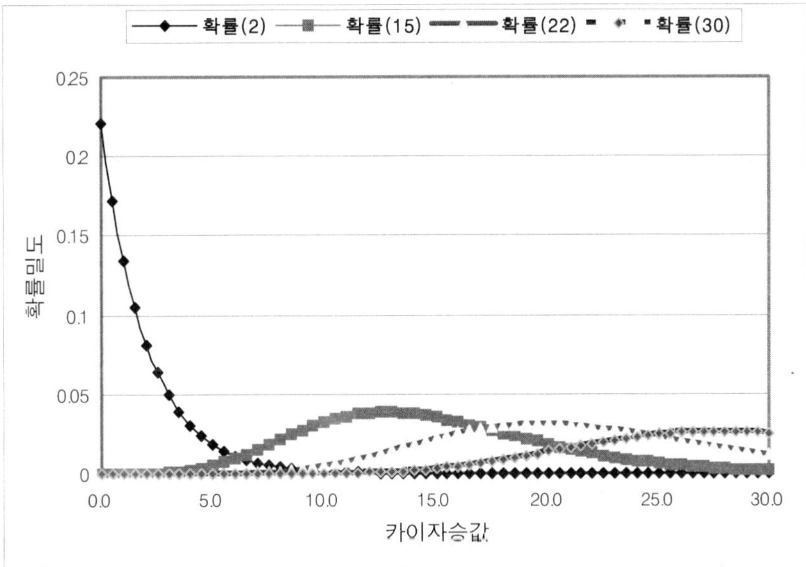

Ⅲ. Fisher의 F분포

1. F분포의 개념

두 χ^2 확률변수를 그 자유도로 나눈 두 값들의 비율이며, 표본분산들의 비율을 기초로 적용되는 분산비율분포(variance-ratio distribution)

- Fisher의 F분포는 정규분포를 이루며 분산이 각각 σ_X^2과 σ_Y^2인 두 모집단에서 n_X와 n_Y 크기의 표본들을 무작위로 추출하여 구한 표본분산 s_X^2과 s_Y^2이 각 모분산에 대해 갖는 상대적 비율이 따르는 분포

(8.22) $$F = \frac{s_X^2/\sigma_X^2}{s_Y^2/\sigma_Y^2} = \frac{s_X^2\sigma_Y^2}{s_Y^2\sigma_X^2}$$

- F 변수(F variable) : 각 자유도로 나눈 두 개의 독립적인 카이자승 변수들의 비율로 형성되는 확률변수

(8.23) $$F = \frac{\chi_{\nu 1}^2(X)/(n_X - 1)}{\chi_{\nu 2}^2(Y)/(n_Y - 1)}$$

◦ 이는 (8.22)에 $\chi_{\nu 1}^2(X) = (n_x - 1)s_X^2/\sigma_X^2$, $\chi_{\nu 2}^2(X) = (n_Y - 1)s_Y^2/\sigma_Y^2$, $\nu 1 = n_X - 1$ 와 $\nu 2 = n_Y - 1$ 을 대입하여 얻은 결과

- F변수의 확률밀도함수

(8.23.1) $$f(F) = kF^{\frac{\nu_1}{2}-1}\left(1 + \frac{\nu_1 F}{\nu_2}\right)^{-\frac{(\nu_1+\nu_2)}{2}} \quad \text{for} \quad F > 0$$

◦ (8.23.1)식에서 $k(>0)$는 상수

2. F분포의 특성

① Fisher F분포의 모수들은 (분자의 자유도인) ν_1 과 (분모의 자유도인) ν_2 이며, ν_1 과 ν_2 의 조합을 달리하면 다른 Fisher F 분포가 발생

② Fisher의 F 분포 $F(\nu_1, \nu_2)$ 의 기대치는 ν_2 에 따라 결정되며, ν_2 가 증가함에 따라 기대치는 1에 접근

(8.24) $$E\left(\frac{Y/\nu_1}{W/\nu_2}\right) = \frac{\nu_2}{\nu_2 - 2}$$

- (8.24)식에서 Y와 W가 독립적 확률변수이면서, Y는 $\chi^2(\nu_1)$ 의 분포를 갖고, W는 $\chi^2(\nu_2)$ 의 분포를 갖는다.
- Excel에서 "=FDIST(x,분자 자유도,분모 자유도)"를 이용하여 P(F>x)를 계산

③ F-통계량은 0이나 양의 값을 가져, 음이 될 수 없다.

④ F분포곡선은 우측 꼬리(양의 왜도)를 갖는다.

예제 8-9) 확률변수 X는 $\nu_1 = 5$와 $\nu_2 = 2$의 Fisher F분포 F(5,2)를 갖는다고 하자. 이러한 경우에 $x = 9.29$에 대한 누적확률을 다음과 같이 0.90으로 구할 수 있다.

	A	B	C	D
1	분자자유도 v1	5		
2	분모자유도 v2	2		
3	x	9.29		
4	P(F>x)	0.10003	=FDIST(B3,B1,B2)	
5	P(F≤x)	0.89997	=1-B4	

- B1:B2구간에 각각 분자와 분모 자유도를 입력
- B3셀에 누적확률을 구할 F의 값을 입력
- B4셀에 "=FDIST(B3,B1,B2)"를 입력하여 F의 값이 지정한 값을 초과할 확률을 0.10003으로 계산
- B5셀에 "1-B4"를 입력하여 $P(F \leq 9.29)$ 를 0.90으로 계산

예제 8-10) 확률변수 X가 F(60,20)으로 분포된다면, 분포의 상위 1%를 절단하는 x값은 다음과 같이 2.608이다.

	A	B	C	D
7	분자자유도 v1	60		
8	분모자유도 v2	20		
9	P(F>x)	0.01		
10	x	2.60772	=FINV(B9,B7,B8)	

- B7:B8구간에 각각 분자와 분모 자유도를 60과 20으로 입력
- B9셀에 특정 수준을 초과하는 구간에서 F분포값이 발생할 확률 1%를 입력
- B10셀에 "=FINV(B9,B7,B8)"을 입력하여 2.60772을 계산

Ⅳ. 두 모집단 평균의 격차 추정

1. 정규분포를 이용한 평균간 격차 추정

- 국가간, 도시간, 산업간 또는 기업간 임금, 매출액, 연구개발비, 운송비, 부동산 가격 등의 격차는 시장에서 공급자의 경쟁력에 영향을 초래
- 국가간 또는 도시간 1인당 소득, 소득계층별·연령별·성별·학력별 인구, 평균온도 등의 격차는 시장 소비자들의 구매력과 기호패턴에 영향을 초래
- 성공적 사업 수행을 위해서는 공급자 경쟁요인과 수요자 경쟁요인 등의 격차와 같이 비교 대상이 되는 두 모집단 평균간의 격차를 사전에 추정하는 것이 필요
- 표본평균분포의 특성과 같이 표본평균의 격차 $(\overline{X}_1 - \overline{X}_2)$는 두 모집단 평균의 격차 $\mu_1 - \mu_2$의 불편 점추정치로 사용

가. 두 모집단의 표준편차들을 아는 경우

- 두 모집단 평균간 격차의 표준오차(standard error of the difference between means)

(8.25) $$\sigma_{\overline{X}_1 - \overline{X}_2} = \sqrt{\sigma^2_{\overline{X}_1} + \sigma^2_{\overline{X}_2}}$$

- 두 모집단 평균간 격차의 신뢰구간

(8.26) $$(\overline{X}_1 - \overline{X}_2) \pm z_b \sigma_{\overline{X}_1 - \overline{X}_2}$$

나. 두 모집단의 표준편차들을 모르는 경우

- 정규분포의 사용이 적절한 경우 두 모집단 평균간 격차의 추정된 표준오차

(8.27) $$s_{\overline{X}_1 - \overline{X}_2} = \sqrt{s^2_{\overline{X}_1} + s^2_{\overline{X}_2}}$$

- 두 모집단 평균간 격차의 신뢰구간

(8.26) $$(\overline{X}_1 - \overline{X}_2) \pm z_b s_{\overline{X}_1 - \overline{X}_2}$$

예제 8-11) 어떤 기업에서 추출한 크기 $n=30$ 의 종업원 평균 주당임금이 표본 표준편차 $s=14$와 표본평균 $\overline{X}=280$을 갖는다고 하자.

한편 다른 기업에서 추출한 크기 $n=40$ 의 종업원 평균 주당임금(weekly wage)이 표본표준편차 $s=10$과 표본평균 $\overline{X}=270$을 갖는다고 하자. 두 기업의 평균 주당임금간 격차 추정을 위한 90%, 95%, 99% 신뢰구간은 (8.26)식과 (8.27)식을 이용하여 각각 다음과 같이 구할 수 있다.

	A	B	C	D	E
1	표본 1의 평균	280	표본 2의 평균	270	
2	표본 1의 표준편차	14	표본 2의 표준편차	10	
3	표본 1의 크기	30	표본 2의 크기	40	
4	표본 1 평균의 표준오차	2.556	표본 2 평균의 표준오차	1.581	
5	표본 1 평균의 분산	6.533	표본 2 평균의 분산	2.500	
6	표본1 평균-표본 2평균	10.00	평균간 격차의 추정된 표준오차	3.006	
7	신뢰수준	신뢰수준 누적확률	신뢰계수	신뢰하한	신뢰상한
8	90%	95.0%	1.645	5.056	14.944
9	95%	97.5%	1.960	4.109	15.891
10	99%	99.5%	2.576	2.258	17.742

① 평균의 표준오차와 표본평균의 분산 계산

- A1:D3구간에 표본 1과 표본 2의 평균, 표준편차, 크기를 입력
- B4셀에 "=B2/SQRT(B3)"을 입력하여 표본 1 평균의 표준오차를 2.556으로 계산하고, B5셀에 "=B4^2"를 입력하여 표본 1 평균의 분산을 6.533으로 계산
- B4:B5구간을 지정하고 "Ctrl+C"로 수식들을 복사하여, D4셀을 마우스 커서로 지정하고 "Enter"를 눌러 붙여 넣기
- D4셀에서 표본 2 평균의 표준오차를 1.581로, D5셀에서는 표본 2 평균의 분산을 2.5로 계산

② 표본평균간 격차와 평균간 격차의 추정된 표준오차 계산

- B6셀에 "=B1-D1"을 입력하여 표본평균간 격차를 10으로 계산
- D6셀에 "=SQRT(B5+D5)"를 입력하여 (8.27)식에 따라 평균간 격차의 추정된 표준오차를 3.006으로 계산

③ 신뢰수준 누적확률과 신뢰계수 계산

- A8:A10구간에 90%, 95%, 99%의 신뢰수준들을 각각 입력
- B8셀에 "=(1+A8)/2"를 입력하고, 그 수식을 복사하여 B9:B10구간에 붙여 넣어 신뢰수준에 따른 누적확률들을 계산
- C8셀에 "=NORMSINV(B8)"을 입력하고, 그 수식을 복사하여 C9:C10구간에 붙여 넣어 각 신뢰수준에 대한 신뢰계수들을 계산

④ 신뢰한계 계산

- D8셀에 "=$B$6-C8*$D$6"을 입력하여 90% 신뢰수준에서의 신뢰하한을 5.056으로 계산
- E8셀에 "=$B$6+C8*$D$6"을 입력하여 90% 신뢰수준에서의 신뢰상한을 14.944로 계산
- D8:E8구간을 마우스 커서로 지정한 후에 "Ctrl+C"로 수식을 복사한 후에, 마우스 커서로 D8셀을 지정한 후에 마우스 왼쪽 단추를 한번 클릭
- 다시 "Shift"를 누른 채로 마우스 커서로 E10셀을 지정한 후에 마우스 왼쪽 단추를 클릭하여 D8:E10구간을 지정
- "Shift"와 마우스를 놓고, "Enter"를 눌러 복사한 수식을 지정한 구간 D8:E10에 붙여 넣어 신뢰하한과 신뢰상한을 각 신뢰확률에 대해 계산

⑤ 추정 신뢰구간의 해석

- 90%의 신뢰도를 갖고 기업 1의 평균 주당임금이 기업 2보다 5.056과 14.944구간의 어떤 값만큼 더 크다고 주장 가능
- 95%의 신뢰도를 갖고 기업 1의 평균 주당임금이 기업 2보다 4.109와 15.891구간의 어떤 값만큼 더 크다고 주장 가능
- 99%의 신뢰도를 갖고 기업 1의 평균 주당임금이 기업 2보다 2.258과 17.742구간의 어떤 값만큼 더 크다고 주장 가능

2. t분포를 이용한 평균간 격차 추정

- 근사적으로 정규분포를 갖는 두 모집단의 표준편차 σ를 모르는 상황에서 두 모집단의 분산이 동일하고, 표본크기가 30 미만인 경우에 t분포를 추정에 사용

- t분포를 추정에 사용하는 경우, 평균간 격차의 표준오차 $s_{\overline{X}_1 - \overline{X}_2}$ 는 두 모집단 분산에 대한 합동분산추정치(pooled variance estimate) s_P^2를 사용하여 계산

(8.27)

$$s_P^2 = \frac{(n_1 - 1)s_1^2 + (n_2 - 1)s_2^2}{n_1 + n_2 - 2} = \frac{\sum(X_1 - \overline{X}_1)^2 + \sum(X_2 - \overline{X}_2)^2}{n_1 + n_2 - 2}$$

(8.28) $$s_{\overline{X}_1 - \overline{X}_2} = \sqrt{\frac{s_P^2}{n_1} + \frac{s_P^2}{n_2}}$$

- (8.28)식에 따른 t-통계량의 공식

(8.29) $$t = \frac{\overline{X}_1 - \overline{X}_2}{\sqrt{\frac{s_P^2}{n_1} + \frac{s_P^2}{n_2}}} = \frac{\overline{X}_1 - \overline{X}_2}{\sqrt{s_P^2 \frac{(n_1 + n_2)}{n_1 n_2}}}$$

- 주어진 신뢰수준에 대한 신뢰구간의 공식

(8.30) $$\text{신뢰구간} = (\overline{X}_1 - \overline{X}_2) \pm t_b s_{\overline{X}_1 - \overline{X}_2}$$

◦ 신뢰계수 t_b는 Excel에서 "=TINV(유의수준,자유도)"를 이용하여 계산

◦ (8.30)식에서 t_b의 자유도는 $n_1 + n_2 - 2$

예제 8-12) 주행거리의 수명조사를 위해 추출한 한 회사의 타이어 표본 1은 크기 $n_1 = 20$, 평균 $\overline{X}_1 = 46,000$ Km, 표준편차 $s_1 = 2,500$ Km라고 하자. 이와는 달리, 다른 회사의 표본 2는 크기 $n_2 = 16$, 평균 $\overline{X}_2 = 40,000$ Km, 표준편차 $s_1 = 2,000$ Km라고 하자.

두 회사가 생산한 타이어의 수명이 정규분포를 갖는다고 가정한 경우에, 두 회사 타이어의 평균수명간 격차를 추정하기 위한 90%, 95%, 99% 신뢰구간은 다음과 같이 구할 수 있다.

	A	B	C	D
12	표본 1의 평균	46,000	표본 2의 평균	40,000
13	표본 1의 표준편차(s_1)	2500	표본 2의 표준편차(s_2)	2000
14	표본 1의 크기(n_1)	20	표본 2의 크기(n_2)	16
15	표본 1의 분산(s_1^2)	6,250,000	표본 2의 분산(s_2^2)	4,000,000
16	자유도(n_1+n_2-2)	34	합동분산추정치 s_P^2	5,257,353
17	표본1 평균-표본 2평균	6,000	평균간 격차의 표준오차	769.06
18	신뢰수준	신뢰계수	신뢰하한	신뢰상한
19	90%	1.691	4,700	7,300
20	95%	2.032	4,437	7,563
21	99%	2.728	3,902	8,098

① 표본 1과 2의 분산 계산

- B12:B14구간에 표본 1의 평균, 표준편차, 크기를 입력
- D12:D14구간에 표본 2의 평균, 표준편차, 크기를 입력
- B15셀에 "=B13^2"를 입력하여 표본 1의 분산을 계산하고, D15셀에 "=D13^2"를 입력하여 표본 2의 분산을 계산

② t분포의 자유도, 합동분산추정치, 평균간 격차의 표준오차 계산

- B16셀에 "=B14+D14-2"를 입력하여 t분포의 자유도를 34로 계산
- D16셀에 "=((B14-1)*B15+(D14-1)*D15)/B16"을 입력하여, (8.27)식에 따라 합동분산추정치를 계산
- B17셀에 "=B12-D12"를 입력하여 표본 1의 평균과 표본 2의 평균간 격차를 계산
- D17셀에 "=SQRT((D16/B14)+(D16/D14))"를 입력하여 (8.28)식에 따라 평균간 격차의 표준오차를 계산

③ t-통계량을 이용한 신뢰계수와 신뢰한계의 계산

- B19셀에 "=TINV(1-A19,$B$16)"를 입력하여, 유의수준(=1-90%)과 자유도 34에 대한 t-통계량인 신뢰계수를 계산
- C19셀에 "=$B$17-B19*$D$17"을 입력하여 90%의 신뢰확률에 대한 신뢰하한을 4,700으로 계산
- D19셀에 "=$B$17+B19*$D$17"을 입력하여 90%의 신뢰확률에 대한 신뢰하한을 7,300으로 계산
- B19:D19구간을 마우스 커서로 지정하고 "Ctrl+C"로 지정한 구간의 수식을 복사
- B19셀을 마우스 커서로 지정하고, 마우스 왼쪽 단추를 한번 클릭한 후에,

"Shift"를 누른 채로 마우스 커서로 D21셀을 지정한 후에 마우스 왼쪽 단추를 한번 클릭하여 B19:D21구간을 지정

- "Shift"와 마우스를 놓고, "Enter"를 눌러 복사한 수식을 지정한 구간 B19:D21에 붙여 넣어 신뢰하한과 신뢰상한을 각 신뢰확률에 대해 계산

④ 추정 신뢰구간의 해석

- 90%의 신뢰도를 갖고 회사 1의 타이어가 평균 주행수명이 회사 2보다 4,600Km와 7,300Km구간의 어떤 값만큼 더 크다고 주장 가능
- 95%의 신뢰도를 갖고 회사 1의 타이어가 평균 수행수명이 회사 2보다 4,437Km와 7,563Km구간의 어떤 값만큼 더 크다고 주장 가능
- 99%의 신뢰도를 갖고 회사 1의 타이어가 평균 주행수명이 회사 2보다 3,902Km와 8,098Km구간의 어떤 값만큼 더 크다고 주장 가능

V. 두 모집단 비율 격차의 신뢰구간과 분산 및 표준편차의 신뢰구간

1. 두 모집단 비율 격차의 신뢰구간

- 모비율 주정치가 $\hat{p}_1$ 과 $\hat{p}_2$ 인 경우에 두 모집단 비율간 격차의 추정에 대한 신뢰구간

(8.31) $$신뢰구간 = (\hat{p}_1 - \hat{p}_2) \pm z_b s_{\hat{p}_1 - \hat{p}_2}$$

- 비율간 격차의 표준오차(standard error of the difference between proportions) $s_{\hat{p}_1 - \hat{p}_2}$는 비율의 표준오차의 값을 이용하여 계산

(8.32) $$s_{\hat{p}_1 - \hat{p}_2} = \sqrt{s^2_{\hat{p}_1} + s^2_{\hat{p}_2}}$$

(8.32.1) $$s_{\hat{p}_1} = \sqrt{\frac{\hat{p}_1(1-\hat{p}_1)}{n_1}}$$

(8.32.2) $$s_{\hat{p}_2} = \sqrt{\frac{\hat{p}_2(1-\hat{p}_2)}{n_2}}$$

예제 8-13) 어떤 수입국 시장 1에서 표본 추출한 1,000명 중에서 450명이 자사제품을 사용하는 것으로 나타났고, 다른 수입국 시장 2에서 표본 추출한 2,000명 중에서 580명이 자사제품을 사용하는 것으로 나타났다.

두 시장의 자사고객비율간 격차에 대한 90%, 95%, 99%의 신뢰구간들을 다음과 같이 구할 수 있다.

	A	B	C	D
1	표본 1 크기	1,000	표본 2 크기	2,000
2	표본 1 고객수	450	표본 2 고객수	580
3	표본 1 고객비율	0.45	표본 2 고객비율	0.29
4	표본1 비율의 분산	0.0002	표본 2 비율의 분산	0.0001
5	비율간 격차 표준오차	0.0187	표본 비율 격차	0.16
6	신뢰수준	신뢰계수	신뢰하한	신뢰상한
7	90%	1.645	0.129	0.191
8	95%	1.960	0.123	0.197
9	99%	2.576	0.112	0.208

① 표본 1과 2 비율의 분산 계산

- B1:B2구간에 표본 1의 크기와 고객수를 입력
- D1:D3구간에 표본 2의 크기와 고객수를 입력
- B3셀에 "=B2/B1"을, D3셀에 "=D2/D1"을 입력하여 표본 1과 2의 고객비율을 계산
- (8.9.2)식에 따라 B4셀에 "=B3*(1-B3)/B1"을 입력, 표본 1 고객비율의 분산을 계산
- B4셀의 수식을 "Ctrl+C"로 복사하고, 마우스 커서로 D4셀을 지정한 후에 "Enter"를 눌러 복사한 수식을 붙여 표본 2 비율의 분산을 계산

② 비율간 격차 표준오차와 표본비율 격차 계산

- B5셀에 "=SQRT(B4+D4)"를 입력하여, (8.32)식에 따라 비율간 격차 표준오차를 0.0187로 계산
- D5셀에 "=B3-D3"를 입력하여 표본 1이 표본 2간에 대해 갖는 고객비율의 격차를 0.16으로 계산

③ 신뢰계수 z_b와 신뢰한계의 계산

- B7셀에 "=NORMSINV((1+A7)/2)"를 입력하여, 신뢰수준 90%에 대한 표준

정규분포의 통계량인 신뢰계수를 계산

- C7셀에 "=$D$5-B7*$B$5"를 입력하여 90%의 신뢰확률에 대한 고객비율격차의 신뢰하한을 0.129로 계산
- D7셀에 "=$D$5+B7*$B$5"를 입력하여 90%의 신뢰확률에 대한 고객비율격차의 신뢰상한을 0.191로 계산
- B7:D7구간을 마우스 커서로 지정하고 "Ctrl+C"로 지정한 구간의 수식을 복사
- B7셀을 마우스 커서로 지정하고, 마우스 왼쪽 단추를 한번 클릭한 후에, "Shift"를 누른 채로 마우스 커서로 D9셀을 지정한 후에 마우스 왼쪽 단추를 한번 클릭하여 B7:D9구간을 지정
- "Shift"와 마우스를 놓고, "Enter"를 눌러 복사한 수식을 지정한 구간 B7:D9에 붙여 넣어 신뢰하한과 신뢰상한을 각 신뢰확률에 대해 계산

④ 추정 신뢰구간의 해석

- 90%의 신뢰도를 갖고 수입국 시장 1의 고객비율이 수입국 시장 2보다 0.129와 0.191구간의 어떤 값만큼 더 크다는 주장이 가능
- 95%의 신뢰도를 갖고 수입국 시장 1의 고객비율이 수입국 시장 2보다 0.123과 0.197구간의 어떤 값만큼 더 크다는 주장이 가능
- 99%의 신뢰도를 갖고 수입국 시장 1의 고객비율이 수입국 시장 2보다 0.112와 0.208구간의 어떤 값만큼 더 크다는 주장이 가능

2. 분산과 표준편차의 신뢰구간 추정

- 정규분포를 갖는 확률변수의 표본 관찰을 통해 나타나는 비율 $(n-1)s^2/\sigma^2$은 χ^2 분포를 가지며, 자유도인 ($n-1$)의 값에 따라 카이자승분포는 다르게 발생
- 표본분산은 모분산의 불편추정자(unbiased estimator)이기 때문에, 카이자승분포를 갖는 $(n-1)s^2/\sigma^2$ 비율의 장기적 기대치는 자유도 $n-1$ 로 발생
- 표본으로 얻는 표본분산은 모집단 분산과는 일치하지 않아, 모르는 분산이나 표준편차의 통계적 추정을 위해 사용하는 $(n-1)s^2/\sigma^2$ 비율에는 χ^2 분포 적용이 필요

- 카이자승분포는 대칭분포가 아니기 때문에, 분산이나 표준편차의 양측 신뢰구간 (two-sided confidence interval)에는 정규분포 대신에 χ^2 분포를 사용
- 모집단 분산에 대한 신뢰구간의 공식

(8.33) $$\frac{(n-1)s^2}{\chi^2_{\nu,b}} \le \sigma^2 \le \frac{(n-1)s^2}{\chi^2_{\nu,a}}$$

ν : 자유도($= n-1$) , a : 신뢰확률+(유의수준/2), b : $1-a$

$\chi^2_{\nu,b}$: 신뢰구간 하한 확률과 일치하는 (1-누적확률)을 결정해 주는 카이자승값

$\chi^2_{\nu,a}$: 신뢰구간 상한 확률과 일치하는 (1-누적확률)을 결정해 주는 카이자승값

- 모집단 표준편차에 대한 신뢰구간의 공식

(8.34) $$\sqrt{\frac{(n-1)s^2}{\chi^2_{\nu,b}}} \le \sigma \le \sqrt{\frac{(n-1)s^2}{\chi^2_{\nu,a}}}$$

예제 8-14) 30개 수입국 시장표본의 평균월간매출액이 USD28만이며, 그 표본표준편차가 USD1.4만이라고 하자. 평균월간매출액이 근사적으로 정규분포를 갖는 경우에 평균월간매출액의 표준편차 추정에 대한 90%, 95%, 99% 신뢰구간을 다음과 같이 구할 수 있다.

	A	B	C	D	E	F	G
1	평균월간매출액(USD1만)의 표준편차 구간추정						
2	표본크기	30	표본표준편차	1.40			
3	표본평균	28					
4	자유도(v)	29	표본분산	1.96			
5	신뢰수준	a	b	χ^2(a,v)	χ^2(b,v)	신뢰하한	신뢰상한
6	90%	95.00%	5.00%	42.556948	17.7084	1.16	1.79
7	95%	97.50%	2.50%	45.722279	16.0471	1.11	1.88
8	99%	99.50%	0.50%	52.335495	13.1211	1.04	2.08

① 자유도와 표본분산 계산

- B2:B3구간에 표본크기와 표본평균을 입력
- D2셀에 표본표준편차를 입력
- B4셀에 "=B2-1"을 입력하여 자유도 ν를 29로 계산
- D4셀에 "=D2^2"을 입력하여 표본분산을 1.96으로 계산

② 신뢰확률에 따른 신뢰구간 상한 및 하한 결정 χ^2 값 계산

- A6:A8구간에 신뢰확률수준을 90%, 95%, 99%로 입력
- B6셀에 "=(1+A6)/2"를 입력하여 (8.33)식에 따라 신뢰구간 상한의 누적확률을 계산
- C6셀에 "=1-B6"을 입력하여 신뢰구간 하한의 누적확률 계산
- D6셀에 "=CHIINV(1-B6,$B$4)"를 입력하여 신뢰구간 하한 확률과 일치하는 (1-누적확률)을 결정해 주는 카이자승값을 계산
- E6셀에 "=CHIINV(1-C6,$B$4)"를 입력하여 신뢰구간 상한 확률과 일치하는 (1-누적확률)을 결정해 주는 카이자승값을 계산
- F6셀에 "=SQRT($B$4*$D$4/D6)"을 입력하여 모집단 표준편차의 90% 신뢰구간의 하한을 1.16으로 계산
- G6셀에 "=SQRT($B$4*$D$4/E6)"을 입력하여 모집단 표준편차의 90% 신뢰구간의 하한을 1.79로 계산
- B6:G6구간을 마우스 커서로 지정하여 "Ctrl+C"로 그 수식들을 복사
- B6셀에 마우스 커서를 두고 마우스 왼쪽 단추를 한번 클릭한 다음, "Shift"를 누른 채로 마우스 커서로 G8셀을 지정하고 마우스 왼쪽 단추를 한번 클릭하여 B6:G8구간을 지정
- "Shift"와 마우스를 놓고, "Enter"를 눌러 지정한 구간에 복사한 수식들을 붙여넣어 각 신뢰수준에서의 신뢰하한과 신뢰상한을 계산

③ 추정 신뢰구간의 해석

- 90%의 신뢰도를 갖고 각 수입국 시장에서 평균월간매출액 USD28만에 대한 표준편차가 USD1.16만에서 USD1.79만 사이의 값으로 발생할 수 있다는 주장이 가능
- 95%의 신뢰도를 갖고 각 수입국 시장에서 평균월간매출액 USD28만에 대해 표준편차가 USD1.11만에서 USD1.88만 사이의 값으로 발생할 수 있다는 주장이 가능
- 99%의 신뢰도를 갖고 각 수입국 시장에서 평균월간매출액 USD28만에 대해 표준편차가 USD1.04만에서 USD2.08만 사이의 값으로 발생할 수 있다는 주장이

가능

〈참고문헌〉

Frank, Harry and Steven C. Althoen(1994), *Statistics : Concepts and Applications*, Cambridge University Press, pp. 456-474.

Mansfield, Edwin(1983), *Statistics for Business and Economics : Methods and Applications*, W.W.Norton & Co., pp. 328-366.

Chao, Lincoln L.(1974), *Statistics : Methods and Analyses*, 2nd ed., McGraw-Hill, Inc., pp. 254-319.

DeGroot, Morris H.(1989), *Probability and Statistics*, 2nd ed., Addison-Wesley Publishing Co., pp. 356-401.

Frank, Harry and Steven C. Althoen(1994), *Statistics : Concepts and Applications*, Cambridge university Press, pp. 186-269.

Harnett, D.L. and A.K. Soni(1991), *Statistical Methods : For Business and Economics*, 4th ed., Addison-Wesley Publishing Co., Inc., pp. 257-266.

Kazmier, Leonard J.(1988), *Theory and Problems of Business Statistics with Computer Applications*, 2nd ed., McGraw-Hill Book Co., pp. 128-149.

Lee, Cheng F.(1993), *Statistics for Business and Financial Economics*, D.C. Heath and Company, pp. 334-393.

Mason, Robert D.(1982), *Statistical Techniques in Business and Economics*, 5th ed., Richard D. Irwin, Inc., pp. 302-315.

Spiegel, Murray R.(1992), *Theory and Problems of Probability and Statistics*, McGraw-Hill, Inc., pp. 155-195.

Wonnacott, T.H. and R.J. Wonnacott(1990), *Introductory Statistics for Business and Economics*, 4th ed., John Wiley & Sons, pp. 257-284.

제9장

단일 모집단의 가설검정

[핵심용어]

· 가설검정	· 귀무가설	· 대립가설
· 제1종의 오류	· 유의수준	· 제2종의 오류
· P-값 접근법	· Z값 접근법	· 양측검정
· 단측검정	· 검정통계량	· 기각역 임계값
· Student t분포	· 민감도분석	· 양측가설
· 단측가설	· 이항분포	· 베르누이과정
· χ^2 분포	· 정규분포	· χ^2 임계값

[주요 Excel함수와 기능]

· NORMSINV	· NORMSDIST	· TINV
· 데이터→표	· ZTEST	· 이름상자
· BINOMDIST	· ABS	· CHIINV

제1절 가설검정의 개념과 방법

Ⅰ. 가설검정의 개념과 오류

1. 통계적 추론의 방법과 가설검정의 개념

가. 모집단 특성에 대한 통계적 추론의 방법

① 모집단으로부터의 표본 추출을 통한 점 추정치와 신뢰구간 추정치(confidence interval estimates) 계산으로 모집단 모수나 두 모집단 모수간의 격차를 추정

② 모집단에 대한 가설을 설정하고, 그 모집단에서 추출한 표본정보를 사용하여 가설의 타당성(validity)을 평가

나. 가설검정의 개념

- 가설(hypothesis) : 모집단 특성이나 모수에 대한 가정
- 가설검정(hypothesis testing) : 가설의 정확성을 판단하는 절차
- 가설은 항상 귀무가설(null hypothesis)과 대립가설(alternative hypothesis)의 쌍으로 설정

① 귀무가설 H_0 : 표본결과와 비교하여 검정을 해야 하는 가정된 모수

② 대립가설 H_1 : 모집단 평균, 표준편차 또는 비율 등 모집단 모수 값에 대해 귀무가설과는 배반적인 가설

◦ 철저한 이론(exhaustive theory) : 모든 가능성을 포함하는 입증된 가설

◦ 배반적 가설들(exclusive hypotheses) : 두 가설 중 한 가설이 진실이면 다른 가설은 반드시 허위가 되는 가설들

2. 가설검정의 오류

- 검정결과에 따라 어떤 가설이 진실(truth)인 경우에 잘못 기각을 하거나 또는 허위(falsity)인 경우에 잘못 채택을 하게 되는 과오

① 제1종의 오류(type Ⅰ error) : 진실인 귀무가설을 기각하는 오류

◦ α : 제1종 오류의 발생확률이며, 검정에서는 제1종 오류 확률의 최대허용한계로 사용하는 유의수준(significance level)

(9.1) $$\alpha = P(H_0 \text{ 기각} \mid \text{올바른 } H_0) = P(\text{제1종 오류})$$

◦ $1-\alpha$: 올바른 귀무가설을 채택할 확률인 신뢰수준

② 제2종의 오류(type Ⅱ error) : 허위인 귀무가설을 채택하는 오류

◦ β : 제2종 오류의 발생확률

(9.2) $$\beta = P(H_0 \text{ 채택} \mid \text{잘못된 } H_0) = P(\text{제2종 오류})$$

◦ $1-\beta$: 잘못된 귀무가설을 채택하지 않을 확률인 검정력(power of a test)

〈표 9-1〉 귀무가설에 대한 상태와 의사결정

상태	의사결정	
	귀무가설 채택	귀무가설 기각
귀무가설 진실	올바른 결정 확률=1-α=신뢰수준	제1종 오류 확률=α=검정유의수준
귀무가설 허위	제2종 오류 확률=β	올바른 결정 확률=1-β=검정력

Ⅱ. 가설검정의 방법과 종류

1. 가설검정의 방법

가. 표본통계량의 사용방법

① 기각역 접근법 : 설정된 유의수준에 따른 표본공간(sample space)의 채택역과 기각역 구분을 통한 검정

- 채택역(acceptance region) : 귀무가설 H_0을 채택하게 되는 검정통계량의 영역
- 기각역(rejection or critical region) : 귀무가설 H_0을 기각하게 되는 검정통계량의 영역

- 임계값(critical value) : 가설검정에 대한 확정범위를 제시하는 차단점(cutoff point)
- 검정통계량(test statistic) : 귀무가설과 대립가설 중 하나를 선택하는데 사용하는 통계량

② Z값 접근법 : 유의수준에 따른 임계값의 Z값과 관찰치 Z값을 비교하는 방법

③ P-값 접근법 : 귀무가설을 기각될 수 있는 최소 유의수준인 P-값을 관찰치를 통해 계산하여, P-값이 설정된 유의수준보다 작으면 귀무가설을 기각하는 방법

- P-값(probability value) : 설정된 귀무가설이 진실인 경우에 귀무가설이 기각될 수 있는 최소 유의수준이며, 관찰 유의수준(observed level of significance)
- P-값이 설정된 유의수준 이하인 경우에는 귀무가설을 기각
- P-값이 설정된 유의수준을 초과하는 경우에는 귀무가설 기각은 불가능

나. 모집단 분포와 표본크기에 따른 검정통계량 선택

① 대부분 Z값 사용

② 정규분포를 갖지만 표준편차를 모르는 모집단에 대해 30 미만의 크기를 갖는 표본을 이용하는 경우에는 t값을 사용

③ 정규분포를 갖지 않는 모집단에 대해 30 미만 크기의 표본을 이용하는 경우에는 모표준편차의 인지 여부와는 무관하게 비모수검정법(nonparametric tests)을 사용

〈표 9-2〉 모집단 분포와 모표준편차(σ)의 인지 여부에 따른 검정통계량 선택

모집단 분포	표본크기	σ를 아는 경우	σ를 모르는 경우
정규분포인 경우	30 이상	$z=\frac{\overline{X}-\mu_0}{\sigma_{\overline{X}}}$	$z=\frac{\overline{X}-\mu_0}{s_{\overline{X}}}$
	30 미만	$z=\frac{\overline{X}-\mu_0}{\sigma_{\overline{X}}}$	$t=\frac{\overline{X}-\mu_0}{s_{\overline{X}}}$
정규분포가 아닌 경우	30 이상	$z=\frac{\overline{X}-\mu_0}{\sigma_{\overline{X}}}$	$z=\frac{\overline{X}-\mu_0}{s_{\overline{X}}}$
	30 미만	중위수에 대한 비모수검정 통계량	

2. 가설검정의 종류

가. 양측검정

가설의 양측검정(two-sided or two-tailed test)은 관찰치에 대한 귀무가설의 기각영역(기각역)이 추정하려는 모수값의 각각 왼쪽과 오른쪽에 있는 두 부분으로 구성된 가설 검정

- 유의수준 5%의 양측검정에 대한 기각역은 〈그림 9-1〉과 같이 -1.96보다 작은 Z값 영역과 1.96보다 큰 Z값의 영역으로 결정
- 유의수준 1%의 양측검정에 대한 기각역은 -2.58보다 작은 Z값 영역과 2.58보다 큰 Z값 영역으로 결정
- 유의수준을 낮게 설정할수록 귀무가설의 채택 확률은 증가하여, 귀무가설을 통한 추정의 정확성은 결여
- 관찰된 표본의 Z값의 귀무가설 기각에 대한 최소 유의수준인 P값이 낮을수록 귀무가설의 정확성 감소

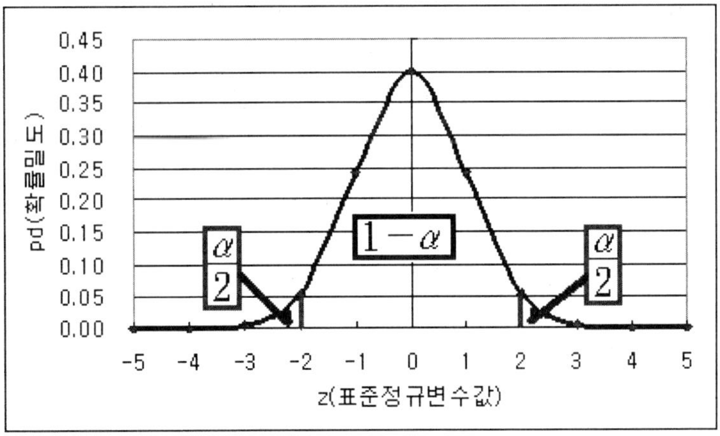

〈그림 9-1〉 유의수준 5%의 양측검정($\alpha = 5\%$)

나. 단측검정

가설의 단측검정(one-sided or one-tailed test)은 기각역이 추정하려는 모수의 한쪽에 있는 가설 검정

① 좌측 또는 낮은 꼬리 검정(left-sided or lower-tailed test) : 기각역이 추정하려는 모수의 왼쪽에 있는 검정방법

◦〈그림 9-2〉와 같이 좌측에 기각역이 존재

◦5% 유의수준의 기각역은 Z값이 -1.64보다 낮은 영역

◦1% 유의수준의 기각역은 Z값이 -2.33보다 낮은 영역

◦유의수준이 낮을수록 귀무가설의 추정 정확성 결여 → 표본통계량에 대해 낮은 유의수준이 되어야 기각되는 귀무가설은 정확성이 낮은 것을 반영

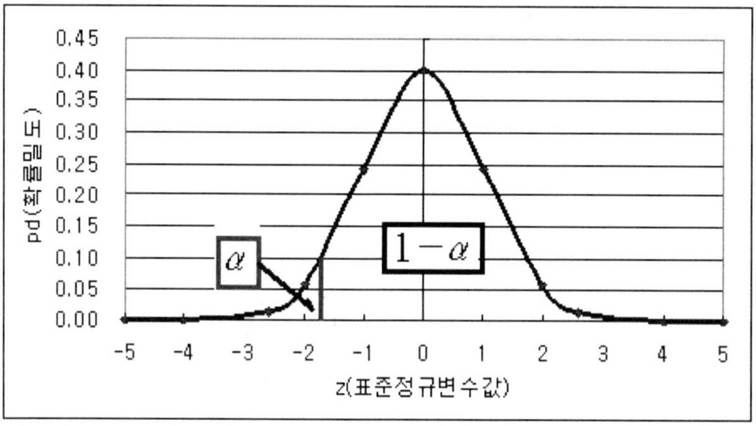

〈그림 9-2〉 유의수준 5%의 좌측꼬리검정($\alpha = 5\%$)

② 우측 또는 높은 꼬리 검정(right-sided or upper-tailed test) : 기각역이 추정하려는 모수의 오른쪽에 있는 검정방법

◦〈그림 9-3〉과 같이 우측에 기각역이 존재

◦5% 유의수준의 기각역은 Z값이 1.64보다 높은 영역

◦1% 유의수준의 기각역은 Z값이 2.33보다 높은 영역

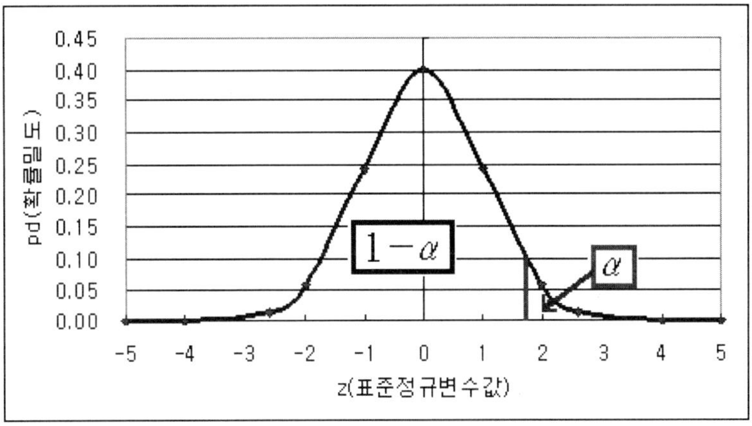

〈그림 9-3〉 유의수준 5%의 우측꼬리검정($\alpha = 5\%$)

제 2 절 단일 모집단의 가설검정

Ⅰ. 모집단 평균의 가설검정

1. 모평균에 대한 양측기설의 검정

[검정절차]

① 모평균에 대한 양측가설 설정

- 표본결과와 비교할 모수 μ의 값을 귀무가설 H_0로 설정
- 귀무가설이 진실이더라도 귀무가설의 값으로 표본결과가 나타날 가능성이 없어 귀무가설이 기각되는 경우에 채택될 귀무가설의 값과는 배반적 값들을 대립가설 H_1으로 설정

② 사용할 유의수준 설정

- 5%와 1%의 유의수준을 주로 많이 사용

③ 검정통계량의 선정

- 검정통계량은 검정할 모수의 불편추정자인 표본통계량이나 그 변형을 사용

- 평균의 표본분포가 정규분포인 경우에는 표본평균의 값을 Z값으로 전환하여 사용

④ 검정통계량의 기각치 또는 기각역 결정

- 표본평균 $\overline{X}$에 대한 기각역 임계값 $\overline{X}_{CR}$은 모집단 표준편차가 알려진 여부에 따라 다음과 같이 결정

(9.3) $$\overline{X}_{CR} = \mu_0 \pm z_b \sigma_{\overline{X}}$$

(9.4) $$\overline{X}_{CR} = \mu_0 \pm z_b s_{\overline{X}}$$

- 양측검정 기각역 임계값의 계산 절차

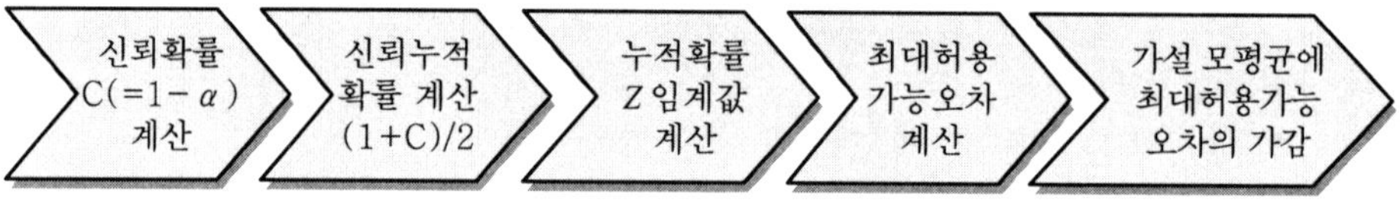

- 기각역 임계값들은 신뢰구간의 상한값과 하한값이며, 가설로 설정된 모평균에 대해 신뢰수준(=1-유의수준) 최대허용가능오차를 가감한(더하고 뺀) 값들로 구성

⑤ 실제 표본통계량의 계산 : 추출한 표본의 평균을 계산

⑥ 표본통계량 관찰치와 검정통계량 임계치와 비교하여, 귀무가설 기각 여부 결정

- 표본평균이 기각역에 속하면 귀무가설 기각, 기각역을 벗어나면 귀무가설 채택
- 이상의 절차와는 달리, Z-값 접근법을 이용하여 표본관찰치 Z값의 절대값이 양측검정 Z-임계값의 절대값보다 크면 귀무가설을 기각
- P-값 접근법에 따르면, 관찰된 Z값의 발생확률이 유의수준보다 낮을 경우에 귀무가설을 기각

예제 9-1) 어떤 회사의 매출채권에 대한 표준편차가 43(억원)으로 알려진 경우에, 그 평균이 260(억원)이라는 가설을 검정하기 위해 크기 n=36과 평균 240(억원)의 표본을 추출했다면 양측 가설검정을 다음과 같이 수행할 수 있다.

	A	B	C	D	E
1	모집단 평균의 양측가설검정				
2	설정 평균	260	표본크기	36	
3	모표준편차	43	유의수준	5%	
4	신뢰계수 누적확률(P)	0.975	신뢰계수	1.960	
5	평균의 표준오차	7.167	최대허용가능오차	14.046	
6	하부기각역 임계값	245.954	상부기각역 임계값	274.046	
7	1-P	0.025	유의수준 Z임계값	-1.960	P-값
8	표본평균	240	관찰Z값	-2.791	0.53%

① 가설설정

H_0 : $\mu = 260$ 과 H_1 : $\mu \neq 260$

② 유의수준 설정 : 일반적으로 많이 사용하는 5% 유의수준을 설정

③ 검정통계량 선정 : 표본크기가 36이어서 30을 초과하므로 표준정규분포를 사용

④ 신뢰계수, 표본평균의 기각역 임계값 설정

- A2:D3구간에 귀무가설로 설정된 평균, 표본크기, 모집단 표준편차, 유의수준을 각각 입력
- (9.3)식에 따라 기각역 임계값들을 구하기 위해 유의수준에 대한 신뢰계수 누적확률을 B4셀에 "=(1+(1-D3))/2"를 입력하여 97.5%로 계산
- D4셀에 "=NORMSINV(B4)"를 입력하여 유의수준 5%에 대한 신뢰계수를 계산
- B5셀에 "=B3/SQRT(D2)"를 입력하여 평균의 표준오차를 계산
- D5셀에 "=D4*B5"를 입력하여 최대허용가능오차를 계산
- B6셀에 "=B2-D5"를 입력하고, D6셀에 "=B2+D5"를 입력하여 각각 하부기각역 임계값과 상부기각역 임계값을 계산

⑤ 실제 표본통계량은 $\overline{X} = 240$ 으로 계산되어 제공됨

⑥ 표본통계량과 검정통계량 임계값 비교를 통한 귀무가설 채택여부 결정

- 하부기각역은 $\overline{X} < 245.954$ 이고, 상부기각역은 $\overline{X} > 274.046$ 이기 때문에, 관찰된 표본평균 $\overline{X} = 240$ 은 기각역에 포함
- 귀무가설을 기각하고, 대립가설을 채택

⑦ Z값 및 P-값 접근법 사용을 통한 귀무가설의 채택여부 결정

- B7셀에 "=1-B4"를 입력하여 유의수준의 양측검정 하부임계값의 누적확률을

2.5%로 계산

- D7셀에 "=NORMSINV(B7)"을 입력하여 유의수준의 양측검정 하부임계값을 -1.96으로 계산
- B8셀에 표본평균 240을 입력
- D8셀에 "=(B8-B2)/B5"를 입력하여 관찰통계치의 Z값을 -2.7907로 계산, 이는 절대값이 -1.96보다 크기 때문에 귀무가설을 기각
- E8셀에 "=2*NORMSDIST(D8)"을 입력하여 양측검정의 관찰된 Z값에 대한 P-값을 0.53%로 계산 → 관찰된 P-값이 유의수준보다 아주 낮아 귀무가설을 기각

2. 모평균에 대한 단측가설의 검정

- 모집단 평균이 어떤 수준 이상인가의 여부를 검정하기 위해서는 단측검정을 수행
- 예제 9-1의 상황에서 모평균이 260 이상인지의 여부 검정을 단측가설로 검정하는 경우 단측가설의 설정 방법

  $H_0 : \mu \geq 260$ and $H_1 : \mu < 260$

- 단측검정에서 표본평균의 임계값 $\overline{X}_{CR}$은 모집단 표준편차를 아는가의 여부에 따라 다음과 같이 결정

(9.5) $$\overline{X}_{CR} = \mu_0 + z_b \sigma_{\overline{X}}$$

(9.6) $$\overline{X}_{CR} = \mu_0 + z_b s_{\overline{X}}$$

예제 9-2) 예제 9-1의 경우에 대해 매출채권의 평균이 260 이상이라는 가설을 1%와 5%의 유의수준에서 다음과 같이 각각 수행할 수 있다.

또한 1%와 5%의 유의수준(제1종 오류 확률)에 대해 제2종 오류의 확률을 각각 구할 수 있다.

	A	B	C	D	E	F
9	모집단 평균의 단측가설검정					
10	설정 평균	260	표본크기	36		
11	모표준편차	43	표본평균	240	P-값	
12	평균의 표준오차	7.167	관찰Z값	-2.7906977	0.26%	
13	유의수준	유의수준 Z값	단측최대허용가능오차	기각역 임계값	Z(β)	P(Z≥Z(β))
14	1%	-2.326	-16.6721535	243.328	0.464	32.12%
15	5%	-1.645	-11.78811658	248.212	1.146	12.59%

① 단측가설의 설정

H_0 : $\mu \geq 260$ and H_1 : $\mu < 260$

② 유의수준 설정 : 일반적으로 많이 사용하는 1%와 5% 유의수준을 설정

③ 검정통계량 선정 : 표본크기가 36이어서 30을 초과하므로 표준정규분포를 사용

④ 유의수준 Z값, 표본평균의 기각역 임계값 설정

- A10:D11구간에 귀무가설로 설정된 평균, 표본크기, 모집단 표준편차, 표본평균을 각각 입력
- (9.5)식에 따라 기각역 임계값들을 구하기 위해 B12셀에 "=B11/SQRT(D10)"을 입력하여 평균의 표준오차 계산
- Z값을 이용한 단측가설검정 기각역 임계값의 계산 절차

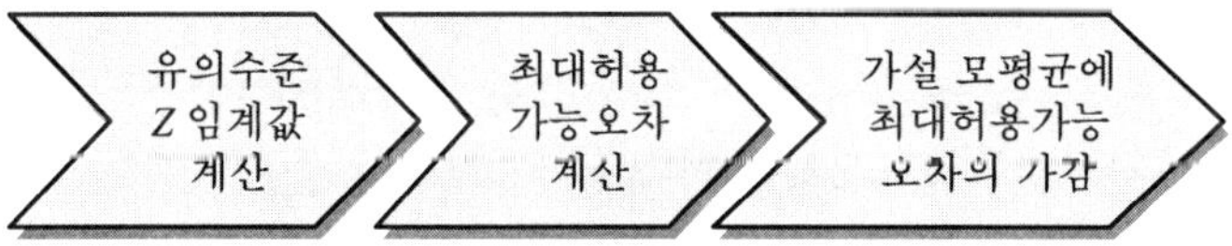

- B14셀에 "=NORMSINV(A14)"를 입력하여, 유의수준의 Z값을 계산
- C14셀에 "=B14*$B$12"를 입력하여 유의수준에 대한 최대허용가능오차를 계산
- D14셀에 "=$B$10+C14"를 입력하여 유의수준에 대한 기각역의 표본평균 임계값을 계산
- B14:D14구간을 지정하고 "Ctrl+C"로 수식들을 복사하여, B14셀에 마우스 커서를 두고 마우스 왼쪽 단추를 한번 클릭
- "Shift"를 누른채로 D15셀에 마우스 커서를 두고 마우스 왼쪽 단추를 한번 클릭하여 B14:D15구간을 지정
- "Shift"와 마우스에서 손을 떼고, "Enter"를 눌러 복사한 수식들을 지정한 구간에 붙여 넣기

⑤ 표본통계량과 검정통계량 임계값 비교를 통한 귀무가설 채택여부 결정

- 1%와 5% 유의수준 표본평균의 기각역 임계값들에 따르면, 1%와 5% 유의수준 표본평균의 기각역은 각각 243.328 미만과 248.212 미만으로 나타나 표본평균 $\overline{X} = 240$ 은 1%와 5% 유의수준 기각역들 모두에 포함
- 1%와 5% 유의수준 모두에서 귀무가설은 기각

⑥ Z값 및 P-값 접근법을 이용한 귀무가설의 채택여부 결정

- 관찰된 표본평균의 Z값인 D12셀의 -2.791는 B14셀과 B15셀의 1%와 5% 유의수준의 임계 Z값들보다 절대값으로 더 크기 때문에 귀무가설을 1%와 5% 유의수준들 모두에서 기각
- E12셀에 "=NORMSDIST(D12)"를 입력하여 관찰된 Z값의 P-값을 0.26%로 계산 → 유의수준보다 P-값이 아주 낮기 때문에 귀무가설을 기각
- 양측검정과는 달리, 단측검정에서는 Z값에 대한 누적확률을 P-값으로 계산

⑦ 제2종 오류의 확률 계산

- 좌측꼬리 단측검정에서 제2종 오류의 확률은 실제 표본평균이 240으로 주어진 경우에 무작위로 추출될 확률표본의 평균이 설정된 유의수준의 기각역 임계값 이상이 될(귀무가설이 옳은 것으로 나타날) 확률로 계산

$$z_\beta = \frac{\overline{X}_{CR} - \overline{X}}{\sigma_{\overline{X}}}, \qquad P(\text{제2종 오류}) = P(Z \geq Z_\beta)$$

- E14셀에 "=(D14-$D$11)/$B$12"를 입력하여 1% 유의수준 기각역 임계값의 실제 표본평균에 대한 Z값을 계산
- F14셀에 "=1-NORMSDIST(E14)"을 이용하여 1% 유의수준에 대한 제2종 오류의 확률을 계산
- E14:F14구간을 지정한 후에 마우스 커서를 F14셀의 우측 아래 모서리로 이동시켜 마우스 커서가 검은 십자가로 변하면, 마우스 왼쪽 단추를 누른 채로 E15:F15구간까지 지정을 하여 채워 넣기로 E14:F14구간의 식들을 복사
- 제2종 오류의 확률은 1%와 5% 유의수준에 대해 각각 0.321과 0.126으로 계산

예제 9-3) 예제 9-1의 경우에 대해 매출채권의 평균이 정규분포를 갖지만, 모집단 표준편차를 알지 못한다고 하자. 이러한 경우에 매출채권 평균이 260(억원) 이상이라는 가설을 검정하기 위해 크기 $n=20$의 표본에서 평균 240(억원)과 표준편차 43(억원)의 결과를 얻었다면 가설 검정을 다음과 같이 Student t분포를 사용하여 수행할 수 있다.

	A	B	C	D	E	F
16	모집단 평균의 단측가설검정(표본 크기가 30 미만인 경우)					
17	설정 평균	260	표본크기	20		
18	표본표준편차	43	표본평균	240		
19	평균의 표준오차	9.6150923	관찰t값	-2.080		
20	유의수준	유의수준 t값	단측최대허용가능오차	기각역 임계값		
21	1%	-2.539	-24.41735394	235.583		
22	5%	-1.729	-16.62575731	243.374		
23	유의수준 t값의 표본크기에 대한 민감도 분석				의사결정	
24	표본크기	1%유의수준 t값	5%유의수준 t값	관찰치 t값	1% 유의수준	5% 유의수준
25	20	-2.539	-1.729	-2.080	채택	기각
26	2	-31.821	-6.314	-0.658	채택	채택
27	3	-6.965	-2.920	-0.806	채택	채택
28	5	-3.747	-2.132	-1.040	채택	채택
29	7	-3.143	-1.943	-1.231	채택	채택
30	9	-2.896	-1.860	-1.395	채택	채택
31	11	-2.764	-1.812	-1.543	채택	채택
32	12	-2.718	-1.796	-1.611	채택	채택
33	14	-2.650	-1.771	-1.740	채택	채택
34	15	-2.624	-1.761	-1.801	채택	기각
35	19	-2.552	-1.734	-2.027	채택	기각
36	23	-2.508	-1.717	-2.231	채택	기각
37	25	-2.492	-1.711	-2.326	채택	기각
38	27	-2.479	-1.706	-2.417	채택	기각
39	28	-2.473	-1.703	-2.461	채택	기각
40	29	-2.467	-1.701	-2.505	기각	기각

① 단측가설의 설정

$$H_0 \ : \ \mu \geq 260 \quad \text{and} \quad H_1 \ : \ \mu < 260$$

② 유의수준 설정 : 일반적으로 많이 사용하는 1%와 5% 유의수준을 설정

③ 검정통계량 선정 : 표본크기가 20이어서 30보다 작기 Student t분포를 사용

④ 유의수준 t값, 표본평균의 기각역 임계값 설정

- A17:D18구간에 귀무가설로 설정된 평균, 표본크기, 표본표준편차, 표본평균을 각각 입력
- t분포 확률변수를 이용한 $\overline{X}_{CR} = \mu_0 + t_b s_{\overline{X}}$에 따라 기각역 임계값들을 구하

기 위해, B19셀에 "=B18/SQRT(D17)"을 입력하여 평균의 표준오차 계산

- D19셀에 "=(D18-B17)/B19"를 입력하여, 관찰된 표본평균의 t값을 계산
- t값을 이용한 단측가설검정 기각역 임계값의 계산 절차

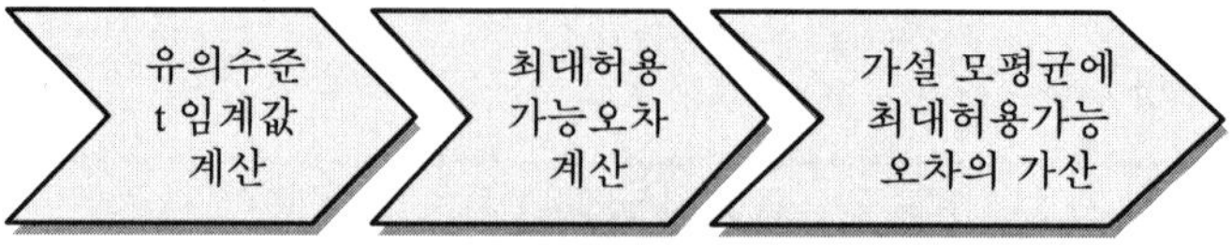

- t분포곡선의 대칭성과 단측검정의 특성에 따라 1% 유의수준의 t값을 계산하도록 B21셀에 "=-TINV(2*A21,$D$17-1)"를 입력

◦ Excel을 이용할 경우 주어진 확률수준과 자유도에 대한 기각역 t임계값의 계산은 단측검정에 대해 "=-TINV(2*유의확률,자유도)"를 사용

- C21셀에 "=B21*$B$19"를 입력하여 1% 유의수준의 최대허용가능오차 계산
- D21셀에 "=$B$17+C21"를 입력하여 1% 유의수준에 대한 기각역의 표본평균 임계값을 계산
- B21:D21구간을 지정한 후에 마우스 커서를 D21셀의 우측 아래 모서리로 이동시켜 마우스 커서가 검은 십자가로 변하면, 마우스 왼쪽 단추를 누른 채로 B22:D22구간까지 지정을 하여 채워 넣기로 B21:D21구간의 식들을 복사

⑤ 표본통계량과 검정통계량 임계값 비교를 통한 귀무가설 채택여부 결정

- 1%와 5% 유의수준 표본평균의 기각역 임계값들에 따르면, 1%와 5% 유의수준 표본평균의 기각역은 각각 235.583 미만과 243.374 미만으로 나타나 표본평균 $\overline{X}=240$은 5% 유의수준 기각역에 포함
- 1% 유의수준에서 귀무가설은 채택되지만, 5% 유의수준에서 귀무가설은 기각

⑥ t값 접근법을 이용한 귀무가설의 채택여부 결정

- 관찰된 표본평균의 t값인 D19셀의 -2.080은 B21셀의 1% 유의수준 t값보다 절대값이 작고, B22셀의 5% 유의수준의 임계 t값보다 절대값으로 더 크다.
- 귀무가설은 1% 유의수준에서는 채택되지만, 5% 유의수준에서는 기각

⑦ 표본크기에 대한 1% 및 5% 유의수준 t값의 민감도분석(스크롤 막대 이용)

- 메뉴 표시줄에서 "보기→도구모음→양식"을 지정하고, 생성된 양식 도구상자에

서 스크롤 막대를 지정하고 마우스 왼쪽 단추를 한번 클릭

- 마우스를 도구상자 밖으로 이동시키면 마우스 커서가 화살표에서 작은 십자가로 바뀐다.
- 마우스 커서를 E17셀에 놓고 마우스 왼쪽 단추를 누른 채로 셀의 크기에 맞도록 스크롤 막대를 붙여 넣기
- 붙여 넣은 스크롤 막대에 마우스 커서를 두고 마우스 오른쪽 단추를 눌러 생성된 대화상자에서 컨트롤 서식을 지정
- 생성된 스크롤 막대의 컨트롤 서식 대화상자를 "최소값 : 2, 최대값 : 29, 증분 변경 : 1"로 지정하고, "셀 연결"에 마우스 커서를 두고 D17셀을 지정한 후에 "확인"을 눌러 D17셀에 스크롤 막대를 연결

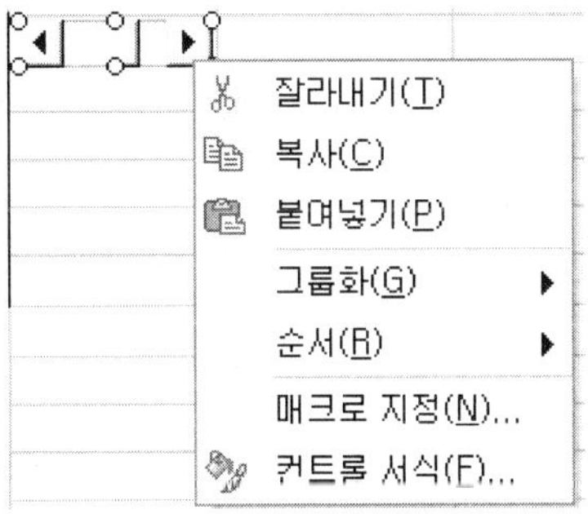

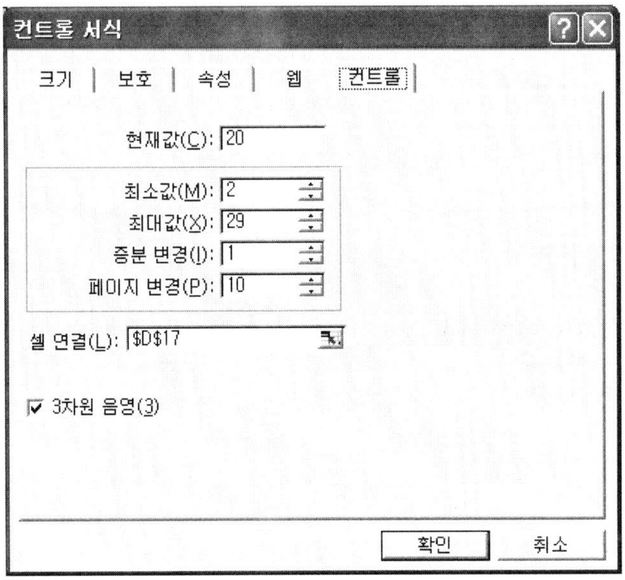

- 스크롤 막대의 화살표를 누르거나 중간의 막대를 마우스 커서로 이동시키면, 표본크기가 변화하고 그에 따라 1%와 5% 유의수준 t값들이 변화되는 것을 확인

⑧ 표본크기에 대한 1% 및 5% 유의수준 t값의 민감도분석(데이터 : 표 이용)

- A25셀에 "=D17"을, B25셀에 "=B21"을, C25셀에 "=B22", D25셀에 "=D19"를 입력
- A26:A40구간에 2, 3, 5에서 29까지 표본크기의 숫자들을 입력
- A25:D40구간을 지정하고, 메뉴표시줄에서 "데이터→표"를 지정하여 표 대화상자를 생성
- 생성된 대화상자를 다음과 같이 지정한 후에 "확인"을 클릭

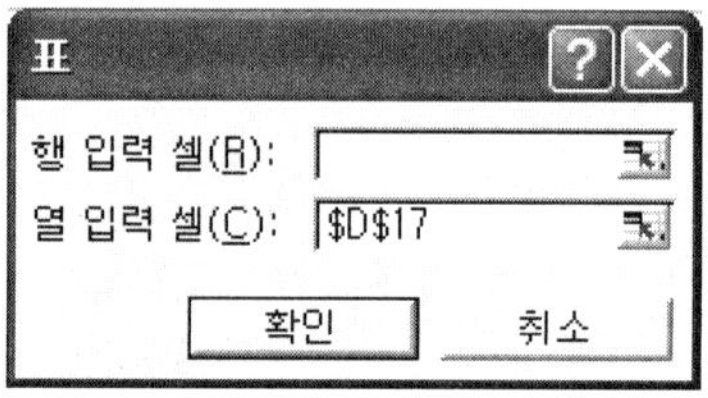

- A25:D40구간에 출력된 표 분석결과에 Z값 접근법을 이용하여 표본크기 변화에 대한 귀무가설의 채택 민감도 분석이 가능
- E25셀에 "=IF(B25〈D25,"채택","기각")"을, F25셀에 "=IF(C25〈D25,"채택","기각")"을 입력
- E25:F25구간의 그 수식을 "Ctrl+C"로 복사하여 E25:F40구간에 붙여 넣어 1%와 5% 유의수준에서 표본크기에 따른 귀무가설의 채택여부 결정
- 1% 유의수준에서는 표본크기가 29에서만 귀무가설이 기각
- 5% 유의수준에서는 표본크기가 14까지는 귀무가설이 채택되지만, 15 이상부터는 귀무가설이 기각

3. 표본자료를 이용한 가설검정

- Excel에서 "=ZTEST(자료구간, 가설설정 추정평균,표준편차)"를 이용하여 주어진 자료에 대한 P-값을 계산

◦ 표준편차의 값을 입력하지 않는 경우에는 자료값들의 표본 표준편차를 이용하여 계산이 수행됨

◦ ZTEST함수는 자료를 이용하여, 설정한 추정평균에 대해 표본의 Z값을 계산하고, "NORMSDIST(Z)"의 확률 p_{Zt}를 제공

- ZTEST함수를 이용하여 얻은 값 p_{Zt}를 양측검정과 단측검정에 각각 다음과 같이 적용하여 P-값을 계산

◦ 양측검정의 경우에 p_{Zt}가 0.5 이상이면 $2(1-p_{Zt})$로 P-값을 계산하고, p_{Zt}가 0.5 미만의 값이면 $2p_{Zt}$로 P-값을 계산

◦ 단측검정의 경우에 p_{Zt}가 0.5 이상이면 $(1-p_{Zt})$로 P-값을 계산하고, p_{Zt}가 0.5 미만의 값이면 p_{Zt}로 P-값을 계산

- Excel함수와 P-값

◦ 양측검정 : 2*(1-NORMSDIST(ABS(Z값)))

◦ 단측검정 : 1-NORMSDIST(ABS(Z값)))

- 계산된 P-값이 설정한 유의수준보다 낮으면 귀무가설을 기각

예제 9-4) 어떤 무역회사에서 해외의 20개 대리점에 대한 지난달의 월간 수출액이 다음 자료의 A2:B21구간과 같이 나타났다.

월간 수출액의 표준편차가 USD30천으로 알려진 상황에서 원활한 생산관리와 출하를 위해 원자재와 운전자금의 충분한 확보에 필요한 대리점별 평균 월간수출액이 USD125천이라고 추정한다고 하자. 이러한 추정이 실제 평균 월간수출액에 대해 부족하거나 과다한 것이 아닌가를 5% 유의수준을 설정한 가설검정을 통해 확인할 수 있다.

(1) 모집단 표준편차가 USD30천으로 알려진 경우의 Z검정

(2) 모집단 표준편차를 모르는 경우의 t검정

	A	B	C	D	E	F	G
1	시장구분	매출액(U$천)	이름상자	가=B2:B31	=IF(E3>=0.5,2*(1-E3),2*E3)		
2	1	135.0	양측검정				
3	2	80.0	Z검정 P-값	7.71%	0.96143	=ZTEST(가,D8,30)	
4	3	115.0	표본평균	113.1	=AVERAGE(가)		
5	4	137.1	표본표준편차	28.4123	=STDEV(가)		
6	5	114.7	표본크기	20	=COUNTA(가)		
7	6	140.8	평균의 표준오차	6.353183	=D5/SQRT(D6)		
8	7	108.9	가설모평균	125			
9	8	66.3	관찰t값	-1.866341	=(D4-D8)/D7		
10	9	119.6	t검정 P-값	7.75%	=TDIST(ABS(D9),19,2)		
11	10	170.2					
12	11	157.6	단측검정				
13	12	77.0	Z검정 P-값	3.86%	=IF(E3>=0.5,1-E3,E3)		
14	13	69.0	t검정 P-값	3.88%	=TDIST(ABS(D9),19,1)		
15	14	105.0	가설모평균에 대한 Z검정 P-값 민감도				
16	15	98.0	가설모평균	양측검정	단측검정		
17	16	127.0	125	7.71%	3.86%		
18	17	101.0	120	30.67%	15.33%		
19	18	135.6	115	78.19%	39.09%		
20	19	90.0	110	63.94%	31.97%		
21	20	115.0	105	22.48%	11.24%		

① 양측가설의 검정

- 가설을 H_0 : $\mu = 125$, $H_1 \neq 125$ 로 설정

- B2:B31구간을 지정하고, 다음과 같이 이름상자에 있는 B2를 마우스 커서로 지정한 후에 "가"로 고치고 "Enter"를 클릭하여 이름을 지정

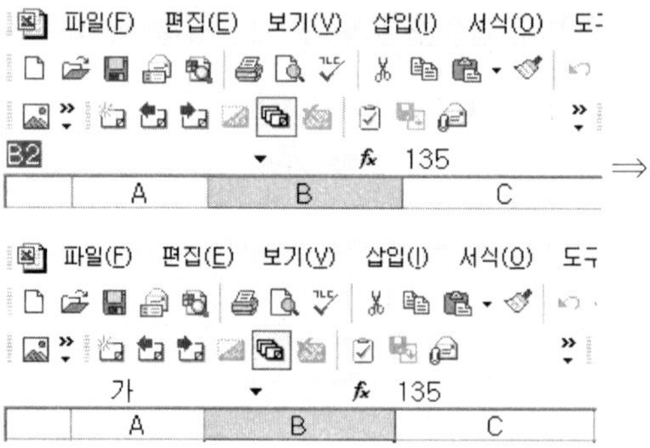

- E3셀에 "=ZTEST(가,D8,30)"을 입력하고, D3셀에 "=IF(E3>=0.5,2*(1-E3),2*E3)"을 입력하여 양측가설의 Z검정 P-값을 계산

- D4셀에 "=AVERAGE(가)"를 입력하여 표본평균을 구하고, D5셀에 "=STDEV(가)"를 입력하여 표본 표준편차를 계산

- D6셀에 "=COUNTA(가)"를 입력하여 표본크기를 20으로 계산

- D7셀에 "=D5/SQRT(D6)"을 입력하여 평균의 표준오차를 계산
- D8셀에 가설 모평균을 입력하고, D9셀에 "=(D4-D8)/D7"을 입력하여 관찰된 표본평균의 t값을 계산
- D10셀에 "=TDIST(ABS(D9),19,2)"를 입력하여 t통계량에 대한 양측검정의 P-값을 7.75%로 계산 가능
- P-값이 유의수준 5%보다 높기 때문에, 평균 월간매출액이 125라고 추정하는 귀무가설을 채택

② 단측가설의 검정

- H_0 : $\mu \geq 125$ 와 H_1: $\mu < 125$ 의 (좌)단측가설과 5%의 유의수준을 설정
- D13셀에 "=IF(E3>=0.5,1-E3,E3)"을 입력하여 Z검정의 P-값을 3.86%로 계산
- D14셀에 "=TDIST(ABS(D9),19,1)"를 입력하여 단측가설의 P-값을 3.88%로 t통계량에 대해 계산
- 유의수준 5%보다 P-값이 작기 때문에 5% 유의수준에서 귀무가설을 기각, 이는 월간 평균수출액이 USD125천보다 낮게 발생한다는 것을 95% 신뢰수준으로 믿을 수 있다는 것을 의미

③ 가설로 설정할 추정 모평균에 대한 Z검정의 P-값 민감도분석

- C17셀에 "=D8", D17셀에 "=D3", E18셀에 "=D13"을 입력
- C18:C21구간에 120부터 5간격으로 105까지 입력
- C17:E21구간을 마우스로 지정하고, 메뉴표시줄에서 "데이터→표"를 지정하여 표 대화상자를 생성
- 생성된 대화상자에서 열 입력 셀에 D8셀을 마우스 커서로 지정하여, 다음과 같이 대화상자를 입력한 후에 "확인"을 클릭

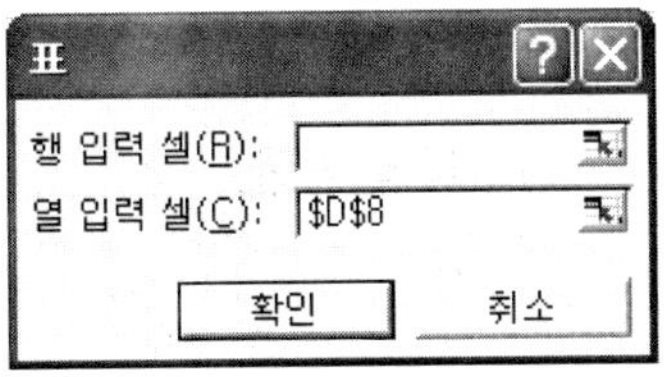

- C17:E21구간에 출력된 표 분석결과에 따르면 가설 모평균을 115로 설정해야 제1종

오류의 확률이 높아, 다른 수준보다 적절한 추정치가 되는 것으로 해석 가능

Ⅱ. 모집단 비율에 대한 가설검정

1. 이항분포를 사용한 모집단 비율의 가설검정

이항분포를 사용하는 비율의 검정은 주로 단측검정으로 수행되는 P-값 접근법

- 모비율에 대한 가설이 주어지는 경우에 가설로 설정된 값과는 다른 관찰치들이 발생할 횟수의 누적확률이 설정된 유의수준을 초과하지 않는 수준까지를 기각역으로 간주하고, 기각역에 속하는 성공횟수가 나타나면 귀무가설을 기각
- 추출된 확률표본이 베르누이과정(Bernoulli process)을 따르는 경우 모비율의 가설검정에 이항분포가 사용 가능

예제 9-5) 어떤 회사의 수출담당자가 현재 상담 중인 1,000건의 오퍼가 성사될 확률이 50%라고 주장한다고 가정하자.

상담 중인 오퍼 10건을 표본 추출한 결과, 단지 2건만이 수입회사로부터 수락을 받았다면, 그 담당자의 주장을 5% 유의수준에서 다음과 같이 검정할 수 있다.

① 가설의 설정

- $H_0 : \pi \geq 0.50$ 과 $H_1 :\ \pi < 0.50$ 을 설정

② 기각역 확률의 계산

- 이항분포를 사용하는 경우에 50%의 성공확률로 10번 시행에서 5건 미만이 수락될 확률은 아래와 같이 계산

	A	B	C	D
1	이항분포 확률			
2	수락건수	확률	누적확률	성공확률
3	0	0.00098	0.10%	0.5
4	1	0.00977	1.07%	표본크기
5	2	0.04395	5.47%	10
6	3	0.11719	17.19%	
7	4	0.20508	37.70%	

◦ B3셀에 "=BINOMDIST(A3,$D$5,$D$3,0)"을 입력하여, 성공확률 50%와 10번 시행에서 한번도 성공하지 못할 확률을 계산

◦ C3셀에 "=BINOMDIST(A3,$D$5,$D$3,1)"을 입력하여, 성공확률 50%와 10번 시행에서 한번도 성공하지 못할 누적확률을 계산

◦ B3:C3구간을 복사하여 채워 넣기로 B4:C7구간에 붙여, 1회부터 4회까지 각각의 성공확률과 그에 대한 누적확률을 계산

- 검정통계량은 표본크기 10에서 수락된 오퍼건수이다. 위의 누적확률 계산 결과에서 1건 수락까지의 누적확률은 1.07%이고, 2건 수락까지의 누적확률은 5.47%이다. 따라서 5% 유의수준에서 귀무가설을 기각하기 위해서는 단지 0 또는 1건만이 수락을 받은 것으로 나타나야 한다.

③ 귀무가설의 기각여부 결정

- 10건 중 2건이 수락을 받은 것으로 관찰되어, 누적확률이 5%를 초과하므로 5% 유의수준에서 수주 성공확률이 50% 이상이라는 수출담당자의 주장을 채택
- 1% 유의수준을 사용한다면, 수출담당자 주장의 설득력은 보다 약화
- 표본크기가 증가할수록, 유의수준으로 인한 기각역의 성공횟수가 증가하기 때문에 귀무가설의 기각 가능성은 증가

2. 정규분포를 사용한 모집단 비율의 가설 검정

표본크기 n, 성공확률 p에 대해 $n \geq 30$이며, $np \geq 5$ 및 $n(1-p) \geq 5$인 경우에 이항분포의 근사값으로 정규분포의 사용이 가능

- π_0로 설정된 가설의 검정에 사용되는 비율의 표준오차 $\sigma_{\hat{p}}$ 계산

(9.7) $$\sigma_{\hat{p}} = \sqrt{\frac{\pi_0(1-\pi_0)}{n}} \qquad \text{for} \quad n < 0.05N$$

(9.8) $$\sigma_{\hat{p}} = \sqrt{\frac{\pi_0(1-\pi_0)}{n}}\sqrt{\frac{N-n}{N-1}} \qquad \text{for} \quad n \geq 0.05N$$

- 비율의 가설 검정에 대한 Z통계량

(9.9) $$z = \frac{\hat{p} - \pi_0}{\sigma_{\hat{p}}}$$

예제 9-6) 예제 9-5의 상황에서 상담 중인 오퍼 30건을 표본 추출한 결과, 단지 10건만이 수입회사로부터 수락을 받았다면, 그 담당자의 주장을 5% 유의수준에서 다음과 같이 검정할 수 있다.

	F	G	H	I	J	K
1	이항분포의 정규근사법					
2	표본 크기	30	성공확률	50%		
3	수락건수	10	관찰치 성공률	0.3333		
4	비율의 표준오차	0.0913	표본관찰 Z통계량	-1.826	귀무가설	귀무가설
5	유의수준	Z임계값(단측)	Z좌측임계값(양측)	Z우측임계값(양측)	단측결정	양측결정
6	1%	-2.326	-2.576	2.576	채택	채택
7	5%	-1.645	-1.960	1.960	기각	채택

① 가설의 설정

- $H_0: \pi \geq 0.50$과 $H_1:\ \pi < 0.50$을 설정

② Z임계값과 비율의 표준오차 계산

- G2셀, I2셀, G3셀에 각각 표본크기, 성공확률, 오퍼의 수락건수를 입력
- I3셀에 "=G3/G2"를 입력하여 관찰한 표본의 성공비율을 계산
- G4셀에 "=SQRT(I2*(1-I2)/G2)"를 입력하여, 비율의 표준오차를 계산
- I4셀에 "=(I3-I2)/G4"를 입력하여 표본을 통해 관찰한 비율의 Z값을 계산
- G6셀에 "=NORMSINV(F6)"을 입력하여, 1% 유의수준의 단측검정 Z임계값 계산
- H6셀에 "=NORMSINV(F6/2)"를 입력하여, 1% 유의수준의 양측검정 좌측꼬리 Z임계값을 계산
- I6셀에 "=NORMSINV(1-(F6/2))"를 입력하여, 1% 유의수준의 양측검정 우측꼬리 Z임계값을 계산
- J6셀에 "=IF(ABS($I$4)>ABS(G6),"기각","채택")"을 입력하여 단측검정의 1% 유의수준에서 귀무가설의 채택 결정을 수행
- K6셀에 "=IF(ABS($I$4)>ABS(H6),"기각",IF(ABS($I$4)>ABS(I6),"기각","채택"))"을 입력하여 양측검정의 1% 유의수준에서 귀무가설의 채택 결정을 수행
- G6:K6구간의 수식들을 복사하여 G7:K7구간에 붙여 넣어, 5% 유의수준에서의

단측검정과 양측검정을 수행

Ⅲ. 모집단 분산의 가설검정

[검정절차]

① 모분산에 대한 가설 설정

- 표본결과와 비교할 모수 σ^2의 값을 귀무가설 H_0로 설정
- 귀무가설의 값과는 배반적 값들을 대립가설 H_1으로 설정

② 5%와 1%의 유의수준을 사용

③ χ^2 분포의 통계량을 검정통계량으로 선정

- 정규분포된 모집단 분산에 대해 가설로 설정된 값 σ_0^2의 검정에 사용되는 통계량

(9.11) $$\chi_\nu^2 = \frac{(n-1)s^2}{\sigma_0^2}$$

◦ ν : 자유도($= n-1$), n : 표본크기, s^2 : 표본 분산

④ 유의수준에 따른 검정통계량의 기각치 또는 기각역 결정

⑤ 실제 표본통계량의 계산으로 유의수준에 따른 통계량의 임계값과 비교를 통해 귀무가설의 기각 여부 결정

- 양측검정 의사결정

◦ H_0 : $\sigma^2 = \sigma_0^2$, H_1 : $\sigma^2 \neq \sigma_0^2$

◦ $\chi_\nu^2 > \chi_{a,\nu}^2$ 또는 $\chi_\nu^2 < \chi_{b,\nu}^2$이면 H_0 기각

◦ $\chi_{a,\nu}^2$: 설정된 신뢰구간 상한(우측꼬리) χ^2 임계값[$a = 1-(\alpha/2)$, $\nu = n-1$]

◦ $\chi_{b,\nu}^2$: 설정된 신뢰구간 하한(좌측꼬리) χ^2 임계값[$b = 1-a$]

- 단측검정 의사결정

◦ H_0 : $\sigma^2 \leq \sigma_0^2$ 와 H_1 : $\sigma^2 > \sigma_0^2$에 대해, $\chi_\nu^2 > \chi_{a,\nu}^2$이면 H_0 기각

◦ H_0 : $\sigma^2 \geq \sigma_0^2$ 와 H_1 : $\sigma^2 < \sigma_0^2$에 대해, $\chi_\nu^2 < \chi_{1-\alpha,\nu}^2$이면 H_0 기각

예제 9-7) $n=10$의 백열전구 무작위표본에서 평균수명 $\overline{X}$가 4,000시간이고, 그 표준편차 s는 240시간으로 나타났다. 백열전구를 켜는 시간은 정규분포를 갖는 것으로 간주되고 있다.

이러한 표본 결과를 이용하여 모집단 표준편차가 150시간 이하라는 가설을 1%와 5% 유의수준에서 다음과 같이 검정할 수 있다.

	A	B	C	D	E	F
1	표준편차의 양측가설검정					
2	표본크기	10	표본표준편차	240		
3	표본평균	4,000	모집단표준편차	150		
4	자유도(v)	9	검정통계량	23.04		귀무가설
5	유의수준	b	a	χ^2(a,v)	χ^2(b,v)	의사결정
6	1%	0.50%	99.50%	23.59	1.73	채택
7	5%	2.50%	97.50%	19.02	2.70	기각
8	표준편차의 상부단측가설검정		귀무가설 의사			
9	유의수준	χ^2(α,v)	결정			
10	1%	21.67	기각			
11	5%	16.92	기각			

① 자료입력

- 표본크기, 표본 표준편차, 표본평균, 가설로 설정한 모집단 표준편차를 B2셀, D2셀, B3셀, D3셀에 각각 입력

② 자유도와 검정통계량의 계산

- B4셀에 "=B2-1"을 입력하여 자유도를 계산
- D4셀에 "=(B4*D2^2)/D3^2"를 입력하여 자유도 9의 χ^2 검정통계량을 23.04로 계산

③ 양측가설검정의 수행

- 가설을 H_0: $\sigma=150$과 H_1: $\sigma \neq 150$으로 설정
- B6셀에 "=A6/2"를, C6셀에 "=1-B6"을 입력하여 1% 유의수준의 하부 및 상부 기각역 임계값까지의 누적확률을 계산
- D6셀에 "=CHIINV(1-C6,$B$4)"를 입력하여 1% 유의수준의 상부기각역 χ^2 임계값을 23.59로 계산

- E6셀에 "=CHIINV(1-B6,$B$4)"를 입력하여 1% 유의수준의 하부기각역 χ^2 임계값을 1.73으로 계산
- B6:E6구간을 지정하여, 그 수식들을 채워 넣기로 B7:E7구간에 복사하여 5% 유의수준에 대한 하부 및 상부기각역 χ^2 임계값들을 계산
- F6셀에 "=IF($D$4>D6,"기각",IF($D$4<E6,"기각","채택"))"을 입력, 1% 유의수준에서 기각역의 χ^2 임계값들보다 크거나 작으면 귀무가설 기각을 지정, 그러나 χ^2 통계량이 1% 유의수준의 기각역에 속하지 않아 1% 유의수준에서는 채택
- F6셀의 수식을 복사하여 F7셀에 붙이기
- $\sigma=150$이라는 양측검정의 귀무가설은 5% 유의수준에서 기각되지만, 1% 유의수준에서는 채택

④ 단측가설검정의 수행

- 가설을 $H_0: \sigma \leq 150$과 $H_1: \sigma > 150$으로 설정
- B10에 "=CHIINV(A10,$B$4)"를 입력하여 1% 유의수준에서의 기각역 χ^2 임계값을 21.67로 계산
- C10셀에 "=IF($D$4>B10,"기각","채택")"을 입력하여 1% 유의수준에서 귀무가설 기각을 결정
- B10:C10구간의 수식을 복사하여 B11:C11구간에 붙여 넣어, 5% 유의수준에서의 기각역 χ^2 임계값을 계산하고, 귀무가설의 기각을 확인

〈참고문헌〉

Chao, Lincoln L.(1974), *Statistics : Methods and Analyses*, 2nd ed., McGraw-Hill, Inc., pp. 221-253.

DeGroot, Morris H.(1989), *Probability and Statistics*, 2nd ed., Addison-Wesley Publishing Co., pp. 437-506.

Frank, Harry and Steven C. Althoen(1994), *Statistics : Concepts and Applications*, Cambridge University Press, pp. 380-480.

Freedman, D., R. Pisani, and R. Purves(1991), *Statistics*, 3rd ed., W.W. Norton Co., pp. 475-524.

Freund, John E.(1992), *Mathematical Statistics*, 5th ed., Prentice-Hall International, Inc., pp. 354-447.

Mansfield, Edwin(1983), *Statistics for Business and Economics : Methods and Applications*, W.W.Norton & Co., pp. 275-327.

Harnett, D.L. and A.K. Soni(1991), *Statistical Methods : For Business and Economics*, 4th ed., Addison-Wesley Publishing Co., Inc., pp. 329-361.

Kazmier, Leonard J.(1988), *Theory and Problems of Business Statistics with Computer Applications*, 2nd. ed., McGraw-Hill Book Co., pp. 128-149.

Lee, Cheng F.(1993), *Statistics for Business and Financial Economics*, D.C. Heath and Company, pp. 424-462.

Mason, Robert D.(1982), *Statistical Techniques in Business and Economics*, 5th ed., Richard D. Irwin, Inc., pp. 344-391.

Spiegel, Murray R.(1992), *Theory and Problems of Probability and Statistics*, McGraw-Hill, Inc., pp. 211-235.

Wonnacott, T.H. and R.J. Wonnacott(1990), *Introductory Statistics for Business and Economics*, 4th ed., John Wiley & Sons, pp. 254-313.

제10장

두 모집단의 가설검정

[핵심용어]

· 공통분산	· Z통계량	· 분산의 합동추정치
· z-검정	· Student t분포	· t 분포 검성
· 쌍체 관찰치	· 종속표본	· t 검정통계량
· F분포	· F 검정통계량	
· 검정력함수	· 복합가설	· OC함수와 OC곡선

[주요 Excel함수]

· NORMSDIST	· ABS	· NORMSINV
· z-검정 : 평균에 대한 두 집단(도구→통계 데이터 분석)		· TDIST
· t 검정 : 이분산 가정 두집단(도구→통계 데이터 분석)		
· t 검정 : 쌍체비교(도구→통계 데이터 분석)		· STDEV
· IF	· FINV	· BINOMDIST

제 1 절 정규분포를 이용한 두 평균간 격차의 검정

Ⅰ. 정규분포를 이용한 두 평균간 격차의 검정

1. 표본결과를 이용한 가설검정

[검정절차]

두 평균간 격차의 검정 절차는 표본관찰결과에 따른 Z통계량을 결정하는데 대해 평균간 격차의 표준오차를 사용하는 것을 제외하고는 가설 설정된 평균값의 검정 절차와 동일

- 두 모집단의 표준편차가 알려져 있는지의 여부에 따른 평균간 격차의 검정에 대한 Z통계량(Z값) 결정의 일반공식

(10.1) $$z=\frac{(\overline{X}_1-\overline{X}_2)-(\mu_1-\mu_2)}{\sigma_{\overline{X}_1-\overline{X}_2}}$$

(10.1.1) $$\sigma_{\overline{X}_1-\overline{X}_2}=\sqrt{\sigma^2_{\overline{X}_1}+\sigma^2_{\overline{X}_2}}$$

(10.2) $$z=\frac{(\overline{X}_1-\overline{X}_2)-(\mu_1-\mu_2)}{s_{\overline{X}_1-\overline{X}_2}}$$

(10.2.1) $$s_{\overline{X}_1-\overline{X}_2}=\sqrt{s^2_{\overline{X}_1}+s^2_{\overline{X}_2}}$$

- 검정할 평균간 격차 $(\mu_1-\mu_2)_0$에 대한 귀무가설은 H_0 : $(\mu_1-\mu_2)_0=0$ 이므로, (10.1)식과 (10.2)식을 다음과 같이 단순화시켜 사용

(10.3) $$z=\frac{(\overline{X}_1-\overline{X}_2)}{\sigma_{\overline{X}_1-\overline{X}_2}}$$

(10.4) $$z=\frac{(\overline{X}_1-\overline{X}_2)}{s_{\overline{X}_1-\overline{X}_2}}$$

- 두 모집단의 표준편차가 동일하다고 가정하는 경우, 공통분산(common

variance) σ^2을 평균간 격차의 표준오차에 사용

- 모집단 분산의 합동추정치 $\hat{\sigma}^2$

$$\hat{\sigma}^2 = \frac{(n_1 - 1)s_1^2 + (n_2 - 1)s_2^2}{n_1 + n_2 - 2} \tag{10.5}$$

- 모집단 표준편차가 같은 경우에 대한 모평균 격차의 추정된 표준오차

$$\hat{\sigma}_{\overline{X}_1 - \overline{X}_2} = \sqrt{\frac{\hat{\sigma}^2}{n_1} + \frac{\hat{\sigma}^2}{n_2}} \tag{10.6}$$

예제 10-1) 한 자동차회사의 종업원들에서 추출된 30명 n_1의 평균 1인당 주간생산량 $\overline{X}_1$은 280개이고, 그 표준편차 s_1은 14개이다. 또 다른 회사에서 추출된 40명 n_2의 평균 1인당 주간생산량 $\overline{X}_2$는 270이고, 그 표준편차는 10개이다.

생산량에 대한 두 모집단의 표준편차들은 일치한다는 가정이 없는 경우에, 두 회사의 평균 1인당 주당생산량간의 격차가 없다는 가설을 5%의 유의수준을 사용하여 검정할 수 있다.

	A	B	C	D	E	F
1	두 모집단 평균간 격차의 양측검정					
2	표본1평균	280	표본2평균	270		
3	표본1표준편차	14	표본2표준편차	10		
4	표본1 크기	30	표본2 크기	40		
5	평균1의 표준오차	2.5560	평균2의 표준오차	1.58	P-값	
6	격차의 표준오차	3.0056	관찰z값	3.33	0.088%	귀무가설
7	유의수준	하부확률	상부기각확률	하부기각z	상부기각z	의사결정
8	1%	0.5%	99.5%	-2.58	2.58	기각
9	5%	2.5%	97.5%	-1.96	1.96	기각
10	단측검정					귀무가설
11	유의수준	기각역z	최대허용가능 오차	기각역 임계값	P-값	의사결정
12	1%	2.33	6.9920	6.992	0.044%	기각
13	5%	1.64	4.9437	4.944		기각

① 평균간 격차의 표준오차와 관찰치 Z값 계산

- A2:D4구간에 표본 1과 2의 평균, 표본 표준편차, 표본크기의 자료를 입력
- B5셀에 "=B3/SQRT(B4)"를 입력하여, 평균 1(표본 1의 평균)의 표준오차를 계산
- D5셀에 "=D3/SQRT(D4)"를 입력하여, 평균 2(표본 2의 평균)의 표준오차를 계산
- B6셀에 "=SQRT((B5^2)+(D5^2))"를 입력하여 (10.2.1)식에 따라 평균간 격차의 표준오차를 계산
- D6셀에 "=(B2-D2)/B6"을 입력하여, 관찰된 표본 평균간 격차의 Z값을 계산

② 양측가설검정

- $H_0 : (\mu_1 - \mu_2)_0 = 0$ 과 $H_1 : (\mu_1 - \mu_2)_0 \neq 0$ 의 양측가설을 설정
- E6셀에 "=2*(1-NORMSDIST(ABS(D6)))"을 입력하여 관찰된 Z값의 양측검정 P-값을 0.088%로 계산 → 1%보다 P-값이 더 낮아 1% 유의수준에서도 귀무가설을 기각하는 결정을 수행
- B8셀에 "=A8/2"을 입력하여 1% 유의수준에 대한 하부기각역 Z임계값의 누적확률을 0.5%로 계산
- C8셀에 "=1-B8"을 입력하여 1% 유의수준의 상부기각역 Z임계값의 누적확률을 99.5%로 계산
- D8셀에 "=NORMSINV(B8)"을 입력하여 하부기각역 Z임계값을 -2.58로 계산
- E8셀에 "=NORMSINV(C8)"을 입력하여 상부기각역 Z임계값을 2.58로 계산
- F8셀에 "=IF(ABS($D$6)>ABS(D8),"기각",IF(ABS($D$6)>ABS(E8),"기각","채택"))"을 입력하여 1% 유의수준에서의 귀무가설 기각을 확인
- B8:F8구간을 지정하여, 그 수식들을 채워 넣기로 B9:F9구간에 복사하여 5% 유의수준에서의 좌측꼬리(하부) 기각역 임계값의 누적확률 및 Z값과 우측꼬리(상부) 기각역 임계값의 누적확률 및 Z임계값을 계산하고, 귀무가설의 기각결정을 확인

③ 단측가설검정

- $H_0 : (\mu_1 - \mu_2)_0 \leq 0$ 과 $H_1 : (\mu_1 - \mu_2)_0 > 0$ 의 단측가설을 설정

(1) 임계값 접근법

- B12셀에 "=NORMSINV(1-A12)"를 입력하여 1% 유의수준에서의 우측꼬리 기각역 임계값의 Z값을 계산
- C12셀에 "=B12*$B$6"을 입력하여, 1% 유의수준에서 평균 생산량 격차의 최대허용가능오차를 계산
- D12셀에 "=0+C12"를 입력하여 1% 유의수준에서의 기각역 임계값 계산
- 기각역 임계값이 두 표본평균 격차인 10(=280-270)보다 작기 때문에, 관찰된 격차가 기각역에 속하여 귀무가설을 기각

(2) Z값 접근법

- Z값 접근법을 따르면 D6셀의 값보다 B12셀이 작아 1% 유의수준에서 평균간 격차가 0 이하라는 귀무가설은 기각

(3) P-값 접근법

- E12셀에 "=1-NORMSDIST(ABS(D6))"을 입력하여 관찰된 평균간 격차의 Z값에 대한 P-값을 0.044%로 계산, 이는 1%보다 작기 때문에 표본결과를 기초로 귀무가설을 기각
- B12:D12구간의 수식들을 채워 넣기로 B13:D13에 복사하여 5% 수준에서의 기각역 임계값의 Z값, 최대허용가능오차, 기각역 임계값을 계산
- F12셀에 "=IF(ABS($D$6)>ABS(B12),"기각","채택")"을 입력하여 1% 유의수준에서 귀무가설의 기각을 결정
- F12셀의 수식을 복사하여 F13셀에 붙여 넣어 5% 유의수준에서 귀무가설이 기각되는 것을 확인

2. 자료를 이용한 가설검정

[검정절차]

Excel의 메뉴표시줄에서 "도구→데이터 분석"을 지정하여 생성된 다음의 통계 데이터 분석 대화상자에서 "z-검정: 평균에 대한 두집단"을 이용하여, 두 집단의 분산을 아는 경우의 모평균 격차에 대한 검정 수행이 가능

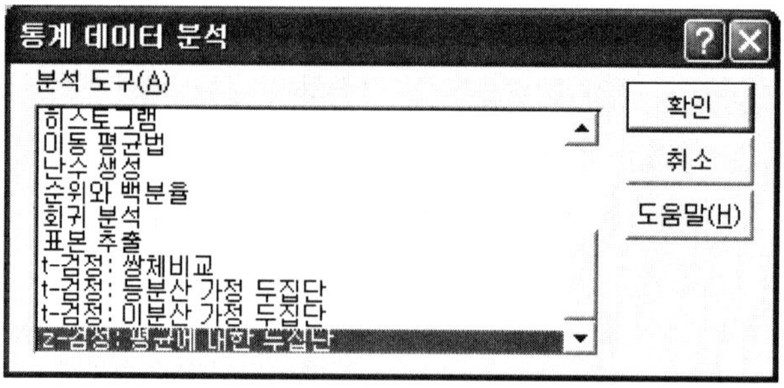

예제 10-2) 두 상담사원 PC와 HN의 상담에 대한 동일한 24명의 만족도 평가자료가 A2:B25구간에 제시되고, 두 사람 점수의 분산이 9점으로 동일한 것으로 알려졌다고 가정하자. 이러한 경우에 PC가 평균적으로 HN보다 20점 더 높은 능력이 있는가에 대한 5% 및 1% 유의수준에서의 가설검정을 다음과 같이 수행할 수 있다.

	A	B	C	D	E	F
1	PC	HN		z-검정: 평균에 대한 두 집단(α=5%)		
2	97	98				
3	88	55			PC	HN
4	68	39		평균	83.63	61.42
5	57	93		기지의 분산	9	9
6	79	60		관측수	24	24
7	84	56		가설 평균차	20	
8	69	31		z 통계량	2.55	
9	66	18		P(Z<=z) 단측 검정	0.54%	
10	95	50		z 기각치 단측 검정	1.6449	
11	94	80		P(Z<=z) 양측 검정	1.08%	
12	98	69		z 기각치 양측 검정	1.96	
13	91	68				
14	74	24		z-검정: 평균에 대한 두 집단(α=1%)		
15	70	31				
16	63	94			PC	HN
17	100	31		평균	83.63	61.42
18	97	95		기지의 분산	9	9
19	91	36		관측수	24	24
20	85	69		가설 평균차	20	
21	87	67		z 통계량	2.55	
22	89	57		P(Z<=z) 단측 검정	0.54%	
23	80	91		z 기각치 단측 검정	2.3263	
24	100	87		P(Z<=z) 양측 검정	1.08%	
25	85	75		z 기각치 양측 검정	2.5758	

① 자료 입력

- PC와 HN에 대한 점수를 한 행이나 열로 배열하도록 A2:A25에 PC의 점수를, B2:B25에 HN의 점수를 입력

② 5% 유의수준에서의 Z검정 수행

- 메뉴표시줄에서 "도구→데이터 분석"을 지정하고, 생성된 통계 데이터 분석 대화상자에서 "z-검정: 평균에 대한 두집단"을 지정한 후에 "확인"을 클릭
- "z-검정: 평균에 대한 두집단" 대화상자를 다음과 같이 지정
  - ◦ "변수 1 입력 범위(1)"에 마우스 커서를 두고 왼쪽 단추를 한번 누른 후에 A1:A25구간을 지정
  - ◦ "변수 2 입력 범위(2)"에 마우스 커서를 두고 왼쪽 단추를 한번 누른 후에 B1:B25구간을 지정
  - ◦ "가설 평균차(P)"에 20을 입력
  - ◦ "변수 1 분산-기지값(V)"에 9를 입력
  - ◦ "변수 2 분산-기지값(A)"에 9를 입력
  - ◦ "이름표"에 마우스 커서를 두고 왼쪽 단추를 한번 눌러 표시
  - ◦ "유의 수준"에 0.05(또는 5%)를 입력
  - ◦ "출력 옵션 : 출력 범위"에 마우스 커서를 두고 마우스 왼쪽 단추를 한번 누른 다음 D1셀에 마우스 커서를 두고 마우스 왼쪽 단추를 한번 눌러 검정 결과표의 출력위치를 지정
  - ◦ "확인"을 눌러 5% 유의수준에서의 단측 및 양측 가설검정을 수행

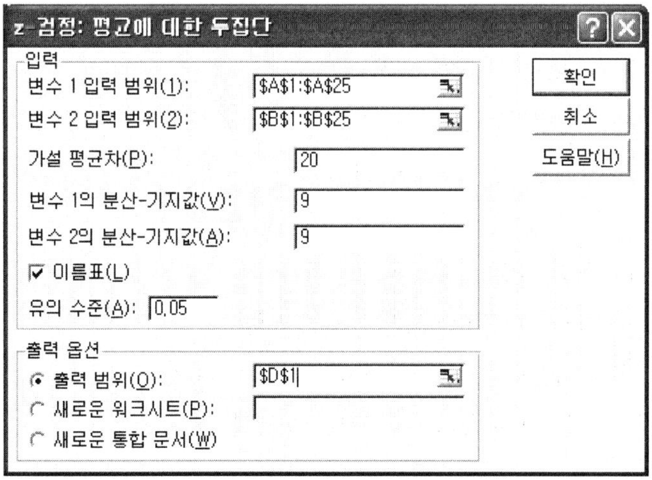

③ 1% 유의수준에서의 Z검정 수행

- 메뉴표시줄에서 "도구→데이터 분석"을 지정하고, 생성된 통계 데이터 분석 대화상자에서 "z-검정: 평균에 대한 두집단"을 지정한 후에 "확인"을 클릭
- 생성된 "z-검정: 평균에 대한 두집단" 대화상자에서 "유의수준"에 1%를 입력하고, "출력범위"를 D14셀로 지정하여 "확인"을 눌러 1% 유의수준에서의 Z검정 결과표를 획득

④ 5% 유의수준 검정결과의 해석

- "평균"은 표본평균을 표시하며, PC는 83.63점, HN은 61.42점으로 나타남
- "기지의 분산"은 가정에서와 같이 두 사람 모두 9점으로 동일한 것을 표시
- "관측수"는 각 표본크기를 24로 표시
- "가설 평균차"는 가설로 설정한 평균간 격차인 20점을 표시
- "z통계량"은 관찰된 평균간 격차의 Z값을 표시하며, 2.55로 계산
- "P(Z<=z) 단측검정"은 관찰된 Z값의 단측검정에 대한 P-값을 표시, 여기서는 0.54%여서 5%보다 아주 낮아 평균간 격차가 "20점 이하"라는 기무가설을 기각
- "z기각치 단측 검정"은 5% 유의수준의 단측검정 기각역 임계치의 z값을 표시, 여기서 1.6449로 나타나 관찰된 Z값 2.55보다 아주 낮아 귀무가설은 기각됨을 의미
- "P(Z<=z) 양측검정"은 관찰된 Z값의 양측검정에 대한 P-값을 표시, 여기서는 1.08%여서 5%보다 아주 낮아 평균간 격차가 "20점"이라는 귀무가설을 기각
- "z기각치 양측 검정"은 5% 유의수준의 양측검정 우측꼬리 기각역 임계치의 z값을 표시, 여기서 1.96으로 나타나 관찰된 Z값보다 아주 낮아 귀무가설은 기각됨을 의미

⑤ 1% 유의수준 검정결과의 해석

- 5% 유의수준에서와 동일한 방식으로 수행
- 단측검정에서는 1% 유의수준에서 귀무가설 기각
- 양측검정에서는 1% 유의수준에서 귀무가설 채택

Ⅱ. Student t분포를 이용한 두 평균간 격차의 검정

1. 표본결과를 이용한 두 평균간 격차의 가설검정

- t분포를 이용할 경우에 격차간 표준오차는 (10.5)식의 모집단 분산의 합동추정치 $\hat{\sigma}^2$를 기초로 도출한 (10.6)식을 사용
  - Excel의 함수 "－TDIST(x,자유도,검정종류 구분)"을 이용하여 자료 관찰을 통해 계산된 t값이 x인 경우에 확률 $P(x < t)$를 양측검정(2)과 단측검정(1)으로 구분하여 계산 가능
  - Excel의 함수 "＝TINV(양측 t분포확률,자유도)"를 이용하여 주어진 양측 t분포확률에 대한 t 임계값의 계산이 가능, 단측분포에 대해서는 주어진 유의수준의 확률에 2를 곱하여 확률수준을 입력

예제 10-3) 동일한 조건에서 수명을 조사한 어떤 회사 백열전구에 대한 표본의 크기, 평균, 표준편차가 각각 $n_1 = 10$, $\overline{X}_1 = 4,000$ 시간, $s_1 = 200$ 시간이고, 다른 회사 백열전구 표본의 크기, 평균, 표준편차는 $n_2 = 8$, $\overline{X}_2$ =4,300시간, $s_2 = 250$ 시간이라고 하자.

이러한 경우에 두 회사 백열전구 평균수명간에는 어떤 격차도 없다는 가설을 1%와 5% 유의수준에서 다음과 같이 검정할 수 있다.

	A	B	C	D
1	모집단 평균간 격차의 양측가설검정(표본 크기가 30 미만인 경우)			
2	표본1 평균	4000	표본2 평균	4300
3	표본1 표준편차	200	표본2 표준편차	250
4	표본1 크기	10	표본2 크기	8
5	자유도	16	합동분산 추정치	49,843.75
6	관찰된 평균간격차	-300	평균간격차의 표준오차	105.90
7	관찰된 t값	-2.833	P-값	1.20%
8	유의수준	t임계값	귀무가설 의사결정	
9	1%	2.921	채택	
10	5%	2.120	기각	

① 양측가설의 설정

- 귀무가설과 대립가설을 각각 H_0 : $(\mu_1 - \mu_2) = 0$과 H_1: $(\mu_1 - \mu_2) \neq 0$으로 설정

② 합동분산 추정치와 관찰된 평균간 격차의 t값 계산

- B2:B4구간에 표본 1의 평균, 표준편차, 크기를 입력
- D2:D4구간에 표본 2의 평균, 표준편차, 크기를 입력
- B5셀에 "=B4+D4-2"를 입력하여 두 모집단 평균간 격차에 대한 검정의 자유도를 계산

◦자유도 = 관찰치 크기 - 추정자의 수

- D5셀에 "=(((B4-1)*B3^2)+((D4-1)*D3^2))/B5"를 입력하여, (10.5)식에 따라 표본 1과 2의 합동분산추정치를 계산
- B6셀에 "=B2-D2"를 입력하여 두 표본의 평균간 격차를 계산
- D6셀에 "=SQRT((D5/B4)+(D5/D4))"를 입력하여, (10.6)식에 따라 평균간 격차의 표준오차를 계산
- B7셀에 "=B6/D6"을 입력하여, 설정된 가설과 관찰된 평균간 격차의 차를 평균간 격차의 표준오차로 나눈 값인 관찰된 t값을 계산

③ 유의수준에 대한 t임계값 계산과 귀무가설의 기각 여부 결정

- D7셀에 "=TDIST(ABS(B7),B5,2)"를 입력하여 표본으로 관찰된 t값에 대한 양측검정의 P-값을 계산, 관찰치의 P-값이 1.2%여서 1% 유의수준에서는 귀무가설 채택과 5% 유의수준에서는 귀무가설 기각 결정 수행
- B9셀에 "=TINV(A9,$B$5)"을 입력하여, 1% 유의수준에 대한 양측검정의 t 임계값을 계산

◦1% 유의수준에서 t임계값의 절대치가 B7셀의 관찰된 t값에 비해 크기 때문에, 1% 유의수준에서 귀무가설을 채택

- C9셀에 "=IF(ABS($B$7)>B9,"기각","채택")"을 입력하여 1% 유의수준에서 귀무가설 채택에 대한 결정을 수행
- B9:C9구간의 수식을 복사하여, B10:C10셀에 붙여 넣어 5% 유의수준에 대한 양측검정의 t임계값 계산과 귀무가설 기각 결정을 수행

2. 표본자료를 이용한 t분포 검정

[검정절차]

① 표본결과를 구할 필요 없이 Excel의 "도구→데이터 분석"을 지정하고, 생성된 통계 데이터 분석 대화상자를 이용

② 통계 데이터 분석 대화상자에서 두 모집단의 분산이 같은 경우에는 "t-검정: 등분산 가정 두집단"을 지정한 후에 "확인"을 클릭하여 t검정을 수행

③ 통계 데이터 분석 대화상자에서 두 모집단의 분산이 다른 경우에는 "t-검정: 이분산 가정 두집단"을 지정한 후에 "확인"을 클릭하여 t검정을 수행

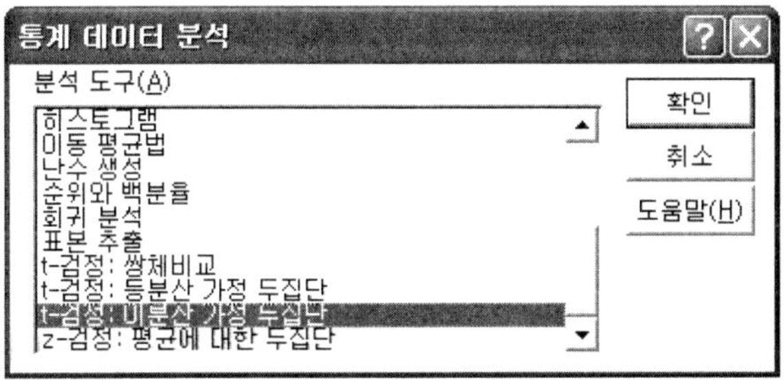

예제 10-4) 항구에서 컨테이너 하역장비의 교체를 위해 하역에 걸리는 시간을 기존 제품과 비교를 한다고 하자. 10개 장소에서는 기존 제품을 사용하고, 8개 장소에서는 신제품을 사용하여 동일한 조건에서 동일한 수량의 컨테이너를 하역하는데 소요된 시간이 A1:B11구간과 같다고 하자.

신제품이 기존 제품에 비해 하역시간을 단축에 효과가 없다는 귀무가설을 5%의 유의수준에서 검정할 수 있다.

	A	B	C	D	E	F
1	기존제품	신제품		t-검정: 이분산 가정 두 집단		
2	3.5	3.3		5% 유의수준		
3	3.8	4			기존제품	신제품
4	4.8	5		평균	4.47	3.94
5	5.1	4.5		분산	0.409	0.360
6	4.2	3.4		관측수	10	8
7	3.9	3.5		가설 평균차	0	
8	4.7	3.6		자유도	16	
9	5.6	4.2		t 통계량	1.817	
10	4.4			P(T<=t) 단측 검정	4.40%	
11	4.7			t 기각치 단측 검정	1.746	
12				P(T<=t) 양측 검정	8.80%	
13				t 기각치 양측 검정	2.120	

① 자료 입력과 통계 데이터 분석 대화상자의 생성

- A2:A11구간에 기존제품 사용으로 소요된 시간을 입력
- B2:B9구간에 신제품 사용으로 소요된 시간을 입력
- 메뉴표시줄에서 "도구→데이터 분석"을 지정하고, 생성된 통계 데이터 분석 대화상자에서 검정할 두 표본의 값들을 다음과 같이 지정

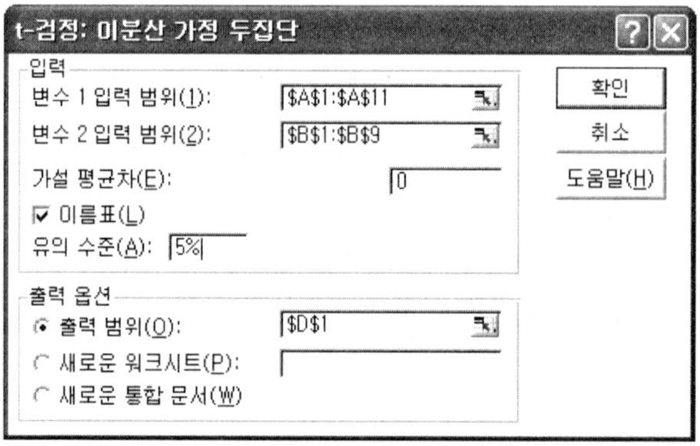

◦ "변수 1 입력 범위(1)"에 마우스 커서를 두고 왼쪽 단추를 한번 누른 후에 A1:A11구간을 지정

◦ "변수 2 입력 범위(2)"에 마우스 커서를 두고 왼쪽 단추를 한번 누른 후에 B1:B11구간을 지정

◦ "가설평균차"에 0을 입력

◦ "이름표"를 지정하고, "유의수준"에 5%를 입력

◦ "출력범위"에 마우스 커서를 두고 왼쪽 단추를 한번 누른 후에 D1셀을 지정

② 가설설정과 t통계량 및 t기각치 비교를 통한 귀무가설의 채택여부 결정

- 양측검정의 귀무가설과 대립가설을 H_0 : $(\mu_1 - \mu_2) = 0$ 과 $H_1 : (\mu_1 - \mu_2) \neq 0$ 으로 각각 설정
  - ◦ E9셀의 t통계량이 E13셀의 유의수준 임계값보다 (절대값이) 작기 때문에, 기존제품과 신제품의 차이가 없다는 귀무가설을 채택
- 단측검정의 귀무가설과 대립가설을 H_0 : $\mu_1 \leq \mu_2$ 과 $H_1 : \mu_1 > \mu_2$ 로 각각 설정
  - ◦ E9셀의 t통계량이 E11셀의 단측검정의 유의수준 임계값보다 (절대값이) 크기 때문에, 기존제품과 신제품의 차이가 없다는 귀무가설을 기각

3. 쌍으로 된 자료에서의 두 평균간 격차의 검정

- 쌍체 관찰치(paired observations) 또는 대응쌍(matched pairs) : 근로자의 직무교육 전후 생산성수준, 동등한 조건의 남녀 임금 등과 같이 값들의 쌍(pair)으로 구성된 자료
- 종속표본(dependent samples) : 쌍체 관찰치들을 포함하는 표본
- 두 종속표본 평균간의 격차 검정은 각 쌍간의 격차 d를 결정하고, 모집단 평균간 격차가 0이라는 귀무가설을 검정하는 순서로 수행
- d값 표본의 평균 $\overline{d}$과 표준편차 s_d

(10.7) $$\overline{d} = \frac{\sum d}{n}$$

(10.8) $$s_d = \sqrt{\frac{\sum (d - \overline{d})^2}{n-1}} = \sqrt{\frac{\sum d^2 - n\,\overline{d}^2}{n-1}}$$

- 쌍체 관찰치간의 평균격차의 표준오차 $s_{\overline{d}}$

(10.9) $$s_{\overline{d}} = \frac{s_d}{\sqrt{n}}$$

- 대응쌍 관찰치간 격차인 d의 값들은 정규분포되는 것으로 가정할 수 있기 때문에, $\mu_d = 0$ 의 귀무가설 검정에 t분포가 적합
- 자유도는 관찰치의 쌍의 수에서 1을 뺀 값으로 결정하며, 대응쌍 관찰치 집합

평균간 격차 μ_d의 가설검정을 위한 t 검정통계량

$$t = \frac{\bar{d} - \mu_d}{s_{\bar{d}}} = \frac{\bar{d} - \mu_d}{s_d / \sqrt{n}} \tag{10.10}$$

예제 10-5) 동일한 오토바이들에 대한 크기 $n = 10$의 표본자료를 이용하여 주행연비를 조사한다고 하자. 다음과 같이 첨가제 사용과 첨가제 비사용의 경우에 대해 주행거리 평균간 격차가 없다는 가설을 1%와 5%의 유의수준에서 검정할 수 있다.

	A	B	C	D	E
1	쌍체 관찰치(주행거리/리터) 평균간 격차의 비교				
2	오토바이 번호	첨가제 사용 (Km/리터)	첨가제 비사용 (Km/리터)	d	d^2
3	1	36.7	36.2	0.5	0.25
4	2	35.8	35.7	0.1	0.01
5	3	31.9	32.3	-0.4	0.16
6	4	29.3	29.6	-0.3	0.09
7	5	28.4	28.1	0.3	0.09
8	6	25.7	25.8	-0.1	0.01
9	7	24.2	23.9	0.3	0.09
10	8	22.6	22	0.6	0.36
11	9	21.9	21.5	0.4	0.16
12	10	20.3	20	0.3	0.09
13	계	276.8	275.1	1.7	1.31
14	평균	27.68	27.51	0.17	0.131
15	쌍별관찰치간 격차의 표준편차			0.337	
16	쌍별관찰치간 격차 평균의 표준오차			0.107	
17	쌍별관찰치간 격차의 t값			1.596	
18	쌍별관찰치간 격차 t값의 P-값(양측)			0.145	
19	쌍별관찰치간 격차 t값의 P-값(단측)			0.072	
20	유의수준	양측 t임계값	단측 t임계값		
21	1%	3.250	2.821		
22	5%	2.262	1.833		

① 자료입력과 관찰치간 격차의 계산

- A3:C12구간에 자료를 입력
- D3셀에 "=B3-C3"을 입력하고, D3셀의 수식을 복사하여 D3:D12구간에 붙여 넣어 관찰치간 격차들을 계산
- E3셀에 "=D3^2"를 입력하고, E3셀의 수식을 복사하여 E3:E12구간에 붙여 넣어 관찰치간 격차의 자승들을 계산

- B13셀에 "=SUM(B3:B12)"를 입력하여, 관찰치 1(첨가제 사용시의 리터당 주행거리)들의 합계를 계산
- B14셀에 "=AVERAGE(B3:B12)"를 입력하여, 관찰치 1들의 평균을 계산
- B13:B14구간의 식들을 복사하여 C13:E14구간에 붙여 넣어, 관찰치 2(첨가제 비사용시의 리터당 주행거리), 관찰치간 격차, 관찰치간 격차의 자승의 합계 및 평균을 각각 계산

② 통계데이터 분석의 "t-검정 : 쌍체 비교"의 사용

- 별도의 계산 없이 B2:C12구간의 자료만으로 메뉴표시줄에서 "도구→데이터 분석"을 지정하고, 생성된 통계 데이터 분석 대화상자에서 "t검정 : 쌍체비교"를 지정한 후에 "확인"을 눌러 5% 및 1% 유의수준에서의 양측검정과 단측검정을 수행 가능
- 통계 데이터 분석 대화상자를 다음과 지정

◦ "변수 1 입력 범위(1)"에 B2:B12구간을 지정하고, "변수 2 입력 범위(2)"에 C2:C12구간을 지정

◦ "가설평균차"에 0을 입력하고, "이름표"를 지정하고, "유의수준"에 5%를 입력

◦ "출력범위"는 G1을 지정하여 "확인"을 눌러 가설검정을 수행

◦ 1% 유의수준의 경우에 통계데이터 분석 대화상자에서 "유의수준"에 1%를 입력하고, 출력범위는 G15를 지정하여 "확인"을 눌러 가설검정을 수행

	G	H	I
1	t-검정: 쌍체 비교		
2	유의수준 5%		
3		첨가제 사용(Km/리터)	첨가제 비사용(Km/리터)
4	평균	27.68	27.51
5	분산	33.10622222	34.34322222
6	관측수	10	10
7	피어슨 상관 계수	0.998486013	
8	가설 평균차	0	
9	자유도	9	
10	t 통계량	1.596089737	
11	P(T<=t) 단측 검정	0.072466585	
12	t 기각치 단측 검정	1.833113856	
13	P(T<=t) 양측 검정	0.144933169	
14	t 기각치 양측 검정	2.262158887	
15	t-검정: 쌍체 비교		
16	유의수준 1%		
17		첨가제 사용(Km/리터)	첨가제 비사용(Km/리터)
18	평균	27.68	27.51
19	분산	33.10622222	34.34322222
20	관측수	10	10
21	피어슨 상관 계수	0.998486013	
22	가설 평균차	0	
23	자유도	9	
24	t 통계량	1.596089737	
25	P(T<=t) 단측 검정	0.072466585	
26	t 기각치 단측 검정	2.821434464	
27	P(T<=t) 양측 검정	0.144933169	
28	t 기각치 양측 검정	3.249842848	

- 단측검정의 경우에 5%의 유의수준에서는 H10셀의 t 통계량이 단측검정 임계값 H12셀보다 작아 평균간 격차가 없다는 귀무가설 채택, 1% 유의수준에서 H24셀의 t 통계량이 단측검정 임계값 H26셀보다 작아 귀무가설 채택
- 양측검정의 경우에 5% 유의수준에서 H10셀의 t 통계량이 양측검정 임계값 H14셀보다 작아 평균간 격차가 없다는 귀무가설 채택, 1% 유의수준에서 H24셀의 t 통계량이 양측검정 임계값 H28셀보다 작아 귀무가설 채택

③ 표본결과를 이용한 가설검정

- D15셀에 "=STDEV(D3:D12)"를 입력, 쌍별 관찰치간 격차의 표준편차를 계산
- D16셀에 "=D15/SQRT(10)"을 입력, (10.9)식에 따라 쌍별 관찰치가 격차 평균의 표준오차를 계산
- (10.10)식과 $\mu_d = 0$의 귀무가설을 이용하여 D17셀에 "=D14/D16"을 입력, 관찰된 쌍별 관찰치간 격차의 t 통계량 계산

- D18셀에 "=TDIST(D17,10-1,2)"를 이용하여 쌍별 관찰치간 격차의 t값에 대한 양측검정의 P-값을 계산
- D19셀에 "=TDIST(D17,10-1,1)"을 이용하여 쌍별 관찰치간 격차의 t값에 대한 단측검정의 P-값을 계산
- B21셀에 "=TINV(A21,9)"를, C21셀에 "=TINV(2*A21,9)"를 이용하여 1% 유의수준에서의 양측검정과 단측검정의 t 임계값들을 계산
- B21:C21구간의 식을 복사하여 B22:C22구간에 붙여 넣어 1% 유의 수준에 대한 양측김징과 단측검정의 t 임계값들을 계산
- D17셀의 t 통계량이 1%와 5% 유의수준의 단측 및 양측 임계값들 모두에 비해 작기 때문에, 두 제품간에 주행거리 격차가 없다는 귀무가설 채택

제 2 절 모비율 · 모분산 격차의 가설검정과 검정력 함수

Ⅰ. 모집단 비율간 격차와 분산간 격차의 가설검정

1. 두 모집단 비율간 격차의 검정

- 두 모집단 비율이 일치한다는 가설을 검정할 경우 비율간 격차의 표준오차를 결정하기 위한 기준으로 두 표본비율을 통합하여 사용
- 두 독립된 표본에서 얻은 비율들을 사용하는 모집단 비율의 합동추정치

(10.11) $$\hat{\pi} = \frac{n_1 \hat{p}_1 + n_2 \hat{p}_2}{n_1 + n_2}$$

- 모비율간 격차가 없다는 가설 검정에 사용되는 비율간 격차의 표준오차

(10.11.1) $$\hat{\sigma}_{\hat{p}_1 - \hat{p}_2} = \sqrt{\frac{\hat{\pi}(1-\hat{\pi})}{n_1} + \frac{\hat{\pi}(1-\hat{\pi})}{n_2}}$$

- 두 비율간 격차 검정을 위한 Z통계량의 공식

$$z = \frac{\hat{p}_1 - \hat{p}_2}{\hat{\sigma}_{\widehat{p_1} - \widehat{p_2}}} \tag{10.12}$$

예제 10-6) 한 국가에서 추출한 50개 자동차부품회사의 표본에서 10개 회사가 외국인 경영자를 고용했고, 다른 국가에서 표본 추출한 50개 자동차부품회사에서 20개 회사가 외국인 경영자를 고용했다고 하자.

두 국가 자동차부품회사들의 외국인 경영자 고용비율이 다르지 않다는 가설을 5%와 1% 유의수준을 사용하여 다음과 같이 검정할 수 있다.

	A	B	C	D	E	F
1	두 모집단 비율간 격차의 양측검정					
2	표본1 크기(n1)	50	표본2 크기(n2)	50		
3	표본1 성공횟수	10	표본2 성공횟수	20		
4	표본1 성공비율(p1)	0.2	표본2 성공비율(p2)	0.4		
5	비율 합동추정치	0.3	비율간 격차의 표준오차	0.092		
6	Z검정통계량	-2.18	Z통계량 양측 P-값	2.91%		귀무가설
7	유의수준	좌측확률	우측기각확률	좌측기각z	우측기각z	의사결정
8	1%	0.5%	99.5%	-2.58	2.58	채택
9	5%	2.5%	97.5%	-1.96	1.96	기각
10	단측검정					
11	유의수준	기각역z	최대허용가능 오차	기각역 임계값	단측 P-값	귀무가설 의사결정
12	1%	2.33	0.213	0.213	1.45%	채택
13	5%	1.64	0.151	0.151		기각

① 자료입력과 비율간 격차의 표준오차 계산

- A2:D3구간에 표본 1과 2의 크기와 성공횟수를 입력
- B4셀에 "=B3/B2"를, D4셀에 "=D3/D2"를 입력하여 표본 1과 2의 성공비율 계산
- B5셀에 "=(B2*B4+D2*D4)/(B2+D2)"를 입력하여, 모집단 비율의 합동추정치 계산
- D5셀에 "=SQRT((B5*(1-B5))/B2+(B5*(1-B5))/D2)"를 입력하여, 모집단 비율간 격차의 표준오차를 계산

② 양측가설검정

- H_0 : $(\pi_1 - \pi_2) = 0$ 과 H_2 : $(\pi_1 - \pi_2) \neq 0$ 의 양측가설을 설정
- B6셀에 "=(B4-D4)/D5"를 입력, 모집단 비율간 격차 검정을 위한 Z통계량을 계산
- D6셀에 "=2*(1-NORMSDIST(ABS($B$6)))"를 입력하여 Z통계량의 P-값을 계산
- D6셀의 값이 2.91%여서 5% 유의수준에서는 귀무가설 기각, 1% 유의수준에서는 귀무가설 채택 결정
- B8셀에 "=A8/2"를 입력, 양측검정의 좌측꼬리 기각역 임계값 누적확률을 계산
- C8셀에 "=1-B8"을 입력, 양측검정의 우측꼬리 기각역 임계값 누적확률을 계산
- D8셀에 "=NORMSINV(B8)"을 입력, 좌측꼬리 기각역 임계값의 Z값 계산
- E8셀에 "=NORMSINV(C8)"을 입력, 우측꼬리 기각역 임계값의 Z값 계산
- F8셀에 "=IF(ABS($B$6)>ABS(D8),"기각",IF(ABS($B$6)>ABS(E8),"기각","채택"))"을 입력, 1% 유의수준에서 귀무가설 채택 결정
- B8:F8구간의 식을 B9:F9구간에 복사하여 5% 유의수준에 대한 임계값들의 확률, Z값과 함께 귀무가설 기각 결정을 확인

③ 단측가설검정

- B12셀에 "=NORMSINV(1-A12)"를 입력, 1% 유의수준 기각역 임계값 Z값 계산
- C12셀에 "=B12*$D$5"를 입력, 1% 유의수준에서의 최대허용가능오차를 계산
- D12셀에 "=0+C12"를 입력, 1% 유의수준의 기각역 임계값을 계산
- E12셀에 "=1-NORMSDIST(ABS($B$6))"을 입력, 표본관찰로 구한 Z통계량의 단측검정 P-값을 계산
- B12:D12구간의 식들을 B13:D13구간에 복사하여 붙여 5% 유의수준에서의 기각역 임계값의 Z값, 최대허용오차, 기각역 임계값을 계산
- F12셀에 "=IF(ABS($B$6)>ABS(B12),"기각","채택")"을 입력하여, 단측검정의 1% 유의수준에서 귀무가설 채택을 결정
- F12셀의 수식을 F13셀에 복사하여 붙여 5% 유의수준에서 귀무가설 기각을 결정

2. 두 모집단 분산간 격차의 검정

정규분포를 갖는 두 모집단에서 추출된 두 표본의 분산 비율에 대한 확률분포인 F분포를 사용하여, 두 모집단 분산이 동일하다는 귀무가설의 검정을 수행

- 두 모집단 분산간 격차가 없다는 귀무가설 검정을 위한 통계량

(10.13) $$F_{\nu_1, \nu_2} = \frac{s_1^2}{s_2^2}$$

ν_1 : 표본 1의 자유도, ν_2 : 표본 2의 자유도

s_1^2 : 표본 1의 분산, s_2^2 : 표본 2의 분산

- 각 표본분산은 모집단 분산의 불편추정자이므로, (10.13)식의 장기적 기대치는 $\nu_2/(\nu_2 - 1)$로 거의 1에 수렴
- F검정의 역수특성(reciprocal property)

(10.14) $$F_{\nu_1, \nu_2, \text{하한}} = \frac{1}{F_{\nu_2, \nu_1, \text{상한}}}$$

- Excel에서 유의수준 α에 대한 표본 1 자유도 ν_1과 표본 2 자유도 ν_2를 이용한 F통계량의 검정종류별 계산 방식

◦ 양측검정의 좌측기각역 임계값의 F값 : "=FINV(1-(α/2), ν_1, ν_2)"

◦ 양측검정의 우측기각역 임계값의 F값 : "=FINV(α/2, ν_1, ν_2)"

◦ 우측꼬리 단측검정의 기각역 임계값의 F값 : "=FINV(α, ν_1, ν_2)"

◦ 좌측꼬리 단측검정의 기각역 임계값의 F값 : "=FINV(1-α, ν_1, ν_2)"

예제 10-7) 정규분포를 갖는 모집단에서 추출된 크기 n_1=10, 평균수명 $\overline{X}_1$ =4,000시간, 표준편차 s_1 =200시간인 표본 1과 또 다른 정규분포 모집단에서 추출된 크기 $n_2 = 8$, 평균수명 $\overline{X}_2$ =4,300시간, 표준

편차 s_2 =250인 표본 2가 있다고 하자.

표본 1과 표본 2의 두 모집단이 동일한 분산을 갖는다는 귀무가설을 1%, 5%, 10% 유의수준에서 다음과 같이 F분포를 사용하여 검정할 수 있다.

	A	B	C	D	E	F
1	두 모집단 분산간 격차의 양측검정					
2	표본1 크기(n1)	10	표본2 크기(n2)	8		
3	표본1 평균	4,000	표본2 평균	4,300		
4	표본 1 표준편차	200	표본2 표준편차	250		
5	표본1 분산	40,000	표본2 분산	62,500		
6	F검정 통계량	0.64	F통계량 양측검정 P-값	52.21%		귀무가설
7	유의수준	좌측확률	우측기각역임계값확률	우측기각F	좌측기각F	의사결정
8	1%	0.5%	99.5%	8.514	0.145	채택
9	5%	2.5%	97.5%	4.823	0.238	채택
10	10%	5.0%	95.0%	3.677	0.304	채택

① 자료입력과 F검정 통계량 계산

- A2:D4구간에 표본 1과 표본 2의 크기, 평균, 표준편차에 대한 자료 입력
- B5셀에 "=B4^2"를, D5셀에 "=D4^2"를 입력, 표본 1과 표본 2의 분산들을 계산

② 양측검정의 수행

- H_0 : $\sigma_1^2 = \sigma_2^2$과 H_1 : $\sigma_1^2 \neq \sigma_2^2$의 양측검정 가설을 설정
- B6셀에 "=B5/D5"를 입력, 두 모집단 분산이 동일하다는 귀무가설의 F검정 통계량을 계산
- D6셀에 "=2*(1-FDIST(B6,B2-1,D2-1))"을 입력, F검정 통계량의 양측검정 P-값을 52.21%로 계산
- 두 모분산 일치의 귀무가설은 유의수준이 52.21%를 초과하는 범위에서만 기각

③ 양측검정의 유의수준 1%, 5%, 10% 모두에서의 귀무가설 채택을 확인

- B8셀에 "=A8/2"를 입력, 1% 유의수준의 좌측 기각역 임계값의 누적확률 계산
- C8셀에 "=1-B8"을 입력, 1% 유의수준의 우측 기각역 임계값의 누적확률 계산
- D8셀에 "=FINV(B8,$B$2-1,$D$2-1)"을 입력, 1% 유의수준의 우측 기각역 임계값의 F값 계산
- E8셀에 "=FINV(C8,$B$2-1,$D$2-1)"을 입력, 1% 유의수준의 좌측 기각역 임계값의 F값 계산

- F8셀에 "=IF($B$6>D8,"기각",IF($B$6<E8,"기각","채택"))"를 입력, 양측검정의 1% 유의수준에서 귀무가설의 채택을 확인
- B8:F8구간의 식들을 복사하여, B9:F10구간에 붙여 넣어 5%와 10%의 유의수준들에 대한 좌측 및 우측꼬리 임계값의 F값들을 계산하고, 귀무가설의 채택을 확인

Ⅱ. 검정력 함수와 OC함수

1. 검정력함수

주어진 유의수준에 대해 귀무가설과 대립가설로 결정되는 모수들의 각종 가능한 값들에 대해 귀무가설을 기각시키는 확률을 표시하는 확률 또는 확률밀도함수

- 검정력함수(power function of a test)는 제2종 오류를 범하지 않을 확률 $1-\beta$를 표시하는 함수
- 하나의 단순한 대립가설보다는 여러 단순한 대립가설들로 구성된 복합가설(composite hypothesis)에 대해 귀무가설을 검정하는 경우가 실제로 많이 발생
- 검정력함수 $\pi(\theta)$는 귀무가설 H_0에 따라 설정된 영역에 대해서는 제1종 오류 확률인 α를 제공하고, 대립가설 H_1에 따라 설정된 영역에 대해서는 제2종 오류 확률인 β를 제공
- 검정력함수의 값들은 모수 θ의 각종 값들에 대해 귀무가설 H_0를 기각할 확률을 표시

◦ 귀무가설 $\theta=\theta_0$가 참인 경우, 관찰된 추정치 $\hat{\theta}$가 그 기각역 CR(critical region)에 속할 확률을 나타내는 검정력함수

$$\pi(\theta_0)=P(\hat{\theta}\in CR \mid \theta=\theta_0)=\alpha \qquad (10.15)$$

◦ 대립가설 $\theta\in V$(θ에 대한 가능한 모든 대립적인 값 v들의 집합)가 참이어서 귀무가설이 거짓인 경우, 관찰된 추정치 $\hat{\theta}$가 그 기각역 CR(critical region)에 속할 확률을 나타내는 검정력함수

(10.16) $\pi(v) = P(\hat{\theta} \in CR \mid \theta = v) = 1 - \beta$

예제 10-8) 어떤 병에 대한 신약 처방으로 90%의 환자가 완쾌된 표본을 기초로 신약 제조회사가 이항분포 모집단의 모수 θ에 대한 귀무가설 $\theta = 0.9$를 대립가설 $\theta = 0.6$에 대해 검정한다고 하자.

검정통계량을 20회 시행에서의 성공(완쾌)횟수를 X로 하여, $x > 14$이면 귀무가설을 채택하고, 그렇지 않다면 귀무가설을 채택하려고 하는 경우에 α와 β를 다음과 같이 계산할 수 있다.

	A	B	C	D	E
1	α(x≤14,n=20,θ=0.9)	0.0113	=BINOMDIST(14,20,0.9,1)		
2	β(x>14,n=20,θ=0.6)	0.1256	=1-BINOMDIST(14,20,0.6,1)		

① α의 계산

- 귀무가설 채택역은 $x > 14$이므로, 제1종 오류의 확률 α는 $x \leq 14$여서 참인 귀무가설을 기각할 확률
- B1셀에 "=BINOMDIST(14,20,0.9,1)"을 입력하여, $\alpha = P(X \leq 14; \theta = 0.9) = 0.0113$을 계산

② β의 계산

- 귀무가설 기각역은 $x \leq 14$이므로, 제2종 오류의 확률 β는 $x > 14$여서 거짓인 귀무가설을 채택할 확률
- B2셀에 "=1-BINOMDIST(14,20,0.6,1)"을 입력하여, $\beta = P(X > 14; \theta = 0.6) = 0.1256$으로 계산

2. OC함수

모집단 모수 θ의 채택역에 모수 추정치 $\hat{\theta}$가 속할 확률을 표시하는 함수

- 동작특성함수(operating characteristic function : OC함수) $OC(\theta)$는 검정력함수의 여집합(complement)이며, 관찰된 추정치 $\hat{\theta}$가 그 채택역 AR(acceptance region)에 속할 확률을 표시

(10.17) $OC(\theta) = P(\hat{\theta} \in AR \mid \theta) \quad = 1 - \pi(\theta) = 1 - P(\hat{\theta} \in CR \mid \theta)$

- 동작특성함수를 성과함수(performance function)라고도 하며, OC곡선(operating characteristic curve : OCC)를 이용하여 그래프로 표시
- 귀무가설이 참인 경우의 OC함수

(10.18) $OC(\theta_0) = P(\hat{\theta} \in AR \mid \theta = \theta_0) = 1 - \alpha = 1 - \pi(\theta_0)$

- 귀무가설이 거짓이어서 $\theta \in V$인 경우의 OC함수

(10.19) $OC(v) = P(\hat{\theta} \in AR \mid \theta = v) = \beta = 1 - \pi(v)$

예제 10-9) 패스트푸드 회사가 새로운 해외지점을 개설하려는데, 그 국가의 성인들 20% 이하가 그 식품을 좋아하는 것으로 예상된다고 하자. 그 식품을 좋아하는 성인 비율 p가 높을수록, 새로운 지점의 이윤은 증가할 것이어서 다음과 같은 가설검정을 기초로 개설여부를 결정한다고 하자.

$$H_0 : p \le 0.20 \text{ 과 } H_1 : p > 0.20$$

30명의 성인을 무작위로 추출한 표본에서 그 식품을 좋아하는 성인들의 수(성공횟수)를 X라고 하자. 유의수준 α를 0.0095(=0.95%)로 선택한 경우에 의사결정은 다음과 같이 수행된다.

① 유의수준 α=0.95%의 기각역과 검정력 계산

- Excel에서 "=BINOMDIST(11,30,0.2,1)"을 입력하면 $P(X \le 11 \mid p=0.2)$ =0.9905
- 우측꼬리 단측검정의 유의수준 α는 0.0095이어서, 성인들의 수(성공횟수)는 이산확률변수이므로 "$X \ge 12$이면 H_0 기각"의 의사결정을 수행

$$P(X \ge 12 \mid p=0.2) = 1 - P(X \le 11 \mid p=0.2) = \alpha \; = 0.95\%$$

- 귀무가설이 참인 경우에 X가 기각역 CR에 속할 확률은 0.0095로 약 1%

② p의 기각역 값들에 대한 검정력함수와 OC함수의 확률 계산

- p의 대립가설의 값을 규정하여 검정력을 평가 가능. $p=0.3$이라면, (10.16)식에 따라 검정력은 다음과 같이 결정

$$\pi(0.3) = P(X \geq 12 \mid p = 0.3) = 0.1593 = 1-\beta$$

◦ Excel에서 "=BINOMDIST(11,30,0.3,1)"을 입력하여 $P(X \leq 11 \mid p=0.3)$ =0.8407 = β이므로, (10.16)식에 따라 유의수준 0.95%에서 검정력 $1-\beta$는 0.1593으로 계산

- 대립가설에 의해 규정된 p의 각종 값 v에 대한 검정력함수 $\pi(v)$와 OC함수 $OC(v)$의 확률 계산 공식

$$\pi(v) = P(X \geq 12 \mid p = v)$$
$$OC(v) = P(X < 12 \mid p = v)$$

◦ $X \geq 12$가 기각역이기 때문에, 검정의 채택역은 $X < 12$

- 모수 p의 규정된 값들에 대한 검정력함수와 OC함수의 값을 다음과 같이 계산

	A	B	C	D	E	F
1	α=0.95%에서의 H0 : p=0.2와 H1:P>0.2의 검정에 대한 검정력함수와 OC함수					
2	대립적 p값(Θ)	검정력함수의 값 1-β(Θ)	OC함수의 값 β(Θ)			
3	0.10	0.00002	0.99998	=BINOMDIST(11,30,A3,1)		
4	0.20	0.00949	0.99051	1-α		
5	0.30	0.15932	0.84068			
6	0.40	0.56891	0.43109	α		
7	0.50	0.89976	0.10024			
8	0.60	0.99170	0.00830			
9	0.70	0.99984	0.00016			
10	0.80	1.00000	0.00000			
11	0.90	1.00000	0.00000			

◦ A3셀에는 0.1을, A4셀에는 귀무가설의 p값인 0.2를 입력

◦ A5:A11구간에 p의 대립가설의 값들을 입력

◦ 주어진 성공확률 p의 값에 대해 귀무가설의 채택역 성공횟수까지의 누적확률을 1에서 뺀 값이 귀무가설의 기각확률이므로, B3셀에 "=1-BINOMDIST(11,30,A3,1)"을

입력

◦ B3셀의 수식을 복사하여 B2:B11구간에 붙여 넣기를 하여, (10.16)식에 따라 대립가설로 규정되는 각 성공확률 p에 대한 귀무가설의 기각확률인 검출력 $1-\beta$를 계산

◦ C3셀에 "=BINOMDIST(11,30,A3,1)"을 입력하여 귀무가설의 채택확률을 계산

◦ B4셀은 유의수준 $\alpha=0.95\%$, C4셀은 $1-\alpha=99.05\%$의 계산 결과를 제공

③ 검정력함수곡선과 동작특성함수곡선의 도출

- A2:C11구간을 설정하고 도구모음줄에서 " "를 눌러 차트마법사 대화상자 생성
- 차트마법사 4단계 중 1단계에서 "분산형 : 곡선으로 연결된 분산형"을 선택하여 다음과 같은 검정력함수곡선과 동작특성(OC)함수곡선을 작성

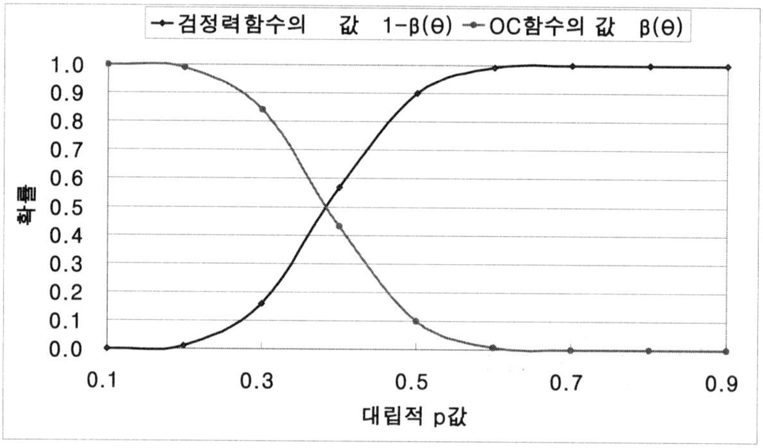

예제 10-10) 만두전문점에서 조리사가 시간당 평균 $\mu=300$개의 만두를 만들며, 그 표준편차 $\sigma=24$개라고 하자. 그런데 생산량 증가를 목표로 새로운 조리법에 대해 1%의 유의수준에서 H_0 : $\mu_1=300$과 H_0 : $\mu_1>300$ 의 가설을 설정하고, 64시간 동안 그 새로운 조리법을 검정한다고 하자.

(1) 1% 유의수준의 가설검정에 대한 의사결정기준을 설정하고, (2) 새로운 조리법

을 사용하는 경우에 표본의 표준편차는 여전히 24개이지만, 평균이 $\overline{X}_1$ =310개까지 생산량이 증가되는 상황에서도 기존 방식을 수락할 확률을 계산하여, (3) 유의수준 1%에 대한 OC곡선 및 검정력곡선의 도출을 다음과 같이 수행할 수 있다.

	A	B	C	D	E	F	G	H	I	J
1	표준편차	표본크기	평균의 표준오차	귀무가설 평균	유의수준	우측꼬리 Z임계값	우측꼬리 임계값	표본평균	Z검정 통계량	제2종 오류 확률
2	24	64	3.0	300	1%	2.33	307.0	310	-1.007	15.7%
3	평균생산량 μ1	290	295	300	305	310	315	320	325	
4	임계값의 z 값	5.66	3.99	2.33	0.66	-1.01	-2.67	-4.34	-6.01	
5	β(OC)	100.00%	100.00%	99.00%	74.53%	15.70%	0.38%	0.001%	0.000%	
6	1-β(Power)	0.00%	0.00%	1.00%	25.47%	84.30%	99.62%	100.00%	100.00%	

① 유의수준에 따른 기각역 계산

- A1:B2구간에 표준편차와 표본크기를 입력
- C2셀에 "=A2/SQRT(B2)"를 입력하여 평균의 표준오차를 3으로 계산
- D2셀에 귀무가설의 평균 "300"을, E2셀에 유의수준 1%를 입력
- F2셀에 "=NORMSINV(1-E2)"를 입력, 단측검정의 우측꼬리 기각역 임계값의 Z값을 2.33으로 계산
- G2셀에 "=D2+F2*C2"를 입력하여, 단측검정의 우측꼬리 기각역 임계값 x_C를 307개로 계산

② 가실검징에 내한 의사결정 기준의 설정

- 64시간의 평균 생산량이 307개를 초과하면, 귀무가설 H_0를 기각하고 새로운 조리법을 채택
- 64시간의 평균 생산량이 307개 이하이면, 귀무가설 H_0를 채택하여 기존 조리법을 계속 사용

③ 새로운 조리법의 평균 생산량이 310개인 경우, 기존 조리법을 채택할 확률 계산

- 새로운 조리법의 표본 평균 생산량이 310개인 경우에, 307개 이하의 평균 생산량이 발생할 확률 β(제2종 오류 확률)는 우측꼬리 단측검정이므로 $z=(x_{CR}-\overline{X}_1)/\sigma_{\overline{X}}$ =(307-310)/3=-1에 대한 누적표준정규분포확률로 계산

◦ H2셀에 표본평균 "310"을 입력

◦ I2셀에 "=(G2-H2)/C2"를 입력, z의 값을 -1로 계산

◦ J2셀에 "=NORMSDIST(I2)"를 입력, β=15.7%를 계산

④ 표준편차가 계속 24인 경우 유의수준 1%에서의 OC곡선과 검정력곡선 도출

- B3:I3구간에 290부터 325까지 입력, 새로운 조리법의 대립가설에 따른 평균 생산량을 표시
- B4셀에 "=($G$2-B3)/$C$2"를 입력, 1% 유의수준의 우측꼬리 단측가설검정의 기각역 임계값의 대립가설 평균값인 290에 대한 z값을 계산
- B5셀에 "=NORMSDIST(B4)"를 입력, 1% 유의수준의 우측꼬리 단측가설검정의 기각역 임계값의 대립가설 영역 평균값에 대한 z값에 대한 누적확률을 계산, 대립가설의 값이 290인 경우에 대해 제2종 오류 확률 β(OC함수의 값)를 100%로 계산
- B6셀에 "1-B5"를 입력, 1% 유의수준의 우측꼬리 단측가설검정에서 대립가설의 값이 290인 경우에 대한 검출력 확률 $1-\beta$를 0%로 계산
- B4:B6구간의 식을 "Ctrl+C"로 복사, B4:I6구간을 지정하여 그 식들을 붙여 넣어 각종 대립가설영역의 값들에 대한 OC함수 값들과 검정력함수 값들을 계산
- A3:I3구간을 지정한 후에, "Ctrl"을 누른 채로 A5:I6구간을 지정하고 도구모음줄에서 " "를 눌러 차트마법사 대화상자 생성
- 차트마법사 4단계 중 1단계에서 "분산형 : 곡선으로 연결된 분산형"을 선택하여 다음과 같은 검정력함수곡선과 동작특성(OC)함수곡선을 작성

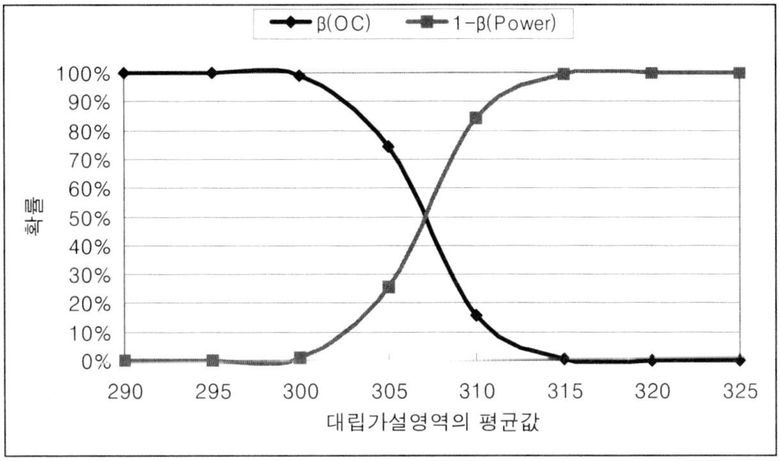

- OC곡선에서 나타나는 특성

◦ 새로운 조리법의 평균생산량이 300 이하인 경우, 새로운 조리법의 평균생산량이 기존 조리법과 같다는 귀무가설을 채택하여 기존 조리법을 계속 사용할 확률은 실제로 1로 발생, 새로운 조리법의 평균생산량이 315 이상인 경우에 기존 조리법을 계속 사용할 확률은 실제로 0으로 발생

- 검정력(Power)곡선에서 나타나는 특성

◦ 새로운 조리법의 평균생산량이 300 이하인 경우에 검출력은 0인 반면에, 그 평균생산량이 315 이상이면 검출력은 100%에 도달

〈참고문헌〉

Chao, Lincoln L.(1974), *Statistics : Methods and Analyses*, 2nd ed., McGraw-Hill, Inc., pp. 221-309.

DeGroot, Morris H.(1989), *Probability and Statistics*, 2nd ed., Addison-Wesley Publishing Co., pp. 437-516.

Frank, Harry and Steven C. Althoen(1994), *Statistics : Concepts and Applications*, Cambridge University Press, pp. 326-379.

Freund, John E.(1992), *Mathematical Statistics*, 5th ed., Prentice-Hall International, Inc., pp. 425-452.

Mansfield, Edwin(1983), *Statistics for Business and Economics : Methods and*

Applications, W.W.Norton & Co., pp. 328-366.

Harnett, D.L. and A.K. Soni(1991), *Statistical Methods : For Business and Economics*, 4th ed., Addison-Wesley Publishing Co., Inc., pp. 329-386.

Kazmier, Leonard J.(1988), *Theory and Problems of Business Statistics with Computer Applications*, 2nd ed., McGraw-Hill Book Co., pp. 157-177.

Lee, Cheng F.(1993), *Statistics for Business and Financial Economics*, D.C. Heath and Company, pp. 424-472.

Mason, Robert D.(1982), *Statistical Techniques in Business and Economics*, 5th ed., Richard D. Irwin, Inc., pp. 333-392.

Spiegel, Murray R.(1992), *Theory and Problems of Probability and Statistics*, McGraw-Hill, Inc., pp. 211-257.

Wonnacott, T.H. and R.J. Wonnacott(1990), *Introductory Statistics for Business and Economics*, 4th ed., John Wiley & Sons, pp. 287-323.

제11장

카이자승검정과 분산분석

[핵심용어]

· 적합성검정	· 카이자승검정	· 독립성검정
· 범주변수	· 분할표	· P-값
· 우연성계수	· Z검정	· 분산분석
· 일원 ANOVA	· 완전무작위 설계법	· F비율
· 이원 ANOVA	· 무작위 블록 설계법	· 2요소 완전 무작위 설계법

[주요 Excel함수와 기능]

- CHIINV
- COUNTA
- NORMSDIST
- CHITEST
- 표 : 민감도분석(데이터→표)
- NORMSINV
- FDIST
- 분산분석:일원배치법(도구→데이터 분석)
- FINV
- 분산분석:반복 없는 이원배치법(도구→데이터 분석)
- 분산분석:반복 있는 이원배치법(도구→데이터 분석)

제 1 절 카이자승검정

Ⅰ. 적합성검정

1. 적합성검정의 개념

하나의 범주변수(categorical variable)에 대한 자료집합이 어떤 확률분포에서 발생했는가를 결정하기 위한 방법

- 적합성검정(goodness-of-fit test)의 귀무가설은 범주형 자료집합(set of categories)에서 각 범주의 확률이 동일하거나 또는 각 범주의 빈도가 발생하는 예상패턴이 동일하다는 주장으로 설정
- 확률변수 X에서 추출한 크기 n의 표본에 대해
  - ◦ 표본공간 S를 $C_1 \cup C_2 \cup \cdot \cdot \cdot \cup C_J = S$가 되도록 분할하는(partition) J 종류의 사상들 또는 부분집합인 C_1, C_2, ..., C_J가 존재하는 경우에 j번째 사상이 발생할 확률의 표시

$$(11.1) \qquad p_j = P(X \in C_j) \quad \text{for} \quad j = 1, 2, \ldots, J$$

  - ◦ C_j의 예상도수(expected frequency) $f_e(C_j)$에 대한 공식

$$(11.2) \qquad f_e(C_j) = np_j$$

  - ◦ 각 범주에 대한 예상도수는 5 이상이어야 하며, 그렇지 않은 범주는 인접범주(adjacent categories)에 포함
  - ◦ 예상빈도는 모집단 도수분포의 형태에 대한 가정을 기초로 설정
- 적합성검정에 사용하는 카이자승검정(chi-square test)은 확률분포가 일치하는 2개 이상의 비율들의 일치여부를 검정
- 기대치 $np_j \geq 5$의 경우에 대해 예상빈도 $f_e(C_j)$에 대한 관찰도수 $f_o(C_j)$와 예

상빈도 $f_e(C_j)$ 간 격차 자승 비율의 합으로 계산하는 카이자승 통계량의 공식

$$(11.3) \qquad \chi^2_{(J-1)} = \sum_{j=1}^{J} \frac{(f_{oj} - f_{ej})^2}{f_{ej}}$$

◦관찰도수와 예상도수간 격차 ($f_o - f_e$)가 작을수록 카이자승 통계량은 0에 접근하고, 그 격차가 클수록 카이자승 통계량은 증가

2. 적합성검정의 자유도 및 통계량 계산과 의사결정

① 카이자승 검정의 사용방법

- 카이자승 검정은 관찰도수의 패턴이 예상도수의 패턴과 다른 지의 여부를 결정하기 위한 우측(상부)꼬리만을 사용[단측가설검증]
- 카이자승 검정통계량은 본 장의 제2절에서 검토할 분산분석에서 2개 이상의 평균이 일치하는지의 여부를 검정하는데 사용하는 F통계량과 유사

② 카이자승 검정통계량의 자유도 ν의 결정방법

- 범주의 수 J와 모수값 추정자의 수 m에 대한 카이자승 검정통계량의 자유도 ν의 결정공식

(11.4) 자유도 = $\nu = J - m - 1$ = 범주의 수 - 모수값 추정자의 수 - 1

◦자유도 결정에서 관찰치들의 수가 주어진 경우에 분할표의 $J-1$개 범주들에 관찰도수가 먼저 결정되면, 마지막 범주의 관찰도수는 변동 없이 자동적으로 결정됨

- 모수값 추정자의 수 m의 결정방법

◦표본통계량으로 모수 추정을 하지 않고, 분포의 과거 패턴만을 기초로 가설이 수행되는 경우에 $m = 0$

◦표본통계량을 기초로 평균값을 결정하여 가설검정을 수행해야 하는 경우, 추정되어야 하는 모수값은 평균값 하나이기 때문에 $m=1$

◦표본을 기초로 평균값과 표준편차를 결정하여 가설검정을 수행해야 하는 경우, 추정되어야 하는 모수값들은 평균값과 표준편차의 둘이기 때문에 $m=2$

③ 가설채택여부의 의사결정방법

- 설정된 유의수준 α에서 대립가설에 대한 귀무가설의 적합성검정 의사결정 규칙

(11.5) $$\sum_{j=1}^{J} \frac{(f_{oj} - f_{ej})^2}{f_{ej}} > \chi^2_{(J-m-1),\alpha}$$ 이면 귀무가설 기각

예제 11-1) 어떤 도시의 컴퓨터 판매업자가 판매하는 시장을 4개 지역(A, B, C, D)으로 세분하고, 판매대리(독점)권(distributorship)을 가진 매수인에게 4개 지역에 컴퓨터를 균등하게 판매하도록 요청하였다.

판매대리권을 가진 매수인이 전년도 판매실적에 대한 회사자료에서 40개의 무작위표본을 추출한 결과, 4개 지역에 판매된 결과는 다음의 B3:E3구간과 같이 관찰도수 f_o로 나타났다.

지역별 판매량이 모두 일치한다면 지역별 판매량분포는 다음 B4:E4구간의 예상도수 f_e로 나타나야 한다. 이러한 자료를 이용하여 다음과 같은 가설검정을 수행할 수 있다.

	A	B	C	D	E	F
1		지역				계
2		A	B	C	D	
3	관찰도수 fo	6	12	14	8	40
4	예상도수 fe	10	10	10	10	40
5	카이자승값 χ^2	1.6	0.4	1.6	0.4	4
6	범주의 수 J	4	m	0	자유도 v	3
7	유의수준	1%	5%	10%		
8	χ^2 임계값	11.34	7.81	6.25		
9	H0 채택결정	채택	채택	채택		

① 가설설정

- H_0 : 4개 지역의 판매량은 균등분포를 이룬다.

- H_1 : 4개 지역의 판매량은 균등분포를 갖지 않는다.

② χ^2 검정통계량과 자유도 계산

- B3:E4구간에 지역별 관찰도수와 예상도수를 입력

- F3셀에 "=SUM(B3:E3)"을 입력하여, 표본크기 n을 40으로 계산

- F3셀의 수식을 F4:F5구간에 복사하여 붙여 넣기
- (11.3)식에 따라 B5셀에 "=(B3-B4)^2/B4"를 입력하고, 그 수식을 B5:E5셀에 복사하여 붙여 F5셀에서 χ^2 검정통계량을 계산
- B6셀에 범주의 수 "4"를 입력, D6셀에 추정한 모수값들의 수 "0"을 입력
- F6셀에 "=B6-D6-1"을 입력하여 적합성검정의 χ^2 분포 자유도를 계산

③ 귀무가설 채택 여부의 의사결정

- B7:D7구간에 설정할 유의수준들을 입력
- B8셀에 "=CHIINV(B7,$F$6)"을 입력, B8셀의 수식을 C8:D8구간에 복사하여 붙여 각 유의수준에 대한 χ^2 임계값을 계산
- B9셀에 "=IF($F$5>B8,"기각","채택")"을 입력, B9셀의 수식을 C9:D9구간에 복사하여 붙여 각 유의수준에 대한 귀무가설의 채택 여부를 결정
- 1%, 5%, 10%의 유의수준 모두에서 지역별 판매량이 균등분포를 갖는다는 귀무가설을 채택

예제 11-2) 어떤 제품을 생산하는 회사에서 불량품이 균등하게 발생하는가의 여부를 검정하기 위해, 20일 동안 매일 50개의 제품을 표본 추출한 결과가 다음과 같다고 하자.

이러한 경우에 매일의 불량품 개수 d가 모두 일치한다는 귀무가설을 다음과 같이 1%, 5%, 10%의 유의수준에서 검정할 수 있다.

	A	B	C	D	E	F
1	일자번호	결함수 fo	표본크기	승인수	예상 결함수 fe	결함수 χ^2
2	1	4	50	46	13.5	6.6852
3	2	9	50	41	13.5	1.5
4	3	10	50	40	13.5	0.9074
5	4	11	50	39	13.5	0.463
6	5	13	50	37	13.5	0.0185
7	6	30	50	20	13.5	20.167
8	7	26	50	24	13.5	11.574
9	8	3	50	47	13.5	8.1667
10	9	11	50	39	13.5	0.463
11	10	8	50	42	13.5	2.2407
12	11	14	50	36	13.5	0.0185
13	12	21	50	29	13.5	4.1667
14	13	25	50	25	13.5	9.7963
15	14	18	50	32	13.5	1.5
16	15	10	50	40	13.5	0.9074
17	16	8	50	42	13.5	2.2407
18	17	18	50	32	13.5	1.5
19	18	19	50	31	13.5	2.2407
20	19	4	50	46	13.5	6.6852
21	20	8	50	42	13.5	2.2407
22	합계	270	1,000	730	270	83.481
23	평균결함비율	27.0%	범주 수	20	자유도	19
24	유의수준	1%	5%	10%		
25	χ^2 임계값	36.19	30.14	27.20		
26	H0 채택결정	기각	기각	기각		

① 가설설정

- H_0 : $d_1 = d_2 = \cdot\cdot\cdot = d_{20}$

- H_1 : 매일의 불량품 개수 $d_i(i=1,2,..,20)$는 모두 일치하지는 않는다.

② χ^2검정통계량과 자유도 계산

- A2:B21구간에 관찰일수 번호와 매일의 불량품 수량인 결함수를 입력
- C2:C21구간에 모두 "50"을 입력하여 매일의 표본크기를 제한
- D2셀에 "=C2-B2"를 입력, 그 수식을 복사하여 D2:D21구간에 붙여 넣어 정상제품의 수인 승인수를 계산
- B22:F22구간을 지정한 후에 "=SUM(B2:B21)"을 입력하고 "Ctrl+Enter"를 클릭
- B23셀에 "=B22/C22"를 입력하여, 매일의 결함수 평균을 계산
- E2셀에 "=C2*$B$23"을 입력, 그 수식을 E2:E21구간에 붙여 넣어 예상 결함수를 각 일자에 대해 균등하게 계산

- F2셀에 "=(B2-E2)^2/E2"를 입력, 그 수식을 F2:F21구간에 붙여 넣어 카이자승값을 매일의 표본에 대해 계산하여, F22셀에서 χ^2 검정통계량을 83.4815로 계산
- D23셀에 "=COUNTA(A2:A21)"을 입력하여 범주의 수를 20으로 계산
- F23셀에 "=D23-1"을 입력하여 자유도를 19로 계산, 여기서 "자유도 = 범주수 - 모수값 추정자 수 -1"로 계산

③ 귀무가설 채택 여부의 의사결정

- B24:D24구간에 유의수준들을 입력
- B25셀에 "=CHIINV(B24,$F$23)"을 입력, B25셀의 수식을 C25:D25구간에 복사하여 붙여 각 유의수준에 대한 χ^2 임계값을 계산
- B26셀에 "=IF($F$22>B25,"기각","채택")"을 입력, B26셀의 수식을 C26:D26구간에 복사하여 붙여 각 유의수준에 대한 귀무가설의 채택 여부를 결정
- 1%, 5%, 10%의 유의수준 모두에서 매일의 불량품 개수가 동일하다는 귀무가설 기각

예제 11-3) 어떤 산업의 50개 회사 표본에서 조업기준 1,000시간당 평균 부상자수가 다음의 그룹별 자료와 같다고 하자.

이러한 부상자 분포에 대해 표본 평균과 표본 표준편차를 구하고, 모집단 분포가 정규분포라는 귀무가설을 1%, 5%, 10% 유의수준들에서 다음과 같이 순차적으로 검정할 수 있다.

	A	B	C	D	E	F	G
1	평균부상자수	관찰도수 fo	계급치 X	fo*X	fo*(X^2)		
2	1.5-1.7	3	1.6	4.8	7.68		
3	1.8-2.0	12	1.9	22.8	43.32		
4	2.1-2.3	14	2.2	30.8	67.76		
5	2.4-2.6	9	2.5	22.5	56.25		
6	2.7-2.9	7	2.8	19.6	54.88		
7	3.0-3.2	5	3.1	15.5	48.05		
8	합계	50		116	277.94		
9	표본 평균	2.32	표본분산	0.18			
10	표본 표준편차	0.42426					
11	계급상한	계급상한 Z값	계급상한 누적확률	계급구간 발생확률	계급구간 예상도수	검정사용 예상도수	χ^2
12	1.7	-1.4614	0.07196	0.07196	3.59796		
13	2.0	-0.7542	0.22535	0.15339	7.66956	11.2675	1.23642
14	2.3	-0.0471	0.4812	0.25585	12.7925	12.7925	0.11397
15	2.6	0.65997	0.74536	0.26416	13.2081	13.2081	1.34069
16	2.9	1.36707	0.9142	0.16884	8.44182	11.7803	0.0041
17	3.2	2.07418	0.98097	0.06677	3.3385		
18	합계						2.69519
19	자유도	3					
20	유의수준	1%	5%	10%			
21	χ^2 임계값	11.3449	7.81472	6.25139			
22	H_0 채택결정	채택	채택	채택			

① 표본 평균과 표본 표준편차의 계산

- C2셀에 "=(1.5+1.7)/2"를 입력, C3셀에 "=C2+(2-1.7)"을 입력한 후에, C3셀의 수식을 C4:C7구간에 복사하여 붙여 각 계급의 중간점(중앙값, 계급치)을 계산
- D2셀에 "=B2*C2"를, E2셀에 "=B2*C2^2"를 입력, D2:E2구간의 수식을 복사하여 D2:E7구간에 붙여 넣어, 각 계급에 대한 (도수×계급중간값)과 (도수×계급중간값^2)을 계산
- B8셀에 "=SUM(B2:B7)"을 입력하고, 그 수식을 복사하여 D8:E8구간에 붙여 넣기
- B9셀에 "=D8/B8"을 입력하여 표본 평균을 2.32로 계산
- D9셀에 "=(E8-B8*B9^2)/(B8-1)"을 입력하여 표본 분산 s^2을 계산

$$s^2 = \frac{\sum(f_o X^2) - n\ \overline{X}^2}{n-1}$$

- B10셀에 "=SQRT(D9)"를 입력하여 표본 표준편차 s를 계산

$$s = \sqrt{\frac{\sum(f_o X^2) - n\,\overline{X}^2}{n-1}}$$

② 가설설정

- H_0 : 표본의 도수분포는 정규분포를 따른다.
- H_1 : 표본의 도수분포는 정규분포가 아니다.

③ 계급구간의 누적확률 및 발생확률 계산

- A11:A17구간에 각 계급의 상한을 입력
- B12셀에 "=(A12-$B$9)/$B$10"을 입력, 계급상한의 Z통계량을 "(계급상한-표본평균)/표본 표준편차"로 계산
- B12셀의 수식을 B13:B17구간에 자동채우기로 복사, 각 계급상한의 Z통계량 계산
- C12셀에 "=NORMSDIST(B12)"를 입력하여, 계산된 첫째 계급상한의 Z통계량에 대한 누적발생확률을 계산
- C12셀의 수식을 C13:C17구간에 자동채우기로 복사하여 각 계급상한 Z통계량에 대한 누적발생확률을 계산
- D12셀에서 첫째 계급의 발생확률을 그 누적확률로 대체하도록 "=C12"를 입력
- D13셀에서 둘째 계급의 발생확률을 "=C13-C12"를 입력하여, 그 계급까지의 누적확률에서 직접 계급까지의 누적확률을 차감한 것으로 계산
- D13셀의 수식을 자동채우기로 D14:D17구간에 복사하여 붙이기

④ 계급구간의 예상도수 계산

- E12셀에 "=D12*50"을 입력, 발생확률에 관찰도수 합계를 곱하여 그 계급의 예상도수를 계산
- E12셀의 수식을 E13:E17구간에 자동채우기로 복사
- (11.3)식은 예상도수 5 이상에 대한 것이므로, 검정에 사용할 예상도수를 구하기 위해 5보다 작은 예상도수가 나온 계급은 인접계급에 그 예상도수를 통합하는 형식으로 F13셀에 "=E12+E13"을, F16셀에 "=E16+E17"을 입력
- F14셀과 F15셀은 "=E14"와 "=E15"를 입력하여 그 계급의 예상도수를 검정

예상도수로 사용

⑤ 카이자승 검정통계량의 계산과 귀무가설의 채택여부 결정

- G13셀에 "=(B2+B3-F13)^2/F13"를, G16셀에 "=(B6+B7-F16)^2/F16"을 입력하고, 다시 G14셀에 "=(B4-F14)^2/F14"를 입력하고 그 수식을 자동채우기로 G15셀에 복사한 다음, G18셀에 "=SUM(G12:G17)"을 입력하여 χ^2 검정통계량을 계산
- B19셀에 "=COUNTA(A12:A17)-2-1"을 입력하여, (11.4)식에 따라 자유도를 계산
  - 표본 평균과 표본 표준편차를 통해 두 모집단 모수인 모집단 평균과 모집단 표준편차가 추정되었기 때문에, 자유도 계산에 m=2가 적용
- B20:D20구간에 각 유의수준을 입력
- B21셀에 "=CHIINV(B20,$B$19)"를 입력, 그 수식을 C21:D21구간에 복사하여 붙여 넣어, 각 유의수준에 대한 χ^2 임계값을 계산
- B22셀에 "=IF($G$18>B21,"기각","채택")"을 입력, 그 수식을 C22:D22구간에 복사하여 붙여 넣어, 각 유의수준에서의 표본확률변수가 정규분포를 따른다는 귀무가설을 채택하는 것을 확인

Ⅱ. 독립성검정과 우연성계수

1. 독립성검정의 개념

한 변수의 어떤 관찰치가 분류되어 속하는 범주에 대한 인식이 다른 변수가 어떤 범주에 속할 확률에 아무런 영향도 주지 않는 특성인 두 범주변수의 통계적 독립성(statistical independence)을 검정

- 독립성검정은 분할표 검정(contingency table tests)으로, 두 변수의 독립성검정은 이원 분류표(분할표)[two-way classification table(contingency table)]를 사용
- 분할표의 차원은 r행과 k열을 갖는 $r \times k$차원으로 규정
- 두 변수간의 독립성 귀무가설이 기각되는 것은 두 변수들이 종속적으로 어떤 관

계를 서로 갖는 것을 의미

2. 독립성검정의 절차

[검정절차]

① 분할표의 각 셀에 대한 관찰도수 작성

② 분할표의 각 셀에 대한 예상도수 작성

③ 분할표의 각 셀에 대한 $(f_o - f_e)^2 / f_e$의 합계로 χ^2 검정통계량 계산

④ 분할표의 자유도 계산과 주이진 유의수준에 따른 χ^2 임계값 계산

⑤ χ^2 검정통계량이 χ^2 임계값보다 큰 경우에 주어진 유의수준에서 두 변수간의 독립성에 대한 귀무가설을 기각, 또는 분할표 자료를 이용한 χ^2 통계량의 P-값으로 최소유의수준을 결정

- 분할표에서 계산된 총도수 n, 주어진 행의 총도수 f_r, 주어진 열의 총도수 f_k가 주어진 경우, 분할표 행렬의 각 셀(cell)에 대한 예상도수(expected frequency) f_e를 구하는 공식

(11.6) $$f_e = \frac{f_r f_k}{n}$$

- 독립성검정에 대한 자유도 ν의 일반 공식

(11.7) $$\nu = (r-1)(k-1)$$

◦ Excel에서는 "=CHITEST(실제도수구간,예상도수구간)"으로 카이자승분포의 P-값을 계산, P-값보다 큰 유의수준에서는 귀무가설 기각을 결정

예제 11-4) 영화방을 찾는 손님들을 성별 · 연령별의 2×2차원으로 분류한 이원분류표를 이용하여, 고객의 성별과 연령은 독립적이라는 귀무가설을 다음과 같이 1%, 5%, 10%의 유의수준에서 각각 검정할 수 있다.

	A	B	C	D	E	F
1	고객의 성별 및 연령별 분할표					
2	연령	성별		합계		
3		남성	여성			
4	30세 미만	60	36	96		
5	30세 이상	80	24	104		
6	합계	140	60	200		
7	분할표의 관찰도수에 대한 예상도수					
8	연령	성별		합계		
9		남성	여성			
10	30세 미만	67.2	28.8	96		
11	30세 이상	72.8	31.2	104		
12	합계	140	60	200		
13	χ^2 통계량 계산					
14	연령	성별		합계		
15		남성	여성			
16	30세 미만	0.77	1.80	2.57		
17	30세 이상	0.71	1.66	2.37		
18	합계	1.48	3.46	4.95		
19	자유도	1	=(2-1)*(2-1)			
20	유의수준	1%	5%	10%		
21	χ^2임계값	6.63	3.84	2.71		
22	H0 채택결정	채택	기각	기각		
23	χ^2검정통계량 P-값		2.62%	=CHITEST(B4:C5,B10:C11)		

① 가설설정과 관찰결과의 분할표 작성

- H_0 : 영화방 고객의 성별과 연령은 독립적이다.
- H_1 : 영화방 고객의 성별과 연령은 어떤 관계를 갖는 종속변수들이다.
- A2:C5구간에 관찰결과를 입력
- D4셀에 "=SUM(B4:C4)"를 입력하고, 그 수식을 D5셀에 복사
- B6셀에 "=SUM(B4:B5)"를 입력하고, 그 수식을 C6:D6구간에 복사

② 분할표의 각 셀에 대한 예상도수 작성

- A2:D6구간을 지정하고, "Ctrl+C"를 눌러 복사하여 A8셀에 마우스 커서를 두고 "Enter"를 눌러 붙여 넣기
- (11.6)식을 이용하여 B10:C11구간을 지정하고 "=$D4*B$6/$D$6"을 입력한 후에, "Ctrl+Enter"를 클릭

③ 분할표의 각 셀에 대한 $(f_o - f_e)^2/f_e$ 의 합계로 χ^2 검정통계량 계산

- A2:D6구간을 지정하고, "Ctrl+C"를 눌러 복사하여 A14셀에 마우스 커서를 두고 "Enter"를 눌러 붙여 넣기

- B16셀에 "=(B4-B10)^2/B10"을 입력, 그 수식을 "Ctrl+C"로 복사하여 B16:C17 구간에 붙여 넣어 D18셀에서 χ^2 검정통계량을 계산

④ 분할표의 자유도 계산

- B19셀에 "=(2-1)*(2-1)"을 입력하여 자유도를 1로 계산

⑤ 유의수준의 설정과 귀무가설의 채택여부 결정

- B20:D20구간에 각 유의수준을 입력
- 우측단측검정이어서 B21셀에 "=CHIINV(B20,$B$19)"를 입력, 그 수식을 복사하여 C21:D21구간에 붙여 넣어 분할표 자유도에 따른 각 유의수준에 대한 χ^2 임계값 계산
- B22셀에 "=IF($D$18>B21,"기각","채택")"을 입력, 그 수식을 복사하여 C22:D22구간에 붙여 넣어 귀무가설 채택여부를 결정
- 귀무가설은 5%와 10%의 유의수준에서 기각되는 반면에, 1% 유의수준에서 채택
- C23셀에 "=CHITEST(B4:C5,B10:C11)"을 입력, 카이자승분포의 P-값을 2.62%로 계산, 이는 2.62% 이하로 설정된 유의수준에서는 귀무가설 채택을 의미

예제 11-5) 4개 도시에서 특별경제토론을 시청한 가구수 비율 $\pi_i(i=A,\ldots,D)$이 일지하는가의 여부에 대한 검정을 도시별 50개 가구의 표본 조사를 통해 다음과 같이 1%, 5%, 10%의 유의수준에 대해 수행할 수 있다.

	A	B	C	D	E	F
1	4개 도시의 프로그램 시청 가구수					
2	시청여부	도시구분				합계
3		A	B	C	D	
4	시청가구수	10	15	5	18	48
5	비시청가구수	40	35	45	32	152
6	합계	50	50	50	50	200
7	분할표의 관찰도수에 대한 예상도수					
8	시청여부	도시구분				합계
9		A	B	C	D	
10	시청가구수	12	12	12	12	48
11	비시청가구수	38	38	38	38	152
12	합계	50	50	50	50	200
13	χ^2 통계량 계산					
14	시청여부	도시구분				합계
15		A	B	C	D	
16	시청가구수	0.33333	0.75	4.08333	3	8.16667
17	비시청가구수	0.10526	0.23684	1.28947	0.94737	2.57895
18	합계	0.4386	0.98684	5.37281	3.94737	10.7456
19	자유도	3	=(2-1)*(4-1)			
20	유의수준	1%	5%	10%		
21	χ^2임계값	11.34	7.81	6.25		
22	H0 채택결정	채택	기각	기각		
23	χ^2검정통계량 P-값		1.318%	=CHITEST(B4:E5,B10:E11)		

① 가설설정과 관찰결과의 분할표 작성

- H_0 : 4개 도시의 시청가구수 비율 π가 동일하여, $\pi_A = \pi_B = \pi_C = \pi_D$가 성립
- H_1 : $\pi_A = \pi_B = \pi_C = \pi_D$가 성립하지 않는다.
- A2:E5구간에 관찰결과를 입력
- F4셀에 "=SUM(B4:E4)"를 입력하고, 그 수식을 F5셀에 복사
- B6셀에 "=SUM(B4:B5)"를 입력하고, 그 수식을 C6:F6구간에 복사

② 분할표의 각 셀에 대한 예상도수 작성

- A2:F6구간을 지정하고, "Ctrl+C"를 눌러 복사하여 A8셀에 마우스 커서를 두고 "Enter"를 눌러 붙여 넣기
- (11.6)식을 이용하여 B10셀에 "=$F4*B$6/$F$6"을 입력, 그 수식을 "Ctrl+C"로 복사하여 B10:E11구간에 붙여 넣어 분할표 각 셀의 예상도수를 계산

③ 분할표의 각 셀에 대한 $(f_o - f_e)^2 / f_e$의 합계로 χ^2 검정통계량 계산

- A2:F6구간을 지정하고, "Ctrl+C"를 눌러 복사하여 A14셀에 마우스 커서를 두고 "Enter"를 눌러 붙여 넣기

- B16셀에 "=(B4-B10)^2/B10"을 입력, 그 수식을 "Ctrl+C"로 복사하여 B16:E17구간에 붙여 넣어 F18셀에서 χ^2 검정통계량을 계산

④ 분할표의 자유도 계산과 주어진 유의수준에 따른 χ^2 임계값 계산

- B19셀에 "=(2-1)*(4-1)"을 입력하여 자유도를 3으로 계산

⑤ 유의수준의 설정과 귀무가설의 채택여부 결정

- B20:D20구간에 각 유의수준을 입력
- B21셀에 "=CHIINV(B20,$B$19)"를 입력, 그 수식을 복사하여 C21:D21구간에 붙여 넣어 분할표의 자유도와 각 유의수준에 대한 χ^2 임계값 계산
- B22셀에 "=IF($F$18>B21,"기각","채택")"을 입력, 그 수식을 복사하여 C22:D22구간에 붙여 넣어 귀무가설 채택여부를 결정
- χ^2 검정통계량이 5%와 10% 유의수준의 χ^2 임계값보다 더 크게 나타나 귀무가설은 5%와 10% 유의수준에서 기각, 그러나 1% 유의수준에서 귀무가설은 채택
- C23셀에 "=CHITEST(B4:E5,B10:E11)"을 입력하여, 분할표로 주어진 자유도에 대해 χ^2 검정통계량의 최소유의수준인 P-값을 1.318%로 계산

3. 우연성계수

분할표에 제시된 범주변수들의 관계, 결합(association) 또는 종속의 정도에 대한 측정값

- 분할표 총도수 n에 대한 우연성계수(coefficient of contingency) C의 공식

(11.8) $$C = \sqrt{\frac{\chi^2}{\chi^2 + n}}$$

- 분할표 범주변수들간의 결합정도가 클수록 우연성계수는 증가
- 분할표 열과 행의 수가 일치하고 0이 아닌 셀의 도수들만으로 대각행렬을 이루는 경우에 우연성계수가 최대로 되는 완전 종속 또는 결합이 발생
- 분할표가 $k \times k$차원의 대각행렬을 이루는 경우, 우연성계수의 간단한 공식

(11.8.1) $\sqrt{(k-1)/k}$ =[(열의 수-1)/열의 수]의 자승근

- 우연성계수의 크기는 분할표의 행과 열의 수에 따라 결정되며, 항상 1 이하

예제 11-6) 각각 100명의 동일한 질병에 걸린 환자들로 A집단과 B집단을 구성하여, A집단에는 혈청주사를 제공한 결과 75명이 완쾌되었고, 통제대상집단(control group)인 B집단에는 제공하지 않았지만 65명이 완쾌되었다고 하자.

이러한 경우 그 혈청주사가 그 질병을 치료에 도움이 되지 않는다는 귀무가설을 1%, 5%, 10% 유의수준에서 다음과 같이 분할표를 이용하여 양측검정을 하고, 우연성계수를 계산할 수 있다. 또 이를 Z검정 결과와 비교할 수 있다.

	A	B	C	D	E	F	G	H	I
1	혈청 치료와 완쾌 여부별 분할표				두 모집단 A와 B 성공비율간 격차의 양측검정				
2	혈청사용	완쾌 여부		합계	표본A 크기(nA)	100	표본B 크기(nB)	100	
3	구분	완쾌	미완쾌		표본A 성공횟수	75	표본B 성공횟수	65	
4	A집단	75	25	100	A 성공비율(pA)	0.75	B 성공비율(pB)	0.65	
5	B집단	65	35	100	비율 합동추정치	0.7	격차 표준오차	0.065	
6	합계	140	60	200	Z검정통계량	1.54	양측 P-값	12.28%	
7	분할표의 관찰도수에 대한 예상도수				유의수준	좌측확률	우측기각확률	좌측기각z	우측기각z
8	혈청사용	완쾌 여부		합계	1%	0.5%	99.5%	-2.58	2.58
9	구분	완쾌	미완쾌		5%	2.5%	97.5%	-1.96	1.96
10	A집단	70	30	100	10%	5.0%	95.0%	-1.64	1.64
11	B집단	70	30	100	두 모집단 A와 B 성공비율간 격차의 단측검정				
12	합계	140	60	200	유의수준	기각역z	최대허용오차	기각역	단측 P-값
13	χ^2 통계량 계산				1%	2.33	0.151	0.151	
14	혈청사용	완쾌 여부		합계	5%	1.64	0.107	0.107	6.14%
15	구분	완쾌	미완쾌		10%	1.28	0.083	0.083	
16	A집단	0.36	0.83	1.19	귀무가설 H0의 기각여부 결정				
17	B집단	0.36	0.83	1.19	유의수준	양측검정	단측검정		
18	합계	0.71	1.67	2.38	1%	채택	채택		
19	자유도	1	=(2-1)*(2-1)		5%	채택	채택		
20	유의수준	1%	5%	10%	10%	채택	기각		
21	χ^2임계값	6.63	3.84	2.71					
22	H0 결정	채택	채택	채택					
23	χ^2검정통계량 P-값		12.28%	=CHITEST(B4:C5,B10:C11)					
24	우연성계수			0.1085					

(1) 카이자승검정과 우연성계수 계산

① 양측검정의 가설설정과 관찰결과의 분할표 작성

- A집단 완쾌비율을 p_A, B집단 완쾌비율 p_B로 규정

- H_0 : 관찰도수간 격차가 우연으로 혈청이 효과가 없어, $p_A = p_B$
- H_1 : 혈청이 효과가 있어 $p_A \neq p_B$
- A2:B5구간에 집단과 완쾌한 도수를 입력, D4:D5구간에 각각 100을 입력
- C4셀에 "=D4-B4"를 입력, 그 수식을 C5셀에 복사
- B6셀에 "=SUM(B4:B5)"를 입력하고, 그 수식을 C6:D6구간에 복사

② 분할표의 각 셀에 대한 예상도수 작성

- A2:D6구간을 지정하고, "Ctrl+C"를 눌러 복사하여 A8셀에 마우스 커서를 두고 "Enter"를 눌러 붙여 넣기
- (11.6)식을 이용하여 B10셀에 "=$D4*B$6/$D$6"을 입력, 그 수식을 "Ctrl+C"로 복사하여 B10:C11구간에 붙여 넣어 각 셀의 관찰도수에 대한 예상도수를 계산

③ 분할표의 각 셀에 대한 $(f_o - f_e)^2 / f_e$의 합계로 χ^2 검정통계량 계산

- A2:D6구간을 지정하고, "Ctrl+C"를 눌러 복사하여 A14셀에 마우스 커서를 두고 "Enter"를 눌러 붙여 넣기
- B16셀에 "=(B4-B10)^2/B10"을 입력, 그 수식을 "Ctrl+C"로 복사하여 B16:C17구간에 붙여 넣어 D18셀에서 χ^2 검정통계량을 계산

④ 분할표의 자유도 계산

- B19셀에 "=(2-1)*(2-1)"을 입력하여 자유도를 1로 계산

⑤ 유의수준의 설정과 귀무가설의 채택여부 결정

- B20:D20구간에 각 유의수준을 입력
- B21셀에 "=CHIINV(B20,$B$19)"를 입력, 그 수식을 복사하여 C21:D21구간에 붙여 넣어 분할표의 자유도와 각 유의수준에 대한 χ^2 임계값 계산
- B22셀에 "=IF($D$18>B21,"기각","채택")"을 입력, 그 수식을 복사하여 C22:D22구간에 붙여 넣어 귀무가설 채택여부를 결정
- C23셀에 "=CHITEST(B4:C5,B10:C11)"을 입력하여 χ^2분포의 P-값을 12.28%로 계산, 이는 12.28% 이하로 설정된 유의수준에서는 귀무가설 채택을 의미

⑥ 우연성계수의 계산

- (11.8)식을 이용하도록 D24셀에 "=SQRT(D18/(D18+D6))"을 입력하여, 우연

성계수를 0.1085로 계산
- 0.1085는 분할표 각 셀의 관찰도수들간에 결합정도가 낮은 것을 의미

(2) 양측 및 단측가설에 대한 Z검정

① 자료입력과 비율간 격차의 표준오차 계산
- E2:H3구간에 표본 A와 B의 크기와 성공(완쾌)횟수를 입력
- F4셀에 "=F3/F2"를, H4셀에 "=H3/H2"를 입력하여 표본 A와 B의 성공비율 계산
- F5셀에 "=(F2*F4+H2*H4)/(F2+H2)"를 입력, 모집단 비율의 합동추정치 계산
- H5셀에 "=SQRT((F5*(1-F5))/F2+(F5*(1-F5))/H2)"를 입력하여, 제10장의 (10.6)식에 따라 모집단비율간 격차의 표준오차를 계산

② 양측가설검정 수행
- F6셀에 "=(F4-H4)/H5"를 입력, 모집단 비율간 격차에 대한 Z검정통계량 계산
- H6셀에 "=2*(1-NORMSDIST(ABS($F$6)))"을 입력, Z통계량의 P-값을 계산
- H6셀의 값이 12.28%여서, 1%, 5%, 10% 유의수준 모두에서 귀무가설 채택
- F8셀에 "=E8/2"를, G8셀에 "=1-F8"을, H8셀에 "=NORMSINV(F8)"을, I8셀에 "=NORMSINV(G8)"을 입력
- F8:I8구간의 식을 F9:I10구간에 복사하여 5%와 10% 유의수준에 대한 임계값들의 확률, Z값의 계산과 함께 채택역에 있는 Z검정통계량으로 귀무가설 채택 결정을 확인

③ 단측가설검정
- F13셀에 "=NORMSINV(1-E13)"을, G13셀에 "=F13*$H$5"를, H13셀에 "=0+G13"을 입력하고, F13:H13구간의 식들을 F14:H15구간에 복사하여 붙여 5%와 10% 유의수준에서의 기각역 임계값의 Z값, 최대허용오차, 기각역 임계값을 계산
- I13셀에 "=1-NORMSDIST(ABS($F$6))"을 입력, 표본관찰로 구한 Z통계량의 단측검정 P-값을 계산

④ Z통계량의 P-값을 통한 양측 및 단측검정의 귀무가설 기각여부 결정
- F18셀에 "=IF($H$6<E18,"기각","채택")"을 입력하고, 그 수식을 F19:F20구

간에 복사하여, 양측검정의 각 유의수준에서 귀무가설 채택을 결정

- G18셀에 "=IF($I$13<E18,"기각","채택")"을 입력하고, 그 수식을 G19:G20구간에 복사하여 붙여 단측검정의 1%와 5% 유의수준에서 귀무가설 채택을, 단측검정의 10% 유의수준에서 귀무가설 기각을 결정
- 이상과 같은 분할표를 이용한 양측가설검정은 Z검정의 양측가설검정보다 아주 쉽게 수행 가능

예제 11-6.1) 예제 16-1과 같은 상황에서 혈청주사를 맞은 A집단에서 100명 모두 완쾌되고, 혈청주사를 맞지 않은 통제대상집단(control group)인 B집단에서 100명이 모두 완쾌되지 않았다면 분할표는 다음 그림의 A2:C5구간에서와 같이 대각행렬로 나타난다.

대각행렬을 갖는 분할표에서의 우연성계수는 (11.8)식이나 (11.8.1)식을 사용하여 다음과 같이 계산할 수 있다.

	A	B	C	D	E	F	G	H
1	대각행렬을 갖는 분할표의 우연성계수							
2	혈청사용	완쾌 여부		합계				
3	구분	완쾌	미완쾌					
4	A집단	100	0	100				
5	B집단	0	100	100				
6	합계	100	100	200				
7	분할표의 관찰도수에 대한 예상도수							
8	혈청사용	완쾌 여부		합계				
9	구분	완쾌	미완쾌					
10	A집단	50	50	100				
11	B집단	50	50	100				
12	합계	100	100	200				
13	χ^2 통계량 계산							
14	혈청사용	완쾌 여부		합계				
15	구분	완쾌	미완쾌					
16	A집단	50.00	50.00	100.00				
17	B집단	50.00	50.00	100.00				
18	합계	100.00	100.00	200.00				
19	(11.8)식의 우연성계수			0.70711				
20	열의 수 k		2					
21	(11.8.1)식의 우연성계수			0.70711				
22	대각행렬의 차원 k*k와 우연성계수("데이터 → 표"의 활용)							
23	k의 값	2	3	4	5	50	51	100
24	우연성계수	0.70711	0.8165	0.86603	0.89443	0.98995	0.99015	0.99499

가. (11.8)식을 이용한 우연성계수의 계산

① A2:D6구간에 분할표 작성

② 예상도수의 계산

- A2:D6구간을 지정하고 "Ctrl+C"를 눌러 복사한 후에 A8셀에 붙여 넣기
- B10셀에 "=$D4*B$6/$D$6"을 입력, 그 수식을 "Ctrl+C"를 눌러 복사한 후에 B10:C11구간을 지정하여 붙여 넣기
- D10셀에 "=SUM(B10:C10)"을 입력, 그 수식을 자동채우기로 D11셀에 복사
- B12셀에 "=SUM(B10:B11)"을 입력, 그 수식을 자동채우기로 C12:D12구간에 복사

③ 분할표의 각 셀에 대한 $(f_o - f_e)^2/f_e$의 합계로 χ^2 검정통계량 계산

- A8:D12구간을 지정하고 "Ctrl+C"를 눌러 복사한 후에 A14셀에 붙여 넣기
- B16셀에 "=(B4-B10)^2/B10"을 입력, 그 수식을 "Ctrl+C"를 눌러 복사한 후에 B16:C17구간에 붙여 넣기
- D18셀에서 χ^2 검정통계량을 200으로 계산

④ 우연성계수의 계산

- D19셀에 "=SQRT(D18/(D18+D6))"을 입력하여 (11.8)식에 따라 우연성계수를 0.70711로 계산

나. (11.8.1)식에 따른 우연성계수의 계산과 행렬 차원에 대한 민감도분석

① 우연성계수의 계산

- C20셀에 열의 수 k인 "2"를 입력
- D21셀에 "=SQRT((C20-1)/C20)"을 입력하여 (11.8.1)식에 따라 우연성계수를 0.70711로 계산

② 열의 수 k에 대한 우연성계수의 민감도 분석

- B23:H23구간의 각 셀에 2, 3, 4, 5, 50, 51, 100을 순서대로 입력
- B24셀에 "=D21"을 입력
- B23:H24구간을 마우스 커서로 지정한 후에, 메뉴표시줄에서 "데이터→표"를 지정한 후에 생성된 표 대화상자에서 "행 입력 셀 : $C$20"을 지정·표시한 후에 "확인"을 클릭

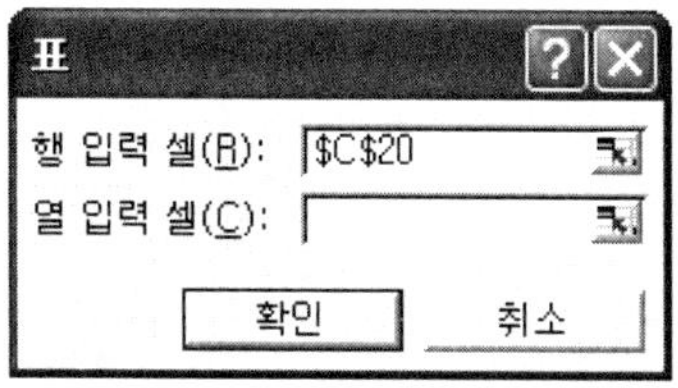

◦3×3 차원의 분할표에서 우연성계수 최대값은 0.8165

◦4×4 차원의 분할표에서 우연성계수 최대값은 0.86603

◦5×5 차원의 분할표에서 우연성계수 최대값은 0.89443

◦50×50 차원의 분할표에서 우연성계수 최대값은 0.98995

◦51×51 차원의 분할표에서 우연성계수 최대값은 0.99015로 거의 1에 접근

◦100×100 차원의 분할표에서 우연성계수 최대값은 0.99499로 거의 1에 접근

제2절 분산분석

Ⅰ. 일원 ANOVA

1. 분산분석의 본질과 용어

3개 이상의 모집단 평균 비교를 목적으로 전체 모집단 평균과 개별 모집단 평균의 추정자에 대한 관찰치의 편차 자승을 이용하여 F검정으로 분석하는 방법

가. 분산분석의 특성

- 카이자승검정은 여러 비율간 격차의 검정에 주로 사용하는 반면에, F분포를 개발한 Ronald A. Fisher가 최초로 개발한 분산분석(analysis of variance : ANOVA)은 여러 평균간 격차의 검정에 사용
- 3개 이상의 모집단들에 대해 모집단 평균간 격차를 비교하는 경우에, 두 모집단 평균간격차에 대한 t검정을 여러 번 수행하여 반복이나 중복 수행 등의 문제 발생

◦5개의 모집단 평균간 격차 비교에 대해 ${}_5C_2 = 5!/(2!3!) = 10$쌍의 평균들에 대한 t검정이 필요

◦3개 이상 모집단 평균간의 총격차에 대해 실험자료에서 계산된 두 분산의 비율을 이용한 F검정 수행이 가능

- 등분산(homogeneity of variance) 가정 : 여러 표본평균은 동일한 분산 σ^2을 갖고 정규분포된 여러 모집단으로부터 획득된 것으로 가정
- 모집단이 단봉(unimodal)이고 추출된 표본들의 크기가 거의 일치하는 경우에는 모집단이 정규분포가 아니더라도 검정절차에는 영향이 없음
- 모집단 평균들이 동일하다는 귀무가설로 인하여, 등분산가정은 여러 표본평균들이 동일한 모집단에서 획득된 것을 의미

나. 분산분석에서의 주요 용어

◦실험(experiment) : 표본자료의 수집과정

◦실험설계(design of the experiment) : 표본수집에 대한 계획

◦반응변수(response variable) : 실험에서 측정되는 변수

◦실험단위(experimental unit) : 반응변수를 얻기 위해 측정하는 대상

◦실험집단(experimental groups) : (모집단 평균의) 비교를 위해 추출된 표본들

◦통제집단(control group) : 여러 표본(집단) 중에서 어떤 처리(treatment)도 하지 않는 표본

◦인자(factor) : 반응변수와 관련된 질적(정성) 변수 또는 양적(정량) 변수

◦인자수준(factor level) : 실험에서 인자가 갖는 값인 설정강도(intensity setting)

◦처리(treatment) : 실험에 포함된 인자들의 수준들로 구성된 특정 조합

2. 일원분산분석의 개념과 모형특성

가. 일원분산분석의 개념

종속변수의 특성 파악을 위한 실험요인이 되는 하나의 인자(factor : 설명변수)를 사용하여, 여러 처리집단(treatment groups, 표본집단)의 각각에 대해 무작위로 실험대상(subjects)을 할당하여 얻은 표본평균간 격차를 분석하는 방법

- 여러 처리모집단 평균간 격차의 검정을 위해 각 처리집단에서 표본을 추출하여 전체 표본을 구성
- K개 표본평균을 이용한 단일요인 완전무작위 설계법(one-factor completely randomized design)인 일원분산분석에 대한 선형모형(linear model)

$$(11.9) \quad X_{ik} = \mu + \alpha_k + \varepsilon_{jk}$$
$$= \mu + (\mu_k - \mu) + (X_{ik} - \mu_k) \quad \text{for} \quad i = 1, \ldots, n \quad \text{and}$$
$$k - 1, \ldots, K$$

X_{ik} : k번째 표본(처리집단)의 i번째 관찰치

μ : K개 처리 모집단들의 총평균(grand mean)

α_k : 표본을 추출한 k번째 모집단에 대한 처리효과(treatment effect)

ε_{ik} : (표본추출과정에서) 관찰치 X_{ik}에 관련된 무작위 오차(random error)

나. 처리집단 관찰치의 3대 구성요인

① 총평균 μ : 다른 요인의 영향을 받지 않으며, 자체 요인에 의해 그 변동을 설명할 수 있는 자기설명적 요인(self-explanatory factor)

② 처리효과 α_k

- 총평균 μ에 대한 k번째 처리모집단 평균 μ_k의 격차

$$(11.10) \quad \alpha_k = \mu_k - \mu$$

- 실험에서 K개의 처리집단을 다루는 경우에 K개의 처리효과가 발생
- K개 처리 모집단평균들의 평균이 총평균이어서, K개 처리효과들의 합은 0이 되어야 하는 것으로 가정

$$(11.11) \quad \sum_{k=1}^{K} \alpha_k = \sum_{k=1}^{K} (\mu_k - \mu) = \sum_{k=1}^{K} \mu_k - K\mu = 0$$

③ 무작위(표본추출)오차 ε_{ik}

- 처리모집단 내부의 변동성을 반영
- 표본추출행위의 특성상 무작위성(비일관성) 과정(process of randomness)으로 인해 발생
- 관찰치에서 처리모집단 평균을 차감한 잔차(residual)로 계산

(11.12) $\varepsilon_{ik} = X_{ik} - \mu_k$

- 무작위오차의 기대치는 0

(11.13) $E(\varepsilon_{ik}) = 0$

3. 일원분산분석 수행원리

가. 총변동의 분해

- 실험에 K개의 처리집단과 전체표본은 N의 크기를 갖는 경우를 가정한 경우의 표본자료의 구성

◦ k번째 처리집단을 C_k로 표시

◦ k번째 표본처리집단의 크기를 n_k로 표시

◦ k번째 표본 관찰치들의 합계를 T_k로 표시

C_1	C_2	$\cdots$	C_K
X_{11}	X_{12}	$\cdots$	X_{1K}
X_{21}	X_{22}	$\cdots$	X_{2K}
·	·	$\cdots$	·
·	·	$\cdots$	·
$X_{n_1 1}$	$X_{n_2 2}$	$\cdots$	$X_{n_K K}$
T_1	T_2	$\cdots$	T_K

- 표본자료의 모든 관찰치들의 총합(grand total) T와 총표본평균(grand sample

mean) $\overline{X}$의 계산방식

(11.14) $T = T_1 + T_2 + \cdot \cdot \cdot + T_K$

(11.15) $\overline{X} = \frac{T}{N}$

- 처리집단 편차 자승들의 총합 TSS(total sum of squares, 전체 자승 합)의 분해

(11.16.1)

$$TSS = \sum_{k=1}^{K} \sum_{i=1}^{n_k} (X_{ik} - \overline{X})^2 = \sum_{k=1}^{K} \sum_{i=1}^{n_k} X_{ik}^2 - N\overline{X}^2 = \sum_{k=1}^{K} \sum_{i=1}^{n_k} X_{ik}^2 - \frac{T^2}{N}$$

◦ x_{ik} : i행과 k열에 있는 관찰치의 값

◦ 처리집단간 자승합 SST(between-treatments sum of squares)

(11.16.2) $$SST = \sum_{k=1}^{K} n_k(\overline{X}_k - \overline{X})^2 = \sum_{k=1}^{K} \frac{T_k^2}{n_k} - N\overline{X}^2 = \sum_{k=1}^{K} \frac{T_k^2}{n_k} - \frac{T^2}{N}$$

◦ 처리집단내 자승합 SSW(within-treatment sum of squares)

(11.16.3) $$SSW = TSS - SST = \sum_{k=1}^{K} \sum_{i=1}^{n_k} (X_{ik} - \overline{X}_k)^2 = \sum_{k=1}^{K} \sum_{i=1}^{n_k} X_{ik}^2 - \sum_{k=1}^{K} \frac{T_k^2}{n_k}$$

(11.16.4) 전체표본 자승의 합(TSS)
= 처리집단내 자승의 합(SSW) + 처리집단간 자승의 합(SST)

◦ 표본의 모든 항목들에 대한 자승들의 합은 집단내부 자승들의 합에 집단간 자승들의 합을 더한 값과 반드시 일치

◦ 자승들의 총합에 대한 자유도는 집단내부 자유도와 집단간 자유도의 합과 일치

나. 자승평균과 F비율의 계산

① 귀무가설의 설정과 자승평균의 계산

- 자승 평균(mean square) : 관찰치의 집단평균에 대한 편차 자승의 평균으로 계산한 분산 추정치

- K개의 표본집단들에 대해 $\mu_1 = \mu_2 = \cdot \cdot \cdot = \mu_K$의 귀무가설을 설정하여, 동일한 모집단 분산 σ^2의 불편독립 추정자를 편차자승의 평균으로 계산
- 처리집단간 자승의 평균(between-treatments mean square : MST) : 개별처리집단 평균과 총평균간 편차 자승의 합의 평균으로 구한 모집단 분산 추정치

$$MST = \frac{SST}{K-1} \tag{11.17}$$

- 평균 자승오차(mean square error) 또는 집단내부 자승의 평균(within-treatment mean square : MSW) : 표본집단내부 편차자승의 합의 평균으로 구한 모집단 분산 추정치

$$MSW = \frac{SSW}{N-K} \tag{11.18}$$

- 모집단 평균들간의 격차는 MST를 증가시키지만, 집단 격차의 내부에서 계산되는 MSW에 어떤 영향도 주지 않기 때문에, 귀무가설이 거짓인 경우에 MST의 기대치는 MSW보다 크게 발생

② F 비율의 계산

- 표본집단내부 자승의 평균들에 대한 표본집단간 자승 평균의 비율을 $\nu_1 = K-1$과 $\nu_2 = N-K$ 자유도의 F비율로 계산

$$F_{\nu_1, \nu_2} = \frac{MST}{MSW} = \frac{\text{설명된 분산}}{\text{설명되지 않은 분산}} \tag{11.19}$$

- 여러 모집단 분산간 격차에 대해 F분포를 사용하여 단측검정을 수행
- 계산된 F비율이 1보다 현저하게 큰 경우에 각 처리모집단들의 평균들이 일치한다는 귀무가설을 기각
- 계산된 F비율이 1보다는 현저하게 크지 않다면, 처리효과가 존재하지 않아, 추가 조사에 대해 어떤 결과도 도출할 수 없다는 결론에 도달
- 계산된 F비율이 1보다 작게 나타나면, 이는 표본추출오차만을 나타내거나 또는 실험의 설계 또는 수행에서 잘못이 발생한 것으로 해석

라. Excel을 이용한 수행절차

- 메뉴표시줄에서 "도구→데이터 분석"을 지정, 통계 데이터 분석 대화상자를 생성
- 통계 데이터 분석 대화상자에서 "분산 분석:일원 배치법"을 지정하여, 분산분석:일원 배치법 대화상자를 생성
- 분산분석:일원 배치법 대화상자에서 자료를 입력범위에 지정하고, 유의수준을 설정한 후에 "확인"을 눌러 분석을 수행

〈표 11-1〉 일원분산분석의 요약표(처리집단들의 일치여부와는 무관)

변동의 요인	자유도 (ν)	자승 합 (SS)	자승 평균 (MS)	F 비율
처리집단간 (B)	K-1	SST	$MST = \dfrac{SST}{K-1}$	$F = \dfrac{MST}{MSW}$
표본추출오차 (처리집단내) (W)	N-K	SSW = TSS-SST	$MSW = \dfrac{SSW}{N-K}$	
총변동 (T)	N-1	TSS		

예제 11-7) 15명의 신입사원에게 디자인 설계기술 개발을 위해 고안된 3가지 종류의 교습방법(교수법) A, B, C를 무작위로 할당하였다.

그에 따른 시험성적이 다음 표와 같은 경우에, 이러한 3가지 교습방법의 표본평균을 동일한 모집단을 사용하는 경우에도 얻을 수 있다는 귀무가설을 5% 유의수준에서 분산분석으로 검정할 수 있다.

	A	B	C	D	E	F	G	H
1	단일요인 완전 무작위 설계법							
2	교습방법	시험 성적					총점	평균성적
3	A	86	79	81	70	84	400	80
4	B	90	76	88	82	89	425	85
5	C	82	68	73	71	81	375	75
6								
7	분산 분석: 일원 배치법							
8								
9	요약표							
10	인자의 수준	관측수	합	평균	분산			
11	A	5	400	80	38.5			
12	B	5	425	85	35			
13	C	5	375	75	38.5			
14								
15								
16	분산 분석							
17	변동의 요인	제곱합	자유도	제곱 평균	F 비	P-값	F 기각치	
18	처리	250	2	125	3.348214	0.069909	3.88529	
19	잔차	448	12	37.33333				
20								
21	계	698	14					

① 양측가설의 설정

- H_0 : (11.10)식에 따라 모든 처리집단들에 대해 $\alpha_k = 0$ 이어서 $\mu_A = \mu_B = \mu_C$
- H_1 : 일부 처리집단들에는 $\alpha_k \neq 0$ 이어서, $\mu_A = \mu_B = \mu_C$이 성립하지 않는다.

② 자료 입력

- A2:H5구간과 같이 (행 방향의) 자료 입력(열 방향도 아무런 영향 없음)

③ 분산분석:일원 배치법의 수행

- 메뉴표시줄에서 "도구→데이터 분석"을 지정
- 통계 데이터 분석 대화상자에서 "분산 분석:일원 배치법"을 지정
- "분산 분석:일원 배치법" 대화상자에서 "입력범위 : A3:F5, 데이터 방향:행, 첫째 열 이름표 사용 체크, 유의수준:0.05(또는 5%)"로 지정
- 출력옵션에서 출력범위를 A7셀로 지정한 후에 "확인"을 눌러, A7:G21구간의 분산분석 결과를 획득

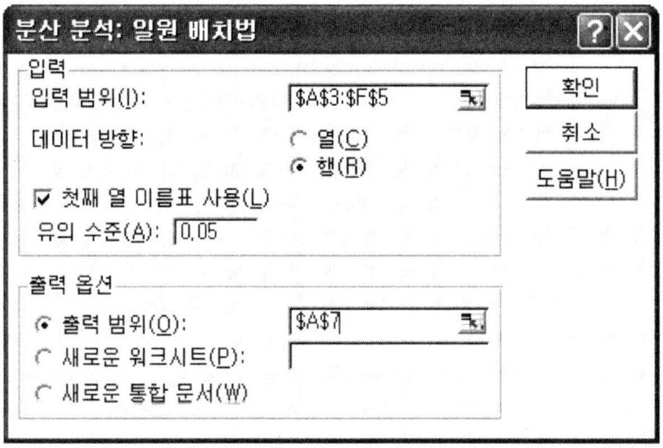

④ 분석결과의 해석 및 귀무가설의 기각 여부 결정

- E11:E13구간의 분산은 각 표본의 분산을 표시, "=VAR(자료구간)"으로 확인 가능
- 변동의 요인에 대한 "처리"는 처리집단간을, "제곱합"은 자승합을 의미
- B18셀은 SST(처리집단간 자승의 합)를, B19셀은 SSW(처리집단내부 자승의 합)을, B21은 TSS(총변동)를 표시
- 처리표본집단이 3개여서 처리의 자유도는 2(=3-1=K-1), 각 처리집단크기가 5이고 3개 집단이어 잔차의 자유도는 12(=15-3=N-K), 전체표본의 크기가 15여서 총변동의 자유도는 14(=15-1=N-1)
- "제곱 평균"은 자승의 평균을 표시하며, D18셀은 MST(처리집단간 자승 평균)를, D19셀은 MSW(처리집단내부 자승 평균)을 표시
- "F비"는 계산된 F비율을 표시, E18셀은 "=D18/D19"로 계산되며 3.348로 계산
- P-값은 F18셀에 나타나며, 이는 계산된 F비율로 제1종 오류가 발생할 수 있는 최소수준의 α를 표시, "=FDIST(E18,C18,C19)" 또는 "=FDIST(E18,2,12)"를 입력하여 계산 가능
- F기각치는 "=FINV(5%,2,12)" 또는 "=FINV(5%,C18,C19)"를 입력하여 계산하며, G18셀과 동일한 값으로 획득
- F비율이 1보다 현저하게 크게 발생했지만, 5% 유의수준에서 F비율의 임계치를 표시한 G18셀의 3.885보다 작아 귀무가설은 채택

예제 11-8) 각 처리표본집단의 크기가 다른 경우에 대해 일원분산분석을 수행하기로 하자.

다음의 표는 무작위로 기계에 대해 사전경험이 없는 11명에게 3가지 브랜드의 컴퓨터를 할당 지급하여, 동일한 정도로 사용법을 알려준 후에 1분당 입력한 단어의 수를 측정한 것이다.

3개 브랜드 컴퓨터에 대한 1분당 입력 단어 수는 차이가 없다는 귀무가설을 5% 유의수준에서 일원분산분석으로 검정할 수 있다.

	A	B	C	D	E	F	G
1	표본크기가 다른 처리집단들을 이용한 일원분산분석						
2		컴퓨터 브랜드					
3		A	B	C			
4	분당	79	74	81			
5		83	85	65			
6	단어	62	72	79			
7		51		55			
8	입력수	77					
9	총입력수	352	231	280			
10	평균입력수	70.4	77.0	70.0			
11	분산 분석: 일원 배치법						
12							
13	요약표						
14	인자의 수준	관측수	합	평균	분산		
15	A	5	352	70.4	180.8		
16	B	3	231	77	49		
17	C	4	280	70	150.667		
18							
19							
20	분산 분석						
21	변동의 요인	제곱합	자유도	제곱 평균	F 비	P-값	F 기각치
22	처리	103.717	2	51.8583	0.36658	0.70299	4.25649
23	잔차	1273.2	9	141.467			
24							
25	계	1376.92	11				

① 양측가설의 설정

- H_0 : 모든 처리집단들에 대해 $\alpha_k = 0$ 이어서 $\mu_A = \mu_B = \mu_C$

- H_1 : 일부 처리집단들에는 $\alpha_k \neq 0$ 이어서, $\mu_A = \mu_B = \mu_C$이 성립하지 않는다.

② 자료 입력

- B4:D8구간과 같이 (열 방향의) 자료 입력(행 방향도 아무런 영향 없음)

③ 분산분석:일원 배치법의 수행

- 메뉴표시줄에서 "도구→데이터 분석"을 지정
- 통계 데이터 분석 대화상자에서 "분산 분석:일원 배치법"을 지정
- "분산 분석:일원 배치법" 대화상자에서 "입력범위 : B3:D8, 데이터 방향:열, 첫째 열 이름표 사용 체크, 유의수준:0.05(또는 5%)"로 지정
- 출력옵션에서 출력범위를 A11셀로 지정한 후에 "확인"을 눌러, A11:G25구간의 분산분석 결과를 획득

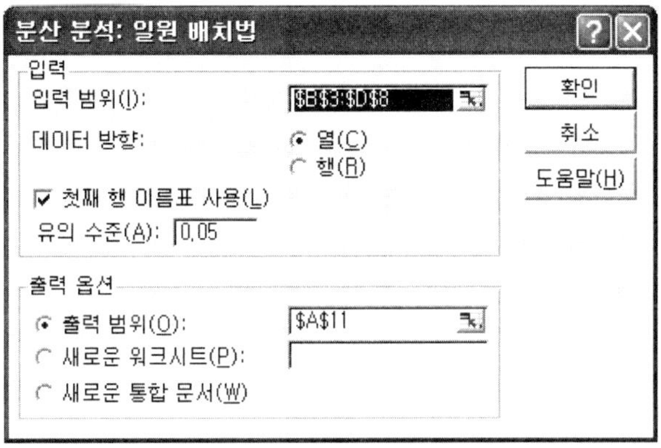

④ 분석결과의 해석 및 귀무가설의 기각 여부 결정

- 처리표본집단이 3개여서 처리의 자유도는 2(=3-1=K-1), 처리집단내부 분산인 잔차의 자유도는 9(=12-3=N-K), 전체표본의 크기가 12여서 총변동의 자유도는 11(=12-1)
- 처리의 제곱 평균 D22셀의 값이 잔차의 제곱 평균 D23셀의 값보다 아주 낮아 3개 브랜드간 변동성은 예상된 변동성보다 낮게 발생한 것을 반영
- "F비"로 나타나는 계산된 F비율이 E22셀에서 0.36658로 발생
- F22셀의 계산된 F비율에 대한 P-값은 70.299%로 귀무가설이 일반적인 유의수준에서는 기각될 수 없음을 표시
- G22셀의 F 기각치는 4.25649로 계산된 F비율에 비해 아주 크게 발생
- 계산된 F비율이 채택역에 있어, 브랜드간 어떤 격차도 없다는 귀무가설을 채택

Ⅱ. 이원 ANOVA

1. 이원분산분석의 개념

종속변수의 특성 파악을 위해 실험요인을 2개의 인자(factor : 설명변수)로 구성하여, 2차원의 분류 또는 처리를 통해 요인간 독립성과 종속성을 규명하도록 무작위로 실험대상의 처리집단을 할당하여 얻은 표본평균간 격차를 분석하는 방법

- 교호작용(interaction) : 두 처리집단들이 독립적이 아니어서, 한 요인의 특정한 처리효과가 다른 요인의 수준에 따라 변화하는 효과
  - ◦ 교호작용의 검정을 위해 2개 이상의 관찰치 또는 표본 추출된 측정치(반복, replication)를 이원자료표의 각 셀에 포함
- Excel에서는 이원분할자료표의 행(row)으로 규명된 (행 이름표를 갖는) 처리집단을 A 처리집단인자(A treatments)로, 열(column)로 규명된 (열 이름표를 갖는) 처리집단을 B 처리집단인자(B treatments)로 표시

2. 반복 없는 이원 ANOVA

이원분할자료표의 하나의 셀에 하나의 관찰치를 갖는 이원분산분석모형(two-way analysis of variance model)인 무작위 블록 설계법(randomized block design)

- 두 표본평균의 비교를 위한 쌍체 관찰치들을 사용할 경우에 k개의 대응쌍들로 구성된 자료들이 필요한 원리를 이용
- 무작위 블록 설계법(randomized block design) : 블록이라는 대응집단(matched groups)을 규명하고, 그 블록들에 개별 자료값들을 무작위로 선정 · 할당하는 방법
  - ◦ 블록 차원은 처리차원이 아니며, A처리 효과의 검정을 위해 사전 설정한 블록에 실험대상간 변동성의 일부를 할당하는 방법
- 반복 없는 이원 ANOVA(two-way analysis of variance model with no replication)의 선형모형

(11.20) $$X_{jk} = \mu + \beta_j + \alpha_k + \varepsilon_{ik}$$

X_{jk} : j번째 행(A처리집단) 또는 블록과 k번째 열(B처리집단)의 셀의 관찰치

μ : 어느 처리와도 관계없는 총평균(overall mean)

β_j : A(행) 차원의 분류에서 j번째 블록의 효과 $(= \mu_j - \mu)$

α_k : B(열) 차원의 분류에서 k번째 처리의 효과 $(= \mu_k - \mu)$

ε_{jk} : X_{jk}가 갖는 표본추출과정과 관련된 무작위 오차

- 이원실험의 표시 : K개 처리집단(treatment groups) C_k와 J개 블록집단(block groups) R_j를 갖는 경우

	C_1	C_2	· · ·	C_K	행 합계	행 평균
R_1	X_{11}	X_{12}	· · ·	X_{1K}	$T_{1\cdot}$	$\overline{X}_{1\cdot}$
R_2	X_{21}	X_{22}	· · ·	X_{2K}	$T_{2\cdot}$	$\overline{X}_{2\cdot}$
·	·	·	· · ·	·	·	·
·	·	·	· · ·	·	·	·
·	·	·	· · ·	·	·	·
R_J	X_{J1}	X_{J2}	· · ·	X_{JK}	$T_{J\cdot}$	$\overline{X}_{J\cdot}$
열 합계	T_1	T_2	· · ·	T_K		
열 평균	$\overline{X}_1$	$\overline{X}_2$	· · ·	$\overline{X}_K$		

◦ $T_k(k=1,\ldots,K)$: k번째 처리집단 표본 관찰치들의 합계

◦ $T_{j\cdot}\ (j=1,\ldots,J)$: j번째 블록 표본 관찰치들의 합계

- 총평균 $\overline{X}$

$$(11.21)\qquad \overline{X} = \frac{\sum_{j=1}^{J}\sum_{k=1}^{K} X_{jk}}{N} = \frac{\sum_{k=1}^{K}\overline{X}_k}{K} = \frac{\sum_{j=1}^{J}\overline{X}_{j\cdot}}{J}$$

◦ 표본크기 $N = JK$

- 총변동 TSS(total sum of squares)의 분해

$$(11.22.1)\qquad TSS = \sum_{k=1}^{K}\sum_{j=1}^{J}(X_{jk} - \overline{X})^2 = SSB + SST + SSE$$

- 블록간 자승합 SSB(between-blocks sum of squares)

$$(11.22.2) \qquad SSB = K\sum_{j=1}^{J}(\overline{X}_{j.} - \overline{X})^2$$

- 처리집단간 자승합 SST(between-treatments sum of squares)

$$(11.22.3) \qquad SST = J\sum_{k=1}^{K}(\overline{X}_{k} - \overline{X})^2$$

- 오차자승합 SSE(error sum of squares)

$$(11.22.4) \qquad SSE = \sum_{k=1}^{K}\sum_{j=1}^{J}(X_{jk} - \overline{X}_{k} - \overline{X}_{j.} + \overline{X})^2 = TSS - SSB - SST$$

〈표 11-2〉 반복 없는 이원분산분석(무작위 블록 설계법)의 요약표

변동의 요인	자유도 (ν)	자승 합 (SS)	자승 평균 (MS)	F 비율
블록간 (A)	J-1	SSB	$MSB = \dfrac{SSB}{J-1}$	$F = \dfrac{MSB}{MSE}$
처리집단간 (B)	K-1	SST	$MST = \dfrac{SST}{K-1}$	$F = \dfrac{MST}{MSE}$
표본추출오차 (E)	(J-1)(K-1)	SSE = TSS-SSB-SST	$MSE = \dfrac{SSE}{(J-1)(K-1)}$	
총변동 (T)	N-1	TSS		

예제 11-9) B처리집단(열 이름표 집단)에 교수법 A, B, C를 표시하고, A처리집단(행 이름표 집단 또는 블록)에 능력수준 1, 2, 3, 4, 5를 표시한 상황에서 시험성적의 결과는 다음과 같다고 하자.

이러한 경우에 3가지 교수법간의 평균성과에는 어떤 격차도 없다는 귀무가설을 5% 유의수준에서 검정할 수 있다.

	A	B	C	D	E	F	G
1	**반복 없는 이원분산분석**						
2	**능력수준(블록)**	**교수법**			**계(Ti)**	**평균(Xi)**	
3		**A**	**B**	**C**			
4	**1**	**86**	**90**	**82**	**258**	**86.0**	
5	**2**	**79**	**76**	**68**	**223**	**74.3**	
6	**3**	**81**	**88**	**73**	**242**	**80.7**	
7	**4**	**70**	**82**	**71**	**223**	**74.3**	
8	**5**	**84**	**89**	**81**	**254**	**84.7**	
9	**계(Tk)**	**400**	**425**	**375**	**1,200**		
10	**평균(Xk)**	**80.0**	**85.0**	**75.0**		**80.0**	
11	분산 분석: 반복 없는 이원 배치법						
13	요약표	관측수	합	평균	분산		
14	1	3	258	86	16		
15	2	3	223	74.33333	32.33333		
16	3	3	242	80.66667	56.33333		
17	4	3	223	74.33333	44.33333		
18	5	3	254	84.66667	16.33333		
19							
20	A	5	400	80	38.5		
21	B	5	425	85	35		
22	C	5	375	75	38.5		
25	분산 분석						
26	변동의 요인	제곱합	자유도	제곱 평균	F 비	P-값	F 기각치
27	인자 A(행)	367.3333	4	91.83333	9.107438	0.004499	3.837854
28	인자 B(열)	250	2	125	12.39669	0.003542	4.458968
29	잔차	80.66667	8	10.08333			
31	계	698	14				

① (11.20)식을 기초로 하는 두 가지의 양측가설 설정

- 첫째 양측가설

H_0 : 모든 행처리집단들에 대해 $\beta_j = 0$, H_1 : 일부 행처리집단에 대해 $\beta_j \neq 0$

- 둘째 양측가설접

H_0 : 모든 열처리집단들에 대해 $\alpha_k = 0$, H_1 : 일부 열처리집단들에 대해 $\alpha_k \neq 0$

② 자료 입력

- B4:D8구간과 같이 자료 입력

③ 분산분석:반복 없는 이원 배치법의 수행

- 메뉴표시줄에서 "도구→데이터 분석"을 지정
- 통계 데이터 분석 대화상자에서 "분산 분석:반복 없는 이원 배치법"을 지정
- "분산 분석:반복 없는 이원 배치법" 대화상자에서 "입력범위 : A3:D8, 이름표

사용 체크, 유의수준:0.05(또는 5%)"로 지정

- 출력옵션에서 출력범위를 A11셀로 지정한 후에 "확인"을 눌러, A11:G31구간의 분산분석 결과를 획득

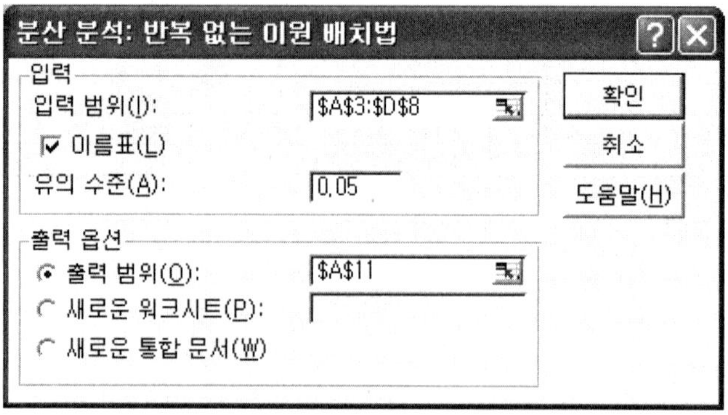

④ 〈표 11-2〉를 이용한 분석결과의 해석 및 귀무가설의 기각 여부 결정

- 첫째 양측가설의 검정

◦ 행의 A인자에 대해 제곱합 SSB는 B27셀에서 367.33으로, 자유도는 C27셀에서 4(=5-1=J-1)로, 블록간(행인자간) 자승평균인 MSB는 D27셀에서 91.83으로 발생

◦ 계산된 F비율은 MSB를 잔차(처리집단내부)의 자승 평균인 MSE로 나누어 계산한 값으로 E27셀에서 9.11로 제공

◦ 계산된 F 비율에 대한 최소유의수준인 P-값은 F27셀에서 0.45%로 유의수준 5%보다 낮게 나타나고, 5% 유의수준에서의 F분포의 기각치 역시 G27셀에서 3.83으로 계산된 F비율보다 아주 낮게 발생 → 귀무가설의 기각

◦ 행처리집단의 경우에 특정 행(블록)의 효과인 능력수준의 차이가 현저하게 성적에 영향을 주는 것으로 해석

- 둘째 가설의 검정

◦ 열의 B인자에 대해 제곱합 SST는 B28셀에서 250으로, 자유도는 C28셀에서 2(=3-1=K-1)로, 처리집단간(열인자간) 자승평균 MST는 D28셀에서 125으로 발생

◦ 계산된 F비율은 처리집단간 자승평균 MST를 잔차(처리집단내부)의 자승 평균

인 MST로 나누어 계산한 값으로 E28셀에서 12.40으로 발생

◦ 계산된 F 비율에 대한 최소유의수준인 P-값은 F28셀에서 0.35%로 유의수준 5%보다 낮게 나타나고, 5% 유의수준에서의 F분포의 기각치 역시 G28셀에서 4.46으로 계산된 F비율보다 아주 낮게 발생 → 귀무가설의 기각

◦ 열처리집단의 경우에 특정 열의 효과인 교수법 차이가 현저한 영향을 주는 것으로 해석

3. 반복 있는 이원 ANOVA

이원분할자료표의 하나의 셀에 다수의 관찰치를 갖는 이원분산분석모형으로 두 요인간의 교호작용을 검정하는데 사용하는 2요소 완전 무작위 설계법(two-factor completely randomized design)

- 다음 3개의 다른 귀무가설들을 검정하는데 사용
  - ◦ 열 평균이 유의적으로 다르지 않아, 어떤 열 효과(column effect)도 없다.
  - ◦ 행 평균이 유의적으로 다르지 않아, 어떤 행 효과(row effect)도 없다.
  - ◦ 두 요인들이 독립적이어서 두 요인들간에 어떤 교호작용도 없다.
- 유의적인 교호작용효과 : 한 요인에 대한 처리집단들의 효과는 다른 요인의 수준에 따라 변동하는 것을 반영
- 반복 있는 이원 ANOVA(two-way analysis of variance model with replication)의 선형모형

(11.23) $$X_{ijk} = \mu + \beta_j + \alpha_k + \iota_{jk} + \varepsilon_{ijk}$$

X_{ijk} : j번째 행(A 처리집단) 또는 j번째 블록의 i번째 행과 k번째 열(B 처리집단)의 셀에 있는 관찰치

μ : 어느 처리와도 관계없는 총평균(overall mean)

β_j : A(행) 차원의 분류에서 j번째 블록의 효과

α_k : B(열) 차원의 분류에서 k번째 처리의 효과 ($= \mu_k - \mu$)

ι_{jk} : A요인의 j번째 블록과 B요인의 k번째 처리간의 교호작용 효과

ε_{ijk} : X_{ijk}가 갖는 표본추출과정과 관련된 무작위 오차

- 예제 11-10과 같이 각 블록이 L개의 행으로 구성된 경우에 모든 표본 관찰치들의 총평균 $\overline{X}$

$$(11.24) \qquad \overline{X} = \frac{\sum_{k=1}^{K} \sum_{j=1}^{J} \sum_{i=1}^{L} X_{ijk}}{N}$$

◦ $N = LJK$

- 처리집단 평균(treatment group means) $\overline{X}_k$

$$(11.24.1) \qquad \overline{X}_k = \frac{\sum_{j=1}^{J} \sum_{i=1}^{L} X_{ijk}}{JL}$$

- 블록 평균(block means) $\overline{X}_{\cdot j \cdot}$

$$(11.24.2) \qquad \overline{X}_{\cdot j \cdot} = \frac{\sum_{k=1}^{K} \sum_{i=1}^{L} X_{ijk}}{KL}$$

- 블록과 처리집단의 교호작용을 측정하기 위한 셀 평균(cell means) $\overline{X}_{ij\cdot}$

$$(11.24.3) \qquad \overline{X}_{ij\cdot} = \frac{\sum_{i=1}^{L} X_{ijk}}{L}$$

〈표 11-3〉 반복 있는 이원분산분석의 요약표

변동의 요인	자유도 (ν)	자승 합 (SS)	자승 평균 (MS)	F 비율
블록간 (A)	J-1	SSB	$MSB = \frac{SSB}{J-1}$	$F = \frac{MSB}{MSE}$
처리집단간 (B)	K-1	SST	$MST = \frac{SST}{K-1}$	$F = \frac{MST}{MSE}$
A와 B요인간 교호작용(I)	(J-1)(K-1)	SSI	$MSI = \frac{SSI}{(J-1)(K-1)}$	$F = \frac{MSI}{MSE}$
표본추출오차 (처리집단내) (E)	JK(L-1)	SSE	$MSE = \frac{SSE}{JK(L-1)}$	
총변동 (T)	N-1	TSS		

- 총변동 TSS(total sum of squares)의 분해

(11.25.1) $$TSS = \sum_{k=1}^{K}\sum_{j=1}^{J}\sum_{i=1}^{L}(X_{ijk} - \overline{X})^2 = SSB + SST + SSI + SSE$$

- 블록간 자승합 SSB(between-blocks sum of squares)

(11.25.2) $$SSB = KL\sum_{j=1}^{J}(\overline{X}_{.j.} - \overline{X})^2$$

- 처리집단간 자승합 SST(between-treatments sum of squares)

(11.25.3) $$SST = JL\sum_{k=1}^{K}(\overline{X}_k - \overline{X})^2$$

- 교호작용 자승합 SSI(interaction sum of squares)

(11.25.4) $$SSI = L\sum_{k=1}^{K}\sum_{j=1}^{J}(\overline{X}_{ij.} - \overline{X}_k - \overline{X}_{.j.} + \overline{X})^2$$

- 오차자승합 SSE(error sum of squares)

(11.25.5) $$SSE = \sum_{k=1}^{K}\sum_{j=1}^{J}\sum_{i=1}^{L}(X_{ijk} - \overline{X}_{ij.})^2 = TSS - SSB - SST - SSI$$

예제 11-10) 교수법 A, B, C의 효과를 능력수준에 따라 측정한다고 가정하자. 능력수준에 따른 관찰대상영역(subject area)을 4개로 나누고, 각 대상영역에 교수법 및 능력수준별로 각각 3명씩 총 9명의 학생을 할당하

여 성적을 평가하였다.

각 대상 B처리집단(열 이름표 집단)에 교수법 A, B, C를 표시하고, A처리집단(행 이름표 집단 또는 블록)에 능력수준 1, 2, 3, 4을 표시한 상황에서 시험성적의 결과는 다음과 같다고 하자.

이러한 경우에 3가지 교수법간의 평균성과에는 어떤 격차도 없고, 개인의 능력수준간의 평균성과에도 어떤 격차도 없으며, 교수법과 능력수준간의 교호작용도 없다는 귀무가설을 5% 유의수준에서 검정할 수 있다.

	A	B	C	D	E	F
1	반복 있는 이원분산분석					
2	능력수준(블록)	교수법			계(Tj)	평균(Xj)
3	대상영역	A	B	C		
4		70	83	81		
5	1	79	89	86	717	79.7
6		72	78	79		
7		77	77	74		
8	2	81	87	69	709	78.8
9		79	88	77		
10		82	94	72		
11	3	78	83	79	722	80.2
12		80	79	75		
13		85	84	68		
14	4	90	90	71	732	81.3
15		87	88	69		
16	계(Tk)	960	1,020	900	2,880	
17	평균(Xk)	80.0	85.0	75.0		80.0

① (11.23)식을 기초로 하는 양측가설 설정

- 첫째 양측가설

H_0 : 모든 행처리집단들에 대해 $\beta_j = 0$, H_1 : 일부 행처리집단에 대해 $\beta_j \neq 0$

- 둘째 양측가설

H_0 : 모든 열처리집단들에 대해 $\alpha_k = 0$, H_1 : 일부 열처리집단들에 대해 $\alpha_k \neq 0$

- 셋째 양측가설

H_0 : 모든 셀들에 대해 $\iota_{jk} = 0$, H_1 : 일부 셀들에 대해 $\iota_{jk} \neq 0$

② 자료 입력

- A4:A6구간을 지정하고, 도구표시줄에서 "병합하고 가운데 맞춤" 표시인 "圉"을 누르고 1을 입력

- A4:A6구간을 "Ctrl+C"로 복사하여 A7:A15구간에 붙여 넣고, 병합된 구간들에 2, 3, 4를 입력
- B4:D15구간과 같이 자료 입력
- E4:E6구간을 지정하고 도구표시줄에서 "병합하고 가운데 맞춤" 표시인 "⊞"을 누르고 "=SUM(B4:D6)"을 입력, E4셀의 수식을 "Ctrl+C"로 복사하여 E7:E15구간에 붙여 대상영역별 합계 계산
- F4:F6구간을 지정하고 "⊞"을 누른 후에, "=AVERAGE(B4:D6)"을 입력
- F4셀의 수식을 "Ctrl+C"로 복사하여, F7:F15구간에 붙여 대상영역별 평균 계산
- B16셀에 "=SUM(B4:B15)"를 입력하고, 그 수식을 C16:E16셀에 복사하여 붙이기
- B17셀에 "=AVERAGE(B4:B15)"를 입력, 그 수식을 C17:D17구간과 F17셀에 복사

	A	B	C	D	E	F	G
18	분산 분석: 반복 있는 이원 배치법						
19							
20	요약표	A	B	C	계		
21	1						
22	관측수	3	3	3	9		
23	합	221	250	246	717		
24	평균	73.66667	83.33333	82	79.66667		
25	분산	22.33333	30.33333	13	37		
39	4						
40	관측수	3	3	3	9		
41	합	262	262	208	732		
42	평균	87.33333	87.33333	69.33333	81.33333		
43	분산	6.333333	9.333333	2.333333	85.5		
44							
45	계						
46	관측수	12	12	12			
47	합	960	1020	900			
48	평균	80	85	75			
49	분산	32.54545	27.45455	30.90909			
50							
51							
52	분산 분석						
53	변동의 요인	제곱합	자유도	제곱 평균	F 비	P-값	F 기각치
54	인자 A(행)	30.88889	3	10.2963	0.567637	0.641678	3.008786
55	인자 B(열)	600	2	300	16.53905	3.05E-05	3.402832
56	교호작용	533.7778	6	88.96296	4.904543	0.002111	2.508187
57	잔차	435.3333	24	18.13889			
58							
59	계	1600	35				

③ 분산분석 : 반복 있는 이원 배치법의 수행

- 메뉴표시줄에서 "도구→데이터 분석"을 지정
- 통계 데이터 분석 대화상자에서 "분산 분석:반복 있는 이원 배치법"을 지정
- "분산 분석:반복 있는 이원 배치법" 대화상자에서 "입력범위 : A3:D15, 표본당 행수 : 3, 유의수준:0.05(또는 5%)"로 지정, 출력옵션에서 출력범위를 A18셀로 지정한 후에 "확인"을 눌러, A18:G59구간의 분산분석 결과를 획득

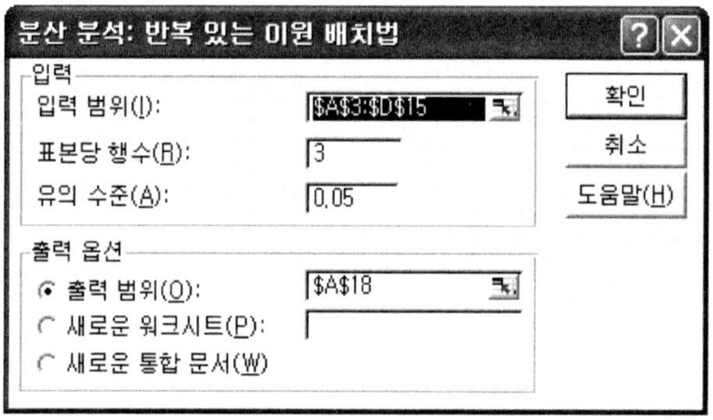

④ 〈표 11-3〉을 이용한 분석결과의 해석 및 귀무가설의 기각 여부 결정

- 첫째 양측가설의 검정
  - ◦블록간(행인자간) 자승합 SSB는 B54셀에서 30.89로, 자유도는 C54셀에서 3(=4-1=J-1)으로, 블록간(행인자간) 자승평균인 MSB는 D54셀에서 10.3으로 발생
  - ◦계산된 F비율은 MSB를 잔차(처리집단내부)의 자승 평균인 MSE로 나누어 계산한 값으로 E54셀에서 0.56으로 발생
  - ◦계산된 F 비율에 대한 최소유의수준인 P-값은 F54셀에서 64.17%로 유의수준 5%보다 높게 나타나고, 5% 유의수준에서의 F분포의 기각치 역시 G54셀에서 3.01로 계산된 F비율보다 아주 높게 발생 → 귀무가설의 기각 불가능
  - ◦행처리집단의 경우에 특정 행(블록)의 효과가 나타나지 않아 성적에 능력수준이 영향을 주지 않는다는 귀무가설 채택
- 둘째 양측가설의 검정
  - ◦열의 B인자에 대해 제곱합 SST는 B55셀에서 600으로, 자유도는 C55셀에서

2(=3-1=K-1)로, 열인자간 제곱평균인 MST는 D55셀에서 300으로 발생

◦ 계산된 F비율은 MST를 잔차(처리집단내부)의 자승 평균인 MSE로 나누어 계산한 값으로 E55셀에서 16.54로 발생

◦ 계산된 F 비율에 대한 최소유의수준인 P-값은 F55셀에서 0.003%로 유의수준 5%보다 아주 낮게 나타나고, 5% 유의수준에서의 F분포의 기각치 역시 G55셀에서 3.4로 계산된 F비율보다 아주 낮게 발생 → 귀무가설의 기각

◦ 열처리집단의 경우에 특정 열의 효과인 교수법 격차가 나타나 성적에 현저한 영향을 주는 것으로 해석

- 셋째 양측가설의 검정

◦ A인자(대상집단들)와 B인자(교습방법)간의 교호작용에 대해 제곱합 SSI는 B56셀에서 533.78로, 자유도는 C56셀에서 6(=3*2=(J-1)*(K-1))으로, 교호작용 자승평균 MSI는 D56셀에서 88.96으로 발생

◦ 계산된 F비율은 MSI를 잔차(처리집단내부)의 자승 평균인 MSE로 나누어 계산한 값으로 E56셀에서 4.9로 발생

◦ 계산된 F 비율에 대한 최소유의수준인 P-값은 F56셀에서 0.21%로 유의수준 5%보다 아주 낮게 나타나고, 5% 유의수준에서의 F분포의 기각치 역시 G56셀에서 2.51로 계산된 F비율보다 아주 낮게 발생 → 귀무가설의 기각

◦ 대상집단인자와 교수법인자간에 유의적인 교호작용이 존재하므로, 성적에 교호작용이 영향을 주지 않는다는 귀무가설을 기각

◦ 교수법 격차와 교수법 및 능력수준 교호작용이 성적에 영향을 주는 것으로 해석

〈참고문헌〉

Chao, Lincoln L.(1974), *Statistics : Methods and Analyses*, 2nd ed., McGraw-Hill, Inc., pp. 277-330.

DeGroot, Morris H.(1989), *Probability and Statistics*, 2nd ed., Addison-Wesley Publishing Co., pp. 494-510.

Frank, Harry and Steven C. Althoen(1994), *Statistics : Concepts and Applications*, Cambridge university Press, pp. 482-569.

Freedman, D., R. Pisani, and R. Purves(1991), *Statistics*, 3rd ed., W.W. Norton Co., pp. 504-534.

Freund, John E.(1992), *Mathematical Statistics*, 5th ed., Prentice-Hall International, Inc., pp. 547-569.

Mansfield, Edwin(1983), *Statistics for Business and Economics : Methods and Applications*, W.W.Norton & Co., pp. 328-404.

Harnett, D.L. and A.K. Soni(1991), *Statistical Methods : For Business and Economics*, 4th ed., Addison-Wesley Publishing Co., Inc., pp. 623-660.

Kazmier, Leonard J.(1988), *Theory and Problems of Business Statistics with Computer Applications*, 2nd ed., McGraw-Hill Book Co., pp. 200-241.

Lee, Cheng F.(1993), *Statistics for Business and Financial Economics*, D.C. Heath and Company, pp. 473-525.

Mason, Robert D.(1982), *Statistical Techniques in Business and Economics*, 5th ed., Richard D. Irwin, Inc., pp. 394-415.

Newbold, Paul, Carlson, William L., and Thorne, Betty, *Statistics for Business and Economics*, 5th ed., Pearson Education, Inc., 2003, pp. 558-561.

Sincich, Terry(1990), *Business Statistics by Example*, 3rd ed., Macmillan Publishing Co., pp. 516-576.

Spiegel, Murray R.(1992), *Theory and Problems of Probability and Statistics*, McGraw-Hill, Inc., pp. 218-257, 306-338.

Wonnacott, T.H. and R.J. Wonnacott(1990), *Introductory Statistics for Business and Economics*, 4th ed., John Wiley & Sons, pp. 325-354.

제12장

상관분석과 단순회귀

[핵심용어]

· 다변량분포	· 표본 공분산	· 표본 상관계수
· 모집단 상관계수	· 상관계수행렬	· 편상관계수
· 이변량함수	· 추정치 표준오차	· 인과관계
· 통계적 관계	· 비선형관계	· 가성상관
· 정규성	· 계열독립성	· 등분산성
· 종속변수	· 독립변수	· 오차와 잔차
· OLS추정치	· 최소자승법	· (단순, 가중)회귀분석
· 정규방정식	· 가우스-마코브 정리	· 이상점
· 모 회귀선	· 표본 회귀선	· 자기상관
· 분산분석	· 잔차도	· 적합도

[주요 Excel함수와 기능]

· COUNTA	· SQRT	· IF
· CORREL	· NORMDIST	· VLOOKUP
· 상관분석(도구→데이터 분석)		
· 공분산 분석(도구→데이터 분석)		
· 회귀분석(도구→데이터 분석)		
· TINV	· FDIST	· TDIST
· LEFT	· COUNT	· SUMSQ

제1절 상관분석

Ⅰ. 다변량모수의 추정과 검정

1. 공분산과 상관계수

이변량 또는 다변량분포는 확률변수들의 결합 행태에 관련된 모수들에 의해 특징이 결정되며, 그 대표적인 모수는 모집단 공분산(population covariance)

- 두 확률변수 X와 Y에 대한 결합 또는 이변량 분포(joint or bivariate distribution) $f(x, y)$는 두 변수의 결합 행태(joint behavior)를 표시
- μ_X 및 μ_Y의 평균, σ_X^2 및 σ_Y^2의 분산 등의 모수들에 의해 특징이 결정되는 두 확률변수 X와 Y의 단일변량 또는 주변분포(univariate or marginal distribution)는 그 결합분포에서 개별적으로 도출 → 이러한 특성에서 주변분포의 모수는 결합분포의 모수로 발생
- 이변량분포의 개념은 여러 확률변수들의 결합 행태(joint behavior)를 표시하는 다변량분포(multivariate distribution)로 일반화
- 모집단 공분산의 공식

$$(12.1) \qquad \sigma_{XY} = cov(X, Y) = E[(X-\mu_X)(Y-\mu_Y)], \qquad -\infty < \sigma_{XY} < \infty$$

- 공분산을 변수들간의 선형 관계에 대한 측정치로 사용하는 경우에 변수들의 측정단위에 따라 크기가 다르게 되는 문제점 유발
  - ◦ 양(+)의 공분산은 직접 또는 증가하는 선형관계를 표시
  - ◦ 음(-)의 공분산은 감소하는 선형관계를 표시
- 측정단위에 관계없이 두 변수간의 관계를 측정하도록 공분산을 변환시켜 개발된 수단은 다음의 모집단 상관계수(population correlation coefficient)

(12.2) $$\rho_{XY} = \frac{\sigma_{XY}}{\sigma_X \sigma_Y}, \qquad -1 \le \rho_{XY} \le 1$$

◦ ρ_{XY} = 1은 X와 Y간의 강력한 정(正)의 관계(direct relationship)를 제공

◦ ρ_{XY} = -1은 X와 Y간의 강력한 역의 관계(inverse relationship)를 제공

◦ ρ_{XY} = 0은 X와 Y간에 관계가 없음을 표시

- 공분산이 대칭인 것과 마찬가지로 상관계수도 대칭이어서, $\rho_{XY} = \rho_{YX}$가 성립

2. 다변량모수에 대한 추정

σ_{XY}, ρ_{XY} 등의 다변량모수(multivariate parameters)에 대한 추정은 표본 공분산(sample covariance) s_{XY}와 표본 상관계수(sample correlation coefficient) r_{XY}를 통해 수행

- 표본 공분산과 표본 상관계수의 특성

(12.3) $$s_{XY} = \frac{\sum_{i=1}^{n}(X_i - \overline{X})(Y_i - \overline{Y})}{n-1}$$

◦ s_{XY}는 표본분포가 모수값 σ_{XY}에 집중된 $E(s_{XY}) = \sigma_{XY}$가 되는 불편 추정사

◦ 모집단 분포가 이항정규분포인 경우에는 s_{XY}는 효율적 추정자로 발생

◦ $-\infty < s_{XY} < \infty$ 이며, $s_{XY} = s_{YX}$

(12.4) $$r_{XY} = \frac{s_{XY}}{\sqrt{s_X^2 s_Y^2}} = \frac{\sum(X_i - \overline{X})(Y_i - \overline{Y})}{\sqrt{\sum(X_i - \overline{X})^2 (Y_i - \overline{Y})^2}} = \frac{\sum x_i y_i}{\sqrt{\sum x_i^2 \sum y_i^2}}$$

◦ 표본 상관계수의 크기는 $-1 \le r_{XY} \le 1$ 에서 결정

◦ 표본 상관계수에서도 대칭성 $r_{XY} = r_{YX}$가 성립

◦ r_{XY}는 X와 Y간의 선형관계(linear relationship)의 강도만을 측정하여, $r_{XY} = 0$ 은 선형관계의 결여를 표시

◦ X와 Y가 비선형으로 관련된 경우에 r_{XY}가 0에 가까운 값으로 나타나 거의 상관이 없는 것을 의미

◦ r_{XY}가 거의 0인 경우는 두 변수간 관계의 결여가 아니라, 선형관계의 결여를 의미하는 것으로 해석

◦ Excel에서 "도구→데이터 분석"으로 표본 상관계수와 모집단 공분산을 계산

3. 상관계수의 가설검정

상관계수에 대한 가설검정은 모집단 상관계수 ρ가 0이라는 양측가설의 검정을 각 유의수준에 대해 수행

- 크기 n의 표본에서 계산된 상관계수 r의 검정 통계량

$$t = \frac{r}{\sqrt{\frac{1-r^2}{n-2}}} \tag{12.5}$$

예제 12-1) 어떤 회사가 수행한 트럭운송 10건으로 추출한 무작위표본에서 운송거리(km) X, 인도시간(일수, days) Y, 수송인원(명) Z에 대한 자료를 이용하여, X, Y, Z에 대한 표본 상관계수와 공분산을 구할 수 있다.

또한 1%, 5%, 10% 수준에서의 유의성 검정을 다음과 같이 수행할 수 있다.

	A	B	C	D	E	F	G	H	I	J	K	L
1	회차	1	2	3	4	5	6	7	8	9	10	
2	X	825	215	1070	550	480	920	1350	325	670	1215	
3	Y	3.5	1.0	4.0	2.0	1.0	3.0	4.5	1.5	3.0	5.0	
4	Z	2.0	1.0	2.5	2.0	1.0	2.5	3.0	1.5	2.3	2.8	
5	상관 분석				공분산 분석(모집단)				공분산 분석(표본)			
6		X	Y	Z		X	Y	Z		X	Y	Z
7	X	1			X	129786			X	144207		
8	Y	0.95	1		Y	465.3	1.85		Y	517	2.058	
9	Z	0.92	0.93	1	Z	220.33	0.84	0.444	Z	244.81	0.938	0.494
10	표본크기		10	t검정	유의수준			t통계량				
11	r의 자유도		8	통계량	1%	5%	10%	P-값				
12	r(XY)			8.509	기각	기각	기각	0.003%	=TDIST(D12,$C$11,2)			
13	r(XZ)			6.521	기각	기각	기각	0.018%	=TDIST(D13,$C$11,2)			
14	r(YZ)			7.168	기각	기각	기각	0.010%	=TDIST(D14,$C$11,2)			
15	기각역 t임계값				3.36	2.306	1.86					

① 자료입력과 상관분석 수행

- A1:K4구간에 표본의 자료를 입력

- 메뉴표시줄에서 "도구→데이터 분석"을 누르고, "통계 데이터 분석 : 상관분석"

을 지정한 후에 확인을 눌러 상관 분석 대화상자를 생성

- 상관 분석 대화상자에서 "입력범위 : A2:K4, 데이터 방향 : 행, 첫째 열 이름표 사용 지정, 출력범위 : A6"을 지정한 후에 "확인"을 클릭

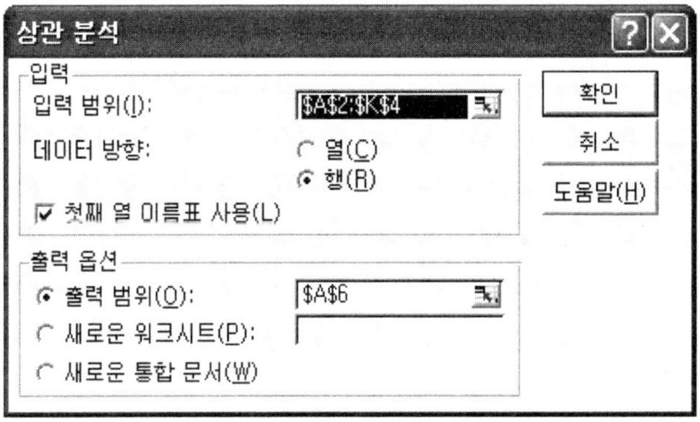

- A6:D9구간에 표시된 상관계수 행렬(correlation matrix)의 해석

◦ B7셀은 $r_{XX}=1$을 표시

◦ B8셀은 $r_{XY}=r_{YX}=0.95$, C8셀은 $r_{YY}=1$을 표시

◦ B9셀은 $r_{XZ}=r_{ZX}=0.92$, C9셀은 $r_{YZ}=r_{ZY}=0.93$, D9셀은 $r_{ZZ}=1$을 표시

② 공분산 분석 수행

- 메뉴표시줄에서 "도구→데이터 분석"을 누르고, "통계 데이터 분석 : 공분산분석"을 지정한 후에 확인을 눌러 공분산 분석 대화상자를 생성
- 상관 분석 대화상자에서 "입력범위 : A2:K4, 데이터 방향 : 행, 첫째 열 이름표 사용 지정, 출력범위 : E6"을 지정한 후에 "확인"을 클릭

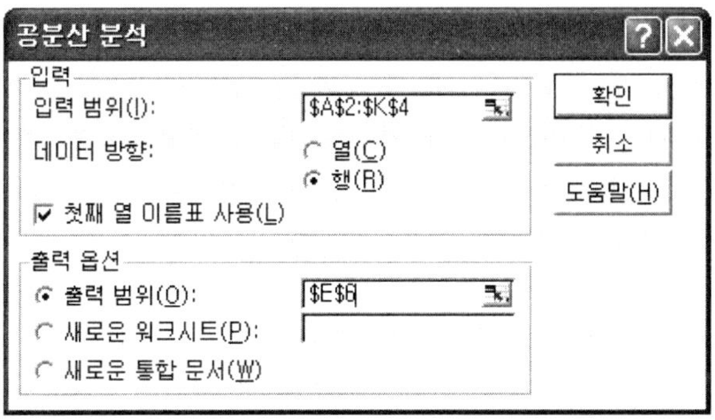

- E6:H9구간에 도출된 공분산 행렬은 모집단 공분산 공식으로 계산된 것이어서 (12.3)식과 (12.4)식을 기초로 분석을 수행하기 위해, 도출된 값에 $n/(n-1)$을 곱하여 표본 공분산 행렬을 구하도록 다음의 계산을 수행
  - ◦ J7셀에 "=IF(F7"","",F7*COUNTA($B$2:$K$2)/(COUNTA($B$2:$K$2)-1))"을 입력, 그 수식을 "Ctrl+C"로 복사
  - ◦ J7셀에 마우스 커서를 두고 마우스 왼쪽 단추를 한번 누른 후에 "Shift"를 누른 채로 L9셀에 아무스 커서를 이동하여 마우스 왼쪽 단추를 눌러 J7:L9구간을 지정한 후에 "Enter"를 클릭
- I6:L9구간의 표본 공분산 행렬의 해석
  - ◦ J7셀은 표본 분산인 $s_{XX}=s_X^2$ =144.207을 표시
  - ◦ J8셀은 $s_{XY}=s_{YX}$ =517, K8셀은 $s_{YY}=s_Y^2$ =2.058을 표시
  - ◦ J9셀은 $s_{XZ}=s_{ZX}$ =244.81, K9셀은 $s_{YZ}=s_{ZY}$ =0.938, L9셀은 $s_{ZZ}=s_Z^2$ =0.494 표시

③ 상관계수의 가설검정

- 첫째 가설인 H_0: $\rho_{XY}=0$과 H_1: $\rho_{XY}\neq 0$을 설정
- 둘째 가설인 H_0: $\rho_{XZ}=0$과 H_1: $\rho_{XZ}\neq 0$을 설정
- 셋째 가설인 H_0: $\rho_{YZ}=0$과 H_1: $\rho_{YZ}\neq 0$을 설정
- C10셀에 "=COUNTA(B2:K2)"를 입력하여 표본 크기를 10으로 계산
- C11셀에 "=C10-2"를 입력하여 자유도(=표본크기-추정자의 수)를 8로 계산
- D12셀에 "=B8/SQRT((1-B8^2)/$C$11)", D13셀에 "=B9/SQRT((1-B9^2)/$C$11)", D14셀에 "=C9/SQRT((1-C9^2)/$C$11)"을 입력하여 각 표본 상관계수의 t 검정통계량을 계산
- 양측검정이므로 E15셀에 "=TINV(E11,$C$11)"을 입력, 그 수식을 F15:G15구간에 복사하여 각 유의수준에 대한 t통계량의 임계값을 계산
- E12셀에 "=IF(D12>$E$15,"기각","채택")", F12셀에 "=IF(D12>$F$15,"기각","채택")", G12셀에 "=IF(D12>$G$15,"기각","채택")"을 입력, 각 유의수준에 대한 3가지 귀무가설의 채택여부를 결정

- r_{XY}, r_{XZ}, r_{YZ}의 t검정 통계량이 모두 각 유의수준의 임계값보다 크기 때문에, 모집단 상관계수가 0이라는 귀무가설은 모든 상관계수에 대해 기각 → 각 변수들간에는 유의적인 관계가 존재한다는 결론 도출

****

12A. 이변량함수의 기대치

- 확률변수 X와 Y가 이변량확률분포 $f(x, y)$를 갖는 경우, 함수 $g(X, Y)$의 수리적 기대치

(12A.1)

$$E(X+Y) = \begin{cases} \sum_x \sum_y (x+y) f(x, y) & X\text{와 } Y\text{가 이산확률변수의 경우} \\ \int_{-\infty}^{\infty} \int_{-\infty}^{\infty} g(x, y) f(x, y) & X\text{와 } Y\text{가 연속확률변수의 경우} \end{cases}$$

(12A.2) $E(aX + bY) = aE(X) + bE(Y)$

(12A.3) $E(X+Y) = E(X) + E(Y)$

(12A.4) $E(XY) = E(X \mid Y)E(Y)$

◦ X와 Y가 독립인 경우의 E(XY)

(12A.4.1)

$$E(XY) = E(X \mid Y)E(Y) = E(X)E(Y) = E(Y \mid X)E(X) = E(Y)E(X)$$

- 상수(a, v, w)에 대한 공분산과 상관계수의 특성

(12A.5)

$$\sigma_{XY} = E[(X - EX)(Y - EY)] = E(XY) - E(X)E(Y) = E(XY) - \mu_X \mu_Y$$

(12A.6) $\sigma_{Xa} = E(aX) - E(a)E(X) = aE(X) - aE(X) = 0$

(12A.7) $\sigma_{vX, wY} = E[(vX - E(vX))(wY - E(wY))]$

$$= E[vw(X - EX)(Y - EY)] = vwE[(X - EX)(Y - EY)] = vw\sigma_{XY}$$

(12A.8) $\rho_{vX, wY} = \dfrac{\sigma_{vX, wY}}{\sqrt{Var(vX)\, Var(wY)}} = \dfrac{vw\sigma_{X, Y}}{\sqrt{v^2 \sigma_X^2 w^2 \sigma_Y^2}}$

$$= \frac{vw\sigma_{X,Y}}{vw\sigma_X\sigma_Y} = \frac{\sigma_{X,Y}}{\sigma_X\sigma_Y} \qquad \text{for} \qquad v,\ w > 0$$

(12A.9) $$\rho_{X,a+bX} = \frac{\sigma_{X,a+bX}}{\sqrt{Var(X)Var(a+bX)}} = \frac{b\sigma_{X,X}}{\sqrt{Var(X)b^2 Var(X)}}$$

$$= \frac{b\sigma_X^2}{|b|\ \sigma_X^2} = \frac{b}{|b|} = \pm 1$$

****

Ⅱ. 인과관계와 통계적 관계

1. 인과관계

원인과 결과를 설명해주는 관계

① 직접 또는 즉각적 인과관계(direct or immediate causality) : 두 변수의 원인과 결과를 설명하는데 다른 변수를 개입시킬 필요가 없는 관계

◦ 도시의 인구팽창 → 도시 인근 주택단지 개발

◦ 무역자유화에 따른 관세와 수입제한 철폐 → 수입 증가

② 간접 또는 근사적 인과관계(indirect or proximate causality) : 두 변수의 원인과 결과를 설명하는데 다른 변수를 개입이 시켜야 하는 관계

◦ 흡연 → 일부 물질 과다 흡수로 인한 인체의 일부 장기 약화 → 폐암 발생

◦ 흡연 → 활성화 산소 억제 · 스트레스 해소 → 건강 증진

◦ 성형수술 → 일부 집단에서의 매력 창출 → 인기 증가

◦ 성형수술 → 일부 집단에서의 혐오감 초래 → 인기 감소

2. 비선형관계와 가성상관

① 비선형성(nonlinearity) : 표본 상관계수가 다른 영향들을 포착하지 못하여, 존재하는 변수간 관계를 제대로 제시하지 못하는 특성

- 인과관계가 상관을 의미하지 않는 특성

② 가성 또는 무의미 상관(spurious or nonsense correlation) : 실제로는 존재하지 않는 관계를 표시하는 상관

- 상관이 인과관계를 의미하지 않는 특성
- 서로 영향이 없는 두 변수 X와 Y가 어떤 다른 변수 Z에 공통된 영향을 주는 경우에, X와 Y간의 표본 상관계수가 크게 나타나는 가성상관이 발생 가능
- 가성상관 문제는 여타조건불변효과(ceteris paribus effects)를 나타내는 다른 모수들로 모형을 설정하여 해결

◦ 편상관계수(partial correlation cocfficients) 또는 다중회귀분석을 통해 여타 변수들에 대한 유사한 표본상관계수를 측정하여 가성상관을 해결

3. 통계적 관계와 산점도

가. 결정적 관계와 통계적 관계

① 결정적 관계(deterministic relationship) : 일단 어떤 변수 X의 값이 주어지면, 그 변수의 값으로 다른 변수 Y의 값을 정확히(exactly) 추정하도록 사용할 수 있는 엄밀한(exact) X와 Y간의 관계

② 통계적 또는 확률적 관계(statistical or stochastic relationship) : 어떤 변수 Y의 평균값이 다른 변수 X의 값에 관련된 경향이 있어 확률적으로는 정확하게 관계를 설명할 수 있지만, X의 값으로 Y의 값을 확실하게 예측할 수 없는 경우의 관계

나. 산점도

수평축에는 독립변수의 값들을, 수직축에는 종속변수의 값들을 표시하여, 독립변수와 종속변수의 관찰된 쌍별 값(순서쌍, 좌표)의 점들로 구성한 그림

- 산점도(scatter diagram or plot)에서 점들의 집합 주로 타원(ellipse) 형태로 발생
- 타원의 모양이 길고, 그 폭이 좁게 나타날수록, 상관계수의 절대값이 1에 근접
- 타원의 모양이 동그라미(원)에 가까울수록 상관관계 감소
- 타원의 긴축이 기울어진 방향에 따라 상관계수의 부호를 측정
- 점들이 한 직선에 모두 있으면, 상관계수 절대값이 1이 되는 완전상관관계 성립
- 두 변수간 평균적 관계를 이용하는 산점도분석의 목적

① 관계의 정 또는 역의 여부와 강약 정도 규명

② 관계의 선형 또는 비선형의 여부 규명

예제 12-2) 예제 12-1의 표본자료를 이용하여 인도일수 Y를 종속변수로, 운송거리(Km) X를 독립변수로 하여 산점도를 작성하면 다음과 같다.

- 차트 작성을 위한 A2:K3의 자료구간 지정
- 도구모음줄에서 차트마법사 "📊"를 눌러 차트마법사 1단계 대화상자 생성
- 차트마법사 1단계 대화상자에서 "분산형 : 값을 점으로 비교"를 지정
- 차트마법사 3단계 대화상자 제목의 "X축 : 운송거리, Y축 : 인도일수" 입력, 범례에서 "표시제거"를 지정 후에 "마침"을 눌러 양의 상관을 제공하는 다음 그림 완성

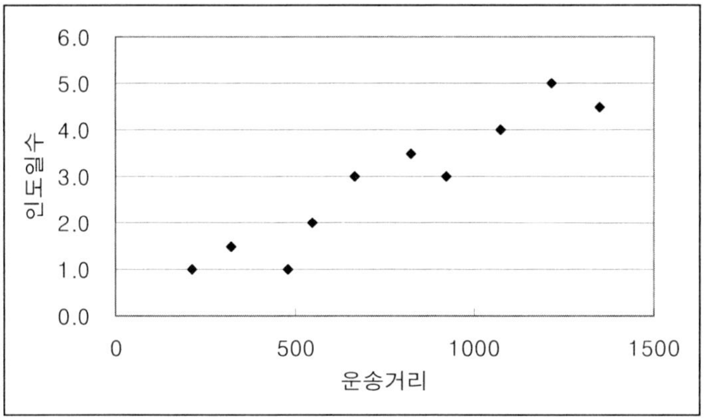

제 2 절 회귀분석

Ⅰ. 회귀분석의 특성과 가정

1. 회귀분석의 개념과 특성

다른 변수의 알려진 값을 기초로 한 변수의 모르는 값을 추정하는데 사용할 수 있는 방정식을 도출하여, 한 변수가 다른 변수에 관련된 방식을 설명하는 분석

- Sir Francis Galton(1822-1911)이 부모 신장(키)과 자녀 신장간의 관계에 대한 연구에서 최초로 "회귀"(regression) 용어를 적용
- 회귀방정식(regression equation) : 종속변수의 추정치가 결정되는 대수적 공식
- 단순회귀분석(simple regression analysis) : 하나의 설명변수만을 조건으로 종속변수의 값을 추정하는 방법
- 다중회귀분석(multiple regression analysis) : 2개 이상의 설명변수들을 조건으로 종속변수의 값을 추정하는 방법
- 회귀분석에서 종속변수는 Y, 설명변수는 X_1, X_2, ..., X_n으로 표시
- 회귀분석(regression analysis)의 목적 : 관련 변수(독립변수)의 알려진 값에 대해 어떤 확률변수(종속변수)의 값을 추정

〈표 12.1〉 회귀분석의 변수 구분

종속변수(Dependent variable)	독립변수(Independent variable)
피예측치(Predictand) 피회귀인자(Regressand) 피설명변수(Explained variables) 효과변수(Effect variables) 내생변수(Endogenous variables) 표적 또는 반응(Target or response)변수 후결변수(Postdetermined variables)	예측자(변수)(Predictors) 회귀인자(변수)(Regressors) 설명변수(Explanatory variables) 원인변수(Causal variables) 외생변수(Exogenous variables) 통제변수(Control variables) 선결변수(Predetermined variables)

2. 회귀분석의 목표와 가정

가. 회귀분석의 세부 목표

① 독립변수의 주어진 값들에 대한 종속변수의 추정치 계산

② 종속변수 추정을 위한 회귀선 사용에서 발생 가능한 오차의 측정

③ 독립변수의 단위 변화에 대한 종속변수의 평균값 변화 효과에 대한 추정치 계산

④ 두 변수간 관계의 정도에 대한 추정치를 (결정계수를 통해) 계산

나. 회귀분석의 가정

① 선형성(linearity) : 독립변수와 종속변수는 선형 관계를 보유

(12.6) $Y_i = \alpha + \beta X_i + u_i$ = 결정적 구성요소 + 확률적 구성요소

Y_i : i번째 시행 또는 관찰에서의 종속변수의 값

α : 회귀방정식의 첫째 모수, 독립변수 X가 0인 경우에 나타나는 Y의 값

β : 회귀방정식의 둘째 모수, 회귀선의 기울기를 표시

X_i : i번째 시행 또는 관찰에서의 독립변수의 특정한 값

u_i : i번째 시행 또는 관찰에서의 무작위표본오차 또는 교란(random sampling error or disturbance)으로, 알려진 확률분포를 갖는 확률변수(random variable)이며, Y의 관찰되지 않은 확률적 구성요소(stochastic or random component)

◦ $\alpha + \beta X_i$: Y_i의 결정적 구성요소이며, $E(u_i \mid X_i) = 0$인 경우에 발생하는 주어진 X_i에 대한 Y_i의 조건부 평균(conditional mean)

(12.7) $E(Y_i \mid X_i) = \alpha + \beta X_i$

- Y의 평균값은 X의 값이 주어진 경우에 대한 X의 선형함수
- 조건부확률분포의 평균은 다음 종류의 방정식으로 된 모집단회귀선(population regression line) 또는 진정회귀선(true regression line)으로 부르는 직선에 위치

(12.8) $\mu_{Y \cdot X} = \alpha + \beta X$

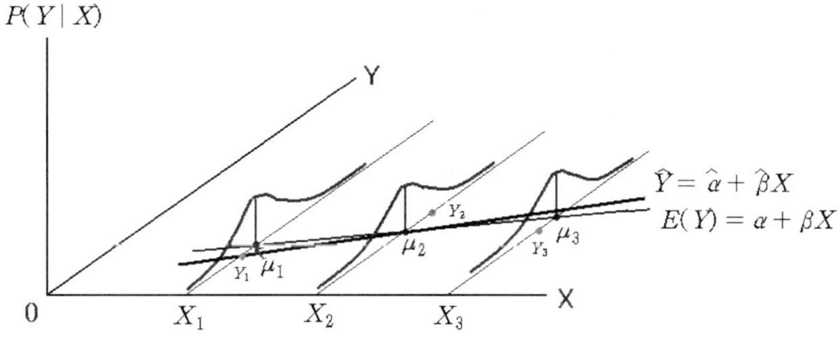

〈그림 12.1〉 모집단 회귀선 $E(Y)$와 표본회귀선 $\hat{Y}$

② 정규성(Normality)

- 비확률적 관찰치 독립변수 X의 어떤 특정 값에 대해서도 확률변수인 종속변수 Y의 조건부분포는 정규분포를 따르며, 이에 따라 오차 u도 정규분포를 따른다

◦〈그림 12-1〉과 같이 X의 각 값 X_1, X_2, X_3 등에 대해 Y의 값이 발생할 조건부확률은 평균 μ_i와 분산 σ^2을 갖는 정규분포 $N(\mu_i, \sigma^2)$으로 발생

- 독립변수의 모든 값들은 동일하지 않고, 하나 이상의 X_i의 값들은 다른 X_i의 값들과는 서로 달라 표본 분산 $s_X^2 = \sum_{i=1}^{n}(X_i - \overline{X})/(n-1)$은 0이 아니다.

③ 이상점 부재(no outliers) : 각 u_i는 조건부 기대치(conditional expectation) $E(u_i \mid X_t) = 0$을 갖는 확률변수이며, 무조건부 기대치 $E(u_i)$는 0이다.

- 이상점(outlier) : 특이한 어떤 요인들에 의해 발생하여, 다른 관찰치와는 아주 큰 격차를 갖는 관찰치
- 단순회귀에서는 자료의 산점도를 작성하여 이상점 파악이 용이
- 다중회귀에서는 자료의 산점도 작성이 곤란하기 때문에, 잔차 e_i 분석을 통해 이상점을 검색

④ 등분산성(homoscedasticity)

- 종속변수 Y의 모든 값들과 오차 u의 모든 값들은 동일한 조건부 분산

(conditional variance) σ^2을 가져, $Var(Y_i \mid X_i) = Var(u_i \mid X_i) = E(u_i^2 \mid X_i) = \sigma^2$이 성립

◦〈그림 12-1〉과 같이 X의 각 값에 대한 Y의 조건부확률은 동일한 분산의 정규분포로 나타나, X의 각 값에서 나타나는 Y값의 확률분포곡선들의 폭은 동일

⑤ 계열 독립성(serial independence)

- 종속변수 Y의 각 값들은 서로 독립적이어서, Y_i를 발생시키는 모집단의 무조건부분포(unconditional distribution)는 $Y_i \sim N(\alpha + \beta X_i, \sigma^2)$로 표시

◦종속변수인 확률변수 Y의 각 값은 통계적으로 독립이어서, 다른 값에 영향을 받지 않는다. 따라서 주어진 X_i에 대해 모집단 회귀선으로 결정된 Y의 조건부 평균값 μ_i와 실제값 Y_i간의 격차인 오차 u_i는 다른 X_j에 대해 나타나는 오차 u_j에 의해 영향을 받지 않음

- 오차 u의 값들은 독립적으로 분포되어, 다른 값들에 대한 조건부 공분산은 0이어서, $Cov(u_i, u_s \mid X_i) = E(u_i u_s \mid X_i) = 0$이 모든 $i \neq s$에 대해 성립

◦독립변수가 비확률변수이므로, u_i는 X의 모든 값에 대해서도 독립적이어서 $Cov(u_i, X_i) = E(u_i X_i) = 0$

- 정규성, 독립성, 등분산성을 갖는 오차 u_i는 동일한 분산을 가진 균등 독립적인 정규분포를 이루며(independently identically distributed), 이를 i.i.d. $\sim N(0, \sigma^2)$으로 표시

⑥ 표본의 크기인 관찰치 수 n은 추정된 회귀계수의 수 m보다 많아야 한다.

다. 오차항 u의 4대 원천

- i번째 Y의 관찰치에 대한 오차 u_i는 특정 자료점 Y_i와 진정한 회귀선간의 거리(distance)로 규정

(12.9) $$u_i = Y_i - \alpha - \beta X_i$$

오차 = 실제 값 - 진정한 회귀선의 값

- 오차항의 4대 원천

① 누락된 변수(omitted variables) : 종속변수에 영향을 주는 중요한 변수들의 누락

② 비선형성(nonlinearity) : Y와 X간의 비선형성의 효과로 인해 2차 이상의 설명 변수 항들의 효과가 결정적 부분에서 누락되어 오차에 포함

③ 측정오차(measurement error) : X와 Y의 측정에서 발생된 오차

④ 예측 불능의 효과(unpredictable effects) : 확률적으로 발생하는 중요한 요인의 예측 불능에 따라 결정적 부분에서 해당 요인의 누락

Ⅱ. 최소자승법의 개념과 정규방정식

1. 최소자승법의 개념

종속변수 실제값과 추정된 회귀선의 값간의 격차인 잔차의 자승을 최소로 하는 최우량 적합선을 도출하는 방식

- 표본회귀함수(sample regression function) : 표본을 추출하여 추정한 회귀방정식

(12.10) $\hat{Y}_i = \hat{\alpha} + \hat{\beta} X_i$

- 표본회귀선(sample regression line) : 표본추정치들(sample estimates)인 $\hat{\alpha}$와 $\hat{\beta}$를 이용하여 구한 회귀선
- 잔차(residuals) : 추정된 회귀선과 종속변수 실제값간의 편차

(12.11) $e_i = Y_i - \hat{\alpha} - \hat{\beta} X_i = Y_i - \hat{Y}_i$(= 실제 값 - 추정된 회귀선의 값)

◦ 잔차도(residual plot) : 독립변수 또는 적합된 회귀선 값들에 대해 잔차 e를 표시한 그림

- 적합선(fitting line) : 추정된 회귀선, 우량한 적합선일수록 잔차는 축소
- 잔차자승합(sum of squared residuals : SSR) 또는 오차자승합(error sum of squares : ESS) : 잔차들의 크기를 측정하는 수단

(12.12) $SSR \equiv ESS = \sum_{i=1}^{N} e_i^2$

$$= \sum_{i=1}^{N} (Y_i - \hat{\alpha} - \hat{\beta}X_i)^2 = \sum_{i=1}^{n} [Y_i - \overline{Y} - \hat{\beta}(X_i - \overline{X})]^2$$

$$= \sum_{i=1}^{n} (Y_i - \overline{Y})^2 + \hat{\beta}^2 \sum_{i=1}^{n} \sum_{i=1}^{n} (X - i - \overline{X})^2 - 2\hat{\beta} \sum_{i=1}^{n} (Y_i - \overline{Y})(X_i - \overline{X})$$

$$= S_{yy} + \hat{\beta}^2 S_{xx} - 2\hat{\beta} S_{xy}$$

- 최우량 적합선 : SSR을 최소화시키는 적합선
- 최소자승추정치(least squares estimates : LSE) 또는 정규최소자승(ordinary least squares : OLS) 추정치 : 잔차자승합을 최소화시키는 방식으로 계산된 추정치
- 회귀분석의 가정을 충족시키는 OLS 추정자들은 가장 효율적인 불편추정자가 되며, 독립변수 X가 확률변수인 경우에도 OLS절차는 최우량 선형불편 추정치(best linear unbiased estimates : BLUE)를 제공

2. 정규방정식

OLS추정치를 구하는데 사용하는 2개 방정식이며, SSR(잔차자승합)을 $\hat{\alpha}$와 $\hat{\beta}$에 대해 최소화시키는 조건을 제공하는 방정식

(12.13.1) $\sum e_i = \sum (Y_i - \hat{\alpha} - \hat{\beta}X_i) = \sum Y_i - (n\hat{\alpha}) - \hat{\beta}\sum X_i = 0$

(12.13.2) $\sum X_i e_i = \sum [X_i(Y_i - \hat{\alpha} - \hat{\beta}X_i)] = 0$

- 정규방정식(normal equations)의 특성
  - ◦ 정규분포와는 무관하며, SSR의 α와 β에 대한 1계 편도함수 $\partial SSR/\partial\alpha$와 $\partial SSR/\partial\beta$를 각각 0으로 설정하여 도출
  - ◦ 최소자승의 직교성조건(orthogonality condition of least squares) : (12.13.2)식
- 정규방정식을 이용한 모집단 모수 α(회귀식 절편)와 β(기울기 계수)에 대한 표본 추정치 $\hat{\alpha}$와 $\hat{\beta}$의 공식

(12.14.1) $\hat{\alpha} = \overline{Y} - \hat{\beta}\overline{X}$

$$\hat{\beta} = \frac{\sum_{i=1}^{N}(Y_i - \overline{Y})(X_i - \overline{X})}{\sum_{i=1}^{N}(X_i - \overline{X})^2} = \frac{\sum_{i=1}^{N} X_i Y_i - n\overline{X}\,\overline{Y}}{\sum_{i=1}^{N} X_i^2 - n\overline{X}} \quad (12.14.2)$$

◦ 편차형으로 표시한 기울기 계수

$$\hat{\beta} = \frac{\sum_{i=1}^{N}(Y_i - \overline{Y})(X_i - \overline{X})}{\sum_{i=1}^{N}(X_i - \overline{X})^2} = \frac{\sum x_i y_i}{\sum x_i^2} = \frac{S_{xy}}{S_{xx}} \quad (12.15)$$

◦ (12.15)식에서 반드시 $S_{xx} \neq 0$이어야 $\hat{\beta}$가 성립

◦ 표본분산 $s_X^2 = \frac{1}{n-1} \sum (X_i - \overline{X})^2$은 항상 0보다 크게 발생

****

- (12.14.2)식의 도출과정

◦ (12.13.1)식에서 $\sum e_i = 0$이므로, 제일 우변의 식을 n으로 나누면

$$\frac{1}{n} \sum Y_i = \hat{\alpha} + \hat{\beta}\frac{1}{n} \sum X_i \quad (12.B.1)$$

◦ 표본평균들의 식 $(1/n)\sum Y_i = \overline{Y}$와 $(1/n)\sum X_i = \overline{X}$를 이용

$$\overline{Y} = \hat{\alpha} + \hat{\beta}\overline{X} \quad (12.B.2)$$

◦ 표본회귀선(sample regression line) 또는 적합된 직선(fitted straight line) : (12.B.2)식으로 구해진 직선

- (12.13.2)식에서 다음이 성립

$$\sum (X_i Y_i) - \hat{\alpha}\sum X_i - \hat{\beta}\sum X_i^2 = 0 \quad (12.B.3)$$

- (12.14.1)식과 $(1/n)\sum Y_i = \overline{Y}$ 및 $(1/n)\sum X_i = \overline{X}$ 를 (12.B.3)식에 대입하여 (12.14.2)식을 도출

****

Ⅲ. OLS추정자의 표본분포와 가설검정

1. OLS추정자의 표본추출특성

① 불편성(unbiasedness)

(12.16) $E(\hat{\beta}) = E\left(\frac{\sum x_i y_i}{\sum x_i^2}\right) = \frac{1}{\sum x_i^2} \sum x_i E(Y_i) = \frac{1}{\sum x_i^2} \sum x_i(\alpha + \beta X_i)$

$$= \frac{1}{\sum x_i^2} (\alpha \sum x_i + \beta \sum x_i^2) = \beta$$

$\because \quad \sum x_i = \sum y_i = 0 \;\Rightarrow \sum x_i y_i = \sum x_i Y_i$

- 모수 β의 추정을 위해 표본 추정자 $\hat{\beta}$를 사용하는 과정에서 표본추출오차가 발생하더라도, 그 표본추출오차의 기대치는 0이 된다. 따라서 반복추출에서 표본추정자 $\hat{\beta}$의 기대치는 항상 모수 β로 발생

② 효율성과 최우량 선형불편성

- 종속변수 Y의 모집단 분산 σ^2의 표본 추정자 s^2은 분자에 (12.12)식의 SSR을 포함하고, 분모에는 자유도 $n-2$를 사용하여 불편추정자(unbiased estimator)로 계산
- 자유도는 정규방정식 (12.13.1)식과 (12.13.2)식에 의해 사전에 결정해야 하는 추정자가 2개이므로 표본크기 n에 대해 $n-2$로 결정

(12.17)

$$s^2 = \frac{\sum_{i=1}^{n} e_i^2}{n-2} = \frac{1}{n-2} \sum_{i=1}^{n} (Y_i - \hat{\alpha} - \hat{\beta} X_i)^2 = \frac{1}{n-2}\left(S_{yy} - \frac{S_{xy}^2}{S_{xx}}\right)$$

- 회귀분석의 추정된 표준편차인 추정치 표준오차 $s_{Y,X}$의 공식

(12.18)

$$s_{Y,X} = \sqrt{\frac{SSR}{n-2}} = \sqrt{\frac{\sum_{i=1}^{n}(Y_i - \hat{\alpha} - \hat{\beta}X_i)^2}{n-2}} = \sqrt{\frac{1}{n-2}\left(S_{yy} - \frac{S_{xy}^2}{S_{xx}}\right)}$$

◦ 추정된 분산의 자승근 $s_{Y,X}$를 교란의 표준오차(standard error of the disturbance) 또는 회귀의 표준오차(standard error of the regression)라고 부름

- 추정치 표준오차(standard error of the estimate)는 표본회귀선에 의해 결정되며, 표본 추정치 $\hat{Y}_i$를 예측자(predictor)로 사용할 경우에 발생하는 오차의 산포(dispersion)를 측정하는데 사용
- 추정치 표준오차는 종속변수의 측정단위에 따라 민감하게 변동하지만, 가설검정과 신뢰구간추정에 사용되는 표준오차의 역할을 수행
- $E(s^2_{X,Y}) = \sigma^2_Y$의 불편성(unbiasedness)은 $\hat{\alpha}$와 $\hat{\beta}$ 모두 효율적이며 최우량 선형불편성의 특성을 가질 수 있다는 것을 의미
- 정규성이 성립되는 경우에 OLS추정자는 효율적이어서, 모든 불편추정자들 중에서 최소분산 추성자도 계산됨
- 가우스-마코브 정리(Gauss-Markov Theorem)에 의해 정규분포 여부와 상관없이 OLS추정자들은 BLUE(best linear unbiased estimators, 최우량 선형 불편추정자)

가우스-마코브 정리(Gauss-Markov Theorem) : 정규성이 결여된 경우에도 오차 u_i가 평균 0과 분산 σ^2의 균등독립된 분포를 가져 $u_i \sim i.i.d.(0, \sigma^2)$가 성립하면, 고전적 선형회귀모형(classical linear regression model) $Y_i = \alpha + \beta X_i + u_i$에서 최소자승 추정자 $\hat{\alpha}$와 $\hat{\beta}$는 같은 종류의 모든 선형불편추정자 중 최소분산을 보유

2. OLS추정자의 표본분포

- OLS추정자의 표준오차를 회귀계수의 표준오차(standard error of the regression coefficients)라 하며, $s_{\hat{\alpha}}$와 $s_{\hat{\beta}}$로 표시
- 추정된 회귀계수 $\hat{\alpha}$와 $\hat{\beta}$의 분산과 공분산

(12.19) $$s^2_{\hat{\alpha}} \equiv Var(\hat{\alpha}) = \sigma^2\left(\frac{1}{n} + \frac{\overline{X}^2}{\sum x_i^2}\right) = \sigma^2\left(\frac{\sum X_i^2}{nS_{xx}}\right)$$

(12.20)

$$s^2_{\hat{\beta}} \equiv Var(\hat{\beta}) = V\left(\frac{\sum x_i y_i}{\sum x_i^2}\right) = \left(\frac{1}{\sum x_i^2}\right)^2 V(\sum x_i y_i) = \left(\frac{1}{\sum x_i^2}\right)^2 V(\sum x_i Y_i)$$

$$= \frac{1}{(\sum x_i^2)^2}\sum x_i^2 V(Y_i) = \frac{1}{(\sum x_i^2)^2}\sigma^2 \sum x_i^2 = \frac{\sigma^2}{\sum x_i^2} = \frac{\sigma^2}{S_{xx}}$$

(12.21) $$s_{\hat{\alpha}\hat{\beta}} \equiv cov(\hat{\alpha}, \hat{\beta}) = -\sigma^2 \frac{\overline{X}}{S_{xx}}$$

3. 회귀선 계수의 가설검정

회귀방정식을 추정 또는 예측에 사용하기 전에, 모집단에서 종속변수와 독립변수 간의 관계가 실제로 존재하는지 또는 표본에서 관찰된 관계가 우연히 발생했는지의 여부를 결정하는 절차

- 회귀선의 기울기 추정치 $\hat{\beta}$와 절편 추정치 $\hat{\alpha}$의 표본분포를 이용하여 β와 α에 대한 신뢰구간의 결정과 가설검정 수행
- 기울기에 대한 일반적인 검정가설

  H_0 : 독립변수는 종속변수와 어떤 관계도 없어, 모집단 회귀선의 기울기 $\beta = 0$

  H_1 : 독립변수는 종속변수와 어떤 유의적인 관계를 가져, 모집단 회귀선의 기울기 $\beta \neq 0$
- β와 α에 대한 검정통계량 분포

(12.19.1) $$\frac{\hat{\beta} - \beta}{s_{\hat{\beta}}} \sim t_{(n-2)}, \quad s_{\hat{\beta}} = \frac{s}{\sqrt{S_{xx}}} = \frac{s}{\sigma}\frac{\sigma}{\sqrt{S_{xx}}} = s\frac{\sigma_{\hat{\beta}}}{\sigma}$$

(12.19.2) $$\frac{\hat{\alpha}-\alpha}{s_{\hat{\alpha}}} \sim t_{(n-2)}, \quad s_{\hat{\alpha}} = s\sqrt{\frac{\sum X_i^2}{nS_{xx}}}$$

(12.19.3) $$s^2 = \hat{\sigma}^2 = \frac{\sum e_i^2}{n-2} = \frac{SSR}{n-2}$$

- 신뢰수준과 신뢰구간의 관계

(12.20.1) $$P\left(-t_{a/2,(n-2)} < \frac{\hat{\beta}-\beta}{s_{\hat{\beta}}} < t_{a/2,(n-2)}\right) = 1-a$$

(12.20.2) $$P(\hat{\beta} - t_{a/2,(n-2)} s_{\hat{\beta}} < \beta < \hat{\beta} + t_{a/2,(n-2)} s_{\hat{\beta}}) = 1-a$$

(12.21.1) $$P\left(-t_{a/2,(n-2)} < \frac{\hat{\alpha}-\alpha}{s_{\hat{\alpha}}} < t_{a/2,(n-2)}\right) = 1-a$$

(12.21.2) $$P(\hat{\alpha} - t_{a/2,(n-2)} s_{\hat{\alpha}} < \alpha < \hat{\alpha} + t_{a/2,(n-2)} s_{\hat{\alpha}}) = 1-a$$

- 유의수준 $a = 5\%$를 사용하고, 표본크기 n이 20보다 큰 경우에 자유도 $n-2$를 갖는 t임계값은 약 2이고, 표본크기가 증가할수록 그 임계값은 표준정규분포의 통계량인 1.96에 접근
- t검정통계량이 유의수준으로 설정된 기각역 임계값의 t값보다 크면, 귀무가설을 기각하는 t-검정을 수행
- P-값 접근법(P-value approach) : t검정통계량의 최소유의수준인 P-값을 계산하고, 설정된 유의수준보다 낮으면 귀무가설을 기각

Ⅳ. 표본변동의 분해와 분산분석

1. 결정계수

종속변수 총변동 중에서 독립(설명)변수에 의해 설명되는 비율로 측정한 회귀방정식의 설명력을 나타내는 값

- (12.6)식의 회귀모형은 Y_i의 결정을 설명변수에 관련된 체계적 구성요소와 오차 u_i에 관련된 비체계적 구성요소로 표현

- 표본회귀함수 (12.10)식에서 Y_i의 변동을 그 표본평균에 대한 변동으로 표시한 총자승합(total sum of squares) TSS

(12.22) $$TSS = \sum_{i=1}^{n} (Y_i - \overline{Y})^2 = \sum_{i=1}^{n} y_i^2 = S_{yy}$$

(12.23) $$\begin{aligned} TSS &= \sum (Y_i - \overline{Y})^2 = \sum [(Y_i - \hat{Y}_i) + (\hat{Y}_i - \overline{Y})]^2 \\ &= \sum [e_i + (\hat{Y}_i - \overline{Y})]^2 = \sum e_i^2 + 2\sum (\hat{Y}_i - \overline{Y})e_i + \sum (\hat{Y}_i - \overline{Y})^2 \\ &= SSR + 0 + RSS = RSS + SSR \end{aligned}$$

(12.24) $$S_{yy} = \hat{\beta} S_{xy} + (S_{yy} - \hat{\beta} S_{xy})$$

- 회귀자승합(Regression Sum of Squares) RSS는 회귀모형에 의해 제공되는 설명된 변동(explained variation)

(12.24.1) $$RSS = \sum (\hat{Y}_i - \overline{Y})^2 = \sum [(Y_i - \overline{Y}) - e_i]^2$$

- 다중결정계수(coefficient of multiple determination) R^2는 X에 의해 설명되는 Y의 총분산의 비율을 측정

(12.25) $$R^2 = 1 - \frac{SSR}{TSS} = \frac{RSS}{TSS} = \frac{\hat{\beta}^2 \sum_{i=1}^{n} x_i^2}{\sum_{i=1}^{n} y_i^2} = \frac{\hat{\beta}^2 S_{xx}}{S_{yy}} = \frac{S_{xy}^2}{S_{xx} S_{yy}}$$

◦ 우량한 회귀모형일수록 설명되지 않은 변동(unexplained variation)인 잔차자승합 SSR이 작기 때문에, 회귀모형의 적합 우량성은 TSS에서 차지하는 SSR의 비율이 작을수록 증가

◦ TSS, SSR, RSS는 모두 자승값이어서 0 이상이며, $TSS \geq RSS$와 $TSS \geq SSR$이므로 $0 \leq R^2 \leq 1$이 성립

◦ 표본 회귀선에서 어떤 오차도 없다면 SSR=0과 $R^2 = 1$이 성립하므로, $R^2 = 1$은 완전 적합(perfect fit)을 의미

◦ $R^2 = 0$이라면, X는 Y에 대해 어떤 설명력도 갖지 않아, $\beta = 0$을 의미

◦ R^2의 값이 높을수록 표본회귀선의 우량한 적합을, 낮을수록 불량한 적합을 의미

- (12.25)식의 결정계수 R^2와 (12.4)식의 표본상관계수 r_{XY}의 관계

(12.26) $$R^2 = \frac{\hat{\beta}^2 \sum x_i^2}{\sum y_i^2} = \left(\frac{\sum x_i y_i}{\sum x_i^2}\right)^2 \frac{\sum x_i^2}{\sum y_i^2} = \frac{(\sum x_i y_i)^2}{\sum x_i^2 \sum y_i^2} = r_{XY}^2$$

(12.27) $$r^2_{Y\hat{Y}} = \frac{s^2_{Y\hat{Y}}}{s_Y^2 s^2_{\hat{Y}}} = \frac{RSS^2}{TSS \times RSS} = \frac{RSS}{TSS} = R^2$$

(12.27.1)

$$s_{Y\hat{Y}} = \frac{\sum(Y_i - \overline{Y})(\hat{Y}_i - \overline{Y})}{n-1} = \frac{\sum[e_i + (\hat{Y}_i - \overline{Y})](\hat{Y}_i - \overline{Y})}{n-1}$$

$$= \frac{\sum(\hat{Y}_i - \overline{Y})^2}{n-1} = \frac{RSS}{n-1}$$

(12.27.2) $$s_Y^2 = \frac{\sum(Y_i - \overline{Y})^2}{n-1} = \frac{TSS}{n-1}$$

(12.27.3) $$s^2_{\hat{Y}} = \frac{\sum(\hat{Y}_i - \overline{Y})^2}{n-1} = \frac{RSS}{n-1}$$

2. 회귀모형의 분산분석과 F검정

- 자유도 1의 RSS로 측정되는 체계적 구성요소가 자유도 $(n-2)$의 SSR로 측정된 비체계적 구성요소에 비해 유의적으로 큰가의 여부를 F통계량을 이용하여 검정

- $RSS = \hat{\beta}S_{xy} = S_{xy}^2 / S_{xx}$와 $SSR = S_{yy} - \hat{\beta}S_{xy} = S_{yy} - S_{yy}R^2 = S_{yy}(1-R^2)$을 이용한 F검정 통계량 도출

(12.28) $$F = \frac{RSS/1}{SSR/(n-2)} = \frac{(n-2)R^2}{1-R^2}$$

- 회귀모형 검정을 위한 귀무가설 $H_0: \beta = 0$에 대한 t검정통계량

(12.29) $$t = \frac{\hat{\beta}}{s_{\hat{\beta}}} = \frac{S_{xy}/S_{xx}}{\sqrt{s^2/S_{xx}}} = \frac{S_{xy}}{\sqrt{S_{xx}SSR/(n-2)}}$$

(12.30) $$t^2 = \frac{S_{xy}^2/S_{xx}}{SSR/(n-2)} = \frac{RSS}{SSR/(n-2)} = F$$

- (12.28)식과 (12.30)식을 이용한 귀무가설 검정에 대한 t-비율과 R^2 간의 관계

(12.31) $$R^2 = \frac{t^2}{t^2 + (n-2)}$$

(12.32) $$t = \sqrt{\frac{(n-2)R^2}{1-R^2}} = \frac{R}{\sqrt{\frac{1-R^2}{n-2}}}$$

- 표본크기 n이 클수록, 결정계수 R^2가 클수록 t검정통계량은 증가
- 검정통계량 F가 설정된 유의수준에 따른 F임계값 F_C보다 큰 경우에 $H_0: \beta = 0$은 기각되고, 독립변수의 변동이 종속변수의 변동을 설명하는 상황인 $R^2 > 0$을 의미
- P-값은 " $P(F > F_C)$ "로 계산되며, 유의수준보다 낮게 계산된 P-값은 귀무가설의 기각을 의미
- Excel에서는 P-값을 "유의한 F"(Significance F)로 표시하여 제공

〈표 12-2〉 단순회귀모형(표본 크기 n)에 대한 분산분석

변동 원천	자유도 (ν)	자승 합 (SS)	자승 평균 (MS)	F 비율
회귀변동	1(=2-1)	RSS	RSS/1	$\frac{RSS}{SSR/(n-2)}$
잔차변동	n-2	SSR	SSR/(n-2)	
총변동	n-1	TSS		

3. Excel을 이용한 OLS의 적용절차

① 자료를 열 방향으로 입력
② 메뉴표시줄에서 "도구→데이터 분석"을 지정, 통계 데이터 분석 대화상자 생성
③ 통계 데이터 대화상자에서 "회귀분석"을 지정, "확인"을 눌러 회귀분석 대화상자 생성
④ 회귀분석 대화상자에서 "Y축 범위, X축 범위, 이름표, 상수의 0 여부, 신뢰수준,출력범위, 잔차 표시여부, 정규확률도 표시여부"를 지정하고, "확인"을 눌러

회귀분석 수행

⑤ 표본 회귀방정식의 규명 및 적합성 우량도 측정

⑥ 계산된 검정통계량 및 P-값을 이용한 가설검정

예제 12-3) 예제 12-1에서 X와 Y의 값들에 대한 자료를 이용하여, 표본 회귀방정식을 도출하고 표본 회귀선을 포함한 산점도와 잔차도를 각각 다음과 같이 작성할 수 있다.

	A	B	C	D	E	F	G	H	I
1	X	Y	요약 출력						
2	825	3.5			회귀분석 통계량 결정공식 해설				
3	215	1.0	회귀분석 통계량		결과치	계산공식			
4	1,070	4.0	다중 상관계수	0.9489	0.949	=CORREL(A2:A11,B2:B11)			
5	550	2.0	결정계수	0.9005	0.900	=E12/E14			
6	480	1.0	조정된 결정계수	0.8881	0.888	=1-(1-D5)*(D14/D13)			
7	920	3.0	표준 오차	0.48	0.480	=SQRT(E13/D13)			
8	1,350	4.5	관측수	10	10	=COUNT(A2:A11)			
9	325	1.5							
10	670	3.0	분산 분석						
11	1,215	5.0		자유도	제곱합	제곱 평균	F 비	유의한 F	
12			회귀	1	16.682	16.682	72.396	2.8E-05	
13			잔차	8	1.8434	0.2304			
14			계	9	18.525				
15									
16				계수	표준 오차	t 통계량	P-값	하위 95%	상위 95%
17			Y 절편	0.1181	0.3551	0.3326	0.748	-0.7008	0.9371
18			X	0.0036	0.0004	8.5086	3E-05	0.00261	0.00456

① 자료 입력

- 예제 12-1에서 자료가 A2:K3구간에 행 방향으로 입력되어 있다면, 그 구간을 지정하여 “Ctrl+C”로 복사
- 새로운 시트의 A1셀에 마우스 커서를 두고, 마우스 오른쪽 단추를 눌러 생성된 셀 대화상자에서 “선택하여 붙여넣기”를 지정
- 선택하여 붙여넣기 대화상자에서 “붙여넣기:값, 연산:없음, 행/열 바꿈 표시”를 지정하고 “확인”을 눌러, 복사한 자료를 열 방향으로 붙여 넣기

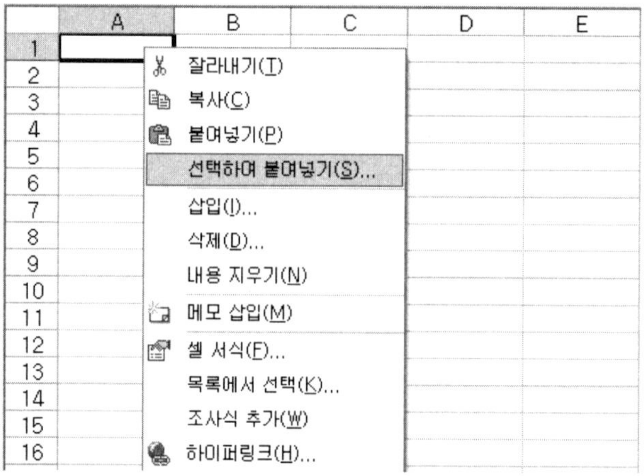

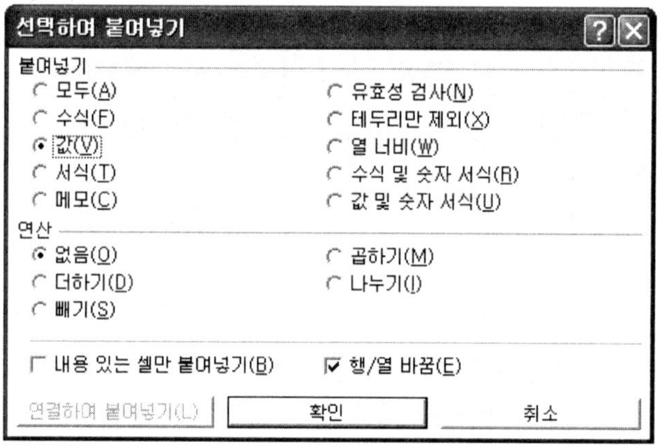

② 회귀분석 수행

- 메뉴표시줄에서 "도구→데이터 분석"을 지정, 통계 데이터 분석 대화상자 생성
- 통계 데이터 대화상자에서 "회귀분석"을 지정하고, "확인"을 눌러 회귀분석 대화상자 생성
- 회귀분석 대화상자에서 "Y축 범위 : B1:B11, X축 범위 : A1:A11, 이름표 지정, 신뢰수준 : 95%, 출력범위 : C1, 잔차 · 잔차도 · 표준잔차 · 선적합도 표시, 정규확률도 표시"를 지정하고, "확인"을 눌러 회귀분석 수행

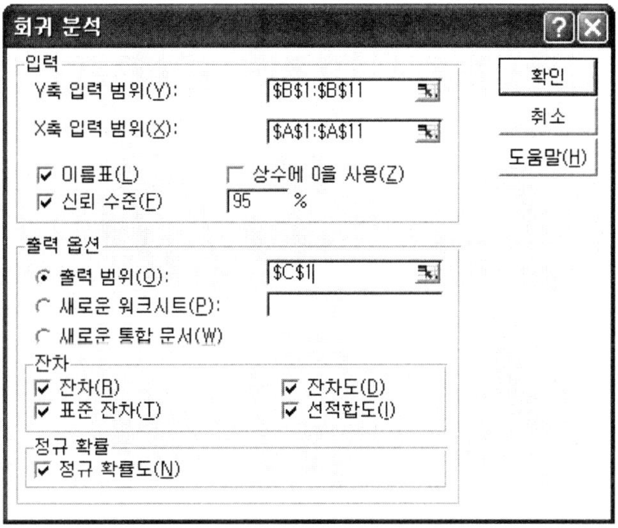

- 회귀분석의 결과는 시트에서 무늬를 주지 않은(흐린 바탕색이 없는) 구간들의 값으로 제공

③ 회귀분석결과의 표현

- 회귀분석결과는 계수 추정자 $\hat{\alpha}$와 $\hat{\beta}$, 그 추정자 값 아래의 ( )안에 t검정통계량(또는 표준오차), 결정계수 R^2, 관찰치의 수 n을 표시하는 형태로 표현

$$\hat{Y}_i = \underset{(0.333)}{0.118} + \underset{(8.509)}{0.004X_i}, \quad R^2 = 0.90, \quad n = 10$$

④ 회귀분석통계량의 해석

- D4셀의 다중상관계수는 X와 Y간의 표본상관계수에 대한 값을 표시하며, 이는 E4셀에 "=CORREL(A2:A11,B2:B11)"을 입력하여 확인 가능
- D5셀의 결정계수는 종속변수 변동 중에서 회귀방정식으로 설명하는 비율을 표시하며, 90%로 높게 발생, 이는 E5셀에서와 같이 "=E12/E14"를 입력하여 RSS/TSS의 비율로 계산한 결과 또는 "D4^2"로 계산
- D6셀의 조정된 결정계수는 다중회귀분석에서 주로 사용, 조정결정계수 R_a^2의 계산방식은 표본크기 n, 표본 추정자의 수 k, 결정계수 R^2에 대해 다음과 같음

◦ $R_a^2 = 1-(1-R^2)\frac{n-1}{n-k}$

◦ E6셀에 "=1-(1-D5)*(D14/D13)"을 입력하여 확인 가능

- D7셀의 표준오차는 회귀분석의 추정된 표준편차인 추정치 표준오차이며, (12.18)식을 이용하여 E7셀에 "=SQRT(E13/D13)"을 입력하여 "SSR/(n-k)"로 계산 가능

- D8셀은 관찰치의 수인 표본크기이며, E8셀에 "=COUNT(A2:A11)"을 입력하여 관찰치 수를 계산 가능

⑤ 분산분석 결과의 해석

- 귀무가설 $H_0: \beta=0$ 과 대립가설 $H_1: \beta \neq 0$ 의 양측가설 설정

- C11:G14구간은 〈표 12-2〉와 동일한 방식으로 회귀변동 · 잔차변동 · 총변동의 자유도, 자승 합계, (자승합계를 해당 자유도로 나누어 구한) 자승평균, F검정 통계량을 제공

- H12셀의 유의한 F는 계산된 F 비율의 최소유의수준인 P-값을 $2.8\times10^{(-5)}$로 표시, 이는 0.0028%를 나타내며 "=FDIST(G12,D12,D13)"을 입력하여 계산 가능

◦ F검정의 P-값 접근법을 이용하면, X가 Y에 아무런 영향을 주지 않는다는 귀무가설 $H_0: \beta=0$ 는 아무리 낮은 수준에서도 기각되어야 한다는 것을 의미하며, $R^2>0$ 이어야 함을 반영

⑥ α와 β의 신뢰구간

- α의 95% 신뢰구간의 계산방식

◦ $\hat{\alpha}-t(2.5\%,8)$ 임계값× $\hat{\alpha}$ 표준오차 < α < $\hat{\alpha}+t(2.5\%,8)$ 임계값× $\hat{\alpha}$ 표준오차

◦ 엑셀을 이용할 경우 9장에서와 같이 양측검정의 기각역 임계치에 대한 $\pm t(\alpha/2,\nu)$를 "=TINV(α,자유도)"로 계산하고, 단측검정의 경우에 $t(\alpha,\nu)$를 "=TINV(2* α,자유도)"로 계산하는 것을 유의

- "=TINV(5%,8)"을 입력하여 2.306006($=t_{(2.5\%,8)}$)을 구하고, α의 하위 95%와 상위 95%를 다음과 같이 계산한 결과가 H17셀과 I17셀로 제공

◦ 하위 95% = Y 절편 계수 - $t_{(2.5\%,8)}$ ×Y절편 표준오차

= 0.118-(2.306006×0.3551) = -0.701

◦ 상위 95% = Y 절편 계수 + $t_{(2.5\%,8)}$ ×Y절편 표준오차

= 0.118+(2.306006×0.3551) = 0.937

- Y축 절편 α의 95% 신뢰한계구간(confidence limits)은 (-0.701, 0.937)로 발생
◦ 점 추정치 0.118에 비해 신뢰구간의 폭이 1.6 이상으로 16배나 되어 너무 넓어 표본크기가 너무 작아 정밀도가 아주 결여된 것을 의미
◦ t통계량이 너무 작아 P-값이 무려 75%나 되는 것은 독립변수와 종속변수간의 측정단위가 너무 다른 현상이 원인이 될 수도 있다.
- β의 95% 신뢰구간의 계산방식
◦ $\hat{\beta} - t(2.5\%,8)$ 임계값 × $\hat{\beta}$ 표준오차 < β < $\hat{\beta} + t(2.5\%,8)$ 임계값 × $\hat{\beta}$ 표준오차
◦ 하위 95% = X 계수 - $t_{(2.5\%,8)}$ ×X 계수 표준오차

= 0.004-(2.306006×0.0004) = 0.003

◦ 상위 95% = X 계수 + $t_{(2.5\%,8)}$ ×X 계수 표준오차

= 0.004+(2.306006×0.0004) = 0.005

- 기울기 계수 β의 95% 신뢰한계구간은 (0.003, 0.005)로 발생
◦ 점 추정치 0.004에 비해 신뢰구간의 폭이 0.002로, 점 추정치의 50%여서 정밀도가 충분한 것을 의미

⑦ 예측치, 잔차와 표준 잔차

- D24:D34구간의 예측지 $\hat{Y}_i$는 회귀계수를 표본회귀함수 (12.10)식에 대입하여 계산하여 구한 값
- E24:E34구간의 잔차 e_i는 실제치-예측치($= Y_i - \hat{Y}_i$)로 계산한 값
◦ B1:B11구간의 Y의 값들을 복사하여 C36:C46구간에 붙여 넣기
◦ D37셀에 "=C37-D25"를 입력, 그 수식을 자동 채우기로 복사하여 D38:D46구간에 붙여 넣기를 하여 계산된 값을 D25:D34구간과 비교 확인
- F24:F34구간의 표준 잔차는 "잔차 ÷ SSR/(n-1)의 자승근"으로 계산E37셀에 "=D37/SQRT($E$13/$D$14)"를 입력, 그 수식을 자동 채우기로 E38:E46구간에 복사하여 계산된 값을 F25:F34구간과 비교 확인

	B	C	D	E	F	G	H	I	J	K	L
22		잔차 출력					확률 출력				
23											
24		관측수	예측치 Y	잔차	표준 잔차		백분율	Y			
25		1	3.07586	0.4241	0.9372		5	1			
26		2	0.88893	0.1111	0.2454		15	1			
27		3	3.95422	0.0458	0.1012		25	1.5			
28		4	2.08995	-0.09	-0.1988		35	2			
29		5	1.83899	-0.839	-1.8538		45	3			
30		6	3.41645	-0.416	-0.9202		55	3			
31		7	4.95806	-0.458	-1.0121		65	3.5			
32		8	1.2833	0.2167	0.4788		75	4			
33		9	2.52017	0.4798	1.0602		85	4.5			
34		10	4.47406	0.5259	1.1621		95	5			
35		표준 잔차 계산과 관찰치 정규누적확률 계급값에 따른 Y의 배열						오름차순정리			
36		Y	잔차	표준 잔차	누적확률	백분율	Y	백분율	Y	계급하한	계급값
37		3.5	0.424	0.9372	0.6747	0.65	3.5	0.05	1	0%	5%
38		1.0	0.111	0.2454	0.0986	0.05	1	0.05	1	11%	15%
39		4.0	0.046	0.1012	0.7886	0.75	4	0.15	1.5	21%	25%
40		2.0	-0.090	-0.199	0.2768	0.25	2	0.25	2	31%	35%
41		1.0	-0.839	-1.854	0.0986	0.05	1	0.55	3	41%	45%
42		3.0	-0.416	-0.92	0.5416	0.55	3	0.55	3	51%	55%
43		4.5	-0.458	-1.012	0.8749	0.85	4.5	0.65	3.5	61%	65%
44		1.5	0.217	0.4788	0.1734	0.15	1.5	0.75	4	71%	75%
45		3.0	0.480	1.0602	0.5416	0.55	3	0.85	4.5	81%	85%
46		5.0	0.526	1.1621	0.933	0.95	5	0.95	5	91%	95%
47	평균	2.9									
48	s	1.43468928									

⑧ 잔차도와 적합도의 해석

- 회귀분석 대화상자에서 잔차도의 지정에 따라 아래와 같은 종속변수의 각 값들에 대한 그 추정치의 수직거리 격차인 잔차 e_i를 표시한 차트 획득

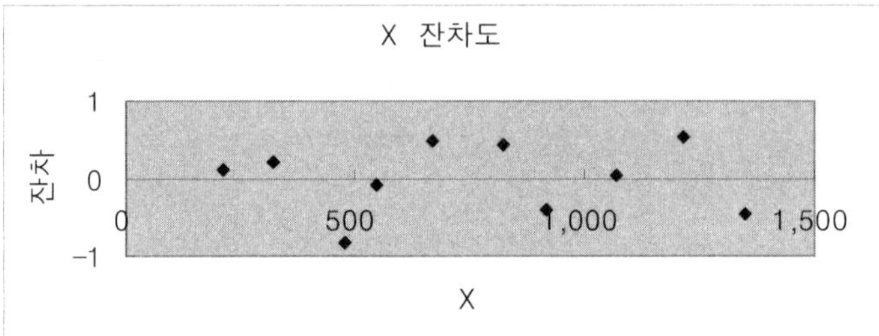

- 잔차도에서 독립변수의 값이 증가함에 따라 종속변수 실제값에 대한 그 추정치의 편차인 잔차가 순차적으로 양에서 음으로, 다시 음에서 양으로 교대되는 형태로 나타나는 잔차의 자기상관이 나타나 잔차의 계열 독립성 가정이 파기되는 현상을 초래 → 이러한 문제의 시정을 위해 함수 형식의 전환, 정차방정식 사용, 방정식 구조의 변화 등의 시도가 가능
- 선적합도는 Y의 실제값과 추정된 $\hat{Y}$간의 적합 정도를 산점도로 보여주고 있다.

아래 그림에서 X의 값이 500Km 근방인 경우를 제외하면, Y의 예측치가 실제값을 상대적으로 크게 벗어나지는 않음

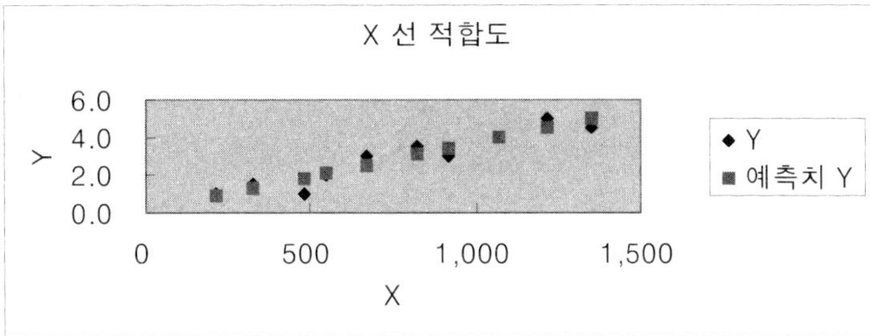

- 이상의 검정결과와 각종 분석 내용을 종합할 경우에 단순회귀를 사용하여 종속변수의 변동을 설명하려는 시도는 어느 정도 설득력은 있지만, 다음 문제를 표출
◦ 신뢰구간의 폭이 β의 추정치에 대해 너무 넓게 나타나고, 또한 α는 너무 넓어 유의적으로 영향을 주지 못하는 것으로 나타났다. 이러한 문제 해결을 위해서는 먼저 표본의 크기를 증가시켜 개선 정도를 파악하고, 개선되지 않는 경우에는 함수변환, 방정식의 재구성, 측정단위의 변경 등이 필요
◦ 잔차의 계열독립성 가정이 파기되고, 그에 따른 이상점의 출현으로 인해 다른 요인에 의해 영향을 받는다는 것을 이미

⑨ 확률 검토와 정규확률도 분석[참고]

- C47셀에 "=AVERAGE(C37:C46)"으로 Y의 표본 평균을, C48셀에 "=STDEV(C37:C46)"을 입력하여 Y의 표본 표준편차를 계산
- H24:I34구간에 Y의 값들에 대한 누적정규확률분포를 어림셈으로 계산하여 제공
- F37셀에 "=NORMDIST(C37,$C$47,$C$48,1)"을 입력, 수식을 F38:F46구간에 자동 채우기로 복사하여 Y의 값에 대한 누적확률을 계산
- K36:K46구간에 10%의 계급간 격차를 가진 계급구간의 각 하한을 입력
- L36:L46구간에 계급값을 입력
- K36:L46구간을 지정하고, 이름/주소 상자에 "너"를 입력한 후에 "Enter"를 눌러 그 구간에 이름을 정의
- G37셀에 "=VLOOKUP(F37,너,2,TRUE)"를 입력
- G37셀의 수식을 자동 채우기로 복사하여 G38:G46구간에 붙여 넣어 각 누적확

률이 속할 계급의 중위수인 계급값 계산

◦ VLOOKUP(조건 값, 조건 규정의 참조영역, 참조영역에서 조건 값으로 찾을 값이 포함된 열의 순서, TRUE 또는 FALSE)

◦ VLOOKUP함수에서 TRUE는 정확한 값뿐만 아니라 비슷한 값도 찾도록 지정할 경우에 사용, FALSE는 정확한 값을 찾도록 지정하는 경우에 사용

◦ G37의 VLOOKUP함수에서 참조영역의 이름이 "너"라고 규정

◦ 참조영역에서 조건 값으로 찾을 값이 두 번째 열에 있기 때문에 2를 입력

◦ 참조영역의 값과 비슷한 값을 찾아 참조영역의 그 값으로 표현하기 위해 TRUE를 입력

- H37셀에서 "=LEFT(C37,3)"을 입력, 그 수식을 자동채우기로 H38:H46구간에 복사하여 지정된 C열 해당 셀의 숫자를 3자리 수까지 추출
- G36:H46구간을 지정하고 "Ctrl+C"로 복사하여, I36셀에 마우스를 두고 오른쪽 단추를 눌러 "선택하여 붙여 넣기"를 지정
- 선택하여 붙여 넣기 대화상자에서 "붙여넣기: 값"을 지정한 후에 "확인"을 클릭

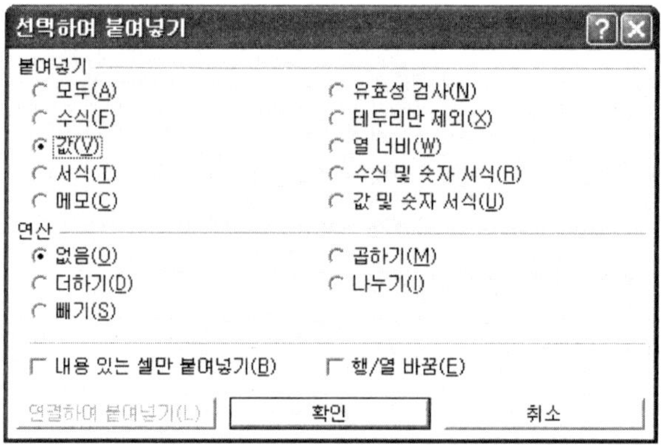

- I37:J46구간을 지정하고, 도구모음줄에서 오름차순 정렬 도구 "ㄱㅎ↓"을 눌러 오름차순으로 정렬
- H24:I34구간과 I37:J46구간을 비교하면, 누적확률의 백분율에 대응하는 Y의 값이 진정한 값에 따라 배열된 것이 아니라, 미리 설정된 구간에 대해 순서에 따라 정렬된 형식으로 배열되어 정확성 결여

- H24:I34구간에 대한 "분산형 : 값을 점으로 비교" 방식의 차트를 작성하여 다음의 정규확률도 확인이 가능

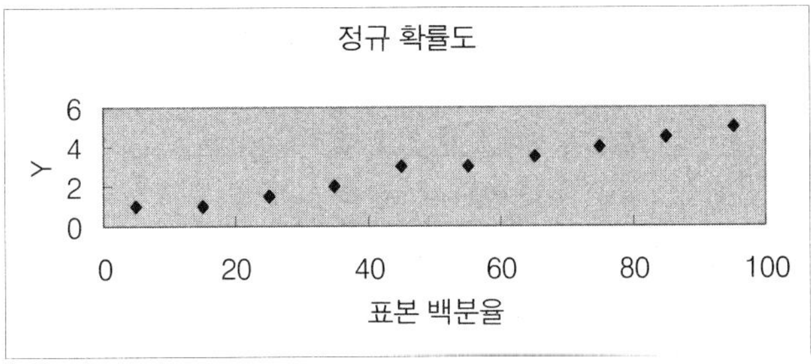

〈참고문헌〉

Ashenfelter, O., P.B. Levine, and D.J. Zimmerman(2003), *Statistics and Econometrics : Methods and Applications*, John Wiley & Sons, Inc., pp. 122-137

Evans, Michael K.(2003), *Practical Business Forecasting*, Blackwell Publishers, pp. 18-46.

Greene, William H.(1997), *Econometric Analysis*, 3rd ed., Prentice-Hall International, Inc., pp. 220-348.

Hill, R.C., W.E. Griffiths, G.G. Judge(2001), *Undergraduate Econometrics*, 2nd ed., John Wiley & Sons, Inc., pp. 42-110.

Maddala, G.S.(1992), *Introduction to Econometrics*, 2nd ed., Macmillan Publishing Co., pp. 59-85.

Mansfield, Edwin(1983), *Statistics for Business and Economics : Methods and Applications*, W.W.Norton & Co., pp. 405-456.

Kazmier, Leonard J.(1988), *Theory and Problems of Business Statistics with Computer Applications*, 2nd ed., McGraw-Hill Book Co., pp. 243-261.

Kelejian, H.H. and W.E. Oates(1989), *Introduction to Econometrics : Principles and Applications*, 3rd. ed., Harper & Row, Publishers, pp. 25-104.

Koop, Gary(2005), *Analysis of Economic Data*, 2nd ed., John Wiley & Sons, Ltd., pp. 9-89.

Pindyck, R.S. and D.L. Rubinfeld(1991), *Econometric Models and Economic Forecasts*, 3rd. ed., McGraw-Hill, Inc., pp. 46-72.

Ramanathan, Ramu(2002), *Introductory Econometrics with Applications*, 5th ed.,

South-Western, pp. 76-110.

Spiegel, Murray R.(1992), *Theory and Problems of Probability and Statistics*, McGraw-Hill, Inc., pp. 211-235.

Stewart, Kennth G.(2005), *Introduction to Applied Econometrics*, Thomson Learning, Inc., pp. 90-171.

Thomas, R.L.(1997), *Modern Econometrics : An Introduction*, Addison Wesley Longman Ltd., pp. 135-168.

Wonnacott, T.H. and R.J. Wonnacott(1990), *Introductory Statistics for Business and Economics*, 4th ed., John Wiley & Sons, pp. 371-395.

제13장

회귀모형 예측과 OLS 사용의 문제점

[핵심용어]

· 예측오차	· 예측구간	· 표본내부 예측
· 표본외부 예측	· 추정치 표준오차	· 원점통과회귀
· 적합성 우량도	· Z값 접근법	· 양측검정
· 갈톤의 오류	· 이분법적 선택	· 검열변수
· 절두변수	· 이분산	· 자기상관
· 수단변수 추정자들	· 벡터자기회귀(VAR)	· 식별문제
· 동시성	· 간접최소자승법	

[주요 Excel함수와 기능]

· AVERAGE	· SUMXMY2	· COUNT
· TINV	· FDIST	· SUMSQ

제 1 절 회귀모형 예측구간과 모형함수형태

Ⅰ. 회귀모형을 이용한 예측과 적용절차

1. 단순회귀모형을 이용한 예측치와 예측오차의 계산

- 독립변수 X의 주어진 값들에 대해 종속변수 Y의 값들을 예측하는데 추정된 회귀방정식 $\hat{Y}_i = \hat{\alpha} + \hat{\beta}X_i$를 사용
- 가설로 설정한 독립변수 X의 어떤 값 X_0에 연관된 가능성이 높은 종속변수 Y의 어떤 값 Y_0에 대해 추측을 수행하려는 경우, 모형이 종속변수의 실제 결정과정을 정확히 나타낸다면 Y_0는 다음과 같이 발생

(13.1) $$Y_0 = \alpha + \beta X_0 + u_0$$

◦ i.i.d.(독립균등분포) 확률변수인 교란 u_0는 예측 불가능

◦ 예측치(forecast)는 α와 β의 최우량 추측치(best guesses)인 최소자승추정자를 사용한 모형의 체계적 구성요소를 기초로 다음의 표본회귀선으로 설정

(13.2) $$\hat{Y}_0 = \hat{\alpha} + \hat{\beta}X_0$$

- 예측의 수행에서 회귀모형은 모든 표본관찰치에 대한 정보를 결합하지만, 예측해야 할 Y_0와 모형의 추정치 $\hat{Y}_0$ 간의 격차인 예측오차(forecast error)가 발생

(13.3) $$\text{예측오차} \equiv Y_0 - \hat{Y}_0 = (Y_0 - E(Y_0)) + (E(Y_0) - \hat{Y}_0)$$
$$= u_0 + (\alpha - \hat{\alpha}) + (\beta - \hat{\beta})X_0 = \text{교란} + \text{표본추출오차}$$

◦ 모집단 회귀선을 아는 경우에도 교란 u_0을 모르기 때문에 예측오차가 발생

◦ 모집단 회귀선을 모르는 경우에 추정오차인 표본추출오차가 발생

- 교란의 0평균 특성(zero-mean property)과 최소자승추정자의 불편성으로 인해

예측오차의 기대치 $E(Y_0 - \hat{Y}_0)$는 0

(13.4) $$E(Y_0 - \hat{Y}_0) = E(u_0) - E(\hat{\alpha} - \alpha) - X_0 E(\hat{\beta} - \beta) = 0$$

- 예측오차는 체계적으로 과대 예측되거나 과소 예측되지는 않기 때문에, 진정한 값 Y_0 주위에 균등하게 산포

2. 예측구간

가. 종속변수 특정값의 예측구간

- 유의수준 α에 대한 예측구간(forecast interval)

(13.5.1) $$95\% \text{ 신뢰구간한계}(Y_0) = \hat{Y}_0 \pm t_{(\alpha/2, \nu)} s_F$$

s_F : 예측오차의 표준편차 또는 추정치 표준오차

(13.5.2)

$$s_F = \begin{cases} s & \alpha\text{와 } \beta\text{를 아는 경우} \\ s\sqrt{1 + \dfrac{1}{n} + \dfrac{(X_0 - \overline{X})^2}{\sum x_i^2}} & \alpha\text{와 } \beta\text{를 추정해야 하는 경우} \end{cases}$$

- 예측구간의 신뢰수준 $1-\alpha$ 표시 공식

(13.6) $$P(\hat{Y}_0 - t_{(\alpha/2, \nu)} s_F < Y_0 < \hat{Y}_0 + t_{(\alpha/2, \nu)} s_F) = 1 - \alpha$$

- Y축 절편 계수 α와 X축 계수 β가 알려져서 추정이 필요 없는 경우 표본 추정자는 모집단 추정자와 일치하여 잔차 $e_i(= Y_i - \hat{Y}_i)$는 교란 u_i와 일치하므로, 알려지지 않은 모집단 분산 σ^2 대신 그 추정자인 표본분산 s^2을 사용하여 예측구간을 추정
- 표본내부 예측(within-sample prediction) : 관찰된 자료들의 범위 이내에서 수행되는 예측
- 표본외부 예측(out-of-sample prediction) : 미래에 대한 예측 등과 같이 관찰된 자료들의 범위를 벗어나 수행되는 예측

- α와 β를 몰라서 추정을 통해 예측구간을 도출해야 하는 경우에 표본추출오차의 효과를 식별할 수 있도록 예측오차분산을 다음과 같이 보다 복잡한 방식으로 추정

$$(13.7) \qquad \sigma_F^2 = Var(Y_0 - \hat{Y}_0) = \sigma^2\left[1 + \frac{1}{n} + \frac{(X_0 - \overline{X})^2}{\sum x_i^2}\right]$$

◦ $(X_0 - \overline{X})$는 예측을 수행할 기초가 되는 값 X_0와 표본평균 $\overline{X}$간의 격차이며, σ_F^2는 이러한 격차가 0이 되는 경우에 최소값으로 발생

◦ σ_F^2의 최소가 되도록 설명변수 평균으로 예측수행 → 예측 정확성은 크게 증가

- 모집단 분산 σ^2을 모르는 경우에 예측구간의 추정을 위해 예측오차 표본분산 s_F^2에 따른 추정치 표준오차(standard error of the forecast) s_F를 사용

$$(13.8) \qquad s_F^2 = s^2\left[1 + \frac{1}{n} + \frac{(X_0 - \overline{X})^2}{\sum x_i^2}\right]$$

****

- 회귀선 계수를 모르는 경우의 예측오차분산(variance of the prediction error)

$$V(\hat{Y}_0 - Y_0) = V(\hat{\alpha} - \alpha) + X_0^2 V(\hat{\beta} - \beta) + 2X_0 cov(\alpha - \alpha,\ \hat{\beta} - \beta) + V(u_0)$$

$$= \sigma^2\left(\frac{1}{n} + \frac{\overline{X}^2}{S_{xx}}\right) + \sigma^2\frac{X_0^2}{S_{xx}} - 2X_0\sigma^2\frac{\overline{X}}{S_{xx}} + \sigma^2$$

$$= \sigma^2\left[1 + \frac{1}{n} + \frac{(X_0 - \overline{X})^2}{S_{xx}}\right], \qquad S_{xx} \equiv \sum x_i^2$$

****

예제 13-1) 예제 12-3에서 계산된 β의 95% 신뢰구간을 이용하여 1,000Km의 운송거리 X_0에 대한 인도시간 Y_0의 95% 신뢰구간을 (13.8)식과 회귀분석을 통해 다음과 같이 구할 수 있다.

	A	B	C	D	E
1	X	Y	bar X	sum x^2	sF
2	825	3.5	762	1297860	0.51334
3	215	1.0	762	X0	n
4	1,070	4.0	762	1000	10
5	550	2.0	762	Y0 예측치	t(2.5%,8)
6	480	1.0	762	3.70326	2.30601
7	920	3.0	762	하위 95%	상위 95%
8	1,350	4.5	762	2.51949	4.88703
9	325	1.5	762		
10	670	3.0	762		
11	1,215	5.0	762		
12	요약 출력				
13					
14	회귀분석 통계량				
15	다중 상관계수	0.948943			
16	결정계수	0.900492			
17	조정된 결정계수	0.888054			
18	표준 오차	0.480023			
19	관측수	10			
27		계수	표준 오차	t 통계량	P-값
28	Y 절편	0.118129	0.355148	0.33262	0.74797
29	X	0.003585	0.000421	8.508575	2.79E-05

① 자료입력과 표본평균 $\overline{X}$ 및 $\sum_{i=1}^{10} x_i^2$의 계산

- A1:B11구간에 X와 Y에 대한 자료를 입력(예제 12-3에서 수행한 시트에서 복사하여 붙이는 것이 편리)
- C2셀에 "=AVERAGE($A$2:$A$11)"을 입력, 그 수식을 복사하여 C3:C11구간에 붙여 넣어 $\sum_{i=1}^{10} x_i^2$을 구하도록 배열
- D2셀에 "=SUMXMY2(A2:A11,C2:C11)"을 입력하여 $\sum_{i=1}^{10} x_i^2$를 계산
- D4셀에 X_0의 값인 "1000"을 입력

② 회귀분석의 수행과 Y_0 예측치 $\hat{Y}_0$의 계산

- 메뉴표시줄에서 "도구→데이터 분석"을 지정, 통계 데이터 분석 대화상자 생성
- 통계 데이터 대화상자에서 "회귀분석"을 지정하고, "확인"을 눌러 회귀분석 대화상자 생성
- 회귀분석 대화상자에서 "Y축 범위 : B1:B11, X축 범위 : A1:A11, 이름표 지정, 신뢰수준 : 95%, 출력범위 : A12"를 지정하고, "확인"을 눌러 회귀분석 수행

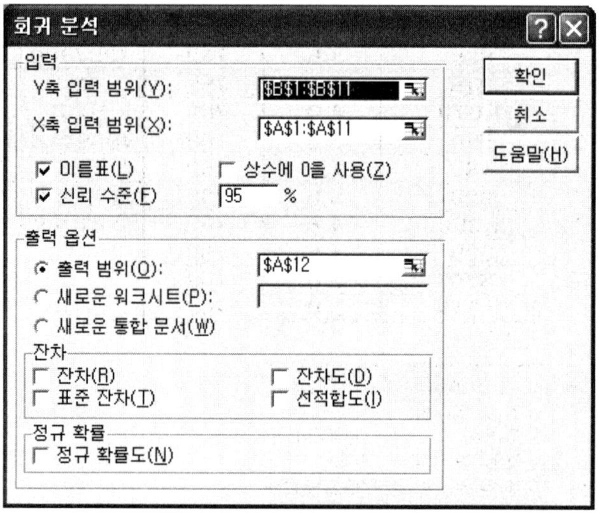

- D6셀에 "=B28+B29*D4"를 입력하여, Y_0의 예측치 $\hat{Y}_0$를 계산

③ 추정치 표준오차 s_F, 표본크기 n 및 5% 유의수준의 t임계값 계산

- E2셀에 "=B18*SQRT(1+(1/E4)+((D4-C2)^2)/D2)"를 입력하여 s_F를 계산
- E4셀에 "=COUNT(A2:A11)"를 입력, 관찰치의 수인 표본크기 n을 계산
- E6셀에 "=TINV(5%,8)"을 입력하여, 5% 유의수준의 양측검정 기각역 임계값들의 t통계량을 계산(Excel에서는 2.5%를 대입하는 것이 아니라, 5%를 대입하는 것을 항상 유의할 것!)

④ Y_0에 대한 95% 신뢰구간의 계산

- (13.5.1)식에 따라 D8셀에 "=D6-E6*E2"를 입력, 하위 95% 신뢰한계를 계산
- E8셀에 "=D6+E6*E2"를 입력, 상위 95% 신뢰한계를 계산
- X_0 =1,000Km에 대한 Y_0 예측치의 95% 신뢰구간은 (2.51949, 4.88703)

나. 종속변수 기대치 예측구간

- 독립변수의 특정값 X_0에 대한 종속변수의 특정값 Y_0 대신, 종속변수 평균값 $E(Y_0)$를 예측하는 경우, 표본회귀선의 추정자는 특정값 Y_0에 대한 $\hat{\alpha}+\hat{\beta}X_0$와 동일하지만, 예측오차가 달라 예측오차 분산도 다르게 발생

- 종속변수 기대치 예측에 대한 예측오차

$$(13.9) \qquad E(Y_0) - \hat{E}(Y_0) = (\alpha - \hat{\alpha}) + (\beta - \hat{\beta})X_0$$

◦ (13.3)식과는 달리 교란 u_0이 제거된 형태로 예측오차 발생

◦ (13.9)식의 예측오차를 기초로 하는 예측오차분산의 계산은 (13.7)식에서 교란 u_0의 분산 σ^2를 제거한 형태로 수행

- 종속변수 기대치 예측오차의 분산 $\sigma^2_{E(F)}$

$$(13.10) \qquad \sigma^2_{E(F)} = \sigma^2\left[\frac{1}{n} + \frac{(X_0 - \overline{X})^2}{S_{xx}}\right], \qquad S_{xx} \equiv \sum x_i^2$$

예제 13-2) 예제 12-3에서 계산된 β의 95% 신뢰구간을 이용하여 1,000Km의 운송거리 X_0에 대한 평균인도시간(인도시간 기대치) $E(Y_0)$의 95% 신뢰구간을 (13.10)식과 회귀분석을 통해 다음과 같이 구할 수 있다.

	A	B	C	D	E
1	X	Y	bar X	sum x^2	s(EF)
2	825	3.5	762	1297860	0.18193
3	215	1.0	762	X0	n
4	1,070	4.0	762	1000	10
5	550	2.0	762	μY 예측치	t(2.5%,8)
6	480	1.0	762	3.70326	2.30601
7	920	3.0	762	하위 95%	상위 95%
8	1,350	4.5	762	3.28373	4.1228
9	325	1.5	762		
10	670	3.0	762		
11	1,215	5.0	762		

① 자료 입력

- 예제 13-1의 계산결과가 있는 워크시트를 복사하도록, 시트 아래에 있는 시트탭에 마우스 커서를 두고 마우스 오른쪽 단추 단추를 눌러 대화상자를 생성
- 대화상자에서 아래와 같이 "이동/복사"를 지정하여, 이동/복사 대화상자를 생성
- 이동/복사 대화상자에서 "복사본 만들기"를 지정한 후에 "확인"을 클릭

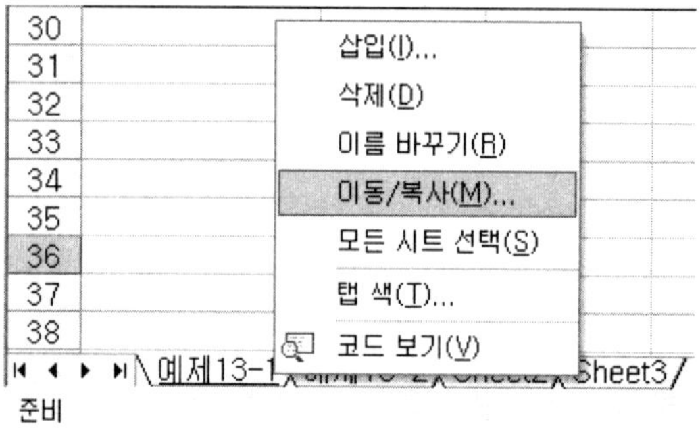

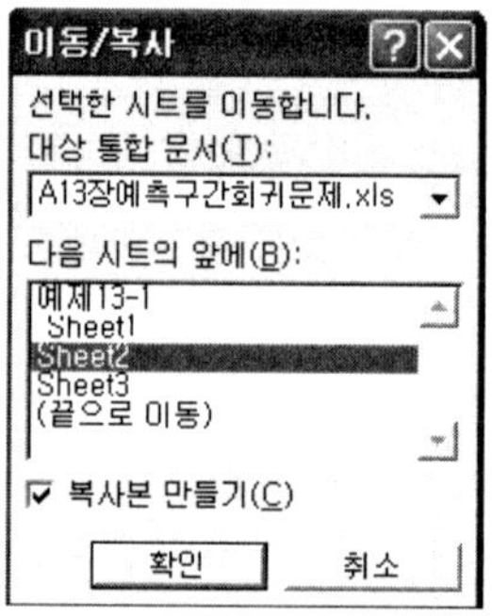

- 복사된 시트의 아래에 있는 시트탭에 마우스 커서를 두고 마우스 왼쪽 단추를 두 번 눌러 시트탭이 검게 변하면 이름을 "예제 13-2"로 변경

② 종속변수 기대치의 추정치 표준오차 $s_{E(F)}$ 와 신뢰구간 계산

- E2셀에 "=B18*SQRT((1/E4)+((D4-C2)^2)/D2)"를 입력, 추정치 표준오차를 계산
- 종속변수 기대치 $E(Y_0)$ 의 95% 신뢰구간은 (3.28373, 4.1228)로 계산
- 1,000Km의 트럭운송에 대해 추정구간에 대해 95%의 신뢰를 할 수 있는 운송이 가능한 평균인도시간은 3.28일부터 4.12일 사이로 추정 가능

Ⅱ. 원점통과 회귀선

1. 원점통과회귀의 최소자승 추정자와 표본분포 특성

- Y축 절편이 없는 원점통과회귀(regression through the origin)의 방정식

(13.11) $$Y_i = \beta X_i + u_i$$

- 원점통과회귀에서 잔차 $e_i (= Y_i - \hat{Y}_i)$의 자승합 SSR

(13.12) $$SSR = \sum (Y_i - \hat{\beta} X_i)^2$$

- β에 대한 SSR의 최소화 1계조건

(13.13) $$\sum (Y_i - \hat{\beta} X_i) X_i = 0$$

- 원점통과회귀의 최소자승 추정자(least squares estimator)

(13.14) $$\hat{\beta} = \frac{\sum X_i Y_i}{\sum X_i^2}$$

- 회귀계수 추정치 $\hat{\beta}$의 공분산

(13.15) $$Var(\hat{\beta}) = \frac{\sigma^2}{\sum X_i^2}$$

- 종속변수 및 교란의 분산 σ^2의 불편추정자 s^2의 공식

(13.16) $$s^2 = \frac{1}{n-1} \sum_{i=1}^{n} e_i^2$$

- 추정된 회귀계수 $\hat{\beta}$의 분산 $s^2_{\hat{\beta}}$과 표준오차 $s_{\hat{\beta}}$

(13.17.1) $$s^2_{\hat{\beta}} = \frac{s^2}{\sum X_i^2}$$

(13.17.2) $$s_{\hat{\beta}} = \frac{s}{\sqrt{\sum X_i^2}}$$

2. 원점통과회귀의 가설검정과 적합성 우량도 측정

- β에 대한 검정통계량 분포

(13.18) $$\frac{\hat{\beta} - \beta}{s_{\hat{\beta}}} \sim t_{(n-1)}$$

- 원점통과회귀의 결정계수 R^2

(13.19) $$R^2 = 1 - \frac{\sum e_i^2}{\sum y_i^2} = 1 - \frac{SSR}{TSS} = \frac{RSS}{TSS}$$

◦ 원점통과회귀에서 $R^2 \neq r^2_{XY}$이며, $\sum e_i^2 > \sum y_i^2$이어서 $R^2 < 0$도 가능

◦ 원점통과회귀의 경우에 R^2를 계산하는 방식이 통계프로그램마다 다르게 나타

나. 일부 프로그램은 R^2 를 제공하지 않는 경우도 있음

- $\sum_{i=1}^{n} X_i e_i = 0$ 의 직교성을 사용한 표본변동의 분해

$$\sum_{i=1}^{n} Y_i^2 = \hat{\beta}^2 \sum_{i=1}^{n} X_i^2 + \sum_{i=1}^{n} e_i^2 \tag{13.20}$$

TSS = RSS + SSR

예제 13-3) 예제 12-3의 자료를 원점통과회귀를 이용하여 표본회귀선과 적합성 검정을 다음과 같이 수행할 수 있다.

	A	B	C	D	E	F	G	H	I
1	X	Y	요약 출력		sumXY	sumY^2			
2	825	3.5			26370	99.75			
3	215	1.0	회귀분석 통계량		sumX^2	s(hat β)			
4	1,070	4.0	다중 상관계수	0.948217	7E+06	0.00017			
5	550	2.0	결정계수	0.899116	β 추정치	t(2.5%,9)			
6	480	1.0	조정된 결정계수	0.788005	0.0037	2.26216			
7	920	3.0	표준 오차	0.455689	하위 95%	상위 95%			
8	1,350	4.5	관측수	10	0.0033	0.0041			
9	325	1.5							
10	670	3.0	분산 분석						
11	1,215	5.0		자유도	제곱합	제곱 평균	F 비	유의한 F	
12			회귀	1	16.6561	16.6561	80.21	1.9E-05	
13			잔차	9	1.86887	0.20765			
14			계	10	18.525				
15									
16				계수	표준 오차	t 통계량	P-값	하위 95%	상위 95%
17			Y 절편	0	#N/A	#N/A	#N/A	#N/A	#N/A
18			X	0.003712	0.00017	21.7111	4E-09	0.00333	0.0041

① 자료 입력과 회귀분석의 수행

- A1:B11구간에 자료 입력
- 메뉴표시줄에서 "도구→데이터 분석"을 지정, 통계 데이터 분석 대화상자 생성
- "통계 데이터 대화상자 : 회귀분석" 지정으로, 회귀분석 대화상자 생성
- 회귀분석 대화상자에서 "Y축 범위 : B1:B11, X축 범위 : A1:A11, 이름표 지정, 상수에 0을 사용 지정, 신뢰수준 : 95%, 출력범위 : C1, 잔차도·선적합도 표시"를 지정하고, "확인"을 눌러 회귀분석 수행

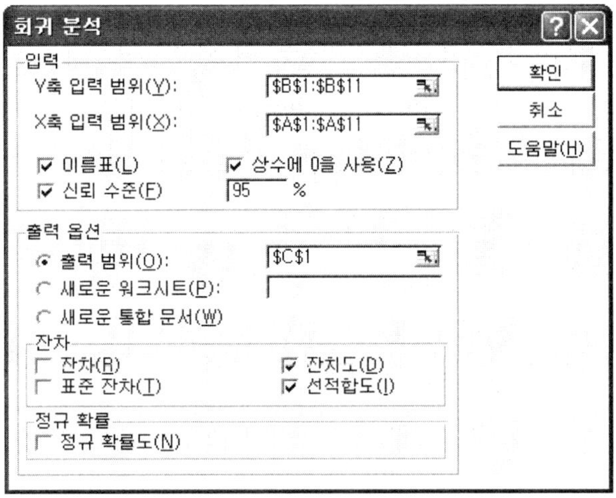

- 회귀분석의 결과는 시트에서 무늬를 주지 않은(흐린 바탕색이 없는) 구간들의 값으로 제공

② 회귀분석결과의 표현

- 회귀분석결과는 계수 추정자 $\hat{\beta}$, 그 추정자 값 아래의 ( )안에 t검정통계량(또는 표준오차), 결정계수 R^2, 관찰치의 수 n을 표시하는 형태로 표현

$$\underset{}{\hat{Y}_i =} \underset{(21.7111)}{0.003712 X_i}, \quad R^2 = 0.899116, \quad n = 10$$

③ 회귀분석통계량의 해석

- D5셀의 결정계수는 종속변수 변동 중에서 회귀방정식으로 설명하는 비율을 표시하며, 89.9%로 높게 발생 → 예제 2-3의 결과보다 아주 작게 감소, 이는 추정자의 수 k가 적을수록 R^2가 감소하는 것을 의미
- D7셀의 표준오차는 회귀분석의 추정된 표준편차인 추정치 표준오차, E13셀의 SSR을 그 자유도 n-k=9로 나눈 값으로 계산

④ 분산분석 결과의 해석

- 귀무가설 $H_0: \beta = 0$과 대립가설 $H_1: \beta \neq 0$의 양측가설 설정
- C11:G14구간은 예제 12-3과 동일한 방식으로 회귀변동 · 잔차변동 · 총변동의 자유도, 자승 합계, (자승합계를 해당 자유도로 나누어 구한) 자승평균, F검정

통계량을 제공

- H12셀의 유의한 F는 계산된 F 비율의 최소유의수준인 P-값을 $1.9 \times 10^{(-5)}$로 표시. 이는 0.0019%를 의미하며 "=FDIST(G12,D12,8)"로 계산된 결과임
  - ◦ 여기서 F검정의 자유도는 회귀변동의 경우에 추정자의 수 K는 1이어서 $K-1=0$이 되지만, F분포의 확률계산을 위해 회귀변동의 자유도를 1로 설정 → 잔차변동의 자유도를 $n-K=9$ 대신에 8로 설정하여 F비율의 P-값을 계산. 이러한 귀무가설이 0.002% 수준에서도 기각되어 운송거리는 인도시간에 영향을 유의적으로(현저하게) 준다는 것을 의미
  - ◦ F검정의 P-값 접근법을 이용하면, X가 Y에 아무런 영향을 주지 않는다는 귀무가설 $H_0: \beta=0$는 아무리 낮은 수준에서도 기각되어야 한다는 것을 의미하며, $R^2 > 0$이어야 함을 반영

⑤ β의 신뢰구간

- ◦ $\hat{\beta} - t(2.5\%, 9)$ 임계값 $\times\ \hat{\beta}$ 표준오차 $< \beta < \hat{\beta} + t(2.5\%, 9)$ 임계값 $\times\ \hat{\beta}$ 표준오차
- ◦ 하위 95% = X 계수 - $t_{(2.5\%, 9)}$ ×X 계수 표준오차

  = 0.003712-(2.26216×0.00017) = 0.0033
- ◦ 상위 95% = X 계수 + $t_{(2.5\%, 9)}$ ×X 계수 표준오차

  = 0.003712+(2.26216×0.00017) = 0.0041

- 기울기 계수 β의 95% 신뢰한계구간은 (0.0033, 0.0041)로 발생
  - ◦ 점 추정치 0.003712에 비해 신뢰구간의 폭이 0.0009로, 점 추정치의 25% 미만이어서 정밀도가 높은 것을 의미
- E18셀의 $s_{\hat{\beta}}$를 확인하기 위해, E2셀에 "=SUMPRODUCT(A2:A11,B2:B11)"을 입력하여 $\sum_{i=1}^{10} X_i Y_i$를 계산
- E4셀에 "=SUMSQ(A2:A11)"을 입력하여 $\sum_{i=1}^{10} X_i^2$을 계산
- F2셀에 "=SUMSQ(B2:B11)"을 입력, $\sum_{i=1}^{10} Y_i^2$을 계산
- F4셀에 "=D7/SQRT(E4)"를 입력, $s_{\hat{\beta}}$를 E18셀과 같은 값으로 계산

- E6셀에 (13.14)식에 따라 "=E2/E4"를 입력, $\hat{\beta}$를 D18셀과 동일한 값으로 계산
- F6셀에 "=TINV(5%,9)"를 입력, 5% 유의수준의 양측검정 기각역 임계값의 t 통계량을 2.26216으로 계산

⑥ 잔차도와 적합도의 해석

- 회귀분석 대화상자에서 잔차도의 지정에 따라 아래와 같은 종속변수의 각 값들에 대한 그 추정치의 수직거리 격차인 잔차 e_i를 표시한 차트 획득

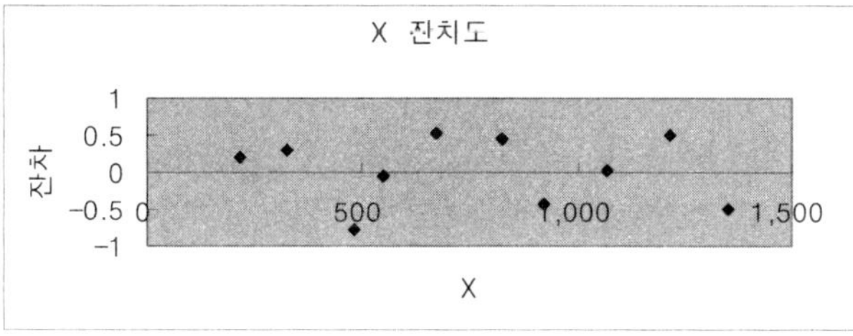

- 잔차도에서 여전히 잔차의 자기상관이 나타나 잔차의 계열 독립성 가정이 파기되는 현상을 초래 → 이러한 문제의 시정을 위해 함수 형식의 전환, 정차방정식 사용, 방정식 구조의 변화 등의 시도가 가능
- 선적합도는 Y의 실제값과 추정된 $\hat{Y}$간의 적합 정도를 산점도로 보여주고 있다. 아래 그림에서 X의 값이 500Km 근방인 경우를 제외하면, Y의 예측치가 실제값을 상내적으로 크게 벗어나지는 않음

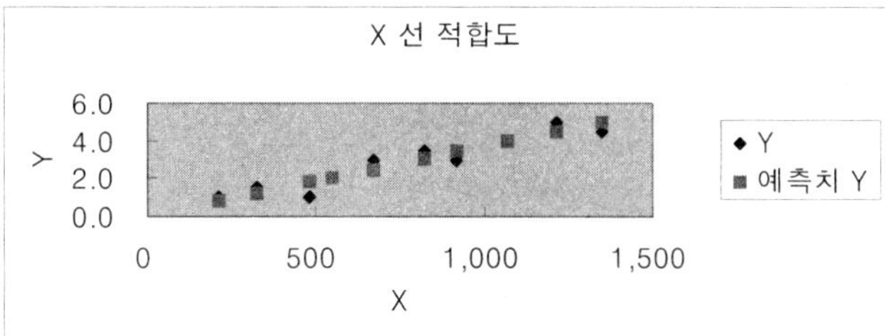

- 이상의 검정결과와 각종 분석 내용을 종합할 경우에 예제 12-3의 결과와 같이 5%수준에서 유의적이지 않았던 Y축 절편을 제거한 단순회귀의 사용은 설명력을 유지하면서, 추정자의 신뢰구간 정밀도를 증가시키는 효과를 제공
- 여전히 잔차의 계열 독립성 가정이 파기되고, 그에 따른 이상점의 출현으로 인

해 종속변수가 다른 요인에 의해서도 영향을 받는다는 것을 의미

제 2 절 OLS추정의 문제와 회귀모형의 함수형태

Ⅰ. OLS추정의 문제

1. 자료 종류에 따른 문제

- 주어진 시점에서 횡단회귀분석(cross-sectional regressions) 결과가 중요한 요인을 고려하지 않아 독립변수와 종속변수에 대한 잘못된 상관관계의 추론 발생 가능
- 특정시점의 횡단회귀자료 분석결과를 기초로 회귀관계의 시계열 특성 추론은 보다 잘못된 결론의 초래 가능
- 갈톤의 오류(Galton's Fallacy) : 아버지 키(신장)와 아들 키 사이에 음(negative)의 상관이 발생한 결과를 시간에 따른 신장 분포(height distribution)의 분산 감소로 해석한 오류 → 신장분포 내부에서의 이동성(mobility)으로 해석하는 것이 적합
◦ 개도국의 경제성장률과 국민소득간의 역관계(inverse relationship)는 시간에 따른 소득분포의 분산 감소보다는 일정한 소득분포 내부에서의 이동성 변화가 원인

2. 특수한 형식의 종속변수

가. 종속변수가 더미변수인 경우

- 대중교통의 이용 여부, 특수직업의 선택 여부 등과 같이 어떤 선택 방안으로 종속변수가 나타나는 경우가 자주 발생
- 이분법적 선택(binary selection)으로 처리되는 종속변수를 제한된 종속변수(limited dependent variable), 정성적 선택(qualitative choice), 이산종속변수(discrete dependent variable) 또는 가종속변수(dummy dependent variable)로 표현
- 종속변수가 이분변수(binary variable)인 경우 OLS추정보다 Probit와 Logit 추정이 우량한 결과를 제공

- 종속변수가 순위별 범주반응변수(ordered categorical responses)인 경우에는 순위별 Probit모형(ordered Probit model)을, 비순위별 범주반응변수(unordered categorical responses)인 경우에는 다항 Logit모형(multinomial Logit model)을 주로 사용

나. 종속변수가 검열변수나 절두변수인 경우

① 검열변수(censored variable) : 특정 삭제수준(cut-off)에 미달 또는 초과하는 값들이 삭제 점(cut-off point)으로 기록되어 0의 값으로 나타나는 변수

- 가계소득조사에서 (연간 개인소득이 1억원 등을 초과하는) 아주 부유한 계층의 사람들을 예외로 처리하는 각 개인의 소득보고 관행

◦ 연간 2천만을 소득을 얻는 개인은 2천만으로 기록되지만, 2억원의 소득을 얻는 개인은 1억원 소득을 얻는 기록

- 종속변수가 기업의 희망투자액인 경우에 관찰 가능한 투자수준은 기업의 실제투자액 → 실제 투자액이 음(negative)이 될 수가 없다면, 음의 희망투자수준을 갖는 모든 기업들은 0수준의 희망투자액을 갖는 것으로 기록
- 검열변수에 대한 OLS추정자는 편의 추정치를 초래하며, 편의 정도(degree of bias)는 검열된 관찰치들의 비율이 증가할수록 증가
- 검열종속변수에 대해서는 Tobit 추정자를 사용하는 것이 관행
- 검열종속변수를 주로 제한된 종속변수(limited dependent variable)로 표현

② 절두변수(truncated variable) : 어떤 수준에 미달 또는 초과하는 값을 갖는 관찰치들을 생략한 끝을 잘라버린 자료들로 구성된 변수

- 절두변수의 경우에 관찰치들을 체계적으로 누락시켰기 때문에 누락관찰치 문제가 발생
- 절두변수에 대해서는 최대우도(maximum likelihood)에 의해 추정되는 절두회귀모형(truncated regression models)을 사용

다. 종속변수가 음이 아닌 정수인 경우

- 종속변수가 어떤 사상이 발생한 횟수로 표시된 경우에 종속변수는 비음의 정수(non-negative integer)로 발생

◦ 종속변수가 어떤 주간 동안의 생산공정에서 발생한 불량품의 수량을 측정한 값

◦ 한 해 동안에 기업이 취득한 특허권의 수

- 횟수자료모형(count data models) : 어떤 사상의 발생횟수로 표현된 종속변수를 처리하는 모형
- 횟수자료의 처리에는 주로 포아송회귀모형(Poisson regression model)을 사용

라. 종속변수는 지속기간을 측정하는 경우

- 어떤 상태에서의 소비시간 등과 같이 지속시간(duration)을 표시하는 종속변수는 주로 노동경제학 관련문제에서 발생

◦ 실직자들이 일자리를 찾는데 소비된 시간

◦ 동맹파업의 지속기간

- 이행자료(transition data) : 지속기간을 표시하는 지속기간자료(duration data)를 지속기간 종료시점에서 새로운 상태로의 이행이 포함된다는 의미에서 부르는 용어
- 지속기간 표시의 종속변수 회귀식에 대한 OLS 추정은 오류를 초래하지는 않지만, 지속기간모형(duration models)이 OLS보다 우량한 추정결과를 제공
- 지속기간자료의 처리에는 지수분포, 감마분포, Weibull분포, 로그정규분포 등에서 도출된 위태함수(hazard function)를 최대우도법(maximum likelihood method)을 통해 처리

◦ 위태함수는 지속기간변수의 값에 대한 누적밀도함수를 1에서 빼서 만든 생존자함수(survivor function)에 대해 지속기간변수의 그 값에 대한 확률밀도함수를 나누어서 계산

3. 오차가 특수한 형식을 갖는 경우

가. 오차의 이분산

- 관찰치와 표본 회귀선 사이의 거리로 측정되는 오차들이 동일한 특성을 갖지 않는 경우에는 OLS추정자는 최우량불편추정자의 역할 수행에 실패
- 이분산성(heteroskedasticity) : 오차가 종속변수의 여러 값들에 대해 다른 분산들을 갖는 특성
- 각국의 GDP 평균증가율을 종속변수로, 설명변수는 각국의 교육수준, 투자, 저축

률 등을 설명변수로 간주하여 국제적 비교를 수행하는 경우, 각국에서 수집한 공개된 GDP자료는 선진국과는 달리 개도국에서 부정확하게 측정되어 저개발국일수록 오차 e가 선진국보다 더 크게 발생하는 현상인 이분산성 발생

◦ 개도국보다 정확한 선진국의 자료에 더 큰 가중치를 부여하면, 이분산성 정도의 완화가 가능

- 일반화된 최소자승(generalized least squares : GLS) 추정자를 사용하여 보다 신뢰 가능한 추정치 획득 가능

◦ GLS 추정자는 가중치를 부여한 자료들(reweighted data)을 사용한 OLS추정자의 역할을 수행

◦ OLS추정자에 대한 공식에서 Y와 X를 사용하는 대신에, 저개발국에는 낮은 가중치를, 선진국에는 더 큰 가중치를 부여한 새로운 자료인 Y^*와 X^* 등의 새로운 자료들에 OLS추정을 수행하여 GLS추정자를 획득

- Excel의 회귀분석 이용으로 실현가능 GLS(Feasible GLS : FGLS)의 처리 가능

나. 오차의 자기상관

- 자기상관된 오차가 발생하는 경우에도 GLS추정자가 OLS추정자보다 우량한 적합성 수준을 제공
- 오차문제로 OLS사용이 잘못된 결과를 초래하는 경우는 오차가 설명변수들과 상관될 때에 발생한다.
- 오차가 설명변수들에 대해 양의 상관을 갖는 경우에, 설명변수의 값이 (절대값으로) 증가할수록 오차의 크기도 증가
- 설명변수와 오차가 상관된 가장 보편적인 경우는 연립방정식모형(simultaneous equations model)
- 연립방정식모형의 처리를 위해서는 수단변수 추정자들(instrumental variables estimators)을 사용

4. 연립방정식모형을 사용하는 경우

가. 일반 적용상황

- 회귀모형이 여러 종속변수들을 가져, 연립방정식(systems of equations) 형태의 여러 회귀모형으로 발생하는 경우

① 생산투입물의 수량과 가격간의 관계 추정
- 여러 기업의 생산에 대한 부문간자료(cross-sectional data)를 수집
- 노동, 자본, 에너지, 투입원료의 양을 종속변수로, 각 투입물의 가격을 설명변수로 하는 회귀방정식 설정
- 각 종속변수에 대해 별도의 회귀방정식을 가져 4개의 다른 방정식들로 구성된 회귀모형 발생

② 가계의 소비구성요소와 경제여건간의 관계 추정
- 원천별로 구분되는 소비인 식품·수송·주거·의복·내구재 등의 소비에 대한 시계열자료와 GDP, 이자율, 물가 등의 거시경제변수를 수집
- 소비구성요소를 종속변수로, 거시경제변수를 설명변수로 하는 회귀방정식 설정
- 각 종속변수에 대해 별도의 회귀방정식들로 구성된 연립방정식 발생

③ 기업들간의 주가수익률 결정요인 분석
- 주가수익률은 주가/주당순이익으로 구성
- 주가와 주당순이익을 각 종속변수로 하고, 그 종속변수에 대한 각 설명변수들로 구성된 회귀방정식들을 설정하여 연립방정식모형이 발생

④ 벡터자기회귀(VAR : vector autoregression)모형의 구성방정식
- 종속변수인 시계열자료 Y는 그 자체 시차값들과 또 다른 종속변수 X의 시차값들에 의존하는 첫째 방정식
- X가 종속변수이고, 그 종속변수는 다른 종속변수 Y의 시차값들과 그 자체의 시차값들에 의존하는 둘째 방정식
- VAR은 X와 Y 이외에 또 다른 종속변수도 포함될 수 있는 복수방정식 모형(multiple equation model)

⑤ IS-LM모형

- 상품시장균형방정식 IS와 화폐시장균형방정식 LM의 두 방정식으로 구성

⑥ 수요와 공급 모형

- 공급곡선과 수요곡선의 두 방정식으로 구성

나. 불확실한 인과관계

- 설명변수가 종속변수의 원인이 되는 변수라는 인과관계(causality)가 명확하다면 회귀방정식의 해석은 용이하게 수행
- 회귀모형에서 Y가 X의 값으로 결정된다는 가정은 종속변수 Y는 내생변수인 반면에, 설명변수 X는 외생변수라는 가정과 일치
- 설명변수들이 내생적인 경우에 OLS추정을 오류를 초래
- 회귀모형의 방정식들이 각기 다른 설명변수를 갖는 경우에 SURE(seemingly unrelated regression equations, 의사 비상관회귀방정식)가 OLS보다 우량한 추정자를 제공

다. 식별문제와 동시성

- 식별문제(identification problem) : 실제로 획득된 자료가 연립방정식모형에서 어떤 방정식에 대한 자료인지를 규명할 수 없는 경우에 OLS로 방정식들의 추정을 할 수 없는 문제
  - ◦수요곡선과 공급곡선을 동시에 추정할 경우에, 시장에서 관찰된 수량 및 가격 자료가 공급과 수요 중에서 어떤 것인지에 대한 규명이 불가능
- 동시성(simultaneity) : 구조방정식들이 내생적 설명변수들을 포함하여, 설명변수가 교란과는 상관되지 않는다는 최소자승법의 가정을 파기하는 문제
  - ◦수요곡선에 대한 양(+)의 충격은 가격 상승과 수요량 감소를 초래하는 반면에, 공급곡선에 대한 양(+)의 충격은 가격 하락과 공급량 증가를 초래 → 각 방정식에서 수요가격과 공급가격의 종속변수 변동이 오차 변동으로 나타나 설명변수인 가격 변동을 초래하는 상황이므로, 가격은 내생적 설명변수
- 간접최소자승법(indirect least squares) : 회귀인자로써 외생변수들만을 포함하는 축약형 방정식들(reduced-form equations)을 OLS로 추정하고, 추정치들을 균형모형으로 주어지는 관계에 대입하여 구조방정식 계수들의 추정치를 계산하

는 방법
- 수단변수(instrumental variable) : 구조방정식의 우변에 있는 내생변수들과 상관되지만 (동시성 원천인) 교란과는 상관되지 않는 변수
- 2계 최소자승법(two-stage least squares) : 수단변수를 사용하여 일반 적률법으로 구한 수단변수 추정자(instrumental variable estimator)를 연립방정식 모형의 각 개별 방정식에 적용하여 추정을 수행
- 3계 최소자승법(three-stage least squares) : 수단변수 추정자를 연립방정식 모형의 모든 방정식의 결합추정에 적용하는 방법
- 제한정보최대우도(limited-information maximum likelihood : LIML) : 최대우도를 연립방정식 모형의 개별 방정식들에 적용
- 완전정보최대우도(full-information maximum likelihood : FIML) : 최대우도를 연립방정식 모형 전체에 적용

Ⅱ. 회귀모형의 함수형태와 함수변환

1. 회귀모형의 함수형태와 종속변수의 독립변수 탄력성

- 한계효과 : 설명변수의 단위 변화에 대한 종속변수의 변화 크기
◦ 한계효과는 종속변수와 독립변수 측정단위가 다른 경우에 종속변수와 독립변수 변화의 상대적 정도를 비교하는 것이 곤란
- 탄력성 : 설명변수 변화율에 대한 종속변수 변화율의 비율
◦ 탄력성은 종속변수와 독립변수의 측정단위에는 무관하게, 종속변수의 독립변수에 대한 상대적 변화강도를 용이하게 측정

① 선형(linear) : $Y = \beta_1 + \beta_2 X$

한계효과 : $\frac{dY}{dX} = \beta_2$, 탄력성 : $\eta = \frac{X}{Y}\frac{dY}{dX} = \beta_2 \frac{X}{Y}$

② 선형-로그(linear-log) : $Y = \beta_1 + \beta_2 \ln X$

한계효과 : $\frac{dY}{dX} = \frac{\beta_2}{X}$, 탄력성 : $\eta = \frac{X}{Y}\frac{dY}{dX} = \frac{\beta_2}{Y}$

③ 역수(reciprocal) : $Y = \beta_1 + \beta_2(1/X)$

한계효과 : $\dfrac{dY}{dX} = -\dfrac{\beta_2}{X^2}$, 탄력성 : $\eta = \dfrac{X}{Y}\dfrac{dY}{dX} = \dfrac{-\beta_2}{XY}$

④ 2차(quadratic) : $Y = \beta_1 + \beta_2 X + \beta_3 X^2$

한계효과 : $\dfrac{dY}{dX} = \beta_2 + 2\beta_3 X$, 탄력성 : $\eta = \dfrac{X}{Y}\dfrac{dY}{dX} = (\beta_2 + 2\beta_3 X)\dfrac{X}{Y}$

⑤ 교호작용(interaction) : $Y = \beta_1 + \beta_2 X + \beta_3 XZ$

한계효과 : $\dfrac{dY}{dX} = \beta_2 + \beta_3 Z$, 탄력성 : $\eta = \dfrac{X}{Y}\dfrac{dY}{dX} = (\beta_2 + \beta_3 Z)\dfrac{X}{Y}$

⑥ 로그-선형(log-linear) 또는 반로그(semilog) : $\ln Y = \beta_1 + \beta_2 X$

한계효과 : $\dfrac{dY}{dX} = \beta_2 \exp(\beta_1 + \beta_2 X) = \beta_2 Y$

탄력성 : $\eta = \dfrac{X}{Y}\dfrac{dY}{dX} = \beta_2 X$

⑦ 로그-역수(log-reciprocal) : $\ln Y = \beta_1 + \beta_2(1/X)$

한계효과 : $\dfrac{dY}{dX} = -\dfrac{\beta_2}{X^2}\exp(\beta_1 + \beta_2(1/X)) = -\dfrac{\beta_2}{X^2}Y$

탄력성 : $\eta = \dfrac{X}{Y}\dfrac{dY}{dX} = -\dfrac{\beta_2}{X}$

⑧ 로그-2차(log-quadratic) : $\ln Y = \beta_1 + \beta_2 X + \beta_3 X^2$

한계효과: $\dfrac{dY}{dX} = (\beta_2 + 2\beta_3 X)\exp(\beta_1 + \beta_2 X + \beta_3 X^2) = (\beta_2 + 2\beta_3 X)Y$

탄력성 : $\eta = \dfrac{X}{Y}\dfrac{dY}{dX} = (\beta_2 + 2\beta_3 X)X$

⑨ 더블 로그(double-log or log-log) : $\ln Y = \beta_1 + \beta_2 \ln X$

한계효과 : $\dfrac{dY}{dX} = \dfrac{\beta_2 Y}{X}$, 탄력성 : $\eta = \dfrac{X}{Y}\dfrac{dY}{dX} = \beta_2$

⑩ 로지스틱(logistic) : $\ln\left[\dfrac{Y}{1-Y}\right] = \beta_1 + \beta_2 X$

한계효과 : $\dfrac{dY}{dX} = \beta_2 Y(1-Y)$, 탄력성 : $\eta = \dfrac{X}{Y}\dfrac{dY}{dX} = \beta_2(1-Y)X$

2. 함수변환과 더블로그함수의 강점

- 종속변수 Y와 독립변수 X간의 관계가 비선형인 경우에 선형모형의 추정치를 오류를 초래
- 각 경우에 대해 X변수를 적절하게 변환하여 변환된 변수에 대한 Y의 회귀를 수행하는 일반적 전략이 사용 가능
- 보편적으로 많이 사용하는 함수변환 방식은 종속변수와 설명변수를 모두 (지수함수의 역함수인) 로그함수로 변환시키는 방식이며, ln으로 표시하는 자연로그함수(natural logarithm)를 가장 많이 사용
- 더블자연로그함수를 사용하면, 탄력성 추정이 용이하여 회귀결과의 해석이 용이
- 더블자연로그로 변환된 자료는 회귀함수의 선형성 가정을 충족

****

13A.1 일반 미분법칙

① 상수와 함수의 곱 : $y = f(x) = ag(x)$

$$\frac{dy}{dx} = f'(x) = ag'(x)$$

② 두 함수의 합 : $y = f(x) = g(x) + h(x)$

$$\frac{dy}{dx} = f'(x) = g'(x) + h'(x)$$

③ 두 함수의 곱(積) : $y = f(x) = g(x)h(x)$

$$\frac{dy}{dx} = f'(x) = g'(x)h(x) + g(x)h'(x)$$

④ 두 함수의 비율(몫, 商, quotient) : $y = f(x) = g(x)/h(x)$

$$\frac{dy}{dx} = f'(x) = \frac{g'(x)h(x) - g(x)h'(x)}{[h(x)]^2}$$

⑤ 연쇄 법칙 : $y = f(x) = g(h(x))$

$$\frac{dy}{dx} = f'(x) = \frac{dy}{dz}\frac{dz}{dx} = g'(h(x)) \cdot h'(x)$$

13A.2 특수함수의 미분법칙

① 상수함수(constant function) : $y = f(x) = ax^0 = a$

$$\frac{dy}{dx} = f'(x) = 0$$

② 멱함수(power function) : $y = f(x) = ax^b$

$$\frac{dy}{dx} = f'(x) = abx^{b-1}$$

③ 다항함수(polynomial function) : $y = f(x) = a_0 + a_1x + \ldots + a_nx^n$

$$\frac{dy}{dx} = f'(x) = a_1 + 2a_2x + 3a_3x^2 + \ldots + na_nx^{n-1}$$

④ 자연대수(natural logarithm) : $y = f(x) = \ln g(x)$

$$\frac{dy}{dx} = f'(x) = \frac{g'(x)}{g(x)}$$

⑤ 밑수(base) a의 로그함수 : $y = f(x) = \log_a g(x)$

$$\log_a g(x) = \log_a e \ln g(x) = \ln g(x) \log_a e = \ln g(x) \frac{\log e}{\log a}$$

$$\frac{dy}{dx} = f'(x) = \frac{d\ln g(x)}{dx}\left(\frac{\log e}{\log a}\right) = \frac{g'(x)}{g(x)} \frac{1}{\log a/\log e} = \frac{g'(x)}{g(x)} \frac{1}{\ln a}$$

⑥ 일반 지수함수(general exponential function) : $y = f(x) = a^{g(x)}$

$$\frac{dy}{dx} = f'(x) = g'(x)\, a^{g(x)} \ln a$$

⑦ 밑수 e의 지수함수 : $y = f(x) = e^{g(x)}$

$$\frac{dy}{dx} = f'(x) = g'(x)\, e^{g(x)} \ln e = g'(x)\, e^{g(x)}$$

****

〈참고문헌〉

Ashenfelter, O., P.B. Levine, and D.J. Zimmerman(2003), *Statistics and Econometrics:Methods and Applications*, John Wiley & Sons, Inc., pp. 132-139.

Baldani, J., J. Bradfield, and R.W. Turner(1996), *Mathematical Economics*, The Dryden Press, pp. 22-23.

Evans, Michael K.(2003), *Practical Business Forecasting*, Blackwell Publishers, pp. 29-63.

Greene, William H.(1997), *Econometric Analysis*, 3rd ed., Prentice-Hall International, Inc., pp. 333-378.

Hill, R.C., W.E. Griffiths, G.G. Judge(2001), *Undergraduate Econometrics*, 2nd ed., John Wiley & Sons, Inc., pp. 121-144.

Kazmier, Leonard J.(1988), *Theory and Problems of Business Statistics with Computer Applications*, 2nd ed., McGraw-Hill Book Co., pp. 246-257.

Kelejian, H.H. and W.E. Oates(1989), *Introduction to Econometrics : Principles and Applications*, 3rd ed., Harper & Row, Publishers, pp. 89-133.

Koop, Gary(2005), *Analysis of Economic Data*, 2nd ed., John Wiley & Sons, Ltd.
pp. 211-221.

Maddala, G.S.(1992), *Introduction to Econometrics*, 2nd ed., Macmillan Publishing Co., pp. 101-126.

Mansfield, Edwin(1983), *Statistics for Business and Economics : Methods and Applications*, W.W.Norton & Co., pp. 444-456.

Mason, Robert D.(1982), *Statistical Techniques in Business and Economics*, 5th ed., Richard D. Irwin, Inc., pp. 508-525.

Pindyck, R.S. and D.L. Rubinfeld(1991), *Econometric Models and Economic Forecasts*, 3rd ed., McGraw-Hill, Inc., pp. 59-72.

Ramanathan, Ramu(2002), *Introductory Econometrics with Applications*, 5th ed., South-Western, pp. 210-235.

Stewart, Kennth G.(2005), *Introduction to Applied Econometrics*, Thomson Learning, Inc., pp. 172-334.

Thomas, R.L.(1997), *Modern Econometrics : An Introduction*, Addison Wesley Longman Ltd., pp. 150-168.

Wonnacott, T.H. and R.J. Wonnacott(1990), *Introductory Statistics for Business and Economics*, 4th ed., John Wiley & Sons, pp. 482-496.

제14장

다중회귀분석

[핵심용어]

· 다중회귀분석	· 완전 다중공선성	· 최소자승법
· 잔차자승합	· 회귀자승합	· 결정계수
· 조정결정계수	· 이분산성	· 정규방정식
· 다중결정계수	· 추정치 표준오차	· Gauss Markov정리
· 다중상관계수	· 부분(편)결정계수	· 단순상관계수
· F검정	· 특수 Wald검정	· 예측오차
· 예측치 신뢰구간		

[주요 Excel함수와 기능]

· COUNTA	· 회귀분석(도구→데이터 분석)	
· FDIST	· TINV	· AVERAGE
· SUMSQ	· SUMPRODUCT	· CORREL

제 1 절 다중회귀분석의 원리와 수행절차

Ⅰ. 다중회귀모형의 원리와 최소자승법

1. 다중회귀모형의 원리와 가정

- 다중회귀분석(multiple regression analysis) : 종속변수의 값을 추정하기 위해 2개 이상의 설명변수를 포함한 단순회귀분석의 확장방식
- K개의 독립변수 $X_1, X_2, ..., X_K$에 대한 선형회귀모형

$$Y_t = \alpha + \beta_1 X_{1i} + \beta_2 X_{2i} + \cdot\cdot\cdot + \beta_K X_{Ki} + u_i \ , \quad 1 = 1, 2, ..., n$$

◦ 오차 u_i : Y의 측정오차와 Y 및 X간의 관계설정에서의 오차로 구성

- $E(Y_i) = \alpha + \beta_1 X_{1i} + \cdot\cdot\cdot + \beta_K X_{Ki}$
- $Y_i \sim N(\alpha + \beta_1 X_{1i} + \cdot\cdot\cdot + \beta_K X_{Ki}, \sigma^2)$
- 오차 u_i에 대한 가정

(1) $E(u_i) = 0$

(2) $Var(u_i) = Var(Y_i) = \sigma^2$ for all i

(3) $Cov(u_i, u_j) = Cov(Y_i, Y_j) = 0$ for all $i \neq j$

(4) $Cov(u_i, X_j) = 0$ for i and j

(5) $u_i \sim N(0, \sigma^2)$

- 완전 다중공선성의 부재(absence of perfect multicollinearity)

◦ 어떤 회귀인자(regressor)도 다른 회귀인자들에 대해 엄격한 선형함수를 갖지 않음

◦ $X_{2i} = a + bX_{1i}$ 형식의 선형관계가 성립한다면, 변수 X_1의 정보는 변수 X_2에 복제되어 두 변수는 동일한 영향을 종속변수에 주므로, 각 설명변수의 별도

효과에 대한 측정이 불가능

2. 최소자승법

- 2개 설명변수를 갖는 회귀모형

$$Y_i = \alpha + \beta_1 X_{1i} + \beta_2 X_{2i} + u_i \ , \qquad i = 1, 2, \ldots, n \tag{14.1}$$

- 표본 회귀방정식에 따른 잔차 e_i

$$e_i = Y_i - \hat{\alpha} - \hat{\beta}_1 X_{1i} - \hat{\beta}_2 X_{2i} \tag{14.2}$$

- 잔차 e_i에 대한 가정

모집단 회귀선 가정	표본 회귀선 가정
$E(u) = 0$ $Cov(u, X_1) = 0$ $Cov(u, X_2) = 0$	$(1/n)\sum e_i = 0$ $(1/n)\sum X_{1i} e_i = 0$ $(1/n)\sum X_{2i} e_i = 0$

- (14.2)식의 자승합인 잔차자승합 SSR

$$SSR = \sum (Y_i - \hat{\alpha} - \hat{\beta}_1 X_{1i} - \hat{\beta}_2 X_{2i})^2 \tag{14.3}$$

- SSR의 $\hat{\alpha}$, $\hat{\beta}_1$, $\hat{\beta}_2$ 에 대한 1계 도함수를 0으로 설정하여, 정규방정식 도출

$$\frac{\partial SSR}{\partial \hat{\alpha}} = 0 \ \Rightarrow \ \sum 2(Y_i - \hat{\alpha} - \hat{\beta}_1 X_{1i} - \hat{\beta}_2 X_{2i})(-1) = 0 \tag{14.4.1}$$

$$\frac{\partial SSR}{\partial \hat{\beta}_1} = 0 \ \Rightarrow \ \sum 2(Y_i - \hat{\alpha} - \hat{\beta}_1 X_{1i} - \hat{\beta}_2 X_{2i})(-X_{1i}) = 0 \tag{14.4.2}$$

$$\frac{\partial SSR}{\partial \hat{\beta}_2} = 0 \ \Rightarrow \ \sum 2(Y_i - \hat{\alpha} - \hat{\beta}_1 X_{1i} - \hat{\beta}_2 X_{2i})(-X_{2i}) = 0 \tag{14.4.3}$$

Ⅱ. 다중회귀분석의 수행절차와 추정치 계산원리

1. 다중회귀분석의 수행절차

- Excel을 이용한 다중회귀분석은 메뉴표시줄에서 "도구→데이터 분석→회귀 분석" 지정을 통하여 수행

예제 14-1) 영업사원별 월간 매출액(천원) Y, 근무연수 X_1, 보습교육(supplementary education) 연수 X_2에 대한 다음 자료를 이용하여, 사원별 월간 매출액이 근무연수와 보습교육 연수에 어떤 영향을 받는가를 2개의 설명변수를 가진 회귀모형으로 분석할 수 있다.

	A	B	C	D	E	F	G	H	I	J	K
1	연간 매출액	근무 연수	보습교육연수	성별D (M=1)	요약 출력						
2	34,900	5.5	4.0	0		1.04537	회귀분석 통계량 결정공식 해설				
3	40,500	9.0	4.0	1	회귀분석 통계량		결과치	계산공식			
4	38,900	4.0	5.0	0	다중 상관계수	0.81984	0.81984	=SQRT(F5)			
5	39,000	8.0	4.0	1	결정계수	0.67214	0.67214	=G12/G14			
6	37,500	9.5	5.0	1	조정된 결정계수	0.61253	0.613	=1-(1-F5)*(F14/F13)			
7	35,500	3.0	4.0	0	표준 오차	2156.39	2156.39	=SQRT(G13/F13)			
8	36,000	7.0	3.0	0	관측수	14	14	=COUNTA(A2:A15)			
9	32,700	1.5	4.5	0							
10	45,000	8.5	5.0	1	분산 분석						
11	40,000	7.5	6.0	0		자유도	제곱합	제곱 평균	F 비	유의한 F	P-값
12	36,000	9.5	2.0	1	회귀	2	1.05E+08	5.2E+07	11.276	0.0022	0.00217
13	33,600	6.0	2.0	0	잔차	11	51149975	4649998			
14	35,000	2.5	4.0	1	계	13	1.56E+08				
15	32,500	1.5	4.5	1							
16	bar Y	bar X1	bar X2			계수	표준 오차	t 통계량	P-값	하위 95%	상위 95%
17	36,936	6	4		Y 절편	25511.3	2690.32	9.48264	1E-06	19590	31432.7
18	n	14	K	3	근무 연수	825.668	204.5509	4.03649	0.002	375.45	1275.88
19	Syy	2E+08	S11	112.9	보습교육 연수	1603.7	536.2946	2.99033	0.0123	423.32	2784.08

① 자료 입력과 회귀분석 수행

- A1:C15구간에 연간매출액(천원 단위), 근무연수, 보습교육 연수에 대한 자료 입력
- 근무연수 X_1과 보습교육 연수 X_2의 월간 매출액 Y에 대한 영향력을 규명할 수 있도록 회귀방정식 $Y_i = \alpha + \beta_1 X_1 + \beta_2 X_2 + u_i$를 설정

- 메뉴표시줄에서 "도구→데이터 분석"을 지정, 통계 데이터 분석 대화상자에서 "회귀분석"을 지정하고, "확인"을 눌러 회귀분석 대화상자 생성
- 회귀분석 대화상자에서 "Y축 범위 : A1:A15, X축 범위 : B1:C15, 이름표 지정, 신뢰수준 : 95%, 출력범위 : E1, 잔차 · 잔차도 · 표준잔차 · 선적합도 표시"를 지정하고, "확인"을 눌러 회귀분석 수행
- 회귀분석의 결과는 시트에서 무늬를 주지 않은(흐린 바탕색이 없는) 구간들의 값으로 제공

③ 회귀분석결과의 표현

- 회귀분석결과는 계수 추정자 $\widehat{\alpha}$, $\widehat{\beta_1}$, $\widehat{\beta_2}$와 그 추정자 값 아래의 ( )안에 t 검정통계량(또는 표준오차), 결정계수 R^2, 조정결정계수 R_a^2, 관찰치의 수 n을 표시하는 형태로 표현

$$\begin{array}{llll} \widehat{Y}_i = & 25,511.3 + & 825.668 * X_{1i} + & 1,603.7 * X_{2i} \\ & (9.48264) & (4.03649) & (2.99033) \end{array}$$

$$R^2 = 0.67214, \quad R_a^2 = 0.61253, \quad n = 14$$

④ 회귀분석통계량의 해석

- F4셀의 다중상관계수는 $S_{Y \cdot 12}$를 표시하며, 이는 결정계수의 자승근으로 G4셀에 "=SQRT(F5)"를 입력하여 다중결정계수의 자승근으로 계산, X_1과 X_2가 공동으로 종속변수 Y에 대해 0.81984로 높은 상관관계를 갖는다는 것을 반영
- F5셀의 결정계수는 종속변수 변동 중에서 회귀방정식으로 설명하는 비율이 67.2%임을 표시, 이는 G5셀에서와 같이 "=G12/G14"를 입력하여 RSS/TSS의 비율로 계산한 결과와 동일
- F6셀의 조정결정계수는 종속변수의 변동을 회귀방정식이 61.25%만큼 설명하는 것을 의미, G6셀에 "=1-(1-F5)*(F14/F13)"을 입력하여 계산 가능
- F7셀의 표준오차는 $\hat{\sigma}^2 = SSR/(n-K) = SSR/(n-3)$의 자승근으로 계산된 회귀분석의 추정된 표준편차인 추정치 표준오차(교란 또는 회귀의 표준오차) $s_{Y \cdot 12}$이며, G7셀에 "=SQRT(G13/F13)"을 입력하여 계산 결과를 확인
- F8셀은 관찰치의 수인 표본크기이며, G8셀에 "=COUNTA(A2:A15)"를 입력

하여 관찰치 수를 계산

⑤ 분산분석 결과의 해석

- 양측검정가설의 설정

◦ H_0: $\beta_1 = \beta_2 = 0$, H_1 : β_1과 β_2 중에서 적어도 하나는 0이 아니다.

- E11:J14구간은 〈표 11-1〉과 동일한 방식으로 회귀변동 · 잔차변동 · 총변동의 자유도, 자승 합계, (자승합계를 해당 자유도로 나누어 구한) 자승평균, F검정통계량을 제공

- J12셀의 유의한 F는 계산된 F 비율의 최소유의수준인 P-값을 표시하며, 이는 K12셀에 "=FDIST(I12,F12,F13)"을 입력하여 0.217%로 확인 가능

◦ 이는 1%의 유의수준에서도 귀무가설 H_0는 기각되어 X_1 또는 X_2가 Y에 유의적으로 영향을 주는 것을 의미하며, $R^2 > 0$ 이어야 함을 반영

⑥ α, β_1, β_2의 신뢰구간

- α의 95% 신뢰구간의 계산방식

◦ $\hat{\alpha} - t(2.5\%, 11)$ 임계값 × $\hat{\alpha}$ 표준오차 < α < $\hat{\alpha} + t(2.5\%, 11)$ 임계값 × $\hat{\alpha}$ 표준오차

◦ H21셀에 "=TINV(5%,F13)"을 입력하여 $t_{(2.5\%, 11)}$을 2.20099로 계산, α의 하위 95%와 상위 95%를 다음과 같이 계산한 결과가 J17셀과 K17셀로 제공

◦ 하위 95% = Y 절편 계수 - $t_{(2.5\%, 11)}$ × Y절편 표준오차

= 25511.3-(2.20099×2690.32) = 19590

◦ J20셀에 "=F17-$H$21*$G17"을 입력, 하위 95% 신뢰구간 임계값 계산

◦ 상위 95% = Y 절편 계수 + $t_{(2.5\%, 11)}$ × Y절편 표준오차

= 25511.3+(2.20099×2690.32) = 31432.7

◦ K20셀에 "=F17+$H$21*$G17"을 입력, 상위 95% 신뢰구간 임계값 계산

◦ Y축 절편 α의 95% 신뢰한계구간(confidence limits)은 (19590, 31432.7)로 발생

◦ 점 추정치 25511.3에 비해 신뢰구간의 폭이 약 46%에 불과하여 정밀도가 높은 것을 의미

◦ t통계량이 커서 P-값이 거의 0이 되어 5%뿐만 아니라 1% 유의수준에서도 회

귀방정식에 α가 포함되어야 함을 의미

- J20:K20구간을 자동채우기로 J21:K22구간에 복사하여 붙여, β_1의 95% 신뢰구간을 (375.45, 1275.88)로, β_2의 95% 신뢰구간을 (423.32, 2784.08)로 계산
- β_1의 95% 신뢰구간 폭이 점 추정치 825.668의 약 1.1배로 정확성이 낮게 발생
- β_2의 95% 신뢰구간 폭이 점 추정치 1603.7의 약 1.4배로 정확성이 낮게 발생

⑦ 가설검정

- β_1과 β_2는 모두 5% 유의수준의 양측검정 기각역 t임계값을 초과하는 t검정 통계량을 가져, 5% 유의수준에서 X_1과 X_2는 모두 Y의 변동에 영향을 주는 것을 의미하므로 귀무가설 H_0를 기각
- β_1은 최소유의수준인 P-값이 0.2% 정도여서 1%의 유의수준에서도 귀무가설이 기각되는 반면에, β_2는 P-값이 1.2% 정도여서 1% 유의수준에서는 그 영향력이 없다는 귀무가설을 채택
- β_1과 β_2에 대한 가설 검정을 종합하면, 1% 유의수준에서도 $\beta_1 = \beta_2 = 0$ 이라는 귀무가설 H_0를 기각하고, β_1과 β_2 중에서 적어도 하나는 0이 아니라는 대립가설 H_1을 채택

⑧ 잔차도의 해석

- 근무연수(X_1) 잔차도는 X_1과 Y(월간 매출액)간 단순회귀분석에 따른 Y 추정치를 Y 관찰치에서 뺀 값인 e_{1i}를 X_1의 각 값에 대해 표시한 그림
- 근무연수 잔차도에서 잔차는 근무연수의 증가에 따라 그 절대값이 증가하는 것을 표시, X_1 값의 증가 비율보다 Y 값의 증가비율이 더 크게 발생하는 것을 반영
- 근무연수인 설명변수 값의 증가에 따라 잔차 분산이 확대되는 형태의 이분산성 (heteroskedasticity) 반영

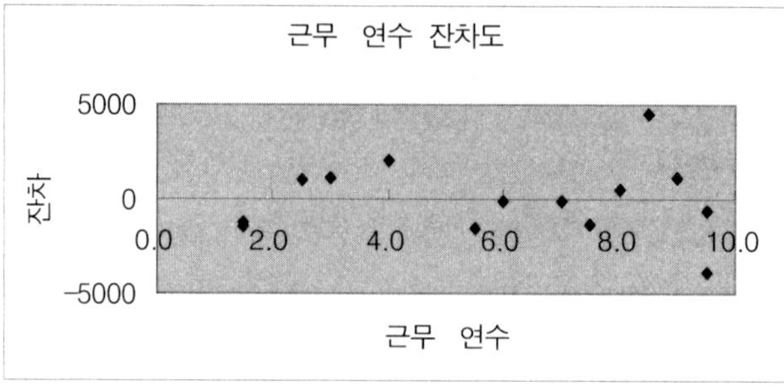

- 보습교육 연수 X_2의 잔차도는 X_2와 Y(월간 매출액)간 단순회귀분석으로 발생할 Y 추정치를 Y 관찰치에서 뺀 값인 추정치의 수직거리 격차 e_{2i}를 X_2의 각 값에 대해 표시한 그림
- 보습교육 연수 잔차도 역시 잔차가 보습교육 연수의 증가에 따라 그 절대값이 증가하는 것을 뚜렷이 보여주고 있어, X_2 값의 증가 비율보다 Y 값의 증가비율이 더 크게 발생하는 이분산성을 반영

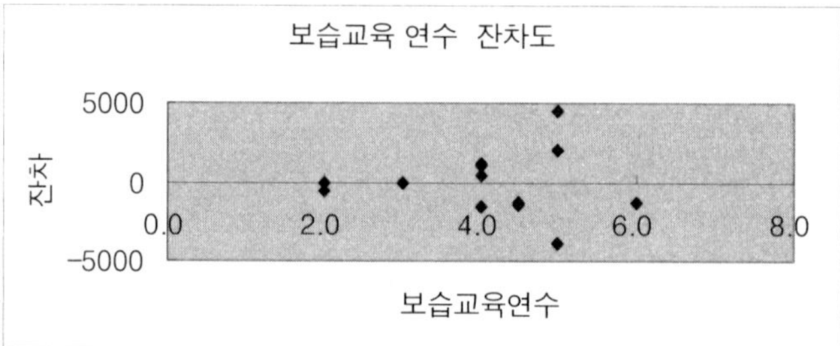

⑨ 선 적합도의 해석

- 근무연수 X_1 선 적합도는 Y(월간 매출액)의 X_1에 대한 단순회귀분석 추정치와 관찰치를 산점도로 표시한 그림
- 수평축(X축)과 수직축(Y축) 서식을 적절히 조정하여 관찰치와 추정치 비교가 용이하도록 다음과 같이 조정

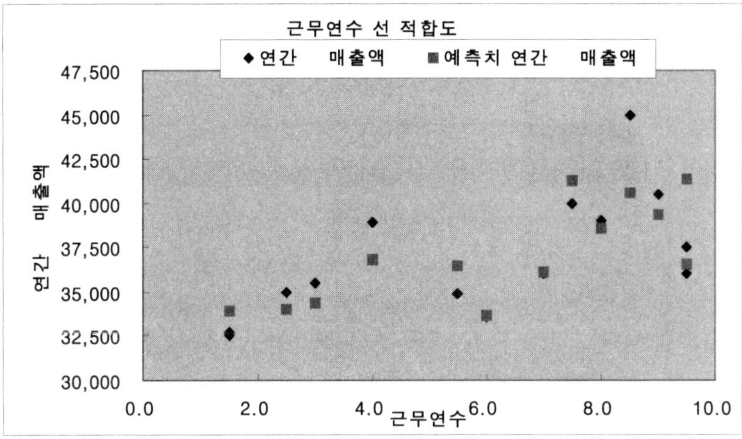

- 실체치를 표시하는 점들 중 하나에 마우스 커서를 두고, 마우스 오른쪽 단추를 눌러 대화상자가 생성되면 "추세선 추가"를 지정

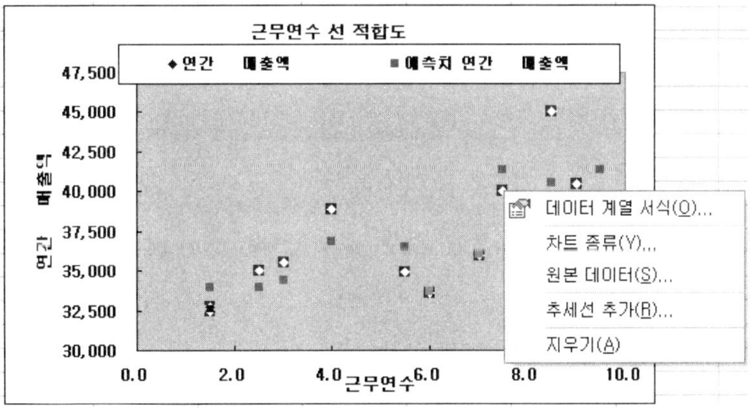

- 생성된 추세선 대화상자의 종류에서 첫째유형인 직선형을 선택하고, 옵션에서 "추세선 이름 : 자동, 수식을 차트에 표시, R-제곱 값을 차트에 표시"를 지정하고 "확인"을 클릭

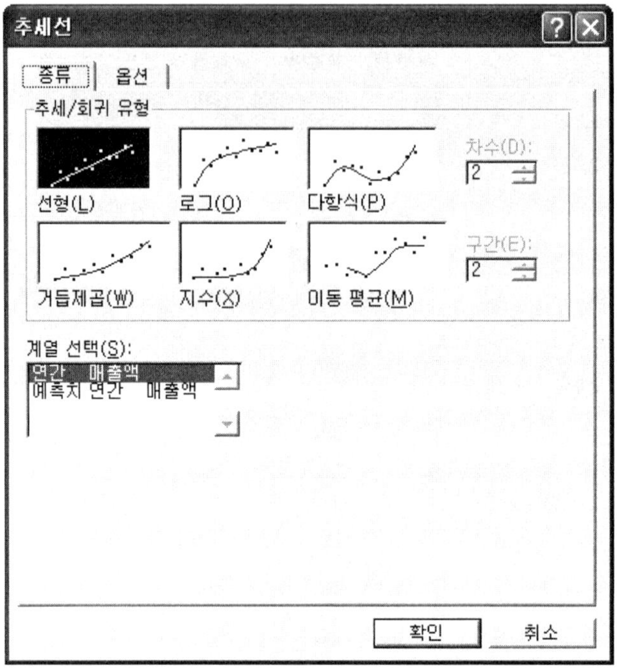
추세선
종류
옵션
추세/회귀 유형
선형(L)
로그(O)
다항식(P)
차수(D):
2
거듭제곱(W)
지수(X)
이동 평균(M)
구간(E):
2
계열 선택(S):
연간 매출액
예측치 연간 매출액
확인
취소

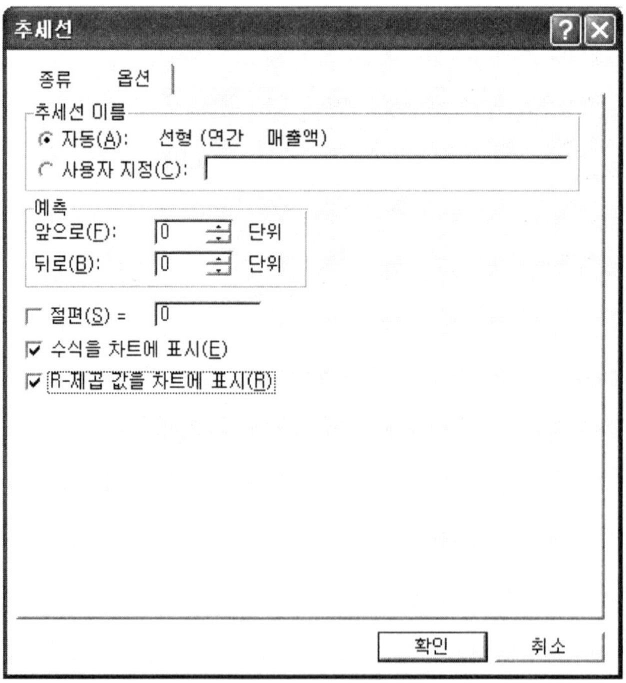
추세선
종류
옵션
추세선 이름
자동(A): 선형 (연간 매출액)
사용자 지정(C):
예측
앞으로(F): 0 단위
뒤로(B): 0 단위
절편(S) = 0
수식을 차트에 표시(E)
R-제곱 값을 차트에 표시(R)
확인
취소

- 예측치와 실제치의 괴리가 X_1(근무연수)에 따라 확대되어 낮은 적합도를 반영
- Y의 X_1에 대한 단순회귀에서 $\beta=748.58$은 다중회귀의 $\beta_1=825.668$보다 더 낮게 발생하며, 설명력 R^2는 다중회귀보다 아주 낮게 발생

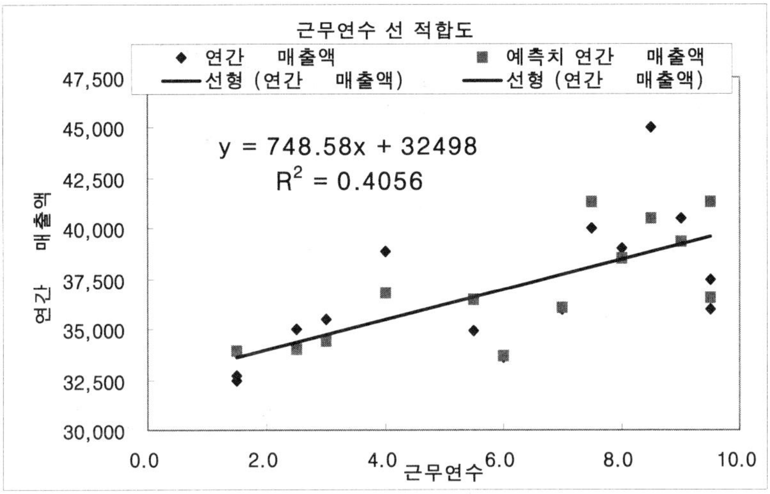

- 보습교육 연수 X_2 선 적합도는 Y(월간 매출액)의 X_2에 대한 단순회귀분석 추정치와 관찰치를 산점도로 표시한 그림
- 근무연수 선 적합도에서와 동일한 방식으로 추세선을 추가한 선적합도를 작성
- 월간 매출액의 예측치와 실제치의 괴리가 X_2(보습교육 연수)에 따라 확대되어 낮은 적합도를 반영
- Y의 X_2에 대한 단순회귀에서 $\beta=1330.9$는 다중회귀의 $\beta_2=1603.7$보다 더 낮게 발생하며, 설명력 R^2는 다중회귀보다 아주 낮게 발생하고, Y의 X_1(근무연수)에 대한 단순회귀보다도 아주 낮게 발생

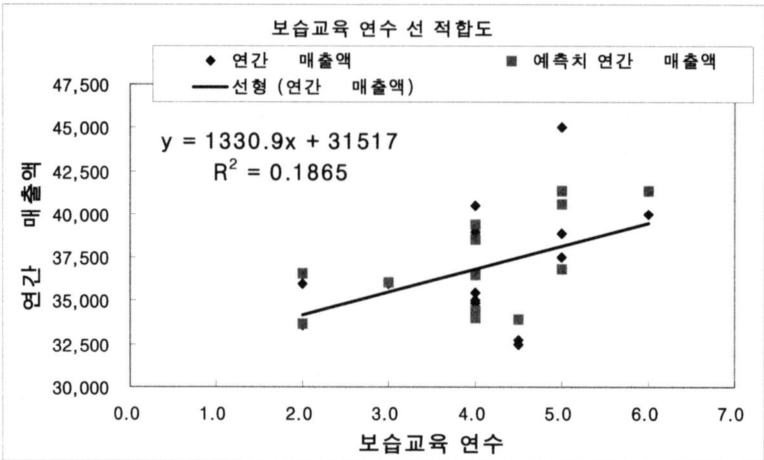

2. 회귀방정식 계수 추정치의 계산 원리

- (14.4.1)~(14.4.3)식의 정규방정식은 $\sum_{i=1}^{n} e_i = \sum_{i=1}^{n} e_i X_{1i} = \sum_{i=1}^{n} e_i X_{2i} = 0$ 을 의미
- 정규방정식을 이용한 표본 추정자

(14.5.1) $$\hat{\beta}_1 = \frac{S_{22}S_{1y} - S_{12}S_{2y}}{S_{11}S_{22} - S_{12}^2}$$

(14.5.2) $$\hat{\beta}_2 = \frac{S_{11}S_{2y} - S_{12}S_{1y}}{S_{11}S_{22} - S_{12}^2}$$

(14.5.3) $$\hat{\alpha} = \overline{Y} - \hat{\beta}_1 \overline{X}_1 - \hat{\beta}_2 \overline{X}_2$$

◦ $S_{11} = \sum (X_{1i} - \overline{X}_1)^2 = \sum_{i=1}^{n} X_{1i}^2 - n\overline{X}_1^{\,2}$

◦ $S_{1y} = \sum (X_{1i} - \overline{X})(Y_i - \overline{Y}) = \sum X_{1i}Y_i - n\overline{X}_1\overline{Y}$

◦ $S_{22} = \sum (X_{2i} - \overline{X}_2)^2 = \sum X_{2i}^2 - n\overline{X}_2^{\,2}$

◦ $S_{2y} = \sum (X_{2i} - \overline{X})(Y_i - \overline{Y}) = \sum X_{2i}Y_i - n\overline{X}_2\overline{Y}$

◦ $S_{12} = \sum (X_{1i} - \overline{X}_1)(X_{2i} - \overline{X}_2) = \sum X_{1i}X_{2i} - n\overline{X}_1\overline{X}_2$

◦ $S_{yy} \equiv TSS = \sum (Y_i - \overline{Y})^2 = \sum Y_i^2 - n\overline{Y}^2$

- (14.3)식에 (14.5.1)~(14.5.3)식을 대입한 SSR, RSS, R^2의 계산공식

(14.3.1) $$SSR = S_{yy} - \hat{\beta}_1 S_{1y} - \hat{\beta}_2 S_{2y}$$

(14.3.2) $$RSS = \hat{\beta}_1 S_{1y} + \hat{\beta}_2 S_{2y}$$

(14.3.3) $$R^2_{y \cdot 12} = \frac{\hat{\beta}_1 S_{1y} + \hat{\beta}_2 S_{2y}}{S_{yy}} = \frac{RSS}{S_{yy}} = \frac{RSS}{TSS} = \frac{(1 - SSR)}{TSS}$$

[회귀계수 추정치와 다중결정계수 계산절차]

① Y, X_1, X_2의 표본평균 $\overline{Y}$, $\overline{X}_1$, $\overline{X}_2$을 AVERAGE함수로 사용

② 표본크기는 COUNTA함수로, 변수의 자승합은 SUMSQ함수로, 변수들 곱의 합은 SUMPRODUCT함수로 계산하여 S_{yy}, S_{11}, S_{22}, S_{12}, S_{1y}, S_{2y}를 계산

③ (14.5.1)식과 (14.5.2)식을 사용하여 $\hat{\beta}_1$과 $\hat{\beta}_2$를 계산

④ $\overline{Y}$, $\overline{X}_1$, $\overline{X}_2$와 추정치 $\hat{\beta}_1$, $\hat{\beta}_2$를 (14.5.3)식에 대입하여 $\hat{\alpha}$를 계산

⑤ (14.3.1)~(14.3.3)식에 따라 잔차자승합 SSR, 회귀자승합 RSS, 다중결정계수 $R^2_{y \cdot 12}$를 계산

****

[참고] 설명변수가 X_1, X_2, X_3로 3개인 경우의 SSR, RSS 및 다중결정계수 계산

(14A.1) $$\hat{\alpha} = \overline{Y} - \hat{\beta}_1 \overline{X}_1 - \hat{\beta}_2 \overline{X}_2 - \hat{\beta}_3 \overline{X}_3$$

(14A.2.1) $$S_{1y} = \hat{\beta}_1 S_{11} + \hat{\beta}_2 S_{12} + \hat{\beta}_3 S_{13}$$

(14A.2.2) $$S_{2y} = \hat{\beta}_1 S_{12} + \hat{\beta}_2 S_{22} + \hat{\beta}_3 S_{23}$$

(14A.2.3) $$S_{3y} = \hat{\beta}_1 S_{13} + \hat{\beta}_2 S_{23} + \hat{\beta}_3 S_{33}$$

(14A.3.1) $$SSR = S_{yy} - \hat{\beta}_1 S_{1y} - \hat{\beta}_2 S_{2y} - \hat{\beta}_3 S_{3y}$$

(14A.3.2) $$RSS = \hat{\beta}_1 S_{1y} + \hat{\beta}_2 S_{2y} + \hat{\beta}_3 S_{3y}$$

(14A.3.3)

$$R^2_{y \cdot 123} = \frac{\hat{\beta}_1 S_{1y} + \hat{\beta}_2 S_{2y} + \hat{\beta}_3 S_{3y}}{S_{yy}} = \frac{RSS}{S_{yy}} = \frac{RSS}{TSS} = \frac{(1-SSR)}{TSS}$$

****

3. 회귀선 추정치 분산과 검정통계량 계산

- 오차 u_i가 정규분포된 경우에 $\hat{\alpha}$, $\hat{\beta}_1$, $\hat{\beta}_2$는 각각 α, β_1, β_2의 평균을 가진 정규분포로 발생
- 정규모집단분포의 가정에 따른 효율적 최소자승 추정자들의 분산

(14.6.1) $$Var(\hat{\beta}_1) = \frac{\sigma^2}{S_{11}(1-r_{12}^2)}$$

(14.6.2) $$Var(\hat{\beta}_2) = \frac{\sigma^2}{S_{22}(1-r_{12}^2)}$$

(14.6.3) $$Cov(\hat{\beta}_1, \hat{\beta}_2) = \frac{-\sigma^2 r_{12}^2}{S_{12}(1-r_{12}^2)}$$

(14.6.4) $$r_{12} = \frac{S_{12}}{\sqrt{S_{11} S_{22}}}$$

(14.6.5)

$$Var(\hat{\alpha}) = \frac{\sigma^2}{n} + \overline{X}_1^2 Var(\hat{\beta}_1) + 2\overline{X}_1 \overline{X}_2 Cov(\hat{\beta}_1, \hat{\beta}_2) + \overline{X}_2^2 Var(\hat{\beta}_2)$$

(14.6.6) $$Cov(\hat{\alpha}, \hat{\beta}_1) = -[\overline{X}_1 Var(\hat{\beta}_1) + \overline{X}_2 Cov(\hat{\beta}_1, \hat{\beta}_2)]$$

(14.6.7) $$Cov(\hat{\alpha}, \hat{\beta}_2) = -[\overline{X}_1 Cov(\hat{\beta}_1, \hat{\beta}_2) + \overline{X}_2 Var(\hat{\beta}_2)]$$

◦ r_{12}가 증가할수록 $\hat{\beta}_1$과 $\hat{\beta}_2$의 분산이 증가 → r_{12}가 아주 높은 경우에 추정치의 분산이 높은 β_1과 β_2를 정확하게 추정하기 곤란

◦ $S_{11}(1-r_{12}^2)$은 X_1의 X_2에 대한 회귀식에서의 SSR

◦ $S_{22}(1-r_{12}^2)$은 X_2의 X_1에 대한 회귀식에서의 SSR

◦ X_1을 여타 모든 설명변수에 대해 회귀시킨 후의 잔차자승합을 SSR_1으로 표시

- SSR이 잔차자승합인 경우에 SSR/σ^2은 자유도 n-3(=n-K)의 χ^2분포를 따르며, 그 결과는 σ^2의 신뢰구간 추정에 사용 1가능
- $s^2_{y\cdot12} = s^2 = \hat{\sigma}^2 = SSR/(n-K)$ 에서 $E(\hat{\sigma}^2) = \sigma^2$, $\hat{\sigma}^2$은 σ^2의 불편추정자
- 추정치 표준오차(standard error of estimate)

(14.6.8) $$s_{y\cdot12} = \sqrt{\frac{SSR}{n-K}}$$

- 최소자승 추정자는 정규분포를 갖는 종속변수 Y_i와 오차 u_i의 선형함수로 계산되어 정규분포를 따름

(14.7) $$\hat{\beta}_k \sim N(\beta_k,\ \sigma_{\hat{\beta}_k}^2)$$

제 2 절 다중회귀모형의 적합성 검정과 예측치 신뢰구간

Ⅰ. 다중회귀의 적합성 검정과 추정자 신뢰구간 계산

1. 표본 변동의 분해와 결정계수

- 총변동 $TSS = \sum_{i=1}^{n}(Y_i - \overline{Y})^2$의 분해

(14.8) $$TSS = \sum(Y_i - \overline{Y})^2 = \sum[(Y_i - \hat{Y}_i) + (\hat{Y}_i - \overline{Y})]^2$$
$$= \sum[e_i + (\hat{Y}_i - \overline{Y})]^2 = \sum e_i^2 + 2\sum(\hat{Y}_i - \overline{Y})e_i + \sum(\hat{Y}_i - \overline{Y})^2$$
$$= SSR + 0 + RSS = RSS + SSR$$

(14.9) $$TSS \equiv S_{yy} = \hat{\beta}_1 S_{1y} + \hat{\beta}_2 S_{2y} + (S_{yy} - \hat{\beta}_1 S_{1y} - \hat{\beta}_2 S_{2y})$$

- 다중결정계수(coefficient of multiple determination)

(14.10) $$R^2_{y\cdot12} = \frac{\hat{\beta}_1 S_{1y} + \hat{\beta}_2 S_{2y}}{S_{yy}} = \frac{RSS}{TSS} = 1 - \frac{SSR}{TSS}$$

- 다중상관계수(multiple correlation coefficient)

(14.11) $$R_{y \cdot 12} = \sqrt{\frac{\hat{\beta}_1 S_{1y} + \hat{\beta}_2 S_{2y}}{S_{yy}}}$$

- R^2는 회귀인자(regressors, 설명변수)의 수가 증가할수록 증가 → 설명변수의 수가 많은 회귀방정식은 종속변수 행태를 설명변수들이 적은 경우보다 양호하게 설명하는 것으로 나타나는 문제 초래
- 조정결정계수(adjusted coefficient of determination) R_a^2(또는 $\overline{R}^2$)

(14.12) $$R_a^2 = 1 - \frac{SSR/(n-K)}{TSS/(n-1)} = 1 - (1-R^2) \cdot \frac{n-1}{n-K}$$

- 결정계수 R^2와 조정결정계수 R_a^2간의 관계

(14.13) $$R_a^2 < R^2 \quad \text{for} \quad K > 1$$

2. 추정자의 신뢰구간과 부분결정계수

가. 추정자의 신뢰구간

- 추정자 분산의 자승근은 추정자의 표준오차이며, 추정자의 수 $K=3$인 (14.1) 식의 모집단 회귀선의 α, β_1, β_2에 대한 자유도 $(n-K)$의 t검정통계량에 사용

(14.14) $$\frac{\hat{\alpha}_0 - \alpha}{s_{\hat{\alpha}}}, \quad \frac{\hat{\beta}_1 - \beta_1}{s_{\beta_1}}, \quad \frac{\hat{\beta}_2 - \beta_2}{s_{\beta_2}} \sim t_{(n-3)}$$

- 모집단 모수들에 대한 결합검정은 자유도 (K-1,n-K)의 F검정 통계량으로 수행

(14.15)

$$F = \frac{1}{2\hat{\sigma}^2}[S_{11}(\hat{\beta}_1 - \beta_1)^2 + 2S_{12}(\hat{\beta}_1 - \beta_1)(\hat{\beta}_2 - \beta_2) + S_{22}(\hat{\beta}_2 - \beta_2)^2]$$

- 주어진 신뢰수준 $(1-a) \times 100\%$에 대한 β_1과 β_2의 결합신뢰한계

(14.16) $$\hat{\beta}_k - s_{\hat{\beta}_k} t_{(a/2,\, n_K)} < \beta_k < \hat{\beta}_k + s_{\hat{\beta}_k} t_{(a/2,\, n_K)}, \qquad k = 1, 2$$

- 귀무가설과 대립가설 설정으로 해당 설명변수와 종속변수간의 관계 존재를 규명

(14.17) $H_0: \beta_k = 0, \quad H_1: \beta_k \neq 0$

나. 부분결정계수

- 부분(편)결정계수(partial determination coefficient) : Y의 분산 중에서 X_1과 X_2에 의해 각각 설명된 비율

(14.18.1) $$r^2_{y1\cdot2} = \frac{(r_{y1} - r_{y2}r_{12})^2}{(1-r^2_{12})(1-r^2_{y2})} = \frac{R^2 - r^2_{y2}}{1-r^2_{y2}} = \frac{t_1^2}{t_1^2 + (n-K)}$$

(14.18.2) $$r^2_{y2\cdot1} = \frac{(r_{y2} - r_{y1}r_{12})^2}{(1-r^2_{12})(1-r^2_{y1})} = \frac{R^2 - r^2_{y1}}{1-r^2_{y1}} = = \frac{t_2^2}{t_2^2 + (n-K)}$$

r_{y1} : Y와 X_1간의 단순상관계수, r_{y2} : Y와 X_2간의 단순상관계수

r_{12} : X_1과 X_2간의 단순상관계수

◦ $r_{y1\cdot2}$: 종속변수 Y와 설명변수 X_1에 대한 X_2의 효과를 제거한 상황에서의 Y와 X_1간의 상관관계를 표시하는 부분상관계수(partial correlation coefficient)

◦ $r_{y2\cdot1}$: 종속변수 Y와 설명변수 X_2에 대한 X_1이 효과를 제거한 상황에서의 Y와 X_2간의 상관관계를 표시하는 계수

◦ $r_{y1\cdot2}$ =0은 Y와 X_1에 대한 X_2의 선형효과를 제거하면, Y와 X_1간에는 어떤 선형(상관)관계도 존재하지 않는 것을 의미

◦ $r_{y2\cdot1}$ =0은 Y와 X_2에 대한 X_1의 선형효과를 제거하면, Y와 X_2간에는 어떤 선형(상관)관계도 존재하지 않는 것을 의미

◦ 방해변수(nuisance variable) : 설명변수와 독립변수 모두에 영향을 주어 회귀모형에서 설명변수의 효과 규명에 방해가 되는 변수

◦ 부분상관계수는 소문자 r로 표시하는 반면에, 다중상관계수는 (14.11)식과 같이 다중결정계수의 자승근으로 계산하며 대문자 R로 표시

- 다중공선성(multicollinearity) : 각 설명변수가 종속변수에 대해 높은 상관관계를 갖는 반면에, 그 부분상관계수들이 모두 낮은 상황

3. 회귀모형의 분산분석과 F검정(특수 Wald검정)

- 회귀모형 $Y_i = \alpha + \beta_1 X_{1i} + \cdot\cdot\cdot + \beta_K X_{Ki} + u_i$의 적합성 검정가설 설정

(14.18) $H_0: \beta_1 = \beta_2 = \cdot\cdot\cdot = \beta_K = 0$

$H_1 : \beta_k$들 중에서 적어도 하나는 0이 아니다.

- 결합귀무가설 H_0의 검정을 위한 F검정 통계량

(14.19) $$F = \frac{RSS/(K-1)}{SSR/(n-K)} = \frac{R^2/(K-1)}{(1-R^2)/(n-K)} \sim F(K-1, n-K)$$

◦ 유의수준 α에 대한 기각역의 F임계값 $F_C(K-1, n-K)$보다 계산된 F검정통계량이 큰 경우에 귀무가설을 기각

- P-값은 " $P(F > F_C)$ "로 계산, 유의수준보다 낮은 P-값은 귀무가설 기각을 의미

〈표 14-1〉 다중회귀모형(표본크기 n, 설명변수 K개)에 대한 분산분석

변동 원천	자유도 (ν)	자승 합 (SS)	자승 평균 (MS)	F 비율
회귀변동	K-1	RSS	RSS/(K-1)	$\frac{RSS/K-1}{SSR/(n-K)}$
잔차변동	n-K	SSR	SSR/(n-K)	
총변동	n-1	TSS		

예제 14-2) 예제 14-1에서 회귀분석으로 제공되는 각 회귀선 계수의 추정치, 분산 및 기타 검정통계량을 동일한 자료를 사용하여 다음과 같이 계산할 수 있다.

	A	B	C	D	E	F	G	H	I	J	K
1	연간 매출액	근무 연수	보습교육연수	성별D (M=1)	요약 출력						
2	34,900	5.5	4.0	0		1.04537	회귀분석 통계량 결정공식 해설				
3	40,500	9.0	4.0	1	회귀분석 통계량		결과치	계산공식			
4	38,900	4.0	5.0	0	다중 상관계수	0.81984	0.81984	=SQRT(F5)			
5	39,000	8.0	4.0	1	결정계수	0.67214	0.67214	=G12/G14			
6	37,500	9.5	5.0	1	조정된 결정계수	0.61253	0.613	=1-(1-F5)*(F14/F13)			
7	35,500	3.0	4.0	0	표준 오차	2156.39	2156.39	=SQRT(G13/F13)			
15	32,500	1.5	4.5	1							
16	bar Y	bar X1	bar X2			계수	표준 오차	t 통계량	P-값	하위 95%	상위 95%
17	36,936	6	4		Y 절편	25511.3	2690.32	9.48264	1.3E-06	19590	31432.69
18	n	14	K	3	근무 연수	825.668	204.5509	4.03649	0.00196	375.454	1275.882
19	Syy	2E+08	S11	112.9	보습교육 연수	1603.7	536.2946	2.99033	0.01229	423.322	2784.076
20	S1y	84536	S12	-5.429				tc(2.5%,11)	α	19590	31432.7
21	S2y	21864	S22	16.43				2.20099	β1	375.454	1275.88
22	S11*S22-S12^2			1826					β2	423.322	2784.08
23	S22*S1y	1E+06	S11*S2y	2E+06	잔차 출력						
24	S12*S2y	-1E+05	S12*S1y	-5E+05							
25	β1	825.668	β2	1603.7	관측수	예측치 연간 매출액	잔차	표준 잔차			
26	α	25511.3	TSS=Syy	2E+08	1	36467.3	-1567.31	-0.79014	r^2(y1·2)	0.60	
27	β1*S1y	7E+07	β2*S2y	4E+07	2	39357.1	1142.855	0.57616	r^2(y2·1)	0.45	
28	RSS	1E+08	SSR	5E+07	3	36832.5	2067.496	1.0423	r(y1·2)	0.77	
29	R^2	0.67214	Ra^2	0.6125	4	38531.5	468.5233	0.2362	r(y2·1)	0.67	
30	R(y·12)	0.81984	r12	-0.126	5	41373.7	-3873.68	-1.95287			
31	s^2	4649998	s(Y|X1,X2)	2156.4	6	34403.1	1096.863	0.55297			
32	Var(β1)	41841.1	Var(β2)	287612	7	36102.1	-102.11	-0.05148			
33	SE(β1)	204.551	SE(β2)	536.29	8	33966.5	-1266.48	-0.63848			
34	t(β1)	4.03649	t(β2)	2.9903	9	40548	4451.99	2.24442			
35	C(β1,β2)	13826	Var(α)	7E+06	10	41326	-1326.04	-0.66851			
36	SE(α)	2690.3	t(α)	9.483	11	36562.6	-562.581	-0.28362			

① 틀 고정과 변수 표본평균 및 표본크기 계산

- A8셀에 마우스 커서를 두고, 메뉴표시줄에서 "창→틀 고정"을 지정하고, 화면을 시트와 같이 조정
- A17셀에 "=AVERAGE(A2:A15)"를 입력, 그 수식을 자동채우기로 B17:C17 구간에 복사하여 붙여 표본평균 $\overline{Y}$, $\overline{X_1}$, $\overline{Y_1}$ 을 계산
- B18셀에 "=COUNTA(A2:A15)"를 입력하여 표본크기 n을 14로 계산
- D18셀에 추정자의 수 K를 3으로 입력

② 변수의 제곱합, 변수편차들의 곱 합계를 계산

- B19셀에 "=SUMSQ(A2:A15)-B18*A17^2"를 입력하여 S_{yy}를 계산
- D19셀에 "=SUMSQ(B2:B15)-B18*B17^2"를 입력하여 S_{11}을 계산
- B20셀에 "=SUMPRODUCT(B2:B15,A2:A15)-B18*B17*A17"을 입력, S_{1y}를

계산

- D20셀에 "=SUMPRODUCT(B2:B15,C2:C15)-B18*B17*C17"을 입력, S_{12}를 계산
- B21셀에 "=SUMPRODUCT(C2:C15,A2:A15)-B18*C17*A17"을 입력, S_{2y}를 계산
- D21셀에 "=SUMSQ(C2:C15)-B18*C17^2"를 입력, S_{22}를 계산

③ 회귀선 계수 추정치 $\hat{\beta}_1$, $\hat{\beta}_2$, $\hat{\alpha}$의 계산

- D22셀에 "=D19*D21-D20^2", B23셀에 "=D21*B20", D23셀에 "=D19*B21", B24셀에 "=D20*B21"을, D24셀에 "=D20*B20"을 입력
- (14.5.1)식에 따라 B25셀에 "=(B23-B24)/$D$22"를 입력하여 $\hat{\beta}_1$을 계산하고, F18셀의 값과 일치하는가를 확인
- D25셀에 B25셀의 수식을 복사하여 붙여 (14.5.2)식에 따른 $\hat{\beta}_2$의 값을 계산하고, F19셀의 값과 일치 여부를 확인
- B26셀에 "=A17-B25*B17-D25*C17"을 입력하여 (14.5.3)식에 따른 $\hat{\alpha}$를 계산하고, F17셀의 값과 일치 여부를 확인

④ 종속변수 변동의 분해와 결정계수 계산

- D26셀에 "=B19"를 입력하여 $TSS \equiv S_{yy}$를 표시
- B27셀에 "=B25*B20"을 입력하여 $\hat{\beta}_1 S_{1y}$를 계산
- D27셀에 "=D25*B21"을 입력하여 $\hat{\beta}_2 S_{2y}$를 계산
- B28셀에 "=B27+D27"을 입력하여 (14.3.2)식에 따른 RSS를 계산, G12셀의 값과 일치 여부를 확인
- D28셀에 "=D26-B28"을 입력하여 (14.3.1)식에 따른 SSR을 계산, G13셀의 값과 일치 여부를 확인
- B29셀에 "=B28/D26"를 입력하여 R^2을 계산, F5셀의 값과 일치 여부 확인
- D29셀에 "=1-(1-B29)*(B18-1)/(B18-D18)"를 입력하여 R_a^2을 계산, F6셀의 값에 대한 일치 여부 확인

- B30셀에 "=SQRT(B29)"를 입력하여, 다중상관계수 $R_{y \cdot 12}$를 계산, F4셀의 값에 대한 일치 여부 확인

⑤ 회귀선 추정치 $\hat{\beta}_1$, $\hat{\beta}_2$, $\hat{\alpha}$의 분산 및 표준오차와 검정통계량 계산

- (14.6.4)식에 따라 D30셀에 "=D20/SQRT(D19*D21)"을 입력, X_1과 X_2의 표본상관계수 r_{12}를 계산, 이는 또한 "=CORREL(B2:B15,C2:C15)"를 입력하여 계산 가능
- B31셀에 "=D28/(B18-D18)"을 입력하여 오차(또는 종속변수) 분산의 불편추정치 계산
- D31셀에 "=SQRT(B31)" 또는 (14.6.8)식에 따라 "=SQRT(D28/(B18-D18))"을 입력하여 추정치 표준오차를 계산, F7셀의 값과 일치 여부 확인
- B32셀에 "=B31/(D19*(1-D30^2))"를 입력, (14.6.1)식에 따른 $\hat{\beta}_1$의 분산을 계산
- D32셀에 "=B31/(D21*(1-D30^2))"를 입력, (14.6.2)식에 따른 $\hat{\beta}_2$의 분산을 계산
- B33셀에 "=SQRT(B32)"를, B34셀에 "=B25/B33"을 입력하여 $s_{\widehat{\beta_1}}$과 $t_{\widehat{\beta_1}}$ 계산
- D33셀에 "=SQRT(D32)"를, D34셀에 "=D25/D33"을 입력하여 $s_{\widehat{\beta_2}}$와 $t_{\widehat{\beta_2}}$ 계산
- B35셀에 "=(-B31*D30^2)/(D20*(1-D30^2))"를 입력, (14.6.3)식에 따른 두 X축 기울기 추정계수 추정치 공분산 $Cov(\hat{\beta}_1, \hat{\beta}_2)$를 계산
- D35셀에 "=(B31/B18)+(B17^2)*B32+2*B17*C17*B35+(C17^2)*D32"를 입력, Y축 절편 추정치 $\hat{\alpha}$의 분산을 (14.6.5)식에 따라 계산
- B36셀에 "=SQRT(D35)"를, D36셀에 "=B26/B36"를 입력하여 $\hat{\alpha}$의 표준오차와 t검정통계량을 계산, 이들의 값을 각각 G17셀과 H17셀의 값에 대해 비교

⑥ 부분결정계수와 부분상관계수의 계산

- J26셀에 "=B34^2/(B34^2+(B18-D18))"을 입력, (14.18.1)식에 따른 $r^2_{y1 \cdot 2}$를

계산

- J27셀에 "=D34^2/(D34^2+(B18-D18))"을 입력, (14.18.2)식에 따른 $r^2_{y2 \cdot 1}$을 계산
- 부분결정계수들이 R^2 =0.67214에 비해 작지만, 더하면 R^2보다 큰 것은 두 변수들이 각각 중복 설명하는 비율들이 존재하는 것을 의미
- J28셀에 "=SQRT(J26)"을, J29셀에 "=SQRT(J27)"을 입력하여, 각각 부분상관계수 $r_{y1 \cdot 2}$와 $r_{y2 \cdot 1}$을 계산
- 계산된 $r_{y1 \cdot 2}$와 $r_{y2 \cdot 1}$는 B30셀의 다중상관계수 $R_{y \cdot 12}$에 비해 작게 발생

Ⅱ. 예측오차와 예측치 신뢰구간 계산

1. 예측오차의 기대치와 표본분산

- 추정된 표본회귀식을 이용하여 미래에 달성될 종속변수의 값 Y_0를 추정하는 경우의 예측오차(prediction error)

(14.20) $y_0 - \hat{y}_0 = \alpha - \hat{\alpha} + (\beta_1 - \hat{\beta}_1)X_{10} + (\beta_2 - \hat{\beta}_2)X_{20} + u_0$

- 예측오차의 기대치와 표본분산

(14.21)
$$E[y_0 - \hat{y}_0] = E(\alpha - \hat{\alpha}) + E[(\beta_1 - \hat{\beta}_1)X_{10}] + E[(\beta_2 - \hat{\beta}_2)X_{20}] + E(u_0) = 0 + 0X_{10} + 0X_{20} - 0 = 0$$

(14.22.1)
$$s_F^2 = Var(y_0 - \hat{y}_0) = \sigma^2\left(1 + \frac{1}{n}\right) + (X_{10} - \overline{X}_1)^2 Var(\hat{\beta}_1) + 2(X_{10} - \overline{X}_1)(X_{20} - \overline{X}_2)Cov(\hat{\beta}_1, \hat{\beta}_2) + (X_{20} - \overline{X}_2)^2 Var(\hat{\beta}_2)$$

- (14.22.1)식을 설명변수들이 K개인 일반적인 경우로 표시하면

(14.23)
$$Var(y_0 - \hat{y}_0) = \sigma^2\left(1 + \frac{1}{n}\right) + \sum_{i=1}^{K}\sum_{j=1}^{K}(X_{i0} - \overline{X}_i)(X_{j0} - \overline{X}_j)Cov(\hat{\beta}_i, \hat{\beta}_j)$$

- X_1과 X_2가 독립적(서로 상관이 없는) 확률변수들인 경우에 $Var(aX_1 + bX_1)$은 $a^2 Var(X_1) + b^2 Var(X_2)$가 되는 것을 이용하면, 다음 식이 성립

$$(14.22.2)\quad s_F^2 = Var(y_0 - \hat{y}_0) = \sigma^2\left(1 + \frac{1}{n}\right) + (X_{10} - \overline{X}_1)^2 Var(\hat{\beta}_1)$$

$$+ (X_{20} - \overline{X}_2)^2 Var(\hat{\beta}_2) = \sigma^2\left(1 + \frac{1}{n}\right) + \sum_{i=1}^{2}(X_{i0} - \overline{X}_i)^2 Var(\hat{\beta}_i)$$

2. 예측치의 신뢰구간 계산

- 예측치의 신뢰구간은 회귀분석을 통해 구한 예측치에 대해 신뢰수준에 따른 임계값의 t통계량과 예측오차를 사용하여 계산
- 예측치에 대한 $1 - a\%$ 신뢰구간

$$(14.24)\qquad \hat{Y}_0 - t_{(a/2,\, n-K)} s_F < Y_0 < \hat{Y}_0 + t_{(a/2,\, n-K)} s_F$$

예제 4-3) 예제 4-1의 자료를 이용하여 $X_{10} = 12$와 $X_{20} = 7$에 대한 Y의 예측치를 구할 수 있다.

그리고 예측오차 표본분산 s_F에 따른 추정치 표준오차 s_F에 대해 예측치의 95% 신뢰구간을 다음과 같이 계산할 수 있다.

	A	B	C	D	E	F	G	H
16	bar Y	bar X1	bar X2			계수	표준 오차	t 통계량
17	36,936	6	4		Y 절편	25511	2690.32	9.48264
18	n	14	K	3	근무 연수	825.67	204.551	4.03649
19	Syy	2E+08	S11	112.9	보습교육 연수	1603.7	536.295	2.99033
31	s^2	5E+06	s(Y|X1,X2)	2156.4	6	34403	1096.86	0.55297
32	Var(β1)	41841	Var(β2)	287612	7	36102	-102.11	-0.0515
33	SE(β1)	204.55	SE(β2)	536.29	8	33966	-1266.5	-0.6385
34	t(β1)	4.0365	t(β2)	2.9903	9	40548	4451.99	2.24442
35	C(β1,β2)	13826	Var(α)	7E+06	10	41326	-1326	-0.6685
36	SE(α)	2690.3	t(α)	9.483	11	36563	-562.58	-0.2836
37	Y의 예측치와 95% 신뢰구간				12	33673	-72.743	-0.0367
38	X10	12	X10-barX1	6.1	13	33990	1009.7	0.50903
39	X20	7	X20-barX2	2.9	14	33966	-1466.5	-0.7393
40	X10편차^2	36.86	X20 편차^2	8.58				
41	s_F^2	9E+06	s_F	3039				
42	예측치 Y	46645	t(2.5%,11)	2.201				
43	하위 95%	39956	상위 95%	53335				

① 자료입력 및 주어진 설명변수 값의 표본평균에 대한 편차 계산

- B38:B39구간에 두 설명변수의 주어진 값 X_{10}과 X_{20}을 각각 입력
- D38셀에 "=B38-B17"을, D39셀에 "=B39-C17"을 입력하여 X_{10}와 X_{20}가 표본평균에 대해 갖는 편차를 각각 계산
- B40셀에 "=D38^2"를, D40셀에 "=D39^2"를 입력하여 X_{10}와 X_{20}가 표본평균에 대해 갖는 편차의 자승을 각각 계산

② 예측오차 표본분산 s_F^2과 추정치 표준오차 s_F의 계산

- B41셀에 "=B31*(1+(1/B18))+B40*B32+D40*D32+D38*D39*B35"를 입력, (14.22.1)식에 따라 예측오차 표본분산 s_F^2을 계산
- D41셀에 "=SQRT(B41)"을 입력, 추정치 표준오차 s_F를 계산

③ X_{10}와 X_{20}에 대한 예측치 $\hat{Y}$의 계산과 예측치의 95% 신뢰구간 계산

- B42셀에 "=F17+F18*B38+F19*B39"를 입력, 주어진 X_{10}와 X_{20}에 대한 예측치 $\hat{Y}$를 계산
- D42셀에 "=TINV(5%,B18-D18)"을 입력, 5% 유의수준에 대한 양측검정 임계값의 t통계량을 계산
- (14.24)식에 따라 B43셀에 "=B42-D42*D41"을, D43셀에 "=B42+D42*D41"을 입력하여 95% 신뢰구간을 (39,956, 53,335)로 계산

〈참고문헌〉

Ashenfelter, O., P.B. Levine, and D.J. Zimmerman(2003), *Statistics and Econometrics:Methods and Applications*, John Wiley & Sons, Inc., pp. 158-183.

Evans, Michael K.(2003), *Practical Business Forecasting*, Blackwell Publishers, pp. 69-99.

Greene, William H.(1997), *Econometric Analysis*, 3rd ed., Prentice-Hall International, Inc., pp. 220-332.

Hill, R.C., W.E. Griffiths, G.G. Judge(2001), *Undergraduate Econometrics*, 2nd ed.,

John Wiley & Sons, Inc., pp. 145-169.

Kazmier, Leonard J.(1988), *Theory and Problems of Business Statistics with Computer Applications*, 2nd ed., McGraw-Hill Book Co., pp. 262-274.

Kelejian, H.H. and W.E. Oates(1989), *Introduction to Econometrics : Principles and Applications*, 3rd ed., Harper & Row, Publishers, pp. 134-163.

Koop, Gary(2005), *Analysis of Economic Data*, 2nd ed., John Wiley & Sons, Ltd. pp. 222-245.

Maddala, G.S.(1992), *Introduction to Econometrics*, 2nd ed., Macmillan Publishing Co., pp. 127-193.

Pindyck, R.S. and D.L. Rubinfeld(1991), *Econometric Models and Economic Forecasts*, 3rd ed., McGraw-Hill, Inc., pp. 73-125.

Ramanathan, Ramu(2002), *Introductory Econometrics with Applications*, 5th ed., South-Western, pp. 144-209.

Stewart, Kennth G.(2005), *Introduction to Applied Econometrics*, Thomson Learning, Inc., pp. 335-371.

Thomas, R.L.(1997), *Modern Econometrics : An Introduction*, Addison Wesley Longman Ltd., pp. 169-205.

Wonnacott, T.H. and R.J. Wonnacott(1990), *Introductory Statistics for Business and Economics*, 4th ed., John Wiley & Sons, pp. 496-514.

제15장

다중회귀분석 적용의 문제점

[핵심용어]

· 설정오류 -- Hausman 설정오류검정	· 수단변수
· 카이자승검정	· 다중공선성 -- 다중공선성 해결방법
· 잔차의 이분산 -- White검정과 FGLS	· 질적 변수 -- 더미변수의 설정과 적용

[주요 Excel함수]

· LN	· 회귀분석(도구 → 통계 데이터 분석)
· CORREL	· CHIINV

제 1 절 모형설정과 다중공선성

Ⅰ. 모형설정 문제

1. 모형선택의 과제와 변수 누락의 영향

가. 모형선택의 3대 과제

① 함수형식의 선택

② 모형에 포함할 설명변수(회귀인자 : regressors)의 선택

③ 다중회귀모형 가정의 성립 문제

나. 변수 누락의 문제

- 종속변수에 영향을 주는 변수에 대한 자료 획득곤란으로 인해 회귀방정식에 그 변수를 생략하는 경우
  - ◦회귀방정식 추정자들은 낮은 분산을 갖더라도 편의 추정자로 발생
  - ◦회귀방정식 추정자들이 불편추정자일 경우는 누락변수가 포함된 변수들과 상관되지 않을 때이지만, 이러한 경우는 거의 드물게 발생
  - ◦추정된 방정식은 예상과는 다른 부호 또는 비현실적인 크기의 계수들로 발생
- 유의성검정(significance tests)
  - ◦누락된 하나의 변수의 계수가 0이라는 귀무가설에 대한 t검정
  - ◦누락된 변수들의 계수들이 모두 0이라는 귀무가설에 대한 F검정

2. 무관련변수의 포함 문제와 RESET검정

가. 무관련변수에 따른 문제점

- 많은 설명변수를 포함하는 모형은 불필요하게 복잡한 추정을 초래
- 무관련 변수(irrelevant variable)의 존재로 인해 여타 설명변수 계수들의 추정치 분산의 증가 초래

- 무관련 변수가 포함되더라도, 무관련 변수가 여타 설명변수들과 상관되지 않는다면 여타 설명변수 계수들의 추정치 분산 증가는 발생되지 않음

나. RESET검정

누락 변수들과 부정확한 함수형식의 검색을 통해 추정모형 적합성 또는 개선 가능성을 판단하는 모형 설정오류(model mis-specification)에 대해 Ramsey(1969)가 제안한 방식의 검정

- 회귀설정오류검정(regression specification error test : RESET)은 회귀식을 설정하고, 그 회귀식에 따른 종속변수 추정치의 자승 값(제곱 값)과 삼승 값(세제곱 값)을 다시 설정한 회귀식에 포함시킨 확장 회귀식에 대한 t검정과 F검정을 수행

3. 비중첩검정과 Hausman의 설정오류검정

가. 비중첩검정

- 중첩가설(重疊假說, nested hypothesis) : 동일한 자료를 2개 이상의 모형에 대해 사용하여 설정한 가설
- 중첩가설에서 한 모형의 모수들은 다른 모형 모수들의 일부(부분집합)를 구성
- 비중첩가설(非重疊假說, non-nested hypothesis) : 한 모형에 의해 설정된 모수 집합이 다른 모형으로 설정된 모수 집합의 부분집합이 아닌 가설들
- 비중첩검정(nonnested testing) : 귀무가설과 대립가설의 상이한 모형들을 모두 포함하는 일반모형을 설정한 후에 F검정을 수행하는 포함 F검정(encompassing F test) 또는 두 방정식에 다른 가중치를 곱하여 모수들의 결합검정을 수행하는 J검정으로 구성

나. Hausman의 설정오류검정

모형에서 설정오류 부재의 가설을 검정하는 널리 사용되는 일반적인 검정법

[검정절차]

① 추정모형에 대한 가설의 설정

- 회귀모형 $y = \beta x + u$에 대해

귀무가설 H_0 : x와 u는 독립적이어서 설정오류 없음

대립가설 H_1 : x와 u는 독립이 아니어서 설정오류 존재

② 설정한 원래 모형의 추정

③ 수단변수를 추가한 확장모형의 추정

④ 원래 모형과 확장모형의 추정치들의 격차 $\hat{q}$와 각 추정치 표본분산의 격차 $Var(\hat{q})$계산

$$\hat{q} = \hat{\beta}_1 - \hat{\beta}_0 \tag{15.1}$$

◦ $\hat{\beta}_0$: 원래 모형의 계수 추정치

◦ $\hat{\beta}_1$: 수단변수를 이용한 설명변수 예측치를 설명변수로 사용하여 추정한 모형의 계수 추정치

$$Var(\hat{q}) = \hat{V}_1 - \hat{V}_0 \tag{15.2}$$

◦ $\hat{V}_0 = var(\hat{\beta}_0)$, $\hat{V}_1 = var(\hat{\beta}_1)$

⑤ 검정통계량 m의 도출과 기설의 χ^2검정 수행

- 1의 자유도를 갖는 χ^2분포를 이루는 검정통계량 m

$$m = \frac{(\hat{q}r)^2}{(1-r^2)\ \hat{V}_0} \tag{15.3}$$

예제 15-1) 지역별로 조사한 Q(포도주의 1인당 실질소비량, 리터), Pw(포도주의 가격, 천원), Pb(맥주의 가격, 천원), Y(1인당 실질가처분소득,천원), A(1인당 실질 광고비 지출액, 원), S(저장비용, 원)에 대한 사분기별 자료를 이용하여 1%의 유의수준에서 Hausman 설정오류 검정을 다음과 같이 수행할 수 있다.

	A	B	C	D	E	F	G
1	지역	Q	S	Pw	Pb	A	Y
2	1	0.91	85.4	77.5	35.7	89.1	1056
3	2	1.05	88.4	80.2	37.4	83.3	1037
4	3	1.18	89.1	79.5	37.7	84.4	1006
5	4	1.27	90.5	84.9	37.1	90.1	1047
6	5	1.27	93.1	94.9	36.2	89.4	1091
7	6	1.37	97.2	92.7	35	89.3	1093
8	7	1.46	100.3	92.5	37.6	89.8	1102
9	8	1.59	100.3	92.7	40.1	96.7	1154
10	9	1.86	101.5	97.1	39.7	99.9	1234
11	10	1.96	104.8	93.9	38.3	103.2	1254
12	11	2.32	107.5	102.7	37	102.2	1241
13	12	2.86	111.8	100	36.1	100	1299
14	13	3.5	114.9	119.5	35.4	103	1287
15	14	3.96	117.9	119.7	35.1	104.2	1369
16	15	4.21	122.3	125.2	34.5	113	1443
17	16	4.54	128.2	134.1	34.5	132.5	1417
18	17	4.93	134.1	124.3	34.3	143.6	1562
19	18	5.4	145.1	119	34.3	176.2	1678
20	19	6.13	174.9	108.5	31.9	159.9	1769
21	20	6.29	237.2	107.9	31	182.1	1847

① 모형의 설정과 추정

- $\ln Q_t = \alpha + \beta_0 \ln Pw_t + u_t$
- OLS 추정을 위해 B열의 Q와 D열의 Pw를 ln값으로 전환하도록 H2셀에 "=LN(B2)"를, I2셀에 "=LN(D2)"를 입력하고, H2:I2구간의 식을 H3:I21구간에 자동채우기로 복사하여 붙이기
- 시트탭에 커서를 두고 시트 이름을 "예제 15-1"로 지정
- 메뉴표시줄에서 "도구→데이터 분석"을 지정
- 통계 데이터 분석 대화상자에서 회귀분석을 지정하여 "확인" 단추를 클릭
- 생성된 회귀분석 대화상자를 다음과 같이 지정하고 "확인"을 클릭

◦ Y축 입력범위 : "H1:H21"
◦ X축 입력범위 : "I1:I21"
◦ 이름표 지정, 신뢰수준 : "95"%
◦ 출력범위 : "J1"
◦ 잔차 지정
◦ 표준 잔차 지정

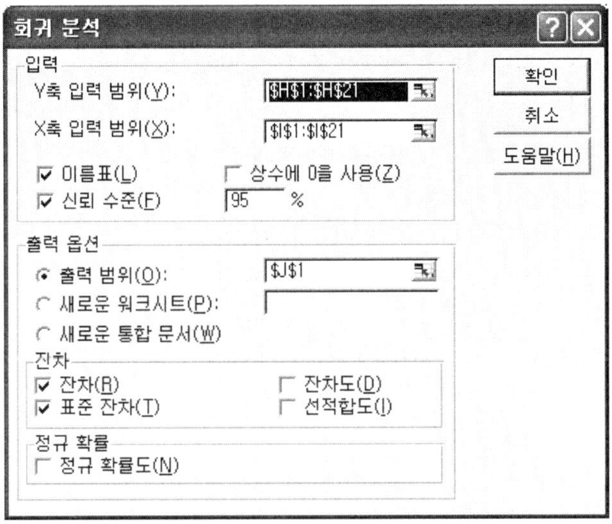

	H	I	J	K	L	M	N	O	P
1	lnQ	lnPw	요약 출력						
2	-0.09431	4.350278							
3	0.04879	4.384524	회귀분석 통계량						
4	0.165514	4.375757	다중 상관계수	0.888906					
5	0.239017	4.441474	결정계수	0.790155					
6	0.239017	4.552824	조정된 결정계수	0.778497					
7	0.314811	4.529368	표준 오차	0.303583					
8	0.378436	4.527209	관측수	20					
9	0.463734	4.529368							
10	0.620576	4.575741	분산 분석						
11	0.672944	4.54223		자유도	제곱합	제곱 평균	F 비	유의한 F	
12	0.841567	4.631812	회귀	1	6.246542	6.24654218	67.7774	1.63E-07	
13	1.050822	4.60517	잔차	18	1.658926	0.09216255			
14	1.252763	4.783316	계	19	7.905468				
15	1.376244	4.784989							
16	1.437463	4.829912		계수	표준 오차	t 통계량	P-값	하위 95%	상위 95%
17	1.512927	4.898586	Y 절편	-15.3215	1.96823	-7.7844093	3.6E-07	-19.4566	-11.18641
18	1.595339	4.822698	lnPw	3.5086	0.426175	8.23270589	1.6E-07	2.61321	4.403931
19	1.686399	4.779123							
20	1.813195	4.68675							
21	1.838961	4.681205							

$$\widehat{\ln Q_t} = -15.32 + 3.51 \ln Pw_t$$

(-7.78) (8.23)

$R^2 = 0.79,\quad n = 20$

② 수단변수 lnS를 이용한 lnPw의 추정치(예측치) 계산

- 수단변수(instrumental variable : IV) : 회귀식의 오차와 상관이 없는 외생변수
- 시트탭에 마우스 커서를 두고, 마우스 오른쪽 단추를 눌러 대화상자를 생성하여 "이동/복사" 지정으로 "예제15-1"의 시트를 복사

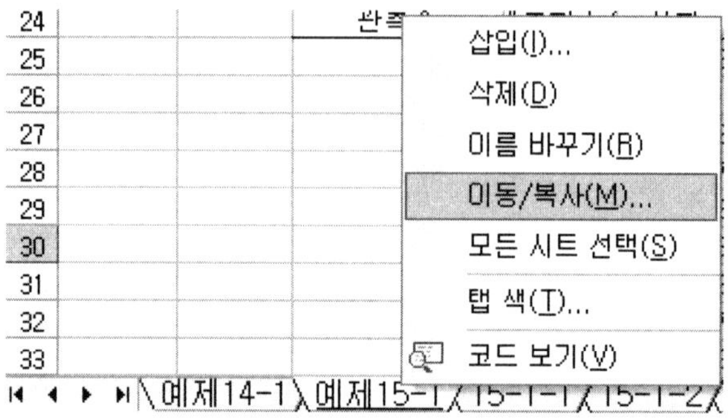

- 복사된 새로운 시트의 이름을 "15-1-1"로 바꾸기
- S의 자료를 lnS로 변환하도록 J2셀에 "=LN(C2)"를 입력, J2셀의 수식을 J3:J21구간에 자동채우기로 복사하여 붙이기
- lnPw를 lnS에 대해 OLS추정을 수행하여 예측치lnPw를 계산하도록 메뉴표시줄에서 "도구→데이터 분석"을 지정
- 통계 데이터 분석 대화상자에서 회귀분석을 지정, 생성된 회귀분석 대화상자에서 "Y축 입력 범위 : I1:I21, X축 입력 범위 : J1:J21, 이름표 표시, 신뢰수준 : 95%, 출력범위 : L1, 잔차 및 표준 잔차 표시"를 지정하고 "확인"을 클릭
- M24:M44구간을 "Ctrl+C"로 복사하여, 마우스 커서를 K1셀에 두고 "Enter"를 눌러 붙이기를 수행

	H	I	J	K	L	M	N	O	P	Q	R
1	lnQ	lnPw	lnS	예측치 lnPw	요약 출력						
2	-0.0943	4.35028	4.447346	4.498647535							
3	0.04879	4.38452	4.481872	4.512933906	회귀분석 통계량						
4	0.16551	4.37576	4.489759	4.516197598	다중 상관계수	0.638842895					
5	0.23902	4.44147	4.50535	4.522648758	결정계수	0.408120245					
6	0.23902	4.55282	4.533674	4.534369012	조정된 결정	0.375238036					
7	0.31481	4.52937	4.576771	4.552201813	표준 오차	0.129172513					
8	0.37844	4.52721	4.608166	4.565192663	관측수	20					
9	0.46373	4.52937	4.608166	4.565192663							
10	0.62058	4.57574	4.620059	4.57011388	분산 분석						
11	0.67294	4.54223	4.652054	4.583352999		자유도	제곱합	제곱 평균	F 비	유의한 F	
12	0.84157	4.63181	4.677491	4.593878541	회귀	1	0.207093934	0.207093934	12.41158249	0.002429366	
13	1.05002	4.60517	4.716712	4.61010758	잔차	18	0.300339688	0.016685538			
14	1.25276	4.78332	4.744062	4.621424925	계	19	0.507433622				
15	1.37624	4.78499	4.769837	4.63209014							
16	1.43746	4.82991	4.806477	4.647251409		계수	표준 오차	t 통계량	P-값	하위 95%	상위 95%
17	1.51293	4.89859	4.853592	4.666746798	Y 절편	2.658391558	0.556305554	4.778653634	0.00015024	1.489636054	3.827147063
18	1.59534	4.8227	4.898586	4.685364852	lnS	0.413787444	0.117452896	3.523007591	0.002429366	0.167027875	0.660547013
19	1.6864	4.77912	4.977423	4.717986766							
20	1.81319	4.68675	5.164214	4.795278628							
21	1.83896	4.6812	5.468904	4.921355229							
22					잔차 출력						
23											
24					관측수	예측치 lnPw	잔차	표준 잔차			
25					1	4.498647535	-0.1483696	-1.18009062			
43					19	4.795278628	-0.10852846	-0.86320522			
44					20	4.921355229	-0.24015036	-1.91008931			

$$\widehat{\ln Pw_t} = 2.66 + 0.41 \ln S_t$$
$$(4.78) \quad (3.52)$$
$$R^2 = 0.41, \quad n = 20$$

③ 예측치 lnPw에 대한 lnQ의 OLS추정

- 시트 15-1-1의 시트탭에 마우스 커서를 두고, 마우스 오른쪽 단추를 눌러 생성된 대화상자에서 "이동/복사" 지정으로 "15-1-1"의 시트를 복사
- 새로운 시트의 이름을 "15-1-2"로 바꾸기
- $\ln Q_t = \alpha + \beta_0 \widehat{\ln Pw_t} + u_t$를 OLS로 추정
- 메뉴표시줄에서 "도구→데이터 분석"을 지정, 통계 데이터 분석 대화상자에서 회귀분석을 지정, 생성된 회귀분석 대화상자에서 "Y축 입력 범위 : H1:H21, X축 입력 범위 : K1:K21, 이름표 표시, 신뢰수준 : 95%, 출력범위 : L1, 잔차 및 표준 잔차 표시"를 지정하고 "확인"을 클릭

	H	I	J	K	L	M	N	O	P	Q	R
1	lnQ	lnPw	lnS	예측치 lnPw	요약 출력						
2	-0.0943	4.35028	4.447346	4.498647535							
3	0.04879	4.38452	4.481872	4.512933906	회귀분석 통계량						
4	0.16551	4.37576	4.489759	4.516197598	다중 상관계수	0.887951					
5	0.23902	4.44147	4.50535	4.522648758	결정계수	0.788456					
6	0.23902	4.55282	4.533674	4.534369012	조정된 결정계수	0.776704					
7	0.31481	4.52937	4.576771	4.552201813	표준 오차	0.304809					
8	0.37844	4.52721	4.608166	4.565192663	관측수	20					
9	0.46373	4.52937	4.608166	4.565192663							
10	0.62058	4.57574	4.620059	4.57011388	분산 분석						
11	0.67294	4.54223	4.652054	4.583352999		자유도	제곱합	제곱 평균	F 비	유의한 F	
12	0.84157	4.63181	4.677491	4.593878541	회귀	1	6.2331171	6.233117147	67.0888558	1.7491E-07	
13	1.05082	4.60517	4.716712	4.61010758	잔차	18	1.6723509	0.092908384			
14	1.25276	4.78332	4.744062	4.621424925	계	19	7.9054681				
15	1.37624	4.78499	4.769837	4.63209014							
16	1.43746	4.82991	4.806477	4.647251409		계수	표준 오차	t 통계량	P-값	하위 95%	상위 95%
17	1.51293	4.89859	4.853592	4.666746798	Y 절편	-24.4493	3.0922815	-7.90656669	2.8959E-07	-30.945978	-17.952683
18	1.59534	4.8227	4.898586	4.685364852	예측치 lnPw	5.4862	0.6697979	8.190778707	1.7491E-07	4.07897194	6.89336034
19	1.6864	4.77912	4.977423	4.717986766	r(lnPw,lnS)		**0.639**	**(hat q*r)^2**	**1.5961**	**χ^2임계값**	
20	1.81319	4.68675	5.164214	4.795278628	r(lnPw,lnS)^2		**0.408**	**hat V_0**	**0.1816**	**6.6349**	
21	1.83896	4.6812	5.468904	4.921355229	hqt q		**1.9776**	**m**	**14.8475**		

$$\widehat{\ln Q_t} = -24.45 + 5.49\ \widehat{\ln Pw_t}$$
$$(-7.91)\qquad (8.19)$$

$$R^2 = 0.79,\quad n = 20$$

④ $\hat{q}$, $Var(\hat{q})$, 검정통계량의 계산 및 χ^2 검정 수행

- N19셀에 "=CORREL(I1:I21,J1:J21)"을 입력, lnPw와 lnS간의 단순상관계수를 계산
- N20셀에 "=N19^2"를 입력, 단순상관계수의 자승 값인 단순결정계수를 계산
- (15.1)식에 따라 N21셀에 "=M18-'예제15-1'!K18"을 입력, $\hat{q}$를 계산
- (15.3)식에 따라 P19셀에 "=(N21*N19)^2"를 입력, $(\hat{q}r)^2$을 계산
- (15.2)식과 (15.3)식에 따라 P20셀에 "='예제15-1'!L18^2"를 입력, $\hat{V}_0$를 계산
- (15.3)식에 따라 P21셀에 "=P19/((1-N20)*P20)"을 입력, Hausman 검정통계량 m을 14.8475로 계산
- Q20셀에 "=CHIINV(1%,1)"을 입력, 1% 유의수준의 χ^2 임계값을 6.6349로 계산
- m이 χ^2 임계값보다 2배 이상 크기 때문에, lnPw의 외생변수 취급이 불가능하므로, 연립방정식모형의 필요성 초래

연습문제 15-1) 예제 15-1에서 1인당 국민소득 Y의 Ln값인 lnY를 수단변수로 사용하여 예측치 lnPw을 구하고, 그 예측치에 대해 lnQ를 OLS 추정한 결과를 이용하여 도출한 Hausman의 검정통계량 m의 카이자승검정(1% 유의수준) 결과에서도 lnPw가 외생변수가 되지 않는 것을 규명하라.

[힌트] 시트 15-1-2를 복사, lnPw를 lnY에 대한 OLS추정 수행으로 예측치 lnPw를 구하고, lnQ를 그 예측치 lnPw에 대해 OLS추정한 결과를 이용, 검정을 수행

Ⅱ. 다중공선성

1. 다중공선성의 영향과 규명방법

2개 이상의 설명변수들이 밀접하게 같이 변동하여, 한 설명변수가 종속변수에 주는 독립적인 영향(부분효과, partial effect)을 별도로 측정하기 곤란하여 추정치들의 해석이 어려운 상황

가. 공선성의 영향

① 설명변수들간에 하나 이상의 정확한 선형관계로 인해 완전 공선성(exact collinearity) 또는 완전 다중공선성(exact multicollinearity)이 존재하는 경우, OLS를 사용한 추정치 획득은 불가능

② 거의 완전한 선형종속(linear dependencies)이 존재하는 경우, 최소자승 추정자들의 분산, 표준오차, 공분산 일부가 크게 발생하여 추정된 계수들의 불안정으로 신뢰구간이 넓게 발생

③ 높은 R^2 또는 F값으로 모형의 전반적 설명력이 높은 반면에, 추정자 표준오차가 크게 발생하여 t통계량이 작아 모수 추정치들이 0과 유의적으로 다르지 않다는 결론을 유발

④ 일부 변수들의 추가나 제거 또는 비유의적 변수의 제거에 대해 추정치가 아주 민감하게 변동

⑤ 새로운 표본 관찰치를 추가하는 경우에 공선형 관계가 변화된다면, 정확한 예측치의 도출 불가능

나. 다중공선성의 규명 방식

① 회귀모형의 높은 R^2와 계수 추정자의 낮은 t통계량

- 각 회귀계수들이 낮은 t값으로 인해 비유의적인 반면에, F통계량이 아주 높은 상황은 다중공선성의 존재를 반영

② 설명변수간의 높은 쌍별 상관계수(pairwise correlations)

③ 설정모형 변화에 민감한 회귀계수 추정치

- 두 설명변수간의 상관계수가 높지 않더라도 3개 이상의 설명변수들이 거의 선형으로 상관된 경우, 모형에 대한 변수의 추가 또는 제거에 따라 회귀계수들이 크게 변화하는 것은 다중공선성의 존재를 반영

2. 다중공선성의 해결책과 표본 외부정보의 사용 효과

가. 다중공선성의 해결책

① 무시(neglect) : 개별 계수의 해석보다는 예측을 목적으로 하거나 또는 이론적 근거에 따른 모형을 사용하는 경우에 다중공선성은 심각한 문제가 되지 않음

② 상대적으로 비유의적인 변수들의 제거 : 자료를 이용한 추정결과를 기초로 t통계량의 절대값이 1 미만이거나 P-값이 0.25 이상인 아주 비유의적인 변수들을 제거

③ 모형의 재구성 : 변수 전환을 통해 설명변수와 종속변수를 다른 변수로 전환하거나, 추가 정보를 사용하거나, 또는 시계열자료의 경우 정차(differences)를 사용

④ 표본 크기의 확대 : 자료를 추가하여 표본 크기를 확대하면, 계수 추정자들의 표준오차 감소를 통해 다중공선성 효과의 감소 또는 제거가 가능

나. 표본 외부정보의 사용 효과

- 비표본정보(nonsample information) : 경제적 원리 또는 경험을 통해 표본 외부에서 얻을 수 있는 정보
- 제약최소자승추정(restricted least square estimation) : 비표본정보를 기초로 하는 제약식(constraints)을 이용하여 어떤 회귀방정식에서 사용할 설명변수의 수를 감소시켜 설정한 회귀식을 이용한 추정
- 제약된 최소자승추정자의 분산은 최소자승추정자의 분산보다 항상 작게 발생

제 2 절 이분산성과 질적 설명변수

Ⅰ. 이분산성

1. 이분산성의 개념과 영향

회귀식에서 추정된 오차인 잔차의 절대값이 설명변수의 값이 증가할수록 증가하여 오차의 등분산성이 파기되는 현상

- 이분산성은 OLS추정자에 다음과 같은 영향을 초래
  - ◦ 불편추정자이지만, 비효율적인 OLS추정자들의 발생
  - ◦ 계수 추정치들은 분산의 편의추정치들을 가져, 그 분산추정치를 사용한 유의성 검정은 유효하지 않은 결과를 초래

예제 15-2) 어떤 산업의 기업들에 근무하는 사원의 근속연수와 주간봉급(주급, 만원)에 대한 사료를 사용하여 작성한 주급의 자연로그(natural logarithm)인 ln주급과 근속연수의 산점도를 통해 다음과 같이 이분산성을 확인할 수 있다.

	A	B	C
1	주급(만원)	근속연수	ln주급
2	105.2	36	4.6559
3	91.3	30	4.5142
4	72.5	29	4.2836
5	74.3	28	4.3081
6	103.5	26	4.6396
7	117.5	26	4.7664
8	64.2	25	4.162
9	86.7	25	4.4625
10	81.5	23	4.4006
11	98	20	4.585
12	91.2	19	4.5131
13	91.3	19	4.5142
14	93.1	17	4.5337
15	83	16	4.4188
16	80	12	4.382
17	55.9	19	4.0236
221	51	3	3.9318
222	51	4	3.9318
223	51	2	3.9318

=LN(A2

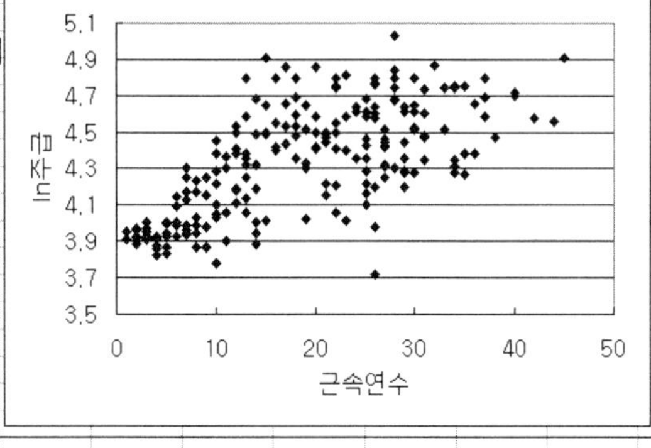

① 주급의 자연대수 계산

- “15장자료”파일의 “예제15-2”시트를 열기
- 주급(만원)의 자연대수(natural logarithm)를 구하도록, C2셀에 “=LN(A2)”를 입력하고, 그 식을 복사하여 C2:C223구간에 붙이기

② 산점도 작성과 이분산성 검색

- B1:C223구간을 지정하고, 도구모음줄에서 차트마법사 도구 “”를 클릭
- 차트마법사 1 단계-차트 종류 대화상자에서 “차트 종류: 분산형, 차트 하위 종류 : 값을 점으로 비교”를 지정하여 산점도를 작성
- 점들의 흩어짐 정도(산포)는 근속연수가 증가할수록 확대되다가 일정 근속연수 이후에는 감소하는 형태로 불균등하게 발생하여 오차항의 등분산(homoscedasticity) 가정이 파기되는 것을 반영

◦ 산점도의 산포가 근속연수 초기에 낮은 것은 구직자가 많아 초기 봉급이 기업별로 큰 격차가 없다는 것을 반영

◦ 능력과 성과에 봉급 격차가 크게 발생하다가 일정 근속연수가 지난 후에는 봉급 증가는 안정화되는 경향을 반영

2. LM검정

- 다음의 일반적인 다중회귀모형을 가정

(15.4) $$Y_t = \beta_1 + \beta_2 X_{t2} + .. + \beta_k X_{tk} + u_t$$

- 이분산성이 검정결과를 무효로 만들기 때문에, 이분산성 존재 여부의 공식적 검정이 필요
- 추정된 회귀모형의 잔차 e_t는 모집단 오차항 u_t의 불편추정치여서, 이분산성이 존재해도 OLS잔차들의 자승값 e_t^2를 오차분산 $\sigma_t^2 = E(u_t^2 \mid X_t)$의 추정치로 사용
- σ_t가 갖는 형식을 설정하지 않는다면, 추정할 k개의 회귀계수들과 n개의 σ가 있어, $(n+k)$ 개 모수들을 추정
- 이분산성에 대한 LM(Lagrange Nultiplier, 라그랑즈승수)검정을 위해 검정오차

분산 $\sigma_t^2 = E(u_t^2 \mid X_t)$에 대한 보조방정식(auxiliary equations)을 규정

(15.5a) $\sigma_t^2 = \alpha_1 + \alpha_2 Z_{t2} + \alpha_3 Z_{t3} + .. + \alpha_p Z_{tp}$: Breusch-Pagan 검정

(15.5b) $\sigma_t = \alpha_1 + \alpha_2 Z_{t2} + \alpha_3 Z_{t3} + .. + \alpha_p Z_{tp}$: Glesjer 검정

(15.5c) $\ln(\sigma_t^2) = \alpha_1 + \alpha_2 Z_{t2} + \alpha_3 Z_{t3} + .. + \alpha_p Z_{tp}$: Harvey-Godfrey 검정

- 이분산성의 귀무가설은 $p-1$개 제약을 기초로 $\alpha_2 = \alpha_3 = .. = \alpha_p = 0$으로 설정
  - ◦ 귀무가설에 따르면 오차의 분산은 일정하여 이분산성이 존재하지 않음
- σ_t를 모르기 때문에, (15.4)식에 OLS를 적용하여 획득되는 추정치들을 사용
- 검정통계량 $LM = nR^2$을 계산
  - ◦ n은 보조방정식을 추정하는데 사용된 관찰치 수
  - ◦ R^2는 이러한 회귀에서의 조정되지 않은 결정계수이다.
- $p-$값 $= \Pr ob(\chi^2_{p-1} > LM)$을 계산
  - ◦ p-값은 p-1의 자유도를 갖는 카이자승분포에서 LM 우측의 영역
- p-값이 설정한 유의수준보다 작다면 H_0 : $\alpha_i = 0$을 i=2,3,...,p에 대해 기각하고, 유의적인 이분산성이 있다는 결론을 도출

3. White검정

- White검정(1980)은 정규성 가정에 의존하지 않는 Z들에 대한 특별한 선택을 가진 대표본 LM검정
- White검정이 어느 검정보다 우수한 성과를 제공
- White(1980)는 OLS추정자들의 분산 및 공분산의 일치 추정치들을 획득하는 방법인 이분산 일치공분산행렬(Heteroscedasticity Consistent Covariance Matrix : HCCM) 추정자를 제안

[수행절차]

① 회귀모형에 대한 보조방정식 설정

(15.6) $Y_t = \beta_1 + \beta_2 X_{t2} + \beta_3 X_{t3} + u_t$: 회귀모형

(15.7) $\sigma_t^2 = \alpha_1 + \alpha_2 X_{t2} + \alpha_3 X_{t3} + \alpha_4 X_{t2}^2 + \alpha_5 X_{t3}^2 + \alpha_6 X_{t2} X_{t3}$: 보조방정식

② 회귀모형의 추정과 잔차의 자승 값 계산

- OLS절차로 (15.6)식을 추정하고, $\hat{\beta}_1$, $\hat{\beta}_2$, $\hat{\beta}_3$ 를 획득
- 잔차 $e_t = Y_t - \hat{\beta}_1 - \hat{\beta}_2 X_{t2} - \hat{\beta}_3 X_{t3}$ 의 자승 값 계산

③ 보조방정식에 따른 잔차 자승의 회귀수행

- (15.7)식에 따라 α_1, X_{t2}, X_{t3}, X_{t2}^2, X_{t3}^2과 $X_{t2} X_{t3}$에 대해 잔차 자승 e_t^2의 회귀를 수행
- 특히 설명변수들의 일부가 더미변수들인 경우에는 주의를 요함
  ◦ X_{t2}가 더미변수인 경우, X_{t2}^2은 X_{t2}와 동일한 값이어서 함께 별도로 포함하면 완전한 다중공선성이 발생하여 보조회귀의 수행이 불가능
- (15.7)식이 여러 설명변수들을 갖는다면, (자승항과 교차적 항들로 인하여) 아주 많은 변수들을 포함되어, 보조회귀의 많은 변수들이 관찰치들의 수를 초과하여 보조방정식 회귀수행은 불가능
  ◦ 일반적으로 상수항을 포함하여 k개 설명변수들을 갖는 경우에, 보조회귀는 $k(k+1)/2$개 항들을 가지므로, 관찰치들의 수는 반드시 $k(k+1)/2$보다 많아야 한다는 필요조건의 준수가 요구됨

④ 검정통계량 nR^2의 계산과 유의수준에 따른 가설검정 수행

- 표본 크기 n과 보조방정식 회귀로 계산한 조정되지 않은 R^2의 곱으로 검정통계량 nR^2를 계산
- (15.7)식의 회귀결과에 대한 검정은 자유도 5의 카이자승분포의 상부 $\alpha\%$의 임계값을 기초로 수행
  ◦ 주어진 유의수준 $\alpha\%$에 대해 χ 상부임계값보다 LM통계량이 커서

$nR^2 > \chi^2_5(a)$ 이면, $\alpha_2 = \alpha_3 = \alpha_4 = \alpha_5 = \alpha_6 = 0$ 의 귀무가설을 기각

4. 일반(가중)최소자승

- (15.6)식 모형의 각 항을 u_t의 표준편차인 σ_t로 나누면, 변형모형인 일반화된 최소자승(generalized least squares : GLS)모형이 다음과 같이 성립

(15.6.1) $$\frac{Y_t}{\sigma_t} = \beta_1 \frac{1}{\sigma_t} + \beta_2 \frac{X_{t2}}{\sigma_t} + \beta_3 \frac{X_{t3}}{\sigma_t} + \frac{u_t}{\sigma_t}$$

$$Y^*_t = \beta_1 X^*_{t1} + \beta_2 X^*_{t2} + \beta_3 X^*_{t3} + u^*_t$$

◦ 상첨자 *가 표시된 변수는 σ_t로 나눈 대응변수를 표시

- 대응변수의 분산

(15.6.2) $$Var(u^*_t) = Var\left(\frac{u_t}{\sigma_t}\right) = \frac{Var(u_t)}{\sigma^2_t} = 1$$

- 이분산성 경우에 적용된 GLS 절차는 가중최소자승(weighted least squares : WLS)과 동일
- $w_t = 1/\sigma_t$를 규정한 경우에 (15.6)식은 다음과 같이 표시 가능

(15.8) $$w_t Y_t = \beta_1 w_t + \beta_2 (w_t X_{t2}) + \beta_3 (w_t X_{t3}) + (w_t u_t)$$

- (15.6)식과 (15.8)식에 따라 계산되는 잔차자승의 가중합(weighted sum of squares of residuals)을 최소화시키는 것과 같다.

(15.9) $$\sum (w_t u_t)^2 = \sum (w_t Y_t - \beta_1 w_t - \beta_2 w_t X_{t2} - \beta_3 w_t X_{t3})^2$$

◦ (상수항을 포함하는) 각 변수에 대해 u_t의 표준편차에 반비례하는 가중치 w_t가 주어진 관찰치 사용

- WLS(가중최소자승) 추정자들은 정규오차의 경우에 역시 최대우도로 발생
- Gauss-Markov 정리에 의해 WLS 추정자들은 OLS 추정자들보다 더 효율적

5. 가능일반최소자승

(상수항을 포함한) 각 변수를 (오차항의 표준편차인) σ_t로 나누고, 그 후에 나타나는 변형모형에 OLS를 적용시키는 회귀방식

- 가능일반최소자승 절차(Feasible Generalized Least Squares : FGLS)는 이분산성의 구조가 일반적으로 알려지지 않아 σ_t를 모르기 때문에, 어떤 수단들에 의해 σ_t를 먼저 획득하고, 그 이후에 WLS절차를 사용하는 방식

[수행절차]

① Y를 상수항, X_2, X_3, ..., X_k에 대해 회귀시키고, β들의 OLS 추정치들을 계산

② $e_t = Y_t - \hat{\beta}_1 - \hat{\beta}_2 X_{t2} - \hat{\beta}_3 X_{t3} - .. - \hat{\beta}_k X_{tk}$로 잔차를 계산

③ 상수항, Z_{t2}, Z_{t3}...., Z_{tp}에 대해 e_t^2을 회귀시키고, β의 OLS추정치 계산

◦ Z값들은 원래의 X값들, 그 자승 값들, 그리고 그들의 교차곱들이며 Breusch-Pagan 검정과 White 검정을 위한 (15.5a)식에 해당하는 보조회귀식(auxiliary regression) 수행에 필요

◦ 계산된 추정치들을 (15.5a)식에 대입하여 $\hat{\sigma}_t^2$을 계산

◦ 그 가중치들은 $w_t = 1/\sqrt{\hat{\sigma}_t^2}$으로, 추정된 분산들의 자승근들의 역수를 사용

④ $| e_t |$를 상수항, Z_{t2}, Z_{t3}, ..., Z_{tp}항들에 대해 회귀시켜 (15.5b)식의 α값들에 대한 OLS 추정치들을 획득

◦ 추정치들을 (15.5b)식에 대입하고, $\hat{\sigma}_t$를 획득

⑤ $\ln(\hat{u}_t^2)$을 상수항, Z_{t2}, Z_{t3}, ..., Z_{tp}항들에 대해 회귀시켜 (15.5c)식의 α들에 대한 OLS 추정치들을 획득

◦ 추정치들을 (15.5c)식에 대입하고, $\ln(\sigma_t^2)$을 획득

◦ 예측된 분산을 구하도록 진수(眞數)계산(antilog)을 수행

⑥ 추정된 표준편차인 가중치 $w_t / \hat{\sigma}_t$를 사용하여 가중최소자승(WLS)로 원래모형을 추정

◦ 상수를 포함한 모형의 각 변수들에 w_t를 곱하고, $(w_t Y_t)$를 상수항이 없이 w_t, $(w_t X_{t2})$, ..., $(w_t X_{tk})$에 대해 회귀를 수행

◦ FGLS추정치들을 획득

◦ WLS 절차가 가중치변수를 사용하여 종속변수를 변경시키기 때문에, R^2는 관습적 방식 대신에 원래 종속변수의 관찰치와 적합치 사이의 상관계수 자승으로 계산

예제 15-3) 예제 15-2의 자료를 기초로 ln주급의 근속연수 Y 및 그 자승값 Y^2에 대한 회귀모형인 로그-2차 모형(log-quadratic model)을 사용하여, 이분산성을 다음과 같이 검정과 함께 FGLS에 의한 추정을 수행할 수 있다.

① 회귀모형의 설정과 Y와 Y^2의 계열을 생성

- "$\ln$ 주급 $= \beta_0 + \beta_1 Y + \beta_2 Y^2$"의 회귀모형 설정
- 예제 15-2의 시트를 복사
- Y와 Y^2의 계열들을 계산하도록 D2셀에 "=B2"를, E2셀에 "=D2^2"를 입력
- D2:E2구간을 지정한 후에 "Ctrl+C"로 수식들을 복사, D2셀에 마우스 커서를 두고 마우스 왼쪽 단추를 누른 후에, "Shift"를 누른 채로 마우스로 E223셀을 지정하여 D2:E223구간을 지정
- "Shift"와 마우스를 놓고, "Enter"를 클릭하여 "Ctrl+C"로 복사한 수식을 D2:E223구간에 붙여 넣기

② ln주급을 상수, 근속연수(Y), 그 자승값 Y^2에 대해 회귀시키고, 그 잔차를 저장

- "도구→데이터 분석"을 눌러 생성된 통계 데이터 분석 대화상자에서 회귀분석을 지정, 회귀분석 대화상자를 "Y축 입력범위 : C1:C223, X축 입력범위 : D1:E223, 이름표 표시, 신뢰수준 95%, 출력범위 : F1, 잔차 표시, 표준 잔차 표시"를 지정한 후에 "확인"을 클릭

	A	B	C	D	E	F	G	H	I
1	주급(만원)	근속연수	ln주급	Y	Y^2	요약 출력			
2	105.2	36	4.655863	36	1296				
3	91.3	30	4.514151	30	900	회귀분석 통계량			
4	72.5	29	4.283587	29	841	다중 상관계수	0.7322		
5	74.3	28	4.308111	28	784	결정계수	0.5362		
6	103.5	26	4.639572	26	676	조정된 결정계수	0.5319		
7	117.5	26	4.766438	26	676	표준 오차	0.207		
8	64.2	25	4.162003	25	625	관측수	222		
221	51	3	3.931826	3	9	196	3.8946	0.0224	0.10896
222	51	4	3.931826	4	16	197	3.8946	0.0224	0.10896
223	51	2	3.931826	2	4	198	3.8526	0.0594	0.28847

$$\widehat{\ln 주급}_t = 3.81 + 0.04\,Y_t - 0.00063\,Y_t^2$$
$$(92.15) \quad (9.08) \quad (-5.19)$$
$$R^2 = 0.54, \quad R_a^2 = 0.53, \quad n = 222$$

③ 회귀 잔차의 자승 값 계산

- 계산된 잔차와 그 잔차의 자승값들을 정장 및 계산할 위치를 마련하도록, F:G 열 머리구간에 마우스 커서를 두고 오른쪽 단추를 클릭, 대화상자에서 "삽입"을 지정
- 계산된 잔차가 있는 L25:L247구간의 값들을 "Ctrl+C"로 복사하여, F1셀을 마우스로 지정하고 "Enter"키를 눌러 붙여 넣기
- G2셀에 "=F2^2"를 입력, "Ctrl+C"로 G2셀의 수식을 복사한 후에 마우스 커서를 G2셀에 놓고 마우스 왼쪽 단추를 누른 후에 "Shift"를 누른 채로 G223셀에 마우스 커서 마우스 왼쪽 단추를 눌러 G2:G223구간을 지정
- "Shift"와 마우스를 놓고, "Enter"을 눌러 복사한 수식을 G2:G223구간에 붙여 넣어 잔차의 자승 값을 계산
- 시트이름을 "FGLS1"으로 바꾸기

	A	B	C	D	E	F	G	H	I	J	K
1	주급(만원)	근속연수	ln주급	Y	Y^2	잔차	et^2	요약 출력			
2	105.2	36	4.655863	36	1296	0.08	0.0065				
3	91.3	30	4.514151	30	900	-0	0.0021	회귀분석 통계량			
4	72.5	29	4.283587	29	841	-0.3	0.0729	다중 상관계수	0.7322		
5	74.3	28	4.308111	28	784	-0.2	0.0563	결정계수	0.5362		
6	103.5	26	4.639572	26	676	0.11	0.013	조정된 결정계수	0.5319		
7	117.5	26	4.766438	26	676	0.24	0.0581	표준 오차	0.207		
8	64.2	25	4.162003	25	625	-0.4	0.1236	관측수	222		
219	54	7	3.988984	7	49	-0.1	0.0093	194	4.0129	-0.065	-0.3135
220	54	6	3.988984	6	36	-0.1	0.0037	195	4.0856	-0.139	-0.6755
221	51	3	3.931826	3	9	-0	1E-05	196	3.8946	0.0224	0.10896
222	51	4	3.931826	4	16	0	0.0018	197	3.8946	0.0224	0.10896
223	51	2	3.931826	2	4	0.04	0.0014	198	3.8526	0.0594	0.28847

④ White검정식의 회귀와 FGLS 가중최소자승추정치(weighted least squares estimates) 계산

- FGLS1시트를 복사하고, 시트의 이름을 "FGLS(W)"로 바꾸기
- F:G열 머리구간을 마우스 커서로 지정하고, 마우스 커서의 오른쪽 단추를 눌러 생성된 대화상자에서 "삽입"를 지정
- F2셀에 "=D2^3", G2셀에 "=D2^4"를 입력, F2:G2구간의 식을 "Ctrl+C"로 복사하여 "Shift" 사용을 통해 지정한 F2:G223구간에 붙여 넣어 Y^3와 Y^4의 계열 계산
- White검정식인 (15.7)식 $\sigma_t^2 = \alpha_1 + \alpha_2 X_{t2} + \alpha_3 X_{t3} + \alpha_4 X_{t2}^2 + \alpha_5 X_{t3}^2 + \alpha_6 X_{t2} X_{t3}$에 따라 오차 추정치인 잔차의 자승 e_t^2을 상수, Y, Y^2, Y^3, Y^4에 대해 회귀를 수행
- 회귀분석의 대화상자를 생성하여 "Y축 입력범위 : I1:I223, X축 입력범위 : D1:G223, 이름표 표시, 신뢰수준 95%, 출력범위 : J1, 찬차 표시, 표준 잔차 표시"를 지정한 후에 "확인"을 클릭하여 회귀를 수행
- J:M열머리구간에 마우스 커서를 두고, 마우스 오른쪽 대화상자를 눌러 열을 삽입
- O27:O249구간에 계산된 e_t^2의 예측치를 복사하여 J1셀에 붙여 넣어 추정된 오차분산을 저장, J1셀에 "fet^2"을 입력
- J열에 저장된 "fet^2"계열에서 3개의 관찰치가 음의 값을 갖기 때문에, 원래의 e_t^2 으로 대체하도록 더미변수를 개입시켜 음이 아닌 값들로 전환이 요구됨

- 더미변수(dummy variable)를 K열에 생성하도록 K2셀에 "=IF(J2>0,1,0)"을 입력, L2셀에 "=(K2*J2)+((1-K2)*I2)"를, M2셀에 "=1/SQRT(L2)"를 입력
- K2:M2구간을 지정하고 "Ctrl+C"를 눌러서 수식들을 복사한 후에, K2:M223구간을 마우스 커서로 지정한 후에 "Enter"키를 눌러 붙이기를 수행
- M열에서 FGLS 가중최소자승추정치를 얻도록 사용할 가중치인 "wt"를 계산

	D	E	F	G	H	I	J	K	L	M	N	O
1	Y	Y^2	Y^3	Y^4	잔차	et^2	fet^2	d	fu^2W	wt	요약 출력	
2	36	1296	46656	1679616	0.08	0.0065	0.029	1	0.029	5.891		
3	30	900	27000	810000	-0	0.0021	0.046	1	0.046	4.6596	회귀분석 통계량	
4	29	841	24389	707281	-0.3	0.0729	0.05	1	0.05	4.491	다중 상관계수	0.30013
5	28	784	21952	614656	-0.2	0.0563	0.053	1	0.053	4.3445	결정계수	0.09008
6	26	676	17576	456976	0.11	0.013	0.059	1	0.059	4.1153	조정된 결정계수	0.0733
7	26	676	17576	456976	0.24	0.0581	0.059	1	0.059	4.1153	표준 오차	0.0672
8	25	625	15625	390625	-0.4	0.1236	0.062	1	0.062	4.0305	관측수	222
221	3	9	27	81	-0	1E-05	0.004	1	0.004	16.431	194	0.01142
222	4	16	64	256	-0	0.0018	0.007	1	0.007	11.733	195	0.02091
223	2	4	8	16	0.04	0.0014	9E-04	1	9E-04	33.401	196	0.0009

⑤ White 접근법을 이용한 FGLS의 추정

- White 접근법은 여타 접근법에 비해 선택할 통계량들이 아주 적고, 보다 일반적이며, 정규성가정에 의존하지 않기 때문에 가장 좋은 설정식으로 인정되고 있음
- White 검정에 따른 FGLS 가중치를 이용하여 다음의 회귀방정식을 추정

$$\frac{\ln(S)_t}{\sigma_t} = \beta_1 \frac{1}{\sigma_t} + \beta_2 \frac{Y_t}{\sigma_t} + \beta_3 \frac{Y_t^2}{\sigma_t} + \frac{u_t}{\sigma_t}$$

- "FGLS(W)"시트를 복사하여 "FGLS"로 이름 바꾸기를 수행
- N:Q열머리구간에 새로운 열을 삽입하고, N2셀에는 "=C2*M2", O2셀에는 "=1*M2", P2셀에는 "=D2*M2", Q2셀에는 "=E2*M2"를 입력
- N2:Q2구간을 마우스 커서로 지정하고, "Ctrl+C"를 눌러 식들을 복사한 후에 N2:Q223구간을 지정하여 "Enter"키를 눌러 붙이기를 수행하여 시트를 조정

	J	K	L	M	N	O	P	Q
1	fet^2	d	fu^2W	wt	ln주급*wt	1*wt	Y*wt	Y^2*wt
2	0,029	1	0,029	5.891	27.427678	5.891	212.076	7634.732
3	0,046	1	0,046	4.6596	21.033928	4.6596	139.787	4193.598
4	0,05	1	0,05	4.491	19.237495	4.491	130.238	3776.913
5	0,053	1	0,053	4.3445	18.716672	4.3445	121.647	3406.103
6	0,059	1	0,059	4.1153	19.093218	4.1153	106.998	2781.941
7	0,059	1	0,059	4.1153	19.615313	4.1153	106.998	2781.941
8	0,062	1	0,062	4.0305	18.774835	4.0305	100.762	2519.045
221	0,004	1	0,004	16.431	64.602582	16.431	49.292	147.8761
222	0,007	1	0,007	11.733	46.131706	11.733	46.9316	187.7264
223	9E-04	1	9E-04	33.401	131.32496	33.401	66.801	133.602

- 회귀분석 대화상자를 "Y축 입력범위 : N1:N223, X축 입력범위 : O1:Q223, 이름표 표시, 상수에 0을 사용 표시, 신뢰수준 95%, 출력범위 : R1, 잔차 표시, 표준 잔차 표시"를 지정한 후에 "확인"을 클릭
- ln주급*wt를 상수항 없이 1*wt, Y*wt, Y^2*wt에 대해 회귀를 수행한 White접근법을 통한 FGLS의 분석결과는 다음과 같음

	R	S	T	U	V	W	X
1	요약 출력						
2							
3	회귀분석 통계량						
4	다중 상관계수	0,99896					
5	결정계수	0,99793					
6	조정된 결정계수	0,99334					
7	표준 오차	0,99928					
8	관측수	222					
9							
10	분산 분석						
11		자유도	제곱합	제곱 평균	F 비	유의한 F	
12	회귀	3	105182	35060,8	35111,6	3E-292	
13	잔차	219	218,68	0,99855			
14	계	222	105401				
15							
16		계수	표준 오차	t 통계량	P-값	하위 95%	상위 95%
17	Y 절편	0	#N/A	#N/A	#N/A	#N/A	#N/A
18	1*wt	3,84763	0,0131	293,148	4E-286	3,8218	3,8735
19	Y*wt	0,03686	0,0032	11,3868	6,7E-24	0,0305	0,0432
20	Y^2*wt	-0,0005	9E-05	-4,7609	3,5E-06	-6E-04	-3E-04

- 로그선형함수에서 종속변수의 설명변수 탄력성은 "계수×설명변수의 값"으로 추정가능(13장 2절 참조)

- 추정결과에서 근속연수에 대한 봉급의 탄력성은 "0.03686×근속연수"로 나타나, 근속연수가 1% 증가에 대해 봉급의 (0.03686×근속연수)% 증가의 예측이 가능
- 신입사원이 1년을 채우면 근속연수가 100% 증가하여, 봉급은 3.69% 증가
- 25년 근무한 사원이 1년을 채우면 근속연수가 4% 증가하여, 봉급은 3.686% 증가
- 추정식 $\widehat{\ln 주급} = 3.84763 + 0.03686Y - 0.00045Y^2$의 Y에 대한 1계 조건

$$0.03686 - 0.0009Y = 0, \quad Y^* = 40.827$$

- 최대화의 1계 조건에 따라 40.827년이 지난 직후 최대 봉급수준의 예측이 가능

⑥ 회귀잔차도의 작성

- R:S열머리구간에 마우스 커서를 두고, 마우스 오른쪽 단추를 눌러 열을 삽입
- R1셀에 "=B1"을 입력, 그 수식을 R1:R223구간에 복사하여 붙여 넣기
- V26:V248구간의 잔차를 "Ctrl+C"로 복사하여 S1셀에 붙여 넣기
- R1:S223구간을 지정, 도구모음줄에서 차트마법사 도구 "📊"를 클릭
- 차트마법사 1 단계-차트 종류 대화상자에서 "차트 종류: 분산형, 차트 하위 종류 : 값을 점으로 비교"를 지정하여 근속연수에 대한 회귀잔차의 잔차도를 작성
- 근속연수에 대해 추정된 오차인 잔차는 등분산을 갖는 것으로 나타나고 있음

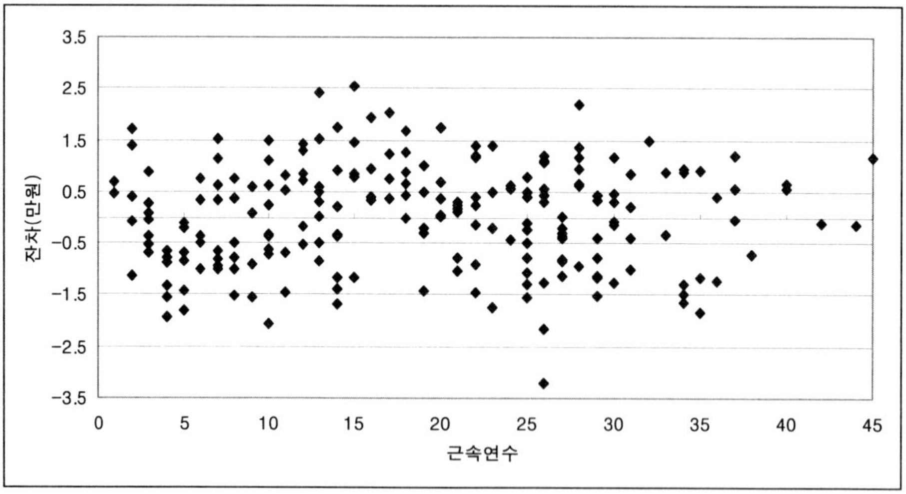

Ⅱ. 질적 설명변수

1. 질적 설명변수와 더미변수의 개념

- 질적 설명변수(qualitative explanatory variable) : 종속변수에 영향을 주는 요인 중에서 의미 있는 방식으로 수량화하기 힘든 설명변수
- 더미변수(가변수, dummy variable) : 질적 요인을 회귀모형에 포함하여, 상황에 따라 다른 값들을 부여하여 설정한 변수
  ◦ 더미변수는 0과 1의 값만을 갖는 이진변수(binary variable)
  ◦ n개의 다른 상황에 대해 더미변수는 $n-1$개만을 사용
  ◦ 모든 상황이 각 더미변수를 갖는다면, 모든 관찰치들에 대해 더미변수들의 합은 1이 되어 완전 다중공선성이 발생하여 회귀수행이 불가능
- 더미변수의 적용방식
  ◦ 월별로 아주 다른 관찰치들이 발생하면, 더미변수를 D_1(1월은 1, 다른 월에 대해서는 0), D_2(2월은 1, 다른 월은 0), ..., D_{11}(11월은 1, 다른 월은 0)의 11개 사용
  ◦ 사분기별로 아주 다른 관찰치가 발생하면, 더미변수를 D_1(1사분기는 1, 다른 사분기들은 0), D_2(2사분기는 1, 다른 사분기들은 0), D_3(3사분기는 1, 다른 사분기들은 0)의 3개 사용
  ◦ 성별로 아주 다른 관찰치가 발생하면, 더미변수를 D_1(남성은 1, 여성은 0)의 1개만 사용
  ◦ 지역, 연령, 특정조건의 충족여부 등의 구분에 따라 아주 다른 관찰치가 발생하면, 더미변수를 구분된 집단의 크기 n보다 1개 적은 $n-1$개로 사용

2. 절편 변화에 대한 더미변수의 적용방법

① 2개 집단의 경우, 집단별로 다른 절편을 갖도록 더미변수를 구성

(15.10.1) $$Y = \begin{cases} \alpha_1 + \beta X + u & \text{for} \quad \text{집단 } 1 \\ \alpha_2 + \beta X + u & \text{for} \quad \text{집단 } 2 \end{cases}$$

- 더미변수 D를 이용하여 위의 방정식들을 하나의 방정식으로 통합 가능

(15.10.2) $$Y = \alpha_1 + (\alpha_2 - \alpha_1)D + \beta X + u$$

◦ $D = \begin{cases} 1 & \text{for} \quad \text{집단 } 2 \\ 0 & \text{for} \quad \text{집단 } 1 \end{cases}$

② 3개 집단의 경우, 집단별로 다른 절편을 갖도록 더미변수를 구성

(15.11) $$Y = \alpha_1 + (\alpha_2 - \alpha_1)D_1 + (\alpha_3 - \alpha_1)D_2 + \beta X + u$$

◦ $D_1 = \begin{cases} 1 & \text{for} \quad \text{집단 } 2 \\ 0 & \text{for} \quad \text{집단 } 1\text{과 } 3 \end{cases}$

$D_2 = \begin{cases} 1 & \text{for} \quad \text{집단 } 3 \\ 0 & \text{for} \quad \text{집단 } 1\text{과 } 2 \end{cases}$

③ n개 집단의 경우, 집단별로 다른 절편을 갖도록 더미변수를 구성

(15.12) $$Y = \alpha_1 + (\alpha_2 - \alpha_1)D_1 + \cdots + (\alpha_n - \alpha_1)D_{n-1} + \beta X + u$$

◦ $D_1 = \begin{cases} 1 & \text{for} \quad \text{집단 } 2 \\ 0 & \text{for} \quad \text{여타 집단} \end{cases}$

....

....

$D_{n-1} = \begin{cases} 1 & \text{for} \quad \text{집단 } n \\ 0 & \text{for} \quad \text{여타 집단} \end{cases}$

3. 기울기 계수 변화에 대한 더미변수

① 2개 집단의 경우, 집단별로 다른 절편과 기울기 계수를 갖도록 더미변수를 구성

(15.13.1) $$Y = \begin{cases} \alpha_1 + \beta_1 X + u & \text{for} \quad 집단\ 1 \\ \alpha_2 + \beta_2 X + u & \text{for} \quad 집단\ 2 \end{cases}$$

- 더미변수 D를 이용하여 위의 방정식들을 하나의 방정식으로 통합 가능

(15.13.2) $$Y = \alpha_1 + (\alpha_2 - \alpha_1)D_1 + \beta_1 X + (\beta_2 - \beta_1)D_2 + u$$

◦ $D_1 = \begin{cases} 1 & \text{for} \quad 집단\ 2 \\ 0 & \text{for} \quad 집단\ 1 \end{cases}$ · · ◦ 절편 격차를 측정

$D_2 = \begin{cases} 0 & \text{for} \quad 집단\ 1 \\ X & \text{for} \quad 집단\ 2 \end{cases}$ · · ◦ 기울기 격차를 측정

② 3개 집단의 경우, 집단별로 다른 절편과 기울기 계수를 갖도록 더미변수를 구성

(15.14)

$$Y = \alpha_1 + (\alpha_2 - \alpha_1)D_1 + (\alpha_3 - \alpha_1)D_2 + \beta_1 X + (\beta_2 - \beta_1)D_3 + (\beta_3 - \beta_1)D_4 + u$$

◦ $D_1 = \begin{cases} 1 & \text{for} \quad 집단\ 2 \\ 0 & \text{for} \quad 집단\ 1과\ 3 \end{cases}$

$D_2 = \begin{cases} 1 & \text{for} \quad 집단\ 3 \\ 0 & \text{for} \quad 집단\ 1과\ 2 \end{cases}$

$D_3 = \begin{cases} X & \text{for} \quad 집단\ 2 \\ 0 & \text{for} \quad 집단\ 1과\ 3 \end{cases}$

$D_4 = \begin{cases} X & \text{for} \quad 집단\ 3 \\ 0 & \text{for} \quad 집단\ 1과\ 2 \end{cases}$

예제 15-4) 예제 14-1의 자료를 이용하여, 연간매출액에 남성과 여성의 성별까지도 영향을 주는가의 여부를 검정하기 위해 다음과 같이 남성에 대한 더미변수를 사용할 수 있다.

	A	B	C	D	E	F	G	H	I	J	K
1	연간 매출액	근무 연수	보습교 육연수	성별D (M=1)	요약 출력						
2	34,900	5.5	4.0	0							
3	40,500	9.0	4.0	1	회귀분석 통계량						
4	38,900	4.0	5.0	0	다중 상관계수	0.822					
5	39,000	8.0	4.0	1	결정계수	0.675					
6	37,500	9.5	5.0	1	조정된 결정계수	0.578					
7	35,500	3.0	4.0	0	표준 오차	2252					
8	36,000	7.0	3.0	0	관측수	14					
9	32,700	1.5	4.5	0							
10	45,000	8.5	5.0	1	분산 분석						
11	40,000	7.5	6.0	0		자유도	제곱합	제곱 평균	F 비	유의한 F	
12	36,000	9.5	2.0	1	회귀	3	1E+08	3.5E+07	6.9234	0.0084	
13	33,600	6.0	2.0	0	잔차	10	5E+07	5070224			
14	35,000	2.5	4.0	1	계	13	2E+08				
15	32,500	1.5	4.5	1							
16						계수	표준 오차	t 통계량	P-값	하위 95%	상위 95%
17					Y 절편	25495	2809.8	9.07381	4E-06	19235	31755.9
18					근무연수	801.6	228.47	3.50845	0.0056	292.51	1310.63
19					보습교육연수	1596	560.64	2.84626	0.0174	346.54	2844.93
20					성별D(M=1)	382.6	1287.4	0.29716	0.7724	-2486	3251.1

① 회귀방정식의 설정

- 연간매출액$= \alpha + \beta_1$근무연수 $+ \beta_2$보수교육연수 $+ \beta_3$성별$D + u$

② 회귀의 수행과 해석

- 메뉴표시줄에서 "도구→데이터 분석"을 지정
- 통계 데이터 분석 대화상자에서 회귀분석을 지정, 생성된 회귀분석 대화상자에서 "Y축 입력 범위 : A1:A15, X축 입력 범위 : B1:D15, 이름표 표시, 신뢰수준 : 95%, 출력범위 : E1, 잔차, 표준 잔차, 잔차도 표시"를 지정하고 "확인"을 클릭

$$\widehat{\text{연간매출액}}_i = 25495 + 801.6\text{근무연수}_i + 1596\text{보습교육연수}_i + 382.6\text{성별}D_i$$
$$(9.07) \quad (3.51) \quad (2.85) \quad (0.297)$$

$$R^2 = 0.68, \quad R_a^2 = 0.58, \quad n = 14$$

- H17:H19구간으로 나타나는 각 계수 추정치들의 t통계량은 5% 수준에서 0과 유의적으로 달라, 연간매출액에 영향을 주지 못한다는 귀무가설이 기각
- H20셀의 성별D에 대한 기울기 계수의 추정치는 0.297로 아주 낮은 t통계량을 가져, 성별이 연간매출액에 영향을 주지 못한다는 귀무가설이 채택

〈참고문헌〉

Ashenfelter, O., P.B. Levine, and D.J. Zimmerman(2003), *Statistics and Econometrics:Methods and Applications*, John Wiley & Sons, Inc., pp. 204-244.

Evans, Michael K.(2003), *Practical Business Forecasting*, Blackwell Publishers, pp. 67-77.

Greene, William H.(1997), *Econometric Analysis*, 3rd ed., Prentice-Hall International, Inc., pp. 540-576.

Hill, R.C., W.E. Griffiths, G.G. Judge(2001), *Undergraduate Econometrics*, 2nd ed., John Wiley & Sons, Inc., pp. 199-257.

Kelejian, H.H. and W.E. Oates(1989), *Introduction to Econometrics : Principles and Applications*, 3rd ed., Harper & Row, Publishers, pp. 205-259.

Koop, Gary(2005), *Analysis of Economic Data*, 2nd ed., John Wiley & Sons, Ltd. pp. 109-235.

Maddala, G.S.(1992), *Introduction to Econometrics*, 2nd ed., Macmillan Publishing Co., pp. 161-228.

Pindyck, R.S. and D.L. Rubinfeld(1991), *Econometric Models and Economic Forecasts*, 3rd ed., McGraw-Hill, Inc., pp. 126-179.

Ramanathan, Ramu(2002), *Introductory Econometrics with Applications*, 5th ed., South-Western, pp. 344-379.

Stewart, Kennth G.(2005), *Introduction to Applied Econometrics*, Thomson Learning, Inc., pp. 430-646.

Thomas, R.L.(1997), *Modern Econometrics : An Introduction*, Addison Wesley Longman Ltd., pp. 206-296.

제16장

시계열분석

[핵심용어]

· 시계열모형	· 추세분석	· 순환변동분석	· 계절변동분석
· 분해법	· D-W 통계량	· 자기상관	· 패턴추정
· 추세방정식	· 지수평활	· 시차분포모형	· 백색잡음
· 랜덤워크모형	· 자기회귀모형	· 자기상관함수	· 혼성통계량
· 단위근	· 가성회귀	· 공적분	· 오차수정모형

[주요 Excel함수]

· 회귀분석(도구→통계 데이터 분석)		· MAX	· MIN
· SUMXMY2	· SUMSQ	· SUMPRODUCT	· CHIINV
· 지수평활법(도구→통계 데이터 분석)		· 상관분석(도구→통계 데이터 분석)	

제 1 절 시계열모형을 이용한 변동분석과 예측

Ⅰ. 시계열모형의 특성과 시계열 변동분석

1. 시계열모형의 특성

- 시계열(time series) : 순서대로 배열된 연속적 시기들에 대한 특정 자료의 관찰치 집합
- 시계열분석(time series analysis) : 시계열의 관찰치에 영향을 주는 시간관련요인을 규명하고, 분리하는 절차
- 시계열의 4대 영향요인

① 추세(trend, T) : 일정한 기간에 대한 시계열 값의 전반적인 장기이동방향

② 순환변동(cyclical fluctuations, C) : 여러 해 동안의 지속기간을 갖는 추세에 대해 반복적으로 발생하는 상승 및 하락 변동

③ 계절변동(seasonal variation, S) : 1년 이내에 완료되는 추세에 대한 상승 및 하락 변동

◦ 계절변동은 주로 월별 또는 사분기별 자료를 기초로 규명

④ 불규칙 변동(irregular variation, I) : 순환변동 또는 계절변동의 영향으로 볼 수 없는 추세로 인한 엉뚱한 변동(erratic variations)

- 시계열모형은 어떤 지정된 기간에 대해 시계열 변수들의 값이 위 4가지 요인들의 영향력에 의해 결정되고, 이러한 요인들은 다음과 같이 곱셈 관계(multiplicative relationship)를 갖고 시계열 Y에 영향력을 행사

(16.1) $$Y = T \times C \times S \times I$$

- (16.1)식은 시계열 값에 영향을 주는 각종 구성요소의 영향력 분리에 대한 기초적 수단으로 사용

2. 추세분석

- 추세분석(trend analysis) : 시계열의 장기 변동방향을 연도별 자료를 사용하여 규명하는 절차
- 추세분석은 주로 15년 또는 20년 이상의 자료를 사용하며, 수년간에 발생하는 순환변동은 전반적 추세분석에 대해 영향을 주지 못함

◦ 전반적 추세가 순환변동의 방향에 영향을 제공

- 최소자승법은 최우량 적합 추세선(best fitting trend line)의 방정식을 결정하여 시계열의 추세구성요소를 규명하는데 가장 빈번하게 사용
- 종속변수 Y는 확률변수가 아니라 누적된 과거 관찰치들이므로, 추세선은 회귀선이 아니지만, 최소자승법은 다음과 같이 시계열의 추세구성요소 결정에 대해 편리한 수단으로 사용

(16.2) $Y_T = b_0 + b_1 X$

Y_T : 시계열의 추세요인, X : 연도

(16.3)

$$b_1 = \frac{\sum_{t=1}^{N}(Y_t - \overline{Y})(X_t - \overline{X})}{\sum_{t=1}^{N}(X_t - \overline{X})} = \frac{\sum_{t=1}^{N} x_t y_t}{\sum_{t=1}^{N} x_t^2} = \frac{S_{xy}}{S_{xx}} = \frac{\sum_{t=1}^{N} X_t Y_t - N\overline{X}\,\overline{Y}}{\sum_{t=1}^{N} X_t^2 - N\overline{X}^2}$$

(16.4) $b_0 = \overline{Y} - b_1 \overline{X}$

- 비선형추세의 경우에 지수추세곡선(exponential trend curve)과 (Gompertz곡선이라는) 포물선추세곡선(parabolic trend curve)을 주로 사용

(16.5) $Y_T = b_0 b_1^X$: 지수추세곡선

(16.6) $Y_T = b_0 b_1^{b_2^X}$: Gompertz곡선

- 비선형추세의 OLS 사용을 위해 설정한 더블로그 방정식

(16.5.1) $\ln Y_T = \ln b_0 + X \ln b_1$

(16.6.1) $\ln Y_T = \ln b_0 + b_2^X \ln b_1$

◦ 추세곡선을 형성하는 값들은 (16.5.1)식과 (16.6.1)식에 대해 진수(antilogarithm)를 취하여 계산

예제 16-1) 1994년에 설립하여 11년의 업력을 가진 기업의 매출액에 대한 다음 자료를 기초로 Excel의 회귀분석(최소자승법)을 이용하여 선형추세 방정식을 구하고, 추세선을 작성할 수 있다.

	A	B	C	D	E	F	G	H	I	J	K
1	연도	업력 연수	매출액 (10억원)	매출액 (추세)	요약 출력						
2	1994	0	0.2	0.23							
3	1995	1	0.4	0.42	회귀분석 통계량						
4	1996	2	0.5	0.61	다중 상관계수	0.95381					
5	1997	3	0.9	0.80	결정계수	0.90975					
6	1998	4	1.1	0.98	조정된 결정계수	0.89972					
7	1999	5	1.5	1.17	표준 오차	0.20722					
8	2000	6	1.3	1.36	관측수	11					
9	2001	7	1.1	1.55							
10	2002	8	1.7	1.74	분산 분석						
11	2003	9	1.9	1.93		자유도	제곱합	제곱 평균	F 비	유의한 F	
12	2004	10	2.3	2.11	회귀	1	3.8954	3.8954	90.72	5E-06	
13					잔차	9	0.3865	0.0429			
14					계	10	4.2818				
15											
16						계수	표준 오차	t 통계량	P-값	하위 95%	상위 95%
17					Y 절편	0.232	0.117	1.983	0.079	-0.033	0.49623
18					업력연수	0.188	0.020	9.525	0.000	0.1435	0.23288

① 자료 입력과 회귀분석의 수행

- A1:C12구간에 연도, 업력연수, 매출액(10억원 단위)의 자료를 입력
- 시트탭에서 시트 이름을 "예제16-1"로 바꾸기를 수행
- 메뉴표시줄의 "도구→데이터 분석"을 지정, 생성된 통계 데이터 분석 대화상자에서 회귀분석을 지정
- 회귀분석 대화상자에서 "Y축 입력 범위 : C1:C12, X축 입력 범위 : B1:B12, 이름표 표시, 신뢰수준 : 95%, 출력범위 : D1, 잔차 표시"를 지정하여 "확인"을 클릭

- 추세선의 회귀방정식

$$\hat{Y}_{Tt} = \underset{(1.983)}{0.232} + \underset{(9.525)}{0.188 X_t}, \quad R^2 = 0.91, \quad n = 11$$

◦( )안은 t 통계량 표시

◦ Y_{Tt} : t년의 업력을 가진 연도의 매출액 추세요소, X_t : 업력연수

- 추정된 회귀방정식을 이용하여, 햇수가 지날수록 매년 1.88억원의 매출액 증가가 발생하는 것으로 예측 가능

② 추세선의 작성

- 마우스 커서를 D열 머리에 두고, 마우스 오른쪽 단추를 눌러 생성된 대화상자를 이용하여 열을 삽입
- F24:F35구간을 지정하고, "Ctrl+C"로 "예측치 매출액(10억원)"을 복사하여 D1 셀에 붙여 넣기
- D1셀에 "매출액(추세)"를 입력
- A1:A12구간을 지정한 후에, "Ctrl"을 누른 채로 C1:D12구간을 지정
- 도구모음줄에서 차트마법사 도구 "📊"를 클릭
- 차트마법사 1 단계-차트 종류 대화상자에서 "차트 종류: 분산형, 차트 하위 종류 : 곡선으로 연결된 분산형"을 지정한 후에 "다음"을 눌러 다음과 같이 추세선 작성

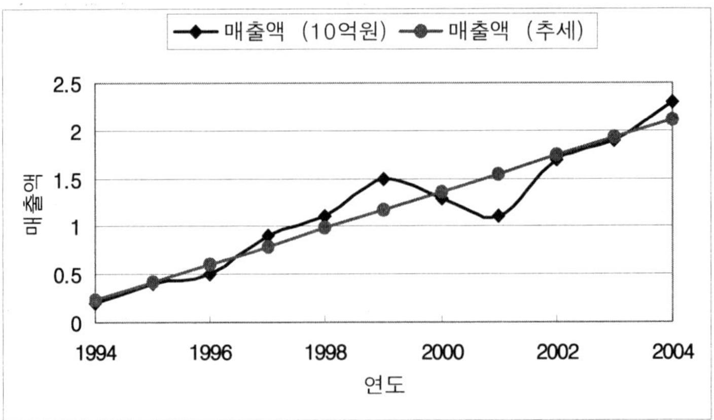

3. 순환변동분석

- 계절 및 불규칙 구성요소가 1년 이내의 단기간에 대해 규정되므로, 연도별 시계열자료는 추세 및 순환 구성요소의 효과들만을 표시
- 연도별자료에 대해 순환구성요소는 관련 추세 값으로 관찰치를 나누어 계산 가능

(16.7) $$C = \frac{T \times C}{T} = \frac{Y}{Y_T}$$

- 순환구성요소의 해석을 위해 (16.7)식에 100을 곱하여 순환상대치(cyclical relatives)로 변환시켜 순환차트(cycle chart)를 작성하여 정점과 저점을 비교

예제 16-2) 예제 16-1의 자료와 추세방정식을 기초로 시계열의 각 값에 대한 순환구성요소의 상대치를 계산하고, 각 연도에 대한 순환상대치를 표시한 순환차트를 다음과 같이 작성할 수 있다.

	A	B	C	D	E
1	연도	업력 연수	매출액 (10억원)	매출액 (추세)	순환 상대치
2	1994	0	0.2	0.23	86.3
3	1995	1	0.4	0.42	95.2
4	1996	2	0.5	0.61	82.2
5	1997	3	0.9	0.80	113.0
6	1998	4	1.1	0.98	111.7
7	1999	5	1.5	1.17	127.9
8	2000	6	1.3	1.36	95.5
9	2001	7	1.1	1.55	71.0
10	2002	8	1.7	1.74	97.9
11	2003	9	1.9	1.93	98.7
12	2004	10	2.3	2.11	108.8

① 예제16-1의 시트 복사와 순환상대치 계산

- 예제 16-1의 시트에서 시트탭에 마우스 커서를 두고 마우스 오른쪽 단추를 눌러 생성된 대화상자에서 "이동/복사(M)" 지정으로 예제16-1과 동일한 새로운 시트를 만들기
- 새로운 시트의 이름을 "예제16-2"로 바꾸기
- 마우스 커서를 E열 머리에 두고, 마우스 오른쪽 단추를 눌러 생성된 대화상자를 이용하여 열을 삽입

- E1셀에 "순환상대치"를 입력, (16.7)식에 따라 E2셀에 " =(C2/D2)*100"을 입력하고, 그 수식을 자동 채우기로 E3:E12구간에 복사하여 붙이기

② 순환차트 작성

- A1:A12구간을 마우스 커서로 지정한 후, "Ctrl"을 누른 채로 E1:E12구간을 지정
- 도구모음줄에서 차트마법사 도구 "📊"를 클릭
- 차트마법사 1 단계-차트 종류 대화상자에서 "차트 종류: 분산형, 차트 하위 종류 : 곡선으로 연결된 분산형"을 지정한 후에 "다음"을 눌러 다음과 같이 추세선 작성

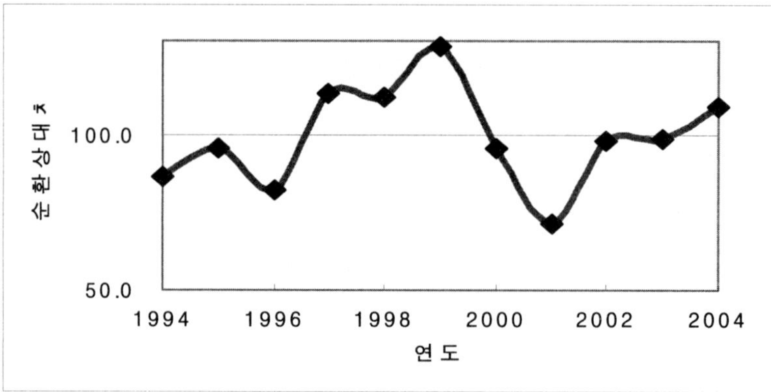

4. 계절변동분석

가. 계절변동의 측정

- 시계열의 값들에 대한 계절구성요소의 영향력은 해당 연도의 각 개월(또는 사분기)에 관련된 계절지수(seasonal index number)를 결정하여 규명
- 모두 12개월인 지수들의 산술평균은 100으로 결정

◦특정 개월에 대한 120의 지수는 여타 개월들에 비해 평균 20% 더 높은 시계열값을 가진 것을 의미

- 계절지수 결정을 위한 이동평균비율법(ratio-to-moving average method)의 절차

① 특정 개월(또는 사분기)의 이동평균에 대한 실제 관찰치의 비율 계산

◦1개 연도에 대해 월별(또는 사분기별) 자료를 기초로 하는 이동평균은 계절 및

불규칙변동을 평균 계산으로 제거하기 때문에, 이동평균 MA에 대한 월별(또는 사분기별) 관찰치 비율은 다음과 같이 표시

$$\frac{Y}{MA} = \frac{T \times C \times S \times I}{T \times C} = S \times I \tag{16.8}$$

② 평균 계산을 통한 불규칙 구성요소의 제거

◦ 여러 연도의 특정 개월(또는 사분기)에 대해 적용 가능한 여러 비율들을 열거

◦ 가장 높은 값과 가장 낮은 값을 제거

◦ 나머지 비율들의 평균을 계산하여 불규칙 구성요소를 제거

③ 12개월 비율들의 합계가 1,200(4사분기 비율들의 합계가 400)이 되도록, 수정요인(correction factor)으로 변경된 평균비율들을 조정

예제 16-3) 다음의 사분기별 자료에 대해 이동평균비율법을 사용하여 계절지수를 구할 수 있다.

	A	B	C	D	E	F	G
1	연도	사분기	매출액 (백만원)	4 사분기 합계	2개년 집중합계	4 사분기 집중MA	이동평균 비율
2	1999	1	500				
3		2	350	1,500			
4		3	250	1,450	2,950	368.8	67.8
5		4	400	1,450	2,900	362.5	110.3
6	2000	1	450	1,400	2,850	356.3	126.3
7		2	350	1,300	2,700	337.5	103.7
8		3	200	1,200	2,500	312.5	64.0
9		4	300	1,050	2,250	281.3	106.7
10	2001	1	350	1,000	2,050	256.3	136.6
11		2	200	1,100	2,100	262.5	76.2
12		3	150	1,300	2,400	300.0	50.0
13		4	400	1,450	2,750	343.8	116.4
14	2002	1	550	1,550	3,000	375.0	146.7
15		2	350	1,700	3,250	406.3	86.2
16		3	250	1,700	3,400	425.0	58.8
17		4	550	1,750	3,450	431.3	127.5
18	2003	1	550	1,850	3,600	450.0	122.2
19		2	400	1,900	3,750	468.8	85.3
20		3	350	2,100	4,000	500.0	70.0
21		4	600	2,200	4,300	537.5	111.6
22	2004	1	750	2,250	4,450	556.3	134.8
23		2	500	2,300	4,550	568.8	87.9
24		3	400				
25		4	650				

① 자료입력과 4 사분기 매출액 합계의 계산

- A1:C25구간에 연도 및 사분기 표시와 매출액 자료를 입력하고, 시트 탭의 이름을 "예제16-3"으로 바꾸기
- D3셀에 "=SUM(C2:C5)"를 입력, 그 수식을 자동 채우기로 D3:D23구간에 복사

② 2개년 집중합계와 4 사분기 집중이동평균(centered moving average) 계산

- E4셀에 "=D3+D4"를 입력, 그 수식을 E5:E23구간에 자동 채우기로 복사하여 2개년 집중합계를 계산
- F4셀에 "=E4/8"을 입력, 그 수식을 F5:F23구간에 자동 채우기로 복사하여 4 사분기 집중이동평균을 계산

③ 이동평균비율의 계산

- G4셀에 "=(C4/F4)*100"을 입력, 그 수식을 G5:G23구간에 자동 채우기로 복사하여 매출액의 그 이동평균에 대한 비율을 계산

	A	B	G	H	I	J	K	L	M	N	O	P
1	연도	사분기	이동평균 비율	사분기	1999	2000	2001	2002	2003	2004	최대값	최소값
2	1999	1		1		126.3	136.6	146.7	122.2	134.8	146.7	122.2
3		2		2		103.7	76.2	86.2	85.3	87.9	103.7	76.2
4		3	67.8	3	67.8	64.0	50.0	58.8	70.0		70.0	50.0
5		4	110.3	4	110.3	106.7	116.4	127.5	111.6		127.5	106.7
6	2000	1	126.3	사분기별 이동평균비율의 최대값과 최소값 제거								
7		2	103.7	사분기	1999	2000	2001	2002	2003	2004	변경평균	계절지수
8		3	64.0	1		126.3	136.6			134.8	132.6	134.1
9		4	106.7	2				86.2	85.3	87.9	86.5	87.5
10	2001	1	136.6	3	67.8	64.0		58.8			63.5	64.3
11		2	76.2	4	110.3		116.4		111.6		112.8	114.1
12		3	50.0	계							395.4	400.0
13		4	116.4	조정요인							1.012	
14	2002	1	146.7									
15		2	86.2									
16		3	58.8									
17		4	127.5									
18	2003	1	122.2									
19		2	85.3									
20		3	70.0									
21		4	111.6									
22	2004	1	134.8									
23		2	87.9									
24		3										
25		4										

④ 사분기별 최대값과 최소값의 계산과 제거

- 사분기별 이동평균비율을 행으로 배열하도록 I2셀 "=IF($G2="","",$G2)", J2셀 "=IF($G6="","",$G6)", K2셀 "=IF($G10="","",$G10)", L2셀 "=IF($G14="","",$G14)", M2셀 "=IF($G18="","",$G18)", N2셀 "=IF($G22="","",$G22)"를 입력
- I2:N2구간을 마우스 커서로 지정, 그 수식들을 자동 채우기로 I3:N5구간에 복사
- O2셀에 "=MAX(I2:N2)"를 입력, 그 수식을 자동 채우기로 O3:O5구간에 복사하여 각 사분기에 대한 이동평균비율의 최대값 계산
- P2셀에 "=MIN(I2:N2)"를 입력, 그 수식을 자동 채우기로 P3:P5구간에 복사하여 각 사분기에 대한 이동평균비율의 최소값 계산
- H2:N5구간을 지정하고, "Ctrl+C"로 구간의 입력내용을 복사하여 H7셀에 붙이기
- I8셀에 "=IF(I2=$O2,"",IF(I2=$P2,"",I2))"를 입력, I8셀의 수식을 "Ctrl+C"로 복사
- I8셀에 마우스 커서를 두고 마우스 왼쪽 단추를 클릭, "Shift"를 누른 채로 N11셀에 마우스 커서를 두고 마우스 왼쪽 단추를 눌러 I8:N11구간을 지정
- "Shift"와 마우스를 놓고, "Enter"를 눌러 복사한 I8셀의 수식을 붙여 넣기

⑤ 변경평균(modified mean)과 조정요인(adjustment factor) 계산

- O8셀에 "=AVERAGE(I8:N8)"을 입력, 그 수식을 자동 채우기로 O9:O11구간에 복사하여 각 사분기에 대한 변경평균을 계산
- O12셀에 "=SUM(O8:O11)"을 입력하여 변경평균의 합계를 계산
- O13셀에 "=400/O12"를 입력하여 조정요인을 계산

⑥ 계절지수의 계산

- P8셀에 "=O8*$O$13"을 입력, 그 수식을 자동 채우기로 P9:P11구간에 복사하여 각 사분기에 대한 계절지수를 계산
- P12셀에 "=SUM(P8:P11)"을 입력, 계절지수의 4 사분기 합계 400을 확인

나. 계절 조정의 적용

- 계절구성요소의 영향력을 제거하여 계절조정자료(seasonally adjusted data) 또는 탈계절화자료(deseasonalized data)를 작성하는 시계열 관찰치 조정에 계절지수를 주로 사용
- 계절별 기대치에 대한 상대적인 증가 또는 감소가 발생했는지의 여부를 결정하기 위해 여러 개월의 자료들을 비교하려는 경우에 계절조정이 특히 필요

◦ 12월의 계절지수가 11월에 비해 30% 이상 높게 나타나는 경우에 전월 대비 증가율 20%를 기록한 12월 매출액은 매출액의 상대적 감소를 반영

- 계절변동 영향력을 제거한 계절조정자료의 값

$$\frac{Y}{S} = \frac{T\times C\times S\times I}{S} = T\times C\times I \tag{16.9}$$

예제 16-4) 예제 16-3의 자료와 계절지수를 이용하여 (16.9)식에 따라 계절변동 영향력을 제거한 계절조정 자료를 작성하고, 실제 매출액과 계절조정 매출액을 차트로 비교할 수 있다.

	A	B	C	Q
1	연도	사분기	매출액 (백만원)	계절조정 매출액
2	1999	1	500	372.8
3		2	350	400.1
4		3	250	388.9
5		4	400	350.6
6	2000	1	450	335.5
7		2	350	400.1
8		3	200	311.1
9		4	300	262.9
10	2001	1	350	260.9
11		2	200	228.6
12		3	150	233.3
13		4	400	350.6
14	2002	1	550	410.0
15		2	350	400.1
16		3	250	388.9
17		4	550	482.0
18	2003	1	550	410.0
19		2	400	457.2
20		3	350	544.4
21		4	600	525.8
22	2004	1	750	559.1
23		2	500	571.6
24		3	400	622.2
25		4	650	569.7

① 계절조정 자료의 작성

- Q2셀 "=(C2/$P$8)*100", Q3셀 "=(C3/$P$9)*100", Q4셀 "=(C4/$P$10)*100", Q5셀에 "=(C5/$P$11)*100"을 입력
- Q2:Q5구간을 지정하고, 그 수식들을 "Ctrl+C"로 복사하여 Q6:Q25구간에 붙여 결절요인의 영향력을 제거한 계절조정자료를 작성

② 실제 매출액과 계절조정 매출액의 비교 차트 작성

- R1셀에 "시간", R2셀에 1, R3셀에 2를 입력, R2:R3구간을 지정하고, 자동 채우기로 R25까지 마우스 왼쪽 단추를 누른 채로 끌기를 수행
- C1:C25구간을 "Ctrl+C"로 복사한 후에, S1셀에 붙여 넣기
- Q1셀을 "Ctrl+C"로 복사하여 T1셀에 붙여 넣기
- T2셀에 "=Q2"를 입력, 그 수식을 자동 채우기로 T3:T25구간에 복사
- R1:T25구간을 지정하고, 도구모음줄에서 차트마법사 도구 "[icon]"를 클릭
- 차트마법사 1 단계-차트 종류 대화상자에서 "차트 종류: 분산형, 차트 하위 종류 : 곡선으로 연결된 분산형"을 지정한 후에 "다음"을 눌러 다음과 같이 실제 매출액과 계절조정 매출액의 비교 차트를 작성

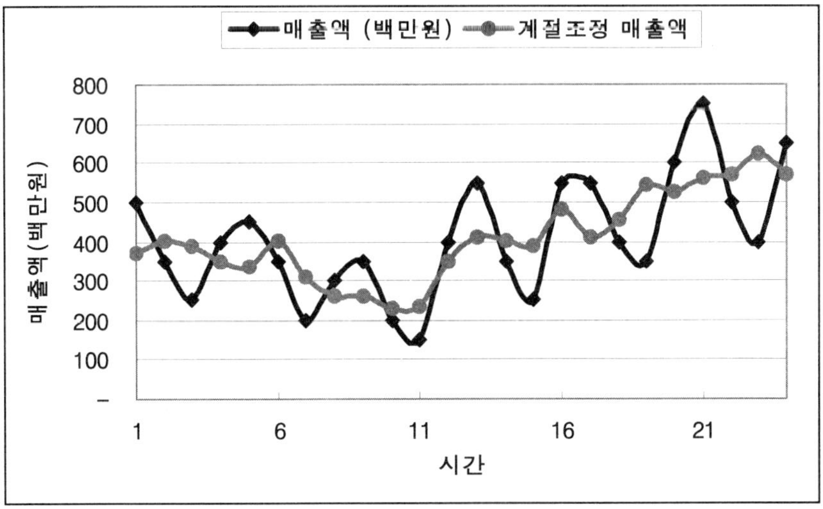

- 실제 매출액에 비해 계절조정 매출액은 분기별 변동이 작은 폭으로 발생

Ⅱ. 예측의 방법과 자기상관

1. 예측의 개념과 방법

시계열 자료를 패턴(제반 요인들에 의해 영향을 받는 어떤 방식으로 결정되는 함수관계)과 오차(확률적 발생요소의 영향에 따른 결과)로 구분하여, 패턴의 결과를 추정하는 과정

자료(data) = 패턴(pattern) + 오차(error)

- 예측방법의 목표 : 시계열의 체계적 구성요소(systematic component)를 예측하고, 확률적 구성요소(random component)를 추정
- 일반적으로 시계열 자료의 체계적 구성요소는 수준 · 추세 · 계절요인을 포함
- 체계적 구성요소의 형식

◦승법적(multiplicative) : 체계적 구성요소 = 수준 × 추세 × 계절요인

◦가법적(additive) : 체계적 구성요소 = 수준 + 추세 + 계절요인

◦혼합적(mixed) : 체계적 구성요소 = (수준 + 추세) × 계절요인

- 예측방법의 종류

① 순수방법(naive method) : 현재값을 미래값의 예측치로 사용하는 방법

② 회귀분석 : 평균값이 (실제값 - 추정값)의 평균자승값을 최소화시키는 추정자라고 가정하여, 평균값을 불편 추정자로 간주하는 예측방법

◦평균값을 예측 도구로 사용하려면 자료를 발생시키는 과정이 일정한 값 주위에서 균형을 달성해야 하며, 평균 주위의 분산은 시간에 대해 일정해야 한다는 자료의 정상성(stationarity)을 요구

③ 평활법(smoothing method) : 과거자료의 값들을 평활(평균에 접근)시켜 자료계열에 존재하는 기초 패턴을 확률성과 구분하는 예측방법

◦시계열이 추세, 계절효과, 순환요인 등을 포함하는 경우에 단순 평균이 더 이상 자료 패턴을 표시하지 않는 문제를 해결하려는 시도

◦근본적인 기초패턴의 개별 구성요소를 규명하지는 않음

④ 분해법(decomposition methods) : 특정 계열의 특성을 규정하는 근본적인 기초패턴에 대해 추세(trend) · 순환(cycle) · 계절(seasonal) 요소라는 3개의 개별 구성요소들을 규명하는 방법

$$\text{자료} = \text{패턴} + \text{오차} = f(\text{추세}, \text{순환}, \text{계절성}) + \text{오차}$$

◦ 분해법은 1920년대에 확립된 추세에 대한 비율(ratio-to-trend)의 개념에 근거

2. 분해법의 적용과정

① 실제 자료에 대해 계절성의 길이와 같은 길이를 갖는 이동평균을 계산

◦ 평균 계산의 목적은 계절성과 확률성을 제거

◦ 계절별로 가장 높은 기간들과 가장 낮은 기간들의 평균을 구하여 계절성 제거

◦ 어떤 체계적 패턴도 갖지 않는 확률오차 특성을 이용하여, 평균값을 구하여 자료의 확률성 제거

② 추세와 순환성(cyclicality)을 획득하도록 원래 자료에서 이동평균을 분리

③ 계절성의 완전한 길이를 구성하는 기간에 대해 계절 요인 S_t를 평균하여 격리

④ 추세의 적절한 형식을 (선형, 지수, S형 곡선인지를) 규명하고, 각 기간에서의 추세값 T_t를 계산

⑤ 이동평균에서 분리시킨 추세와 순환성에서 다시 추세값을 분리하여 순환요인 C_t을 획득

⑥ 원자료에서 계절성 · 추세 · 순환성을 분리시켜, 확률성(randomness) I_t를 격리

3. D-W 통계량과 자기상관

- 더빈-왓슨(Durbin-Watson : D-W) 통계량 d : 표본 상관계수 $\hat{\rho}$를 기초로 하는 오차의 자기상관(autocorrelation) 또는 계열상관(serial correlation) 검정에 많이 사용되는 통계량

$$d = \frac{\sum_{t=2}^{N}(e_t - e_{t-1})^2}{\sum_{t=1}^{N} e_t^2} = \frac{\sum_{t=2}^{N} e_t^2 + \sum_{t=2}^{N} e_{t-1}^2 - 2\sum_{t=2}^{N} e_t e_{t-1}}{\sum_{t=1}^{N} e_t^2} \tag{16.9}$$

- 오차 u_t와 u_{t-1}이 상관관계 ρ를 갖는지의 여부를 검정하기 위해 최소자승 잔차 e_t와 e_{t-1}간의 상관계수 $\hat{\rho}$를 사용

$$\hat{\rho} = r_{e_t e_{t-1}} = \frac{\sum_{t=2}^{N} e_t e_{t-1}}{\sum_{t=1}^{N} e_t^2} \tag{16.10}$$

- 표본크기 N이 큰 경우에 $\sum_{t=2}^{N} e_t^2 \simeq \sum_{t=2}^{N} e_{t-1}^2 \simeq \sum_{t=1}^{N} e_t^2$이어서(근사적으로 일치여서), (16.10)식의 표본 상관계수와 (16.9)식에 따라 $d \simeq 2(1-\hat{\rho})$가 성립
  - ◦ $\hat{\rho} = +1$인 경우에 $d=0$
  - ◦ $\hat{\rho} = -1$인 경우에 $d=4$
  - ◦ $\hat{\rho} = 0$인 경우에 $d=2$
- 설명변수의 값에 따라 e_t의 값이 변화하므로, d의 표본분포는 설명변수의 값에 영향을 받음
- 〈표 16-1〉에서 제시된 5% 유의수준에 따른 d의 상한 d_U와 d의 하한 d_L을 기초로 1계 계열상관에 대해서만 검정을 수행
- 양의 계열상관에 대한 D-W검정 기준
  - ◦ 귀무가설 H_0 : $\rho = 0$와 대립가설 H_1 : $\rho > 0$
  - ◦ $d \le d_L$이면, 자기상관이 없다는 귀무가설을 기각
  - ◦ $d \ge d_U$이면, 자기상관이 없다는 귀무가설을 채택
  - ◦ $d_L < d < d_U$이면, 검정결과는 불확정
- 음의 계열상관에 대한 D-W검정 기준
  - ◦ 귀무가설 H_0 : $\rho = 0$와 대립가설 H_1 : $\rho < 0$
  - ◦ $4-d \le d_L$(또는 $4-d_L \le d$)이면, 자기상관이 없다는 귀무가설을 기각
  - ◦ $4-d \ge d_U$(또는 $4-d_U \ge d$)이면, 자기상관이 없다는 귀무가설을 채택
  - ◦ $d_L < 4-d < d_U$(또는 $4-d_U < d < 4-d_L$)이면, 검정결과는 불확정
- D-W검정의 불확정성은 D-W통계량 d의 소표본 분포가 설명변수에 의해 영향

을 받아, 계산이 곤란하기 때문에 발생

- D-W검정은 시차를 갖는 종속변수를 설명변수로 가진 모형에서는 적용 불가능

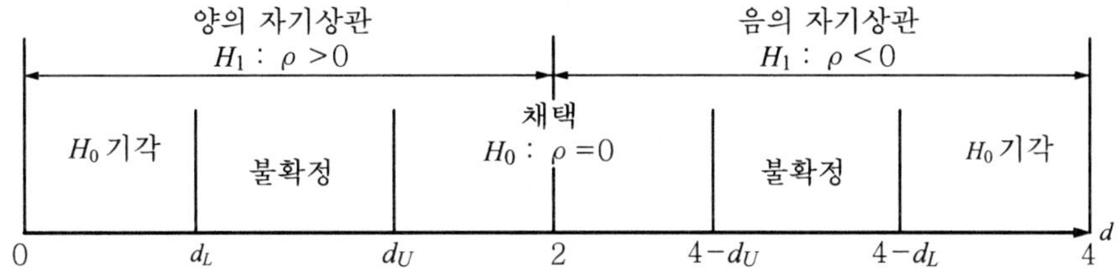

〈그림 16-1〉 D-W검정통계량과 단측검정 기준

4. 패턴추정과 예측 정확성 측정

- 어떤 관계의 패턴을 추정하는 절차는 오차를 최소화하기 위한 방식으로 함수형식을 적합시키는 과정으로 수행
- 적합 우량도(goodness-of-fit) : 예측방법의 정확성 측정치
  - ◦2 근방의 D-W통계량을 갖는 예측모형은 예측오차(= 자료 - 패턴 = 자료값 - 추정치)가 본질적으로 확률적으로 발생하는 것을 양호하게 반영
  - ◦2보다 작은 D-W통계량이 갖는 예측모형의 경우, 오차집합에서 양의 자기상관이 존재하고, 2보다 크다면 오차집합에서 음의 자기상관으로 인하여 오차가 (+와 -의 부호가 교대로 발생하는) 톱니형 변동으로 발생

예제 16-5) 예제 16-1의 자료를 이용하여 D-W통계량과 잔차의 표본 상관계수를 구하고, 오차의 1계 계열상관(자기상관) 여부에 대한 가설검정을 다음과 같이 수행할 수 있다.

	E	F	G	H	I	J	K	L	M
22	잔차 출력								
23									
24	관측수	예측치 매출액 (10억원)	잔차 e	잔차 e(-1)	DW 통계량				
25	1	0.23182	-0.032		1.58818246	=I27/I31			
26	2	0.42	-0.02	-0.03	Σ(e-e(-1))^2				
27	3	0.60818	-0.108	-0.02	0.61376033	=SUMXMY2(G26:G35,H26:H35)			
28	4	0.79636	0.1036	-0.11	Σe*e(-1)				
29	5	0.98455	0.1155	0.104	0.06170248	=SUMPRODUCT(G26:G35,H26:H35)			
30	6	1.17273	0.3273	0.115	Σe^2				
31	7	1.36091	-0.061	0.327	0.38645455	=SUMSQ(G25:G35)			
32	8	1.54909	-0.449	-0.06	hat ρ				
33	9	1.73727	-0.037	-0.45	0.15966297	=I29/I31			
34	10	1.92545	-0.025	-0.04					
35	11	2.11364	0.1864	-0.03					

① 잔차의 1기 시차값 계산

- "예제16-1" 시트의 H26셀에 "=G25"를 입력, 그 수식을 자동 채우기로 H27:H35구간에 복사하여 잔차의 1기 시차값을 계산

② D-W검정통계량의 계산과 5% 유의수준에서의 단측검정 수행

- I27셀에 "=SUMXMY2(G26:G35,H26:H35)"를 입력, (16.9)식의 분자를 계산
- I31셀에 "=SUMSQ(G25:G35)"를 입력, (16.9)식과 (16.10)식의 분모를 계산
- I25셀에 "=I27/I31"을 입력, (16.9)식에 따른 D-W통계량 $d=1.588$을 계산
- 표 16-1에서 표본크기 11, 상수를 제외한 설명변수의 수 $k=1$의 경우에 $d_L = 0.927$과 $d_U = 1.324$이므로, $d_U < d$이어서 5% 유의수준에서 오차의 자기상관이 없다는 귀무가설을 기각하지 못하고 채택

③ 잔차의 표본 상관계수 계산

- I29셀에 "=SUMPRODUCT(G26:G35,H26:H35)"를 입력, (16.10)식의 분자를 계산
- I33셀에 "=I29/I31"를 입력, 잔차의 표본 상관계수 $\hat{\rho}=0.160$을 계산

〈표 16-1〉 5% 유의수준에서의 D-W통계량 임계값

	A	B	C	D	E	F	G	H	I	J	K	L	M
1	D-W검정 : 5% 유의수준의 단측검정에서 dU와 dL의 값(k=상수항을 제외한 설명변수의 수, n = 관찰치의 수)												
2	n	k=1		k=2		k=3		k=4		k=5		k=6	
3		dL	dU	dL	dU	dL	dU	dL	dU	dL	dU	dL	dU
4	6	0.610	1.400										
5	7	0.700	1.356	0.467	1.896								
6	8	0.763	1.332	0.559	1.777	0.368	2.287						
7	9	0.824	1.320	0.629	1.699	0.455	2.128	0.296	2.588				
8	10	0.879	1.320	0.697	1.641	0.525	2.016	0.376	2.414	0.243	2.822		
9	11	0.927	1.324	0.758	1.604	0.595	1.928	0.444	2.283	0.316	2.645	0.203	3.005
10	12	0.971	1.331	0.812	1.579	0.658	1.864	0.512	2.177	0.379	2.506	0.268	2.832
11	13	1.010	1.340	0.861	1.562	0.715	1.816	0.574	2.094	0.445	2.390	0.328	2.692
12	14	1.045	1.350	0.905	1.551	0.767	1.779	0.632	2.030	0.505	2.296	0.389	2.572
13	15	1.077	1.361	0.946	1.543	0.814	1.750	0.685	1.977	0.562	2.220	0.447	2.472
14	16	1.106	1.371	0.982	1.539	0.857	1.728	0.734	1.935	0.615	2.157	0.502	2.388
15	17	1.133	1.381	1.015	1.536	0.897	1.710	0.779	1.900	0.664	2.104	0.554	2.318
16	18	1.158	1.391	1.046	1.535	0.933	1.696	1.820	1.872	0.710	2.060	0.603	2.257
17	19	1.180	1.401	1.074	1.536	0.967	1.685	0.859	1.848	0.752	2.023	0.649	2.206
18	20	1.201	1.411	1.100	1.537	0.998	1.676	0.894	1.828	0.792	1.991	0.692	2.162
19	21	1.221	1.420	1.125	1.538	1.026	1.669	0.927	1.812	0.829	1.964	0.732	2.124
20	22	1.239	1.429	1.147	1.541	1.053	1.664	0.958	1.797	0.863	1.940	0.769	2.090
21	23	1.257	1.437	1.168	1.543	1.078	1.660	0.986	1.785	0.895	1.920	0.804	2.061
22	24	1.273	1.446	1.188	1.546	1.101	1.656	1.013	1.775	0.925	1.902	0.837	2.035
23	25	1.288	1.454	1.206	1.550	1.123	1.654	1.038	1.767	0.953	1.886	0.868	2.012
24	26	1.302	1.461	1.224	1.553	1.143	1.652	1.062	1.759	0.979	1.873	0.897	1.992
25	27	1.316	1.469	1.240	1.556	1.162	1.651	1.084	1.753	1.004	1.861	0.925	1.974
26	28	1.328	1.476	1.255	1.560	1.181	1.650	1.104	1.747	1.028	1.850	0.951	1.958
27	29	1.341	1.483	1.270	1.563	1.198	1.650	1.124	1.743	1.050	1.841	0.975	1.944
28	30	1.352	1.489	1.284	1.567	1.214	1.650	1.143	1.739	1.071	1.833	0.998	1.931
29	35	1.402	1.519	1.343	1.584	1.283	1.653	1.222	1.726	1.160	1.803	1.097	1.884
30	40	1.442	1.544	1.391	1.600	1.338	1.659	1.285	1.721	1.230	1.786	1.175	1.854
31	50	1.503	1.585	1.462	1.628	1.421	1.674	1.378	1.721	1.335	1.771	1.291	1.822
32	75	1.598	1.652	1.571	1.680	1.543	1.709	1.515	1.739	1.487	1.770	1.458	1.801
33	100	1.654	1.694	1.634	1.715	1.613	1.736	1.592	1.758	1.571	1.780	1.550	1.803
34	150	1.720	1.746	1.706	1.760	1.693	1.774	1.679	1.700	1.665	1.002	1.651	1.817
35	200	1.758	1.778	1.748	1.789	1.738	1.799	1.728	1.810	1.718	1.820	1.707	1.831

Ⅲ. 분해법을 이용한 예측

1. 분해법을 이용한 예측원리

- 장기예측은 연도별 자료에 대해 (16.2)식의 추세선을 사용하는 방식으로 수행
- 시계열의 순환변동요인에 대한 장기 예측은 경기지표 등의 수단을 통해 가능
- 단기예측은 계절요인으로 조정한 추정된 추세값(projected trend value)을 이용
- 연도별 자료를 기초로 하는 추세방정식을 월별 또는 사분기별 자료를 기초로 하는 단기예측에 사용하기 위한 전환된 추세방정식

(16.11.1) $Y_T = \frac{b_0}{12} + \left(\frac{b_1}{12}\right)\left(\frac{X}{12}\right) = \frac{b_0}{12} + \frac{b_1}{144}X$: 월별 자료의 경우

(16.11.2) $$Y_T = \frac{b_0}{4} + \left(\frac{b_1}{4}\right)\left(\frac{X}{4}\right) = \frac{b_0}{4} + \frac{b_1}{16}X$$: 사분기별 자료의 경우

2. 월별 자료 전환 추세방정식

- 월별 자료를 사용하는 (16.11.1)식의 경우 연간 자료에서 0의 값으로 시작한 연도에서 7월 1일인 중간시점을 기준시점으로 설정하고, 그 시점의 X값을 0으로 부여
- 기준연도 최초 달의 중간 일자인 1월 15일을 기준시점으로 설정한다면, 기준시점이 1년의 약 0.457534(=167/365)배인 167일만큼 앞당겨지는 형식으로 축소

◦ 0.457534에 12를 곱하면, 5.490411이므로, (16.11.1)식의 절편 $b_0/12$는 변경된 기울기에 5.5를 곱한 크기만큼 축소

◦ 추정된 월별 값을 획득하고, 기준 연도의 1월 15일에 대해 $X=0$을 갖도록 변경된 추세방정식은 다음의 형식으로 발생

(16.12.1) $$Y_T = \frac{b_0}{12} - (5.5)\left(\frac{b_1}{144}\right) + \frac{b_1}{144}X$$

3. 사분기별 자료 전환 추세방정식

- 사분기별 자료를 사용하는 (16.11.2)식의 경우 연간 자료에서 0의 값으로 시작한 연도에서 7월 1일인 중간시점을 기준시점으로 설정, 그 시점의 X값을 0으로 부여
- 기준연도 최초 사분기의 중간 일자인 2월 15일을 기준시점으로 설정한다면, 기준시점이 1년의 약 0.372603(=136/365)배인 136일만큼 앞당겨지는 형식으로 축소

◦ 0.372603에 4를 곱하면, 1.490411이므로, (16.11.2)식의 절편 $b_0/4$는 변경된 기울기에 1.5를 곱한 크기만큼 축소

◦ 추정된 사분기별 값을 획득하고, 기준 연도의 2월 15일에 대해 $X=0$을 갖도록 변경된 추세방정식은 다음의 형식으로 발생

(16.12.2) $$Y_T = \frac{b_0}{4} - (1.5)\left(\frac{b_1}{16}\right) + \frac{b_1}{16}X$$

예제 16-6) 예제 16-1의 연도별 자료(10억원) 대신에 사분기별 자료(백만원)를 이용할 수 있도록 사분기별 전환 추세방정식을 설정하고, 계절지수를 함께 사용하여 2005년의 각 사분기에 대한 매출액을 예측할 수 있다.

	A	B	C	D	E	F	G	H	I	J	K
1	연도	업력 연수	매출액 (10억원)	매출액 (추세)	요약 출력						
2	1994	0	0.2	0.23							
3	1995	1	0.4	0.42	회귀분석 통계량						
4	1996	2	0.5	0.61	다중 상관계수	0.95381					
5	1997	3	0.9	0.80	결정계수	0.90975					
6	1998	4	1.1	0.98	조정된 결정계수	0.89972					
7	1999	5	1.5	1.17	표준 오차	0.20722					
8	2000	6	1.3	1.36	관측수	11					
9	2001	7	1.1	1.55							
10	2002	8	1.7	1.74	분산 분석						
11	2003	9	1.9	1.93		자유도	제곱합	제곱 평균	F 비	유의한 F	
12	2004	10	2.3	2.11	회귀	1	3.8954	3.8954	90.72	5E-06	
13	연도	시기	계절지수	매출액 (추정)	잔차	9	0.3865	0.0429			
14	2005	44	134.1	748.2	계	10	4.2818				
15		45	87.5	498.3							
16		46	64.3	373.7		계수	표준 오차	t 통계량	P-값	하위 95%	상위 95%
17		47	114.1	676.7	Y 절편	0.232	0.117	1.983	0.079	-0.033	0.49623
18					업력연수	0.188	0.020	9.525	0.000	0.1435	0.23288
19					사분기별 추세방정식						
20					Y 설편	40.312	=((F17/4)-1.5*(F18/16))*1000				
21					업력 사분기수	11.761	=(F18/16)*1000				

① 사분기별 전환 추세방정식의 작성

- "예제16-1"의 시트 F20셀에 "=((F17/4)-1.5*(F18/16))*1000"을 입력, (16.12.2)식에 따른 절편을 계산
- F21셀에 "=(F18/16)*1000"을 입력, (16.12.2)식에 따른 기울기 계수의 계산
- F20셀과 F21셀을 이용하여 사분기별 자료 전환 추세방정식을 다음과 같이 표현

$$Y_{TQ} = 40.312 + 11.761X$$

② 시기 X의 값 계산과 계절지수 입력

- B14셀에 44를 입력

◦1994년 1 사분기에 대해 $X = 0$, 동년 2 사분기에 대해 $X = 1$의 값을 설정했기 때문에, 11년 후(2005년) 1 사분기에 대한 X의 값은 44

- B15셀에 "=B14+1"을 입력, 그 수식을 자동 채우기로 B16:B17구간에 복사
- C14셀에 "='예제16-3N4'!P8"을 입력, 그 수식을 자동 채우기로 C15:C17구간에 복사

③ 추세방정식과 계절지수를 사용한 사분기별 매출액 예측

- D14셀에 "=($F$20+$F$21*B14)*(C14/100)"를 입력, 그 수식을 자동 채우기로 D15:D17구간에 복사하여 "추세요소×계절요소"를 이용한 백만원 단위의 각 사분기별 예측치 계산

Ⅳ. 평활법을 이용한 예측

1. 지수평활

과거 시계열 자료의 구성요소 분석 대신에, 현재에서 보다 먼 과거시점일수록 기하급수적으로(exponentially) 감소한 가중치를 부여하여 계산한 가중이동평균을 사용하는 예측방법

- 지수평활(exponential smoothing)은 여러 형태의 모형들을 이용하여 수행되지만, 주로 단일지수평활(single exponential smoothing)을 많이 사용

2. 이동평균 가중치의 설정과 평활 예측방법

- 예측치의 결정을 위해 평활상수(smoothing constant) α를 사용
  - ◦현재 시계열 값에는 α의 가중치, $0 \le \alpha \le 1$
  - ◦그 직전인 -1기의 시계열 값에는 $\alpha(1-\alpha)$의 가중치
  - ◦그 보다 이전인 -2기의 시계열 값에는 $\alpha(1-\alpha)^2$의 가중치
  - ◦현재보다 k기 이전이어서 $-k$기의 시계열 값에는 $\alpha(1-\alpha)^k$의 가중치를 부여

(16.13)

$$\hat{Y}_{t+1} = \alpha Y_t + \alpha(1-\alpha) Y_{t-1} + \alpha(1-\alpha)^2 Y_{t-2} \cdot \cdot + \alpha(1-\alpha)^k Y_{t-k}$$

$\hat{Y}_{t+1}$: 다음 기인 $t+1$기의 Y 예측치

Y_t : 현재인 t기의 Y 관찰치, Y_{t-1} : 1기 직전인 $t-1$기의 Y 관찰치

Y_{t-k} : k기 직전인 $t-k$기의 Y 관찰치

(16.14) $$\hat{Y}_{t+1} = \hat{Y}_t + \alpha(Y_t - \hat{Y}_t)$$

차기 예측치 = 현재기간의 예측치 + 평활상수×현재기간 예측오차

- Excel의 지수평활법(도구→데이터 분석)을 사용하는 경우에는 평활상수 α 대신에 감쇠인수 $1-\alpha$를 사용

예제 16-7) 예제 16-1의 연도별 자료(10억원)에서 1998년의 11억원을 1999년의 근원 예측치(seed forecast)로 사용하여, 단일지수평활을 통해 1999년부터 2005년까지에 대한 연도별 예측치를 평활상수 α가 0.2인 경우와 0.8인 경우에 대해 각각 구할 수 있다.

	A	B	C	D	E	F
1	연도	매출액	α=0.2		α=0.8	
2	(t)	Y	예측치	예측오차	예측치	예측오차
3	1999	1.5	1.10	0.40	1.10	0.40
4	2000	1.3	1.18	0.12	1.42	-0.12
5	2001	1.1	1.20	-0.10	1.32	-0.22
6	2002	1.7	1.18	0.52	1.14	0.56
7	2003	1.9	1.29	0.61	1.59	0.31
8	2004	2.3	1.41	0.89	1.84	0.46
9	2005		1.59		2.21	

① 자료입력

- A1:B9구간에 연도별 매출액 자료를 입력

② 평활상수 α가 0.2인 경우의 예측치 계산

- C3셀에 근원 예측치인 "1.1"을 입력
- D3셀에 "=$B3-C3"를 입력, 그 수식을 자동 채우기로 D4:D8구간에 복사하여 예측오차를 계산
- (16.14)식에 따라 C4셀에 "=C3+0.2*($B3-C3)"을 입력, 그 수식을 자동 채우기로 C5:C9구간에 복사하여 2000~2005년 동안에 대한 연도별 예측치를 계산

③ 평활상수 α가 0.8인 경우의 예측치 계산

- C3:D9구간을 지정하고 "Ctrl+C"로 그 구간의 수식을 복사
- E3셀에 마우스 커서를 두고, "Enter"를 눌러 복사된 수식을 E3:F9구간에 붙이기

- E4셀의 수식을 "=E3+0.8*($B3-E3)"으로 전환, 그 수식을 자동 채우기로 E5:E9구간에 복사하여 2000~2005년 동안에 대한 (16.14)식에 따른 연도별 예측치를 계산

예제 16-7.1) 예제 16-1의 연도별 자료(10억원)를 기초로 Excel의 지수평활법 이용하여 1999년부터 2004년까지에 대한 연도별 예측치를 감쇠인수가 0.8(평활상수 α가 0.2)인 경우에 대해, ① 1998년의 11억원을 1999년의 근원 예측치(seed forecast)로 사용하는 때와 ② 1994년의 2억원을 1995년의 근원 예측치로 사용하는 때에 대해 각 연도의 예측치를 다음과 같이 구할 수 있다.

	A	B	C	D	E	F
11	지수평활법(도구 : 통계 데이터 분석) 이용					
12	연도	매출액	1-α=0.8, α=0.2			
13	(t)	Y	예측치	예측치		
14	1994	0.2		#N/A		
15	1995	0.4		0.2		
16	1996	0.5		0.24		
17	1997	0.9		0.292		
18	1998	1.1	#N/A	0.4136		
19	1999	1.5	1.1	0.55088		
20	2000	1.3	1.18	0.7407		
21	2001	1.1	1.204	0.85256		
22	2002	1.7	1.1832	0.90205		
23	2003	1.9	1.28656	1.06164		
24	2004	2.3	1.40925	1.22931		

① 1999년의 근원 예측치를 1998년 매출액으로 사용한 경우

- 메뉴표시줄의 "도구→데이터 분석"을 지정, 생성된 통계 데이터 분석 대화상자에서 지수 평활법을 지정
- 생성된 지수평활법 대화상자에서 "입력범위 : B18:B24, 감쇠인수 : 0.8, 출력범위 : C18"을 지정 후 "확인"을 클릭

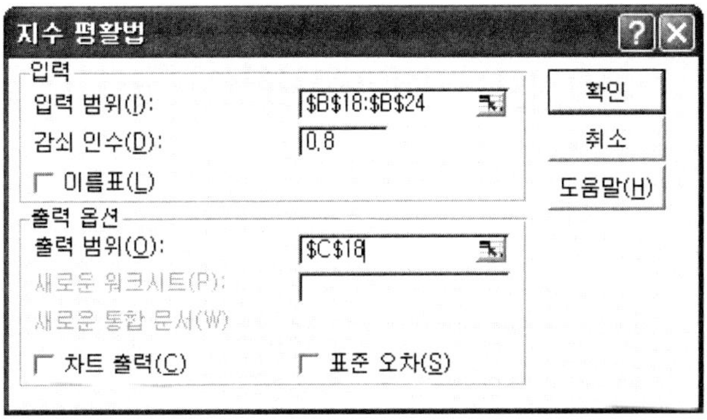

- C19:C24구간에서 예제 16-7의 C3:C8구간의 값과 동일한 예측치를 1999년부터 2004년에 대해 획득

② 1995년의 근원 예측치를 1994년 매출액으로 사용한 경우

- 메뉴표시줄의 "도구→데이터 분석"을 지정, 생성된 통계 데이터 분석 대화상자에서 지수 평활법을 지정, 생성된 지수평활법 대화상자에서 "입력범위 : B14:B24, 감쇠인수 : 0.8, 출력범위 : D14"를 지정 후 "확인"을 클릭

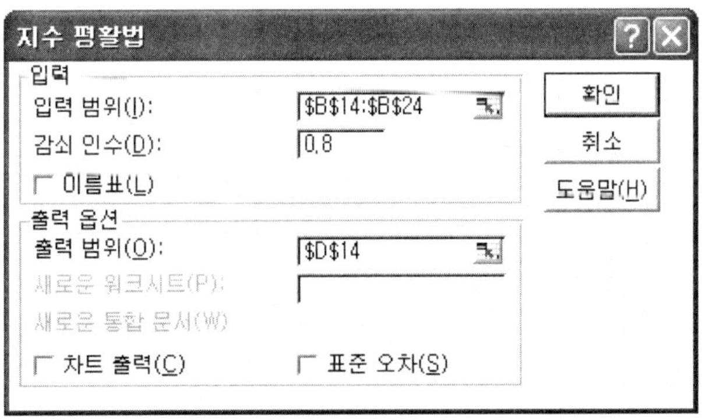

- D15:D24구간에 1995년부터 2004년 동안에 대한 매출액 예측치 획득

제 2 절 시차분포모형과 자기회귀모형

I. 시차분포모형과 시계열의 정상성

1. 시차분포모형의 개념과 특성

- 시차분포모형(distributed lag model)은 발생한 어떤 현상(또는 정책)과 그 반응 효과를 시간에 따라 설명하는 동태적 모형(dynamic model)
- 어떤 시점에 수행된 정책변수(policy variable) X_t가 결과들 Y_t, Y_{t+1}, ... 등에 영향을 주고, 그 정책변수의 영향력 지속기간이 q기간인 경우의 분포시차모형

(16.15) $$Y_t = \alpha + \beta_0 X_t + \beta_1 X_{t-1} + \beta_2 X_{t-2} + \cdot\cdot\cdot + \beta_q X_{t-q} + u_t$$

∘ q가 유한하다면, 유한분포시차모형(finite distributed lag model)

∘ q가 무한히 크다면, 무한분포시차모형(infinite distributed lag model)

- 충격승수(impact multiplier)인 모수 $\beta_i(i = 0, .., q)$는 i기간 이전의 과거에 발생한 정책변수 변화의 종속변수 Y_t에 대한 영향력을 반영하는 분포시차가중치(distributed lag weight)

(16.15.1) $$\beta_i = \frac{\partial E(Y_t)}{\partial X_{t-i}}$$

- 장기균형상황인 균제상태(steady state)에서는 종속변수와 설명변수들이 모두 일정한 값으로 지속되므로, 다음 식이 성립

(16.15.2) $$\begin{aligned} Y^* &= \alpha + \beta_0 X^* + \beta_1 X^* + \cdot\cdot\cdot + \beta_q X^* + u_t \\ &= \alpha + (\beta_0 + \beta_1 + \cdot\cdot\cdot + \beta_q) X^* + u_t \end{aligned}$$

∘ $(\beta_0 + \beta_1 + \cdot\cdot\cdot + \beta_q)$는 시간에 따른 누적효과를 주는 장기(long-run)승수

- (16.15)식은 오차항 u_t가 12장 2절에서 규정된 가정을 충족하는 경우에는 OLS로 추정이 가능하지만, 다음과 같은 경우에는 오류를 초래

① 종속변수 Y_t가 X_t, X_{t-1}, ..., X_{t-q}뿐만 아니라 종속변수의 시차들에도 의존하는 경우

② 변수들이 비정상적(nonstationary)인 경우

- (16.15)식의 분포시차모형은 다중공선성으로 인해 추정치 획득이 곤란한 경우가 빈번히 발생

◦ 이자율 등의 변수는 현재 수준과 과거수준이 아주 같거나 균등한 경우가 많기 때문에, 그러한 시계열을 시차분포모형으로 추정한다면 완전 다중공선성 문제로 인하여 추정이 불가능한 결과를 초래

- 다항분포시차 또는 Almon시차[polynomial distributed lag(or Almon lag)]는 다음과 같은 추가제약으로 다중공선성 문제를 해결하기 위해 고안된 분포시차모형

(16.15.3) $$\beta_i = \gamma_0 + \gamma_1 i + \gamma_2 i^2$$

◦ 분포시차계수 β_i는 시차길이의 주로 2차 함수(quadratic function)로 제약

◦ Almon시차에서는 3개의 미지수 γ_0, γ_1, γ_2를 추정

예제 16-8) 정책변수의 영향력 지속기간 q가 3인 경우에 다중공선성 문제의 회피를 위한 다항분포시차모형을 다음과 같이 도출하고, 그 특성을 고찰할 수 있다.

① $q=3$에 대한 분포시차모형의 설정

$$Y_t = \alpha + \beta_0 X_t + \beta_1 X_{t-1} + \beta_2 X_{t-2} + \beta_3 X_{t-3} + u_t$$

$$\beta_0 = \gamma_0, \qquad \beta_1 = \gamma_0 + \gamma_1 + \gamma_2$$

$$\beta_2 = \gamma_0 + 2\gamma_1 + 4\gamma_2, \qquad \beta_2 = \gamma_0 + 3\gamma_1 + 9\gamma_2$$

② 분포시차계수 β_i의 제약식 대입을 통한 Almon시차모형의 도출

- (16.15.3)식에 따라 2차 방정식을 위의 분포시차모형에 사용하여 다항분포(알

몬)시차모형을 다음과 같이 도출

$$Y_t = \alpha + \gamma_0 V_t + \gamma_1 W_t + \gamma_2 Z_t + e_t$$

$$V_t = X_t + X_{t-1} + X_{t-2} + X_{t-3}, \quad W_t = X_{t-1} + 2X_{t-2} + 3X_{t-3}$$

$$Z = X_{t-1} + 4X_{t-2} + 9X_{t-3}$$

③ γ_0, γ_1, γ_2의 OLS추정치를 V, W, Z에 대해 Y를 회귀시켜 도출

- 다항분포시차모형은 추정할 계수가 시차분포모형보다 더 적게 갖는 강점을 보유
  - ◦ 2차 함수의 경우에 γ_0, γ_1, γ_2의 3가지 계수만을 추정
  - ◦ 시차분포모형은 $4(=q+1)$개의 계수를 추정
- V, W, Z 는 고도로 상관되지 않아, 다항분포시차모형은 보통 다중공선성으로 인한 문제를 갖지 않음

2. 변수의 정차와 정상성조건

- 정차설정(differencing)의 방법
  - ◦ Y_t의 1계 정차 $\equiv \triangle Y_t = Y_t - Y_{t-1}$
  - ◦ Y_t의 1계 정차 ΔY_t는 시간에 따른 Y의 변화 또는 증가를 측정
  - ◦ 원래 시계열에 자연대수를 취한다면, ΔY_t는 $t-1$기와 t기 사이에 발생한 Y의 변화비율을 측정
- 시차 연산자(lag operator) L을 사용하는 경우
  - ◦ Y_t의 1계 정차 $\equiv \triangle Y_t = Y_t - Y_{t-1} = Y_t - LY_t = (1-L)Y_t$
- 시계열변수 Y_t의 정상성조건(stationarity condition)

(16.16.1) $E(Y_t) =$ 상수 for all t

(16.16.2) $Var(Y_t) =$ 상수 for all t

(16.16.3) $Cov(Y_t, Y_{t+k}) =$ 상수 for all t and $k \neq t$

3. 백색잡음과 랜덤워크과정

- 단일변량시계열방식(univariate time series methods) : 한 변수의 현재 값과 과

거 값들을 이용하여 변수의 비정상성 여부를 검정하는 방식

가. 백색잡음

- 시계열 자료는 그 자체의 확률분포를 갖고 발생한 값들로 구성되는 확률과정 (stochastic process)
- 가장 단순한 형태의 확률과정은 Y_t가 0의 평균과 일정한 상수의 분산을 갖고 모두 동일하고 독립적으로 분포되는(all identically and independently distributed : iid) 백색잡음(white noise)의 경우

(16.17) $Y_t = u_t$ 여기서 $u_t \sim IID(0, \sigma^2)$

- 백색잡음과정은 일정한 평균 및 분산과 0의 공분산을 갖기 때문에, (16.16)식들의 정상성조건을 충족시키는 정상적 시계열

나. 랜덤워크과정

- 랜덤워크과정(random walk process)을 갖는 Y_t는 다음 모형으로 표현

(16.17) $Y_t = Y_{t-1} + u_t$

◦ u_t는 백색잡음

◦ (16.17)식에 예상연산자(expectation operators)를 취하면, $E(u_t) = 0$이어서 $E(Y_t) = E(Y_{t-1})$이 성립 → 랜덤워크과정의 평균이 일정하다는 것을 의미

- (16.17)식의 랜덤워크과정을 갖는 Y_t의 초기값 Y_0를 규정하면, 다음이 성립

(16.17.1) $Y_t = Y_0 + \sum_{i=1}^{t} u_i$

◦ $Y_1 = Y_0 + u_1$

$Y_2 = Y_1 + u_2 = Y_0 + u_1 + u_2$

- (16.17.1)식에서 Y_0는 주어진 상수이고 u_t는 일정한 분산 σ^2을 갖는 독립적인 분포를 갖기 때문에, $Var(Y_t) = Var(Y_0 + u_1 \ldots + u_t)$에서 $Var(Y_t) = t\sigma^2$

이 성립

◦ $Var(Y_t) = t\sigma^2$는 상수가 아니라, t에 따라 증가 → Y_t는 비정상적 시계열

- 랜덤워크과정 Y_t의 1계 정차(first difference)는 다음과 같이 정상적

$$(16.18) \qquad \triangle Y_t = Y_t - Y_{t-1} = u_t$$

◦ u_t는 백색잡음 → $\triangle Y_t$는 정상적 시계열

◦ 비정상적인 어떤 시계열에 1계 정차를 취하면 정상적 시계열로 전환 가능

다. 편류를 갖는 랜덤워크과정

- 편류를 갖는 랜덤워크(random walk with drift) : 랜덤워크과정인 (16.17)식에 어떤 상수 α가 추가된 과정

$$(16.19) \qquad Y_t = \alpha + Y_{t-1} + u_t$$

◦ (16.19)식 역시 비정상적 시계열이며, 그 1계 정차는 0이 아닌 α의 부호에 따라 상향 또는 하향 편류로 발생

$$(16.19.1) \qquad \triangle Y_t = \alpha + u_t$$

Ⅱ. 자기회귀모형과 단위근

1. 자기회귀모형

- 구면교란(spherical disturbances) : 일정한 분산들을 갖고, 공분산이 항상 0인 특성을 갖는 교란인 오차 u_t
- 비구면교란(non-spherical disturbances) : 분산이 일정하지 않아 이분산을 갖고, 공분산은 0이 아닌 특성을 갖는 교란인 오차 u_t
- 1계 자기회귀(autoregressive : AR)과정과 정상성 여부

$$(16.20) \qquad Y_t = \phi Y_{t-1} + u_t = \phi L Y_t + u_t$$

(16.20.1) $(1-\phi L)Y_t = u_t$

(16.20.2) $1-\phi L = 0$

◦ $(1-\phi L)E(Y_t) = E(u_t) = 0$

◦ (16.20.2)식에서 하나의 해 $L = 1/\phi$를 갖기 때문에, (16.20)식이 정상적이 되기 위해서는 $-1<\phi<1$ 의 조건이 필요하므로 근 $L = 1/\phi$의 절대값은 1보다 커야 한다는 정상성조건을 도출 가능

◦ $-1<\phi<1$ 이라면, (16.20)식의 확률과정은 정상적

◦ $\phi>1$ 또는 $\phi<-1$ 이라면, (16.20)식의 확률과정은 비정상적

- 일반적인 k계 AR과정(kth-order AR process)

(16.21) $$Y_t = \phi_1 Y_{t-1} + \phi_2 Y_{t-2} + \ldots + \phi_{k-1} Y_{t-k-1} + \phi_k Y_{t-k} + u_t$$
$$= \phi_1 L Y_t + \phi_2 L^2 Y_t + \ldots + \phi_k L^k Y_t + u_t$$
$$= (\phi_1 L + \phi_2 L^2 + \ldots + \phi_k L^k) Y_t + u_t$$

(16.21.1) $(1-\phi_1 L - \phi_2 L^2 - \ldots - \phi_k L^k) Y_t = u_t$

- (16.21.1)식에 예상연산자를 취하여, 정리하면

(16.21.2) $1-\phi_1 L - \phi_2 L^2 - \ldots - \phi_h L^k = 0$

◦ $(1-\phi_1 L - \phi_2 L^2 - \ldots - \phi_k L^k)E(Y_t) = E(u_t) = 0$

◦ ϕ들은 주어진 모수들이기 때문에, (16.21.1)식은 L의 방정식이며 L의 근들이 모두 절대값으로 1보다 큰 경우에만 각 ϕ_i가 절대값으로 1보다 작아 (16.21)식이 정상적으로 발생

예제 16-9) 숫자를 이용하여 다음과 같이 3계 자기회귀과정의 정상성여부를 규명할 수 있다.

(16A.1) $Y_t = 2 + 3.9 Y_{t-1} + 0.6 Y_{t-2} - 0.8 Y_{t-3} + e_t$

이러한 경우에 다항식은 다음과 같다.

(16A.2) $1-3.9L-0.6L^2+0.8L^3=(1-0.4L)(1+0.5L)(1-4L)=0$

◦ L의 근 2.5, -2, 0.25 중에서 0.25는 절대값으로 1보다 작기 때문에, (16A.1)식은 반드시 비정상적이다.

2. 자기상관함수

- 자기상관(autocorrelations) : 어떤 변수와 그 자체의 시차값을 포함하는 상관
  ◦ Y_t와 그 시차값 Y_{t-i}간의 상관을 Y의 자기상관이라 하고, ρ_i로 표시
- 자기상관함수(autocorrelation function) : 시계열 특성 이해를 위한 수단이며, 코렐로그램(corrrelogram)이라고도 부름
  ◦ 코렐로그램은 $k=0,1,2,\ldots,t-1$에 대한 r_k의 그래프이며, 어떤 변수가 그 시차값들에 대해 어떻게 관련되어 있는가를 결정하는데 도움을 제공
- 모집단 평균, 분산, 자기상관계수를 모르는 경우에 표본 평균 $\overline{Y}$과 표본 분산 s^2을 계산하고, 시차 k의 표본자기상관(sample autocorrelation) r_k를 계산

(16.22) $$r_k=\frac{\sum_{t=k+1}^{n}(Y_t-\overline{Y})(Y_{t-k}-\overline{Y})}{\sum_{t=1}^{n}(Y_t-\overline{Y})^2}=\frac{Cov(Y_t,\ Y_{t-k})}{Var(Y_t)}=\frac{\gamma_k}{\gamma_0}$$

◦ $\gamma_k=Cov(Y_t,\ Y_{t-k})$는 자기공분산함수(autocovariance function, acvf)

◦ $Var(Y_t)=Var(Y_{t+k})=\sigma^2=\gamma_0$

◦ 모든 $k\neq 0$에 대해 $\rho_k=0$여서 상관되지 않은 관찰치들의 경우, 표본자기상관 r_k의 분산 $V(r_k)$는 거의 $1/n$으로 주어짐

◦ 일반적으로 $k>q$에 대해 $\rho_k=0$인 경우에 나타나는 r_k의 분산 $V(r_k)$

(16.23) $$V(r_k)=\frac{1+2\rho_1+2\rho_2^2+\cdot\cdot\cdot+\rho_q^2}{n}$$

- 자기상관함수의 특성
  ◦ $\rho(k)=\rho(-k)$: 우함수(偶函數, even function)

◦ 하나의 자기상관함수에 대해서는 하나의 정규확률과정이 존재

◦ 여러 비정규확률과정들이 동일한 자기상관함수를 경우도 가능

◦ (16.20)식과 같은 AR(1)과정의 경우 $\rho_k = \phi\rho_{k-1} = \phi^k$

[Excel을 이용한 자기상관함수 작성 절차]

① 원자료의 시차값들을 계산

② 원자료를 이용하여 1계 정차를 구하고, 1계 정차의 시차값들을 계산

③ "도구 → 데이터 분석 → 상관분석"을 통해 원자료와 1계 정차에 대한 자기상관함수들을 계산

④ 각 시차에 대한 원자료의 자기상관함수들과 1계 정차의 자기상관함수들을 표시

⑤ 각 시차에 대한 원자료의 자기상관함수들과 1계 정차의 자기상관함수들의 차트(코렐로그램)를 작성

예제 16-10) 1980년 1/4분기부터 2005년 3/4분기의 기간에 대한 USD(미국 달러)의 KRW(한국 원) 표시 환율의 사분기별 자료를 이용하여, 원자료 및 1계 정차에 대한 자기상관계수를 다음과 같이 계산할 수 있다.

	A	B	C	D	E	F	G	H	I	J	K	L	M	N
1		대미달러환율 R	R(-1)	R(-2)	R(-3)	R(-4)	R(-5)	R(-6)	R(-7)	R(-8)	R(-9)	R(-10)	R(-11)	R(-12)
2	1980 1/4	582.3												
3	1980 2/4	596.6	582.3											
4	1980 3/4	618.0	596.6	582.3										
5	1980 4/4	656.8	618.0	596.6	582.3									
6	1981 1/4	669.7	656.8	618.0	596.6	582.3								
7	1981 2/4	682.6	669.7	656.8	618.0	596.6	582.3							
8	1981 3/4	686.0	682.6	669.7	656.8	618.0	596.6	582.3						
9	1981 4/4	692.5	686.0	682.6	669.7	656.8	618.0	596.6	582.3					
10	1982 1/4	712.9	692.5	686.0	682.6	669.7	656.8	618.0	596.6	582.3				
11	1982 2/4	731.7	712.9	692.5	686.0	682.6	669.7	656.8	618.0	596.6	582.3			
12	1982 3/4	742.0	731.7	712.9	692.5	686.0	682.6	669.7	656.8	618.0	596.6	582.3		
13	1982 4/4	746.1	742.0	731.7	712.9	692.5	686.0	682.6	669.7	656.8	618.0	596.6	582.3	
14	1983 1/4	756.0	746.1	742.0	731.7	712.9	692.5	686.0	682.6	669.7	656.8	618.0	596.6	582.3
103	2005 2/4	1009.6	1019.6	1071.3	1157.7	1162.0	1168.3	1192.9	1169.6	1203.8	1203.4	1213.9	1207.7	1242.4
104	2005 3/4	1033.6	1009.6	1019.6	1071.3	1157.7	1162.0	1168.3	1192.9	1169.6	1203.8	1203.4	1213.9	1207.7

=B2

=IF(C3="","",C3

① 원자료 다운받기

- 통계청 "http://www.nso.go.kr"에 접속, "통계자료실→통계정보검색"에서 "환율"을 입력하고, 매매기준율의 월별 자료를 Excel파일로 자료받기를 수행
- 월별 자료를 "AVERAGE"함수를 사용하여 사분기별 자료로 전환

◦ 첨부된 CD를 가졌다면, "A16장의 예제 파일"을 참조

- A1:B104구간에 시점과 매매기준율 R을 배열
- 시트의 이름을 "예제16-10"으로 바꾸기

② 환율 원자료의 시차값 계산

- C1셀에 "R(-1)"을 입력, 그 기호를 자동 채우기로 D1:N1구간에 복사
- C3셀에 "=B2"를 입력, 그 수식을 C3:C104구간에 복사하여 붙이기

◦ C3셀의 수식을 "Ctrl+C"로 복사

◦ 마우스 커서를 다시 C3셀에 두고 마우스 왼쪽 단추를 한번 클릭

◦ "Shift"를 누른 채로 마우스 커서를 C104셀에 두고 마우스 왼쪽 단추를 한번 클릭하여 C3:C104구간을 지정

◦ "Shift"와 마우스를 놓고, "Enter"를 눌러 복사한 수식을 C3:C104구간에 붙이기

- D4셀에 "=IF(C3="","",C3)"을 입력, 그 수식을 D4:N104구간에 복사하여 붙이기

◦ D4셀의 수식을 "Ctrl+C"로 복사

◦ 마우스 커서를 다시 D4셀에 두고 마우스 왼쪽 단추를 한번 클릭

◦ "Shift"를 누른 채로 마우스 커서를 N104셀에 두고 마우스 왼쪽 단추를 한번 클릭하여 D4:N104구간을 지정

◦ "Shift"와 마우스를 놓고, "Enter"를 눌러 복사한 수식을 D4:N104구간에 붙이기

	B	C	D	E	F	G	H	I	J	K	L	M	N	O
1	대미달러환율 R	ΔR	ΔR(-1)	ΔR(-2)	ΔR(-3)	ΔR(-4)	ΔR(-5)	ΔR(-6)	ΔR(-7)	ΔR(-8)	ΔR(-9)	ΔR(-10)	ΔR(-11)	ΔR(-12)
2	582.3		=B3-B2											
3	596.6	14.3		=C3	=IF(D4="","",D4)									
4	618.0	21.4	14.3											
5	656.8	38.8	21.4	14.3										
6	669.7	12.9	38.8	21.4	14.3									
7	682.6	12.9	12.9	38.8	21.4	14.3								
8	686.0	3.4	12.9	12.9	38.8	21.4	14.3							
9	692.5	6.6	3.4	12.9	12.9	38.8	21.4	14.3						
10	712.9	20.3	6.6	3.4	12.9	12.9	38.8	21.4	14.3					
11	731.7	18.9	20.3	6.6	3.4	12.9	12.9	38.8	21.4	14.3				
12	742.0	10.3	18.9	20.3	6.6	3.4	12.9	12.9	38.8	21.4	14.3			
13	746.1	4.1	10.3	18.9	20.3	6.6	3.4	12.9	12.9	38.8	21.4	14.3		
14	756.0	9.9	4.1	10.3	18.9	20.3	6.6	3.4	12.9	12.9	38.8	21.4	14.3	
15	771.9	15.9	9.9	4.1	10.3	18.9	20.3	6.6	3.4	12.9	12.9	38.8	21.4	14.3
103	1009.6	-10.0	-51.7	-86.3	-4.3	-6.4	-24.6	23.3	-34.3	0.4	-10.5	6.3	-34.8	-80.5
104	1033.6	24.0	-10.0	-51.7	-86.3	-4.3	-6.4	-24.6	23.3	-34.3	0.4	-10.5	6.3	-34.8

③ 환율의 정차값과 그 시차값들의 계산

- 시트 탭에 마우스 커서를 두고, 워크시트 화면 아래의 시트탭(sheet tap)에 마우스 커서를 두고, 마우스의 오른쪽 단추를 눌러 대화상자 생성한 후에 "이동/복사(M)"를 지정하고, 생성된 대화상자에서 복사본 만들기를 지정하여 동일한 워크시트를 생성
- 시트 이름을 "환율정차"로 바꾸기, 시트의 첫째 열이 B열이 되도록 화면을 조정
- B16셀에 마우스 커서를 두고, "창→틀 고정"을 지정하여 104행이 보이도록 화면을 조정
- C3셀에 "=B3-B2"를 입력, "Ctrl+C"와 "Shift"를 이용하여 그 수식을 C3:C104 구간에 붙여 넣어 환율의 1계 정차값 $\triangle R$을 계산
- D1셀에 " △R(-1)"을 입력, 그 기호를 자동 채우기로 E1:O1구간에 복사
- D4셀에 "=C3"을 입력, 그 수식을 D4:D104구간에 복사하여 붙이기
- E5셀에 "=IF(D4="","",D4)"를 입력, 그 수식을 E5:O104구간에 복사하여 붙이기

④ 환율 원자료의 자기상관계수 계산

- 시트탭에서 "예제16-10" 시트로 이동하여 메뉴표시줄에서 "도구→데이터분석"을 클릭, 통계 데이터 분석 대화상자를 생성하고, 상관분석을 지정하여 "확인"을 클릭

- 생성된 상관 분석 대화상자에서 "입력 범위 : B14:N104구간, 데이터 방향 : 열, 출력 옵션 : 새로운 워크시트"를 지정 후 "확인"을 클릭

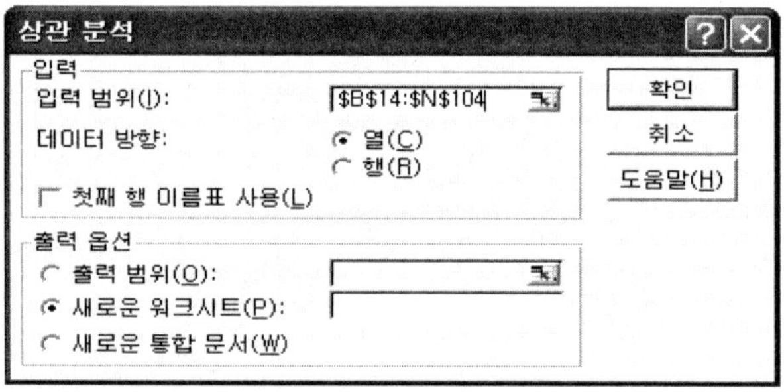

- 상관계수행렬이 다음과 같이 출력된 시트의 이름을 "환율상관분석"으로 바꾸기

	A	B	C	D	E	F	G	H	I	J	K	L	M	N
1		Column 1	Column 2	Column 3	Column 4	Column 5	Column 6	Column 7	Column 8	Column 9	Column 10	Column 11	Column 12	Column 13
2	Column 1	1												
3	Column 2	0.96557	1											
4	Column 3	0.91067	0.965847	1										
5	Column 4	0.86434	0.911244	0.966097	1									
6	Column 5	0.82062	0.865298	0.912267	0.966632	1								
7	Column 6	0.78134	0.823071	0.868457	0.914894	0.967633	1							
8	Column 7	0.74737	0.784089	0.826621	0.871475	0.916166	0.967583	1						
9	Column 8	0.71257	0.750423	0.788063	0.830067	0.873014	0.915996	0.967497	1					
10	Column 9	0.67902	0.716399	0.755404	0.792503	0.83226	0.872792	0.915811	0.967422	1				
11	Column 10	0.65477	0.682514	0.720919	0.759386	0.794396	0.831929	0.872445	0.91547	0.967268	1			
12	Column 11	0.63769	0.659328	0.688361	0.726189	0.762151	0.794083	0.831522	0.871904	0.914796	0.9671788	1		
13	Column 12	0.62553	0.642446	0.665412	0.693863	0.729102	0.761768	0.793542	0.830756	0.870882	0.9144197	0.9669876	1	
14	Column 13	0.61564	0.630765	0.649128	0.671497	0.697156	0.728656	0.76114	0.79261	0.829402	0.8703508	0.9139162	0.9668398	1

⑤ 환율 정차의 자기상관계수 계산

- 시트탭에서 "환율정차" 시트로 이동하여 메뉴표시줄에서 "도구→데이터분석"을 클릭, 통계 데이터 분석 대화상자를 생성하고, 상관분석을 지정하여 "확인"을 클릭
- 생성된 상관 분석 대화상자에서 "입력 범위 : C15:N104구간, 데이터 방향 : 열, 출력 옵션 : 새로운 워크시트"를 지정 후 "확인"을 클릭

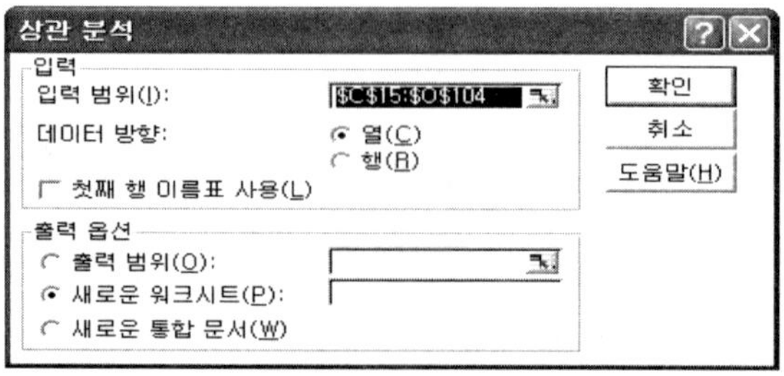

- 정차값 계산으로 인해 상관분석에 사용되는 자료 행의 수가 원자료에 비해 1만큼 감소, 계산결과는 다음과 같이 발생

	A	B	C	D	E	F	G	H	I	J	K	L	M	N
1		Column 1	Column 2	Column 3	Column 4	Column 5	Column 6	Column 7	Column 8	Column 9	Column 10	Column 11	Column 12	Column 13
2	Column 1	1												
3	Column 2	0.303026	1											
4	Column 3	-0.1208	0.304305	1										
5	Column 4	-0.03327	-0.11729	0.303501	1									
6	Column 5	-0.04686	-0.02664	-0.12318	0.291957	1								
7	Column 6	-0.07736	-0.0458	-0.02702	-0.12527	0.293813	1							
8	Column 7	0.014298	-0.07653	-0.04636	-0.02944	-0.13088	0.293481	1						
9	Column 8	-0.01083	0.01653	-0.07809	-0.05269	-0.03995	-0.13221	0.292749	1					
10	Column 9	-0.14596	-0.01199	0.017396	-0.07485	-0.04724	-0.03894	-0.13152	0.295254	1				
11	Column 10	-0.09376	-0.1433	-0.01387	0.009758	-0.08904	-0.04834	-0.04074	-0.13657	0.299023	1			
12	Column 11	-0.0718	-0.09242	-0.14322	-0.01428	0.009662	-0.08724	-0.04836	-0.04162	-0.13513	0.2992982	1		
13	Column 12	-0.02804	-0.0702	-0.0932	-0.14704	-0.0194	0.009892	-0.08794	-0.05045	-0.04014	-0.137682	0.3001649	1	
14	Column 13	0.132305	-0.02782	-0.07022	-0.09363	-0.14897	-0.019	0.009901	-0.0882	-0.05023	-0.040153	-0.136547	0.3005369	1

3. 백색잡음의 검정

- 특정 시차 j에서의 표본자기상관이 없다는 귀무가설은 $\rho_j = 0$은 시계열이 약형 백색잡음(weak-form white noise)이라는 가설 → 다른 시차들에서는 자기상관의 존재 가능
- 소수의 통계적으로 유의적인 자기상관들이 발생해도, 시계열은 백색잡음일 가능성 존재
- 표본상관계수를 통한 백색잡음 검정은 고려한 최대시차 k에 대해 다음과 같이 단 하나의 결합가설로 수행

(16.24) $H_0 : \rho_1 = \rho_2 = \cdot \cdot \cdot = \rho_k = 0$

H_1 : $\rho_1, \ldots, \rho_k$ 중 적어도 하나는 0이 아니다.

- Box-Pierce-Ljung 통계량 Q

(16.25) $$Q = n(n+2) \sum_{j=1}^{k} \frac{r_j^2}{n-j}$$

n : 자료의 수(표본크기), k : 시차의 수

r_j : j시차값에 대한 표본자기상관계수

◦ 유한표본의 자유도 k의 $\chi^2 (= \chi_k^2)$분포로 검정을 수행

◦ 자기상관에 대한 혼성 통계량(portmanteau statistics)

예제 16-11) 예제 16-10의 자료를 기초로 다음과 같이 환율의 코렐로그램과 각 시차에 대한 Box-Pierce-Ljung통계량 및 그 P-값을 구하고, 백색잡음에 대한 검정을 수행할 수 있다.

	A	B	C	D	E	F	G	H
15	자기상관함수와 Box-Pierce-Ljung통계량							
16	시차	환율			Δ환율			
17		r_j	Q_j	P-값	r_j	Q_j	P-값	
18	1	0.9656	98.8546	2.7E-23	0.30303	9.73612	0.002	
19	2	0.9107	187.657	1.8E-41	-0.1208	11.2987	0.004	
20	3	0.8643	268.455	6.7E-58	-0.0333	11.4184	0.010	
21	4	0.8206	342.021	9.3E-73	-0.0469	11.6583	0.020	
22	5	0.7813	409.394	2.8E-86	-0.0774	12.3187	0.031	
23	6	0.7474	471.671	1.1E-98	0.0143	12.3415	0.05477	
24	7	0.7126	528.874	5E-110	-0.0108	12.3548	0.08948	
25	8	0.679	581.363	2E-120	-0.146	14.7802	0.06356	
26	9	0.6548	630.689	5E-130	-0.0938	15.7917	0.07136	
27	10	0.6377	677.978	3E-139	-0.0718	16.3912	0.08897	
28	11	0.6255	723.975	4E-148	-0.028	16.4836	0.12411	
29	12	0.6156	769.02	7E-157	0.1323	18.564	0.09961	

① 자기상관함수의 계산

- "환율상관분석" 시트에서 B3:B14구간의 자기상관계수들을 복사하여, B18:B29 구간에 붙여 넣기
- "환율정차상관" 시트에서 B13:B14구간을 복사하여, "환율상관분석" 시트의 E18:E29구간에 붙여 넣어 환율 정차의 자기상관분석을 계산

② Box-Pierce-Ljung통계량 및 그 P-값의 계산

- 환율상관분석 시트의 C18셀에 "=103*(103+2)*(B$18^2)/(103-$A$18)"을 입력
- C19셀에 "=103*(103+2)*((B$18^2)/(103-$A$18)+(B$19^2)/(103-$A$19))"를 입력하는 형식으로 C29셀까지 입력하여 (16.25)의 Box-Pierce-Ljung통계량을 계산
- C18:C29구간의 식을 복사하여 F18:F29구간에 붙여 넣기
- D18셀에 "=CHIDIST(C18,$A18)"을 입력하여 B19셀에 대한 P-값을 계산
- D18셀의 수식을 복사하여 D19:D29구간과 G18:G29구간에 붙여 넣기

③ 가설의 설정과 검정

- $H_0: \rho_1 = \rho_2 = \cdot\cdot\cdot = \rho_{12} = 0$, H_1 : $\rho_1, ..., \rho_{12}$ 중 적어도 하나는 0이 아님
- 환율 원자료의 P-값은 모든 시차값에 대해 관습적 유의수준 5%보다 낮아, 백색잡음에 대한 귀무가설이 기각됨을 반영
- 환율 정차의 P값은 1~5의 시차값들에 대해 관습적 유의수준 5%보다 낮아, 백색잡음에 대한 귀무가설이 기각됨을 반영

④ 코렐로그램의 작성

- B18:B29구간을 설정하고, 도구모음줄에서 "📊"를 클릭하여 차트마법사 1단계에서 "세로 막대형 :묶은 세로 막대형"을 지정하고, 3단계 제목에서 "X축 : 시차길이, Y축 : 자기상관계수"를 지정하여 자기상관함수의 그래프인 코렐로그램을 작성

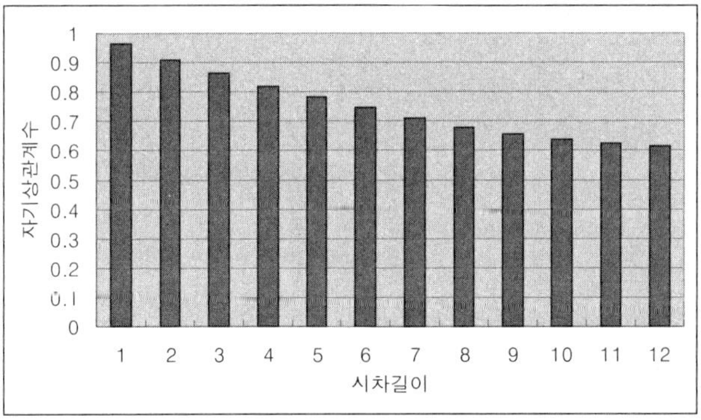

- E18:E29구간을 설정하여, 환율정차의 코렐로그램을 작성

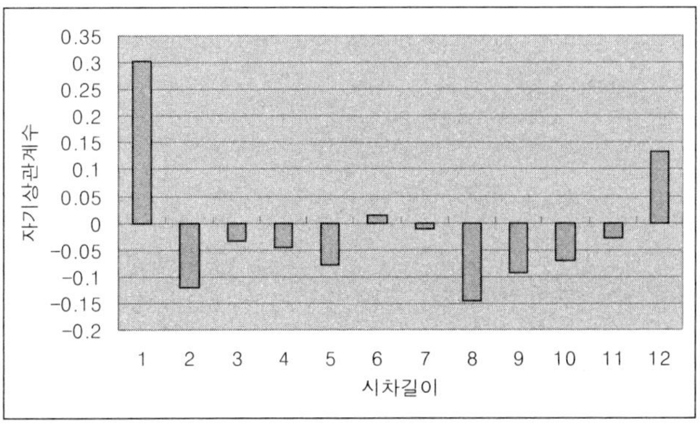

4. 단위근

- AR(1)모형과 기울기 계수 ϕ값의 크기

(16.26) $$Y_t = \alpha + \phi Y_{t-1} + u_t$$

◦ $\phi = 1$이라면 Y는 단위근을 가져 갖는다.

◦ $|\phi| < 1$이라면, Y는 정상적이다.

- 단위근 시계열의 특성

◦ 자기상관함수는 거의 1과 같고, 시차 길이가 증가해도 크게 감소하지 않음

◦ 시계열은 긴 기억(long memory)을 가져 비정상적 시계열로 발생

◦ 시계열은 (특히 α가 0이 아니라면) 추세 행태(trend behavior)를 표출

◦ 단위근을 갖는 시계열 Y의 정차 $\triangle Y$는 정상적이어서, 단위근을 갖는 시계열을 정차정상적 계열(difference stationary series)이라고 부름

◦ 추세 정상적(trend stationary) 시계열 : 단위근을 갖지만, 확정적 추세의 통합을 통해 정상적 추세 행태를 보이는 시계열

(16.27) $$\triangle Y_t \equiv Y_t - Y_{t-1} = \alpha + (\phi - 1) Y_{t-1} + e_t = \alpha + \rho Y_{t-1} + e_t$$

- 정상성 조건(靜狀性 條件, stationarity condition)

◦ (16.27)식에서 $-1<\phi<1$ 또는 $-2<\rho<0$

◦ (16.17)식의 랜덤워크모형은 $\phi = 1$이어서 단위근을 가진 비정상적 시계열

◦ 비정상성의 시계열은 각종 추세 또는 여타 충격요인에 의해 크게 변동할 수 있어 예측이 곤란

- 확정적 추세 t가 추가된 $AR(p)$모형

(16.28) $$\triangle Y_t = \alpha + \rho Y_{t-1} + \gamma_1 \triangle Y_{t-1} + .. + \gamma_{p-1} \triangle Y_{t-p+1} + \delta t + e_t$$

- 확정적 추세 t가 추가된 $AR(p)$모형 (16.28)식의 장점

◦ δt항이 없는 $AR(p)$모형에 비해 단위근 검정의 수행이 용이

◦ 고도로 상관된 Y_{t-1}, Y_{t-2}, ..., Y_{t-p}보다는 상관관계가 낮은 Y_{t-1}, $\triangle Y_{t-1}$, ..., $\triangle Y_{t-p+1}$를 설명변수를 사용하여 다중공선성 문제를 회피

[개략적인 단위근 검정방법]

- $n>50$ 으로 관찰치 수가 적당히 큰 경우 단위근 검정에 사용하는 근사치 방법

① 확정적 추세를 갖는 $AR(p)$모형을 추정을 통한 검정에서 p선택의 단계별 전략

◦ 1 단계 : 타당하게 보이는 최대시차길이 $p_{\max}$를 선택

◦ 2 단계 : OLS를 사용하여 확정적 추세를 갖는 $AR(p_{\max})$모형을 추정

(16.28.1)

$$\triangle Y_t = \alpha + \rho Y_{t-1} + \gamma_1 \triangle Y_{t-1} + .. + \gamma_{p_{\max}-1} \triangle Y_{t-p_{\max}+1} + \delta t + e_t$$

$\gamma_{p_{\max}-1} = 0$을 검정하는 P-값이 미리 선택한 (0.05 등의) 유의수준보다 작다면, $p_{\max}$를 시차길이로 사용하여 5 단계를 수행, 그렇지 않다면 3 단계로 이행

◦ 3단계 : 다음의 $AR(p_{\max}-1)$모형을 추정

(16.28.2)

$$\triangle Y_t = \alpha + \rho Y_{t-1} + \gamma_1 \triangle Y_{t-1} + .. + \gamma_{p_{\max}-2} \triangle Y_{t-p_{\max}+2} + \delta t + e_t$$

$\gamma_{p_{\max}-2} = 0$을 검정하는 P-값들이 미리 설정한 유의수준보다 작다면, $p_{\max}-1$을 시차 길이로 사용하여 5 단계로 이행

◦ 4단계 : γ_{p-1}이 통계적으로 유의적인 $AR(p)$모형을 찾을 때까지 더 낮은 계수의 AR모형들을 반복해서 추정

◦ 5단계 : 확정적 추세를 제거해야 하는지를 검정

$\delta = 0$을 검정하는데 대한 P-값이 미리 선택한 유의수준보다 크다면, 확정적 추세변수를 제거

② 최종 선정된 형태의 모형에 결정적 추세가 포함되면, Dickey-Fuller임계값은 대략 -3.45이므로, ρ에 대한 t-통계량이 -3.45보다 더 작다면(절대값으로 더 크다면) 단위근 가설을 기각하고 그 계열은 정상적이라고 결론을 도출

◦ ρ에 대한 t-통계량이 -3.45보다 절대값으로 더 작다면 시계열은 단위근을 갖는다는 결론을 도출

③ 최종형식의 추정모형이 결정적 추세를 포함하지 않는다면, Dickey-Fuller임계값은 대략 -2.89이므로, ρ에 대한 t-통계량이 -2.89보다 절대값으로 더 크다면 단위근가설을 기각하고 그 시계열은 정상적이라고 결론을 도출

◦ ρ에 대한 t-통계량이 -2.89보다 절대값으로 더 작다면, 그 시계열은 단위근을 갖는다는 결론을 도출

예제 16-12) 환율의 1계 정차 $\triangle R$를 환율의 1계 시차값 $R(-1)$에 대해 회귀분석을 수행하여 그 기울기 계수 $\rho(=\phi-1)$가 0에 근접하여 단위근을 갖는지를 검정할 수 있다.

그리고 환율 R을 그 1계 시차값 $R(-1)$에 대해 회귀분석을 수행하여 그 기울기 계수 ϕ가 1에 근접하여 단위근을 갖는지를 다음과 같이 검정할 수 있다.

① 환율 정차 $\triangle R$ 및 시차값 $R(-1)$의 자료 입력

- "환율정차"시트의 시트 탭에서 "이동/복사 → 복사본 만들기"를 지정하여, 시트를 복사하고, D:O 열머리 구간 지정 후, 마우스 오른쪽 단추를 눌러 지정 열들을 삭제
- 시트 이름을 "예제16-12"로 바꾸고, B3:C104구간을 지정하여 "Ctrl+C"로 지정한 구간을 복사한 후에 D3셀에 붙여 넣기
- D2셀에 "R", E2셀에 "$\triangle R$", F2셀에 "R(-1)"을 입력
- F3셀에 "=B2"를 입력, 그 수식을 "Ctrl+C"로 복사하여 F3:F104구간에 붙이기

	A	B	C	D	E	F
1		대미달러환율 R	ΔR			
2	1980 1/4	582.3		R	ΔR	R(-1)
3	1980 2/4	596.6	14.3	596.56667	14.3	582.3
4	1980 3/4	618.0	21.4	618	21.433333	596.6
5	1980 4/4	656.8	38.8	656.76667	38.766667	618.0
100	2004 3/4	1157.7	-4.3	1157.6667	-4.3	1162.0
101	2004 4/4	1071.3	-86.3	1071.3333	-86.33333	1157.7
102	2005 1/4	1019.6	-51.7	1019.6	-51.73333	1071.3
103	2005 2/4	1009.6	-10.0	1009.5667	-10.03333	1019.6
104	2005 3/4	1033.6	24.0	1033.5667	24	1009.6

② 환율 정차 $\triangle R$의 시차값 $R(-1)$에 대한 회귀분석

- 메뉴표시줄에서 “도구→데이터 분석”을 지정, 통계 데이터 분석 대화상자에서 “회귀분석”을 지정하고, “확인”을 눌러 회귀분석 대화상자 생성
- 회귀분석 대화상자에서 “Y축 범위 : E2:E104, X축 범위 : F2:F104, 이름표 지정, 신뢰수준 : 95%, 출력범위 : G1”을 지정하고, “확인”을 눌러 회귀분석 수행

	G	H	I	J	K	L	M
3	회귀분석 통계량						
4	다중 상관계수	0.15878124					
5	결정계수	0.02521148					
6	조정된 결정계수	0.0154636					
7	표준 오차	53.1085049					
8	관측수	102					
9							
10	분산 분석						
11		자유도	제곱합	제곱 평균	F 비	유의한 F	
12	회귀	1	7294.8457	7294.8457	2.58635394	0.11094099	
13	잔차	100	282051.33	2820.5133			
14	계	101	289346.18				
15							
16		계수	표준 오차	t 통계량	P-값	하위 95%	상위 95%
17	Y 절편	39.3513139	22.345309	1.7610548	0.08128591	-4.9811419	83.68377
18	R(-1)	-0.0386753	0.0240486	-1.608215	0.11094099	-0.086387	0.0090364

$$\triangle\ \hat{R}_t = 39.5313 - 0.0387R_{t-1} \qquad R^2 = 0.0252, \qquad F = 2.5864$$
$$(-1.6082) \qquad\qquad n=102$$

- $R(-1)$에 대한 계수가 -0.0387653이어서 0에 근접하고, t통계량도 절대값으로 -2.89보다 작아 시계열 $\triangle R$은 단위근이 존재하는 비정상적 시계열임을 의미

③ 환율 R의 시차값 $R(-1)$에 대한 회귀분석

- 메뉴표시줄에서 “도구→데이터 분석”을 지정, 통계 데이터 분석 대화상자에서 “회귀분석”을 지정하고, “확인”을 눌러 회귀분석 대화상자 생성

- 회귀분석 대화상자에서 "Y축 범위 : D2:D104, X축 범위 : F2:F104, 이름표 지정, 신뢰수준 : 95%, 출력범위 : G19"를 지정하고, "확인"을 눌러 회귀분석 수행

	G	H	I	J	K	L	M
19	요약 출력						
20							
21	회귀분석 통계량						
22	다중 상관계수	0.97010574					
23	결정계수	0.94110514					
24	조정된 결정계수	0.94051619					
25	표준 오차	53.1085049					
26	관측수	102					
27							
28	분산 분석						
29		자유도	제곱합	제곱 평균	F 비	유의한 F	
30	회귀	1	4507014.2	4507014.2	1597.94113	2.616E-63	
31	잔차	100	282051.33	2820.5133			
32	계	101	4789065.5				
33							
34		계수	표준 오차	t 통계량	P-값	하위 95%	상위 95%
35	Y 절편	39.3513139	22.345309	1.7610548	0.08128591	-4.9811419	83.68377
36	R(-1)	0.9613247	0.0240486	39.974256	2.616E-63	0.91361297	1.0090364

$$\hat{R}_t = 39.5313 + 0.9613 R_{t-1} \qquad R^2 = 0.9411, \qquad F = 1597.94$$
$$(39.9743) \qquad\qquad n=102$$

- $R(-1)$의 계수 추정치가 0.9613247이어서 1에 근접하여, 단위근이 발생하는 시계열의 비정상성을 의미

예제 16-13) 확정적 추세를 갖는 $AR(4)$모형에 따라 예제 16-2의 $\triangle R$를 $R(-1)$, $\triangle R(-1)$, $\triangle R(-2)$, $\triangle R(-3)$과 결정적 시간추세 (deterministic time trend) t에 대해 OLS회귀를 다음과 같이 수행하여 단위근의 존재 여부를 검정할 수 있다.

① 환율 정차 $\triangle R$ 및 시차값 $R(-1)$, $\triangle R(-1)$, $\triangle R(-2)$, $\triangle R(-3)$의 입력

- "환율정차"시트의 시트 탭에서 "이동/복사 → 복사본 만들기"를 지정하여, 시트를 복사하고, D:O 열머리 구간 지정 후, 마우스 오른쪽 단추를 눌러 지정 열들을 삭제
- 시트 이름을 "예제16-13"으로 바꾸기

- G2셀에 "$\triangle R(-1)$", H2셀에 "$\triangle R(-2)$, I2셀에 $\triangle R(-3)$"을 입력
- G4셀에 "=E3"를 입력, 그 수식을 "Ctrl+C"로 복사한 후에 G4:G104구간에 붙이기
- H5셀에 "=IF(G4="","",G4)"를 입력, 그 수식을 "Ctrl+C"로 복사한 후에 H5:I104구간에 붙여 넣어 환율정차의 시차값들 $\triangle R(-1)$, $\triangle R(-2)$, $\triangle R(-3)$을 계산
- 회귀분석에서 이름표를 사용하도록 E2:I2구간을 복사하여 J5셀에 붙여 넣기
- J6셀에 "=E6"을 입력, 그 수식을 "Ctrl+C"로 복사한 후에 J6:N104구간에 붙이기
- O5셀에 t를 입력, O6셀에 1을 입력한 후에 메뉴표시줄에서 "편집→채우기→연속 데이터"를 지정한 후 생성된 연속 데이터 대화상자를 "방향:열, 유형:선형, 단계 값 :1, 종료값 : 99"로 지정 후에 "확인"을 클릭하여 확정적 추세 값들을 입력

	C	D	E	F	G	H	I	J	K	L	M	N	O
1	ΔR												
2		R	ΔR	R(-1)	ΔR(-1)	ΔR(-2)	ΔR(-3)						
3	14.3	596.567	14.3	502.3									
4	21.4	618	21.4333	596.6	14.3								
5	38.8	656.767	38.7667	618.0	21.433	14.3		ΔR	R(-1)	ΔR(-1)	ΔR(-2)	ΔR(-3)	t
6	12.9	669.667	12.9	656.8	38.767	21.433	14.3	12.9	656.77	38.767	21.433	14.3	1
7	12.9	682.6	12.9333	669.7	12.9	38.767	21.433	12.933	669.67	12.9	38.767	21.433	2
8	3.4	685.967	3.36667	682.6	12.933	12.9	38.767	3.3667	682.6	12.933	12.9	38.767	3
9	6.6	692.533	6.56667	686.0	3.3667	12.933	12.9	6.5667	685.97	3.3667	12.933	12.9	4
10	20.3	712.867	20.3333	692.5	6.5667	3.3667	12.933	20.333	692.53	6.5667	3.3667	12.933	5
11	18.9	731.733	18.8667	712.9	20.333	6.5667	3.3667	18.867	712.87	20.333	6.5667	3.3667	6
12	10.3	742.033	10.3	731.7	18.867	20.333	6.5667	10.3	731.73	18.867	20.333	6.5667	7
103	-10.0	1009.57	-10.033	1019.6	-51.73	-86.33	-4.3	-10.03	1019.6	-51.73	-86.33	-4.3	98
104	24.0	1033.57	24	1009.6	-10.03	-51.73	-86.33	24	1009.6	-10.03	-51.73	-86.33	99

② $\triangle R$에 대한 확정추세를 갖는 AR(4)모형의 추정

- 메뉴표시줄에서 "도구→데이터 분석"을 지정, 통계 데이터 분석 대화상자에서 "회귀분석"을 지정하고, "확인"을 눌러 회귀분석 대화상자 생성
- 회귀분석 대화상자에서 "Y축 범위 : J5:J104, X축 범위 : K5:O104, 이름표 지정, 신뢰수준 : 95%, 출력범위 : P1"을 지정하고, "확인"을 눌러 회귀분석 수행

	P	Q	R	S	T	U	V
3	회귀분석 통계량						
4	다중 상관계수	0.444595					
5	결정계수	0.197665					
6	조정된 결정계수	0.154529					
7	표준 오차	49.82395					
8	관측수	99					
9							
10	분산 분석						
11		자유도	제곱합	제곱 평균	F 비	유의한 F	
12	회귀	5	56876.5	11375.301	4.582333	0.0008823	
13	잔차	93	230865.6	2482.4258			
14	계	98	287742.1				
15							
16		계수	표준 오차	t 통계량	P-값	하위 95%	상위 95%
17	Y 절편	61.71231	26.01941	2.37178	0.019764	10.042975	113.38165
18	R(-1)	-0.09128	0.039223	-2.327075	0.022132	-0.169165	-0.013386
19	?R(-1)	0.438482	0.101933	4.3016533	4.18E-05	0.2360627	0.6409011
20	?R(-2)	-0.22143	0.106588	-2.077442	0.040517	-0.433092	-0.009768
21	?R(-3)	0.150711	0.103495	1.4562141	0.148701	-0.05481	0.3562325
22	t	0.476624	0.290548	1.6404297	0.104294	-0.100347	1.0535951

$$\triangle \hat{R}_t = 61.712 - 0.091R_{t-1} + 0.438 \triangle R_{t-1} - 0.221 \triangle R_{t-2} + 0.151 \triangle R_{t-3} + 0.477t$$

(-2.327) (4.302) (-2.077) (1.456) (1.640)

$R^2 = 0.198$, $F = 4.582$, n=99

- P-값이 관습적 유의수준 5%보다 $\triangle R(-3)$의 계수 추정치가 크기 때문에 확정추세를 갖는 AR(3)모형을 추정

③ 확정추세를 갖는 AR(3)모형의 추정

- 시트 "예제16-13"의 시트 탭에서 "이동/복사 → 복사본 만들기"를 지정하여, 시트를 복사하고, "예제16-13-1"로 바꾸기
- N 열머리에 마우스 커서를 두고, 마우스 오른쪽 단추를 눌러 해당 열을 삭제
- 메뉴표시줄에서 "도구→데이터 분석"을 지정, 통계 데이터 분석 대화상자에서 "회귀분석"을 지정하고, "확인"을 눌러 회귀분석 대화상자 생성
- 회귀분석 대화상자에서 "Y축 범위 : J5:J104, X축 범위 : K5:N104, 이름표 지정, 신뢰수준 : 95%, 출력범위 : O1"을 지정하고, "확인"을 눌러 회귀분석 수행

	O	P	Q	R	S	T	U
5	회귀분석 통계량						
6	다중 상관계수	0.42352125					
7	결정계수	0.17937025					
8	조정된 결정계수	0.144449835					
9	표준 오차	50.12003977					
10	관측수	99					
11							
12	분산 분석						
13		자유도	제곱합	제곱 평균	F 비	유의한 F	
14	회귀	4	51612.3724	12903.0931	5.1365441	0.0008699	
15	잔차	94	236129.728	2512.01839			
16	계	98	287742.101				
17							
18		계수	표준 오차	t 통계량	P-값	하위 95%	상위 95%
19	Y 절편	54.80347883	25.7352419	2.12951092	0.0358248	3.7055787	105.901379
20	R(-1)	-0.07809841	0.03839201	-2.0342359	0.0447453	-0.154327	-0.00187021
21	?R(-1)	0.399577048	0.09895449	4.03798786	0.00011	0.2031007	0.596053417
22	?R(-2)	-0.17524695	0.10236501	-1.711981	0.0901976	-0.378495	0.028001076
23	t	0.388394347	0.28584957	1.35873686	0.1774815	-0.179166	0.955955079

$$\triangle \widehat{R}_t = 54.803 - 0.078R_{t-1} + 0.3996 \triangle R_{t-1} - 0.175 \triangle R_{t-2} + 0.388t$$

(-2.034) (4.038) (-1.712) (1.359)

$R^2 = 0.179$, $F = 5.137$, n=99

- P-값이 관습적 유의수준 5%보다 $\triangle R(-2)$의 계수 추정치가 크기 때문에 확정추세를 갖는 AR(2)모형을 추정

④ 확정추세를 갖는 AR(2)모형의 추정

- 시트 "예제16-13-1"의 시트 탭에서 "이동/복사 → 복사본 만들기"를 지정하여, 시트를 복사하고, "예제16-13-2"로 시트 이름 바꾸기
- M 열머리에 마우스 커서를 두고, 마우스 오른쪽 단추를 눌러 해당 열을 삭제
- 메뉴표시줄에서 "도구→데이터 분석"을 지정, 통계 데이터 분석 대화상자에서 "회귀분석"을 지정하고, "확인"을 눌러 회귀분석 대화상자 생성
- 회귀분석 대화상자에서 "Y축 범위 : J5:J104, X축 범위 : K5:M104, 이름표 지정, 신뢰수준 : 95%, 출력범위 : N1"을 지정하고, "확인"을 눌러 회귀분석 수행

	N	O	P	Q	R	S	T
3	회귀분석 통계량						
4	다중 상관계수	0.392152233					
5	결정계수	0.153783374					
6	조정된 결정계수	0.127060743					
7	표준 오차	50.62682354					
8	관측수	99					
9							
10	분산 분석						
11		자유도	제곱합	제곱 평균	F 비	유의한 F	
12	회귀	3	44249.951	14749.984	5.7547993	0.00116378	
13	잔차	95	243492.15	2563.0753			
14	계	98	287742.101				
15							
16		계수	표준 오차	t 통계량	P-값	하위 95%	상위 95%
17	Y 절편	65.14068631	25.2698169	2.577806	0.01148	14.9737929	115.30758
18	R(-1)	-0.09680582	0.03717621	-2.603972	0.0106942	-0.1706099	-0.0230018
19	?R(-1)	0.356727115	0.09670475	3.6888273	0.0003754	0.16474405	0.54871018
20	t	0.511396118	0.27947045	1.8298754	0.0704047	-0.0434225	1.06621472

$$\triangle \ \widehat{R}_t = 65.141 - 0.097R_{t-1} + 0.357 \triangle R_{t-1} + 0.511t$$
$$(-2.604) \qquad (3.689) \qquad (1.830)$$

$$R^2 = 0.154 \ , \quad F = 5.755 \ , \quad \mathrm{n}=99$$

- 확정적 추세를 표시하는 t의 계수 추정치에 대한 P-값이 5%를 초과하므로 확정적 추세를 제거

⑤ 최종 형식인 AR(2)모형의 추정

- 시트 "예제16-13-2"의 시트 탭에서 "이동/복사 → 복사본 만들기"를 지정하여, 시트를 복사하고, "예제16-13-3"으로 바꾸기
- M 열머리에 마우스 커서를 두고, 마우스 오른쪽 단추를 눌러 해당 열을 삭제하여 확정추세의 열을 제거
- 메뉴표시줄에서 "도구→데이터 분석"을 지정, 통계 데이터 분석 대화상자에서 "회귀분석"을 지정하고, "확인"을 눌러 회귀분석 대화상자 생성
- 회귀분석 대화상자에서 "Y축 범위 : J5:J104, X축 범위 : K5:L104, 이름표 지정, 신뢰수준 : 95%, 출력범위 : M1"을 지정하고, "확인"을 눌러 회귀분석 수행

	M	N	O	P	Q	R	S
3	회귀분석 통계량						
4	다중 상관계수	0.352075222					
5	결정계수	0.123956962					
6	조정된 결정계수	0.105706065					
7	표준 오차	51.24232302					
8	관측수	99					
9							
10	분산 분석						
11		자유도	제곱합	제곱 평균	F 비	유의한 F	
12	회귀	2	35667.63665	17833.81832	6.7918286	0.0017427	
13	잔차	96	252074.4642	2625.775668			
14	계	98	287742.1008				
15							
16		계수	표준 오차	t 통계량	P-값	하위 95%	상위 95%
17	Y 절편	43.08221284	22.47923168	1.916534046	0.0582715	-1.538743	87.703169
18	R(-1)	-0.04444146	0.024019824	-1.85019904	0.0673606	-0.09212	0.0032376
19	?R(-1)	0.32046722	0.095803559	3.345045056	0.0011749	0.1302985	0.5106359

$$\triangle \hat{R}_t = 43.082 - 0.044R_{t-1} + 0.320 \triangle R_{t-1} \qquad R^2 = 0.124\ ,\ F = 6.792$$

(-1.850) (3.345) n=99

- $R(-1)$의 계수 추정치의 t통계량에 -2.89보다 절대값으로 작은 -1.85 근방의 값이므로 환율 R은 단위근을 갖는다는 결론을 도출

5. 가성회귀와 공적분

- 가성회귀문제(spurious regression problem) : 독립변수와 추정하려는 종속변수가 모두 단위근을 갖는 경우, 회귀의 OLS추정은 완전히 잘못된 결과를 제공하는 문제
- 독립변수와 종속변수가 공적분되는 경우에는 가성회귀문제가 해결
- 통계적으로 가성회귀문제를 초래하는 것은 오차항의 단위근이지만, 종속변수 Y와 독립변수 X의 단위근들이 서로 상쇄된다면 정상적 오차의 발생이 가능

◦ Y와 X가 단위근을 갖지만, 그 변수들의 어떤 선형조합이 정상적으로 발생할 경우에 Y와 X는 공적분된 시계열(cointegrated time series)

◦ Y와 X가 공적분된다면, 균형오차는 작고 거의 발생하지 않아 균형관계 존재

◦ Y와 X가 공적분되어 있지 않다면, 균형오차는 추세를 갖고, 균형으로부터의 이탈이 시간이 지남에 따라 점점 더 증가 → 어떤 균형관계도 존재하지 않음

◦ Y와 X가 공적분되어 있다면, 그 변수들의 추세들은 서로 상쇄

가. 공적분검정

- Excel과 같은 스프레드시트는 공적분검정을 바로 제공하지 않지만, 일부 자료 조작과 함께 Engle-Granger test(검정법)의 수행이 가능

[공적분검정의 절차]

① X에 대한 Y의 회귀를 수행하고, 잔차를 저장

② (확정추세를 포함하지 않은 상황에서 t통계량 임계값을 -2.89로 하는) 잔차에 대한 단위근 검정을 수행

③ 단위근가설이 기각된다면, Y와 X는 공적분되어 있다는 결론을 도출

④ 단위근이 채택되면, 공적분이 발생하지 않는다는 결론을 도출

예제 16-14) 50개들이 1박스에 대한 사과가격(천원)을 종속변수 Y로, 100개들이 1박스의 단감가격(천원)을 독립변수 X로 하여, Y의 X에 대한 회귀를 통해 단위근을 갖는 Y와 X가 공적분되어 있는지를 검정할 수 있다.

① 자료의 입력

- 첨부된 CD에서 제16장 자료에서 "예제16-14"시트를 마우스 커서를 두고 클릭

② 회귀분석의 수행

- 메뉴표시줄에서 "도구→데이터 분석"을 지정, 통계 데이터 분석 대화상자에서 "회귀분석"을 지정하고, "확인"을 눌러 회귀분석 대화상자 생성
- 회귀분석 대화상자에서 "Y축 범위 : A1:A182, X축 범위 : B1:B182, 이름표 지정, 신뢰수준 : 95%, 출력범위 : C1, 잔차 표시"를 지정, "확인"을 눌러 회귀분석 수행

	A	B	C	D	E	F	G	H	I
1	사과가격 (천원) Y	단감가격 (천원) X	요약 출력						
2	83.027	66.533							
3	91.185	66.458	회귀분석 통계량						
4	82.281	66.398	다중 상관계수	0.9971					
5	91.673	66.349	결정계수	0.9942					
6	93.117	67.542	조정된 결정계수	0.9942					
7	88.194	70.567	표준 오차	3.9296					
8	97.419	70.262	관측수	181					
9	90.534	72.903							
10	103.448	74.907	분산 분석						
11	89.505	74.193		자유도	제곱합	제곱 평균	F 비	유의한 F	
12	96.705	76.483	회귀	1	475176	475176	30773	3E-202	
13	94.447	75.623	잔차	179	2764.04	15.4416			
14	91.127	75.665	계	180	477940				
15	101.152	75.225							
16	93.334	77.910		계수	표준 오차	t 통계량	P-값	하위 95%	상위 95%
17	105.359	77.492	Y 절편	20.686	0.86659	23.8703	2E-57	18.9758	22.3959
18	96.671	74.518	단감가격(천원) X	0.9956	0.00568	175.421	3E-202	0.98437	1.00677
181	266.699	238.102	157	233	2.721				
182	257.939	243.559	158	234	-0.43				

$$\hat{Y}_t = 20.686 + 0.996X_t \qquad R^2 = 0.994, \quad F = 30773$$
$$(23.87) \quad (175.42) \qquad n=181$$

② 산차 징차의 AR(1)모형 추정

- "예제16-14"의 시트 탭에서 "이동/복사 → 복사본 만들기"를 지정하여, 시트를 복사하고, "예제16-14-1"로 바꾸기
- C24:C205구간에 출력된 잔차를 "창→틀고정"과 "Shift"를 이용하여 "Ctrl+C"로 복사하고, C1셀에 붙여 넣기
- D:K 열머리구간에 마우스 커서를 두고, 마우스 오른쪽 단추를 눌러 해당 열들을 삭제
- 183:205 행머리구간에 마우스 커서를 두고, 마우스 오른쪽 단추를 눌러 해당 행들을 삭제
- D2셀에 " △e", E2셀에 "e(-1)"을 입력
- D3셀에 "=C3-C2", E3셀에 "=C2"를 입력, D3:E3구간의 식을 "Ctrl+C"로 복사하여 D3:E182구간에 붙여 넣어 잔차의 1계 정차와 잔차의 1기 시차값들을 계산
- 메뉴표시줄에서 "도구→데이터 분석"을 지정, 통계 데이터 분석 대화상자에서

"회귀분석"을 지정하고, "확인"을 눌러 회귀분석 대화상자 생성

- 회귀분석 대화상자에서 "Y축 범위 : D2:D182, X축 범위 : E2:E182, 이름표 지정, 신뢰수준 : 95%, 출력범위 : F1"을 지정하고, "확인"을 눌러 다음 AR(1)모형의 회귀분석 수행

$$\triangle e = \alpha + \rho e(-1) + \varepsilon_t$$

	C	D	E	F	G	H	I	J	K	L
1	잔차 e			요약 출력						
2	-3.897	Δe	e(-1)							
3	4.3357	8.2328	-3.8971	회귀분석 통계량						
4	-4.509	-8.844	4.33567	다중 상관계수	0.7359					
5	4.9323	9.4409	-4.5086	결정계수	0.5415					
6	5.1882	0.2559	4.93229	조정된 결정계수	0.539					
7	-2.746	-7.934	5.18817	표준 오차	3.9154					
8	6.7821	9.5279	-2.7457	관측수	180					
9	-2.732	-9.515	6.78211							
10	8.186	10.918	-2.7324	분산 분석						
11	-5.046	-13.23	8.18597		자유도	제곱합	제곱 평균	F 비	유의한 F	
12	-0.125	4.9211	-5.0461	회귀	1	3223.3	3223.3	210.25	6E-32	
13	-1.527	-1.402	-0.125	잔차	178	2728.9	15.331			
14	-4.889	-3.362	-1.527	계	179	5952.2				
15	5.574	10.463	-4.8891							
16	-4.917	-10.49	5.57398		계수	표준 오차	t 통계량	P-값	하위 95%	상위 95%
17	7.5236	12.44	-4.9166	Y 절편	0.0241	0.2918	0.0827	0.9342	-0.552	0.6001
18	1.7968	-5.727	7.52361	e(-1)	-1.085	0.0748	-14.5	6E-32	-1.233	-0.938
181	8.9649	9.4757	-0.5108							
182	-5.228	-14.19	8.96495							

$$\triangle \hat{e}_t = 0.024 - 1.085 e_{t-1} \qquad R^2 = 0.542, \quad F = 210.25$$

(0.083) (-14.5) n=180

- e(-1) 계수 추정치의 t통계량이 -14.5로 -2.89보다 절대값이 아주 크기 때문에 단위근 가설을 기각하여, 잔차는 단위근을 갖지 않아 Y와 X가 공적분되어 있다는 결론을 도출

◦ Y의 X에 대한 OLS회귀는 시계열들의 공적분으로 인하여 의미가 있기 때문에, 추정된 계수들을 이용한 해석과 예측을 위한 사용이 가능

나. 오차수정모형

- 오차수정모형(error correction model : ECM) 개념은 Sargan(1964)이 제시
- 공적분은 Y와 X의 공동 추세형성 또는 상호 균형관계 보유를 반영
- 공적분 검정과 장기적 승수의 추정은 X에 대한 Y의 회귀 사용으로 수행 가능
- Y와 X간의 단기적 관계는 오차수정모형(error correction model : ECM)으로 추정 가능
- 1계 ECM(first-order error correction model)

(16.29) $\triangle y_t = \phi + \omega \triangle x_t + \lambda e_{t-1} + \varepsilon_t$

◦ $y = \ln Y$, $x = \ln X$,
- 자연대수로 표시한 ECM의 장점
◦ 모수들의 탄력성 해석이 가능
◦ $\triangle y_t$와 $\triangle x_t$ 등의 1계 정차 변수들은 비례적 변화크기(changes)를 반영

[ECM의 수행 절차]

① x에 대해 y의 회귀를 수행하고, 잔차를 저장

② y와 x의 공적분 검정

③ $\triangle x$와 추정된 잔차의 1기 시차값에 대해 $\triangle y$의 회귀를 수행

예제 16-15) 예제 16-14의 자료를 자연로그값으로 전환하여 오차수정모형을 추정하고, 그에 따른 결과를 이용하여 종속변수가 설명변수에 대해 갖는 장단기 탄력성을 규명할 수 있다.

① 자료의 복사 및 자연로그(ln) 값의 계산
- "예제16-14"의 시트 탭에서 "이동/복사 → 복사본 만들기"를 지정하여, 시트를 복사하고, "예제16-15"로 바꾸기
- C:K 열머리구간에 마우스 커서를 두고, 마우스 오른쪽 단추를 눌러 해당 열들을 삭제

- C1셀에 "y", D1셀에 "x"를 입력, C2셀에 "=LN(A2)"를 입력, 그 수식을 "Ctrl+C"로 복사하여 C2:D182구간에 붙여 넣어 Y와 X의 값들을 자연로그로 전환

② y의 x에 대한 OLS회귀 수행

- 메뉴표시줄에서 "도구→데이터 분석"을 지정, 통계 데이터 분석 대화상자에서 "회귀분석"을 지정하고, "확인"을 눌러 회귀분석 대화상자 생성
- 회귀분석 대화상자에서 "Y축 범위 : C1:C182, X축 범위 : D1:D182, 이름표 지정, 신뢰수준 : 95%, 출력범위 : E1, 잔차 표시"를 지정, "확인"을 눌러 회귀분석 수행

	A	B	C	D	E	F	G	H	I	J
1	사과가격 (천원) Y	단감가격 (천원) X	y	x	요약 출력					
2	83.027	66.533	4.419	4.198						
3	91.185	66.458	4.513	4.197	회귀분석 통계량					
4	82.281	66.398	4.41	4.196	다중 상관계수	0.996				
5	91.673	66.349	4.518	4.195	결정계수	0.992				
6	93.117	67.542	4.534	4.213	조정된 결정계수	0.992				
7	88.194	70.567	4.48	4.257	표준 오차	0.029				
8	97.419	70.262	4.579	4.252	관측수	181				
9	90.534	72.903	4.506	4.289						
10	103.448	74.907	4.639	4.316	분산 분석					
11	89.505	74.193	4.494	4.307		자유도	제곱합	제곱 평균	F 비	유의한 F
12	96.705	76.483	4.572	4.337	회귀	1	18.795	18.795	21715	9E-189
13	94.447	75.623	4.548	4.326	잔차	179	0.1549	0.0009		
14	91.127	75.665	4.512	4.326	계	180	18.949			
15	101.152	75.225	4.617	4.32						
16	93.334	77.910	4.536	4.356		계수	표준 오차	t 통계량	P-값	하위 95%
17	105.359	77.492	4.657	4.35	Y 절편	0.845	0.0286	29.549	9E-71	0.7887
18	96.671	74.518	4.571	4.311	x	0.858	0.0058	147.36	9E-189	0.8461
181	266.699	238.102	5.586	5.473	157	5.445	0.0185			
182	257.939	243.559	5.553	5.495	158	5.448	0.0053			

- 0.858의 x 계수 추정치는 장기적으로 사과가격이 단감가격 변동에 대해 0.858의 탄력성을 갖고 변동함을 반영

③ 잔차 정차의 AR(1)모형 추정

- "예제16-15"의 시트 탭에서 "이동/복사 → 복사본 만들기"를 지정하여, 시트를 복사하고, "예제16-15-1"로 바꾸기
- G24:G205구간에 출력된 잔차를 "창→틀고정"과 "Shift"를 이용하여 "Ctrl+C"로 복사하고, E1셀에 붙여 넣기

- F:M 열머리 구간에 마우스 커서를 두고, 마우스 오른쪽 단추를 눌러 해당 열들을 삭제
- 183:205 행머리구간에 마우스 커서를 두고, 마우스 오른쪽 단추를 눌러 해당 행들을 삭제
- F2셀에 " △e", G2셀에 "e(-1)"을 입력
- F3셀에 "=E3-E2", G3셀에 "=E2"를 입력, F3:G3구간의 식을 "Ctrl+C"로 복사하여 F3:G182구간에 붙여 넣어 잔차의 1계 정차와 잔차의 1기 시차값들을 계산
- 메뉴표시줄에서 "도구→데이터 분석"을 지정, 통계 데이터 분석 대화상자에서 "회귀분석"을 지정하고, "확인"을 눌러 회귀분석 대화상자 생성
- 회귀분석 대화상자에서 "Y축 범위 : F2:F182, X축 범위 : G2:G182, 이름표 지정, 신뢰수준 : 95%, 출력범위 : H1"을 지정하고, "확인"을 눌러 다음 AR(1)모형의 회귀분석 수행

$$\triangle e = \alpha + \rho e(-1) + \varepsilon_t$$

	E	F	G	H	I	J	K	L	M	N
1	잔차 e			요약 출력						
2	-0.026	Δe	e(-1)							
3	0.0687	0.0947	-0.026	회귀분석 통계량						
4	-0.033	-0.102	0.0607	다중 상관계수	0.723					
5	0.0754	0.1087	-0.033	결정계수	0.5228					
6	0.0757	0.0003	0.0754	조정된 결정계수	0.5201					
7	-0.016	-0.092	0.0757	표준 오차	0.0294					
8	0.087	0.1032	-0.016	관측수	180					
9	-0.018	-0.105	0.087							
10	0.0922	0.1101	-0.018	분산 분석						
11	-0.044	-0.137	0.0922		자유도	제곱합	제곱 평균	F 비	유의한 F	
12	0.0069	0.0513	-0.044	회귀	1	0.1686	0.1686	195	2E-30	
13	-0.007	-0.014	0.0069	잔차	178	0.154	0.0009			
14	-0.043	-0.036	-0.007	계	179	0.3226				
15	0.0661	0.1094	-0.043							
16	-0.044	-0.111	0.0661		계수	표준 오차	t 통계량	P-값	하위 95%	상위 95%
17	0.0814	0.1258	-0.044	Y 절편	0.0001	0.0022	0.0666	0.947	-0.004	0.00447
18	0.0289	-0.052	0.0814	e(-1)	-1.043	0.0747	-13.96	2E-30	-1.191	-0.896
181	0.0474	0.0367	0.0108							
182	-0.005	-0.053	0.0474							

- e(-1) 계수 추정치의 t통계량이 -13.96로 -2.89보다 절대값이 아주 크기 때문에

단위근 가설을 기각하여, 잔차는 단위근을 갖지 않아 y와 x가 공적분되어 있다는 결론을 도출

- 두 변수 y와 x의 공적분 사실을 확인했기 때문에, 오차수정모형의 추정이 가능

④ (16.29)식에 따른 $\triangle y$의 $\triangle x$와 추정 잔차의 시차값 $e(-1)$에 대한 회귀 수행

- "예제16-15-1"의 시트 탭에서 "이동/복사 → 복사본 만들기"를 지정하여, 시트를 복사하고, "예제16-15-2"로 바꾸기
- H:P 열머리 구간에 마우스 커서를 두고, 마우스 오른쪽 단추를 눌러 해당 열들을 삭제
- H2셀에 " $\triangle x$", I2셀에 " $\triangle y$", H3셀에 "=D3-D2", I3셀에 "=C3-C2"를 입력
- H3:I3구간을 지정, "Ctrl+C"로 복사하여 H3:I182구간에 붙여 넣어 x정차와 y정차를 계산
- 메뉴표시줄에서 "도구→데이터 분석"을 지정, 통계 데이터 분석 대화상자에서 "회귀분석"을 지정하고, "확인"을 눌러 회귀분석 대화상자 생성
- 회귀분석 대화상자에서 "Y축 범위 : I2:I182, X축 범위 : G2:H182, 이름표 지정, 신뢰수준 : 95%, 출력범위 : J1"을 지정하고, "확인"을 눌러 ECM의 회귀분석 수행

	G	H	I	J	K	L	M	N	O	P
1				요약 출력						
2	e(-1)	Δx	Δy							
3	-0.026	-0.001	0.0937	회귀분석 통계량						
4	0.0687	-9E-04	-0.103	다중 상관계수	0.7537					
5	-0.033	-7E-04	0.1081	결정계수	0.568					
6	0.0754	0.0178	0.0156	조정된 결정계수	0.5631					
7	0.0757	0.0438	-0.054	표준 오차	0.0295					
8	-0.016	-0.004	0.0995	관측수	180					
9	0.087	0.0369	-0.073							
10	-0.018	0.0271	0.1333	분산 분석						
11	0.0922	-0.01	-0.145		자유도	제곱합	제곱 평균	F 비	유의한 F	
12	-0.044	0.0304	0.0774	회귀	2	0.2024	0.1012	116.36	5E-33	
13	0.0069	-0.011	-0.024	잔차	177	0.1539	0.0009			
14	-0.007	0.0006	-0.036	계	179	0.3563				
15	-0.043	-0.006	0.1044							
16	0.0661	0.0351	-0.08		계수	표준 오차	t 통계량	P-값	하위 95%	상위 95%
17	-0.044	-0.005	0.1212	Y 절편	-1E-04	0.0025	-0.052	0.9588	-0.005	0.0048
18	0.0814	-0.039	-0.086	e(-1)	-1.043	0.075	-13.9	4E-30	-1.191	-0.895
19	0.0289	0.0375	0.0522	?x	0.8957	0.1597	5.6072	8E-08	0.5804	1.2109
181	0.0108	0.008	0.0436							
182	0.0474	0.0227	-0.033							

$$\triangle \hat{y}_t = -0.00013 - 1.043e_{t-1} + 0.8957 \triangle x_t \qquad R^2 = 0.568, \quad F = 116.36$$

(-0.052) (-13.9) (5.607) n=180

- (16.29)식의 각 설명변수 계수 추정치들의 P-값들은 거의 0이어서 아주 유의적
- λ와 ω에 대한 점 추정치들은(point estimates) 단기적 특성을 제공

◦ -1.043의 $e(-1)$ 계수 추정치는 Y가 장기균형수준보다 높아 하락할 것을 반영

◦ 0.8957의 $\triangle x$ 계수 추정치는 Y(사과가격)의 단감가격 탄력성을 의미하여, 단감가격의 1% 상승은 0.8957%의 사과가격 상승을 초래함을 반영

〈참고문헌〉

Ashenfelter, O., P.B. Levine, and D.J. Zimmerman(2003), *Statistics and Econometrics:Methods and Applications*, John Wiley & Sons, Inc., pp. 158-183.

Bowerman B.L. and R.T. O'Connel(1979), *Time Series and Forecasting : An Applied Approach*, Duxbury Press, pp. 5-251.

Evans, Michael K.(2003), *Practical Business Forecasting*, Blackwell Publishers, pp. 187-310.

Greene, William H.(1997), *Econometric Analysis*, 3rd ed., Prentice-Hall International, Inc., pp. 823-870.

Hill, R.C., W.E. Griffiths, G.G. Judge(2001), *Undergraduate Econometrics*, 2nd ed., John Wiley & Sons, Inc., pp. 319-352.

Kazmier, Leonard J.(1988), *Theory and Problems of Business Statistics with Computer Applications*, 2nd ed., McGraw-Hill Book Co., pp. 275-290.

Koop, Gary(2005), *Analysis of Economic Data*, 2nd ed., John Wiley & Sons, Ltd. pp. 158-290.

Maddala, G.S.(1992), *Introduction to Econometrics*, 2nd ed., Macmillan Publishing Co., pp. 525-601.

Makridakis, S., Wheelwright, S.C., and McGee, V.E.(1983), *Forecasting : Methods and Applications*, 2nd ed., John Wiley & Sons, Inc., pp. 131-229.

Mills, Terence C.(19900, *Time Series Techniques for Economists*, Cambridge University Press, pp. 63-198.

Pindyck, R.S. and D.L. Rubinfeld(1991), *Econometric Models and Economic Forecasts*, 3rd ed., McGraw-Hill, Inc., pp. 417-535.

Ramanathan, Ramu(2002), *Introductory Econometrics with Applications*, 5th ed., South-Western, pp. 380-527.

Stewart, Kennth G.(2005), *Introduction to Applied Econometrics*, Thomson Learning, Inc., pp. 647-846.

Thomas, R.L.(1997), *Modern Econometrics : An Introduction*, Addison Wesley Longman Ltd. pp. 373-455.

찾 아 보 기

〈사항〉

[바]

[자]

[차]

[카]

[타]

[파]

[하]

〈영문〉

[저자 약력]

• 文 昌 權

· 건국대학교 상경대학 무역과(상학사), 건국대학교 대학원 무역과(상학석사), 건국대학교 대학원 무역과(경제학박사), 한국수출입은행, 대한무역진흥공사 근무, 한국과학기술대학교, 한국담배인삼공사 강사, 현 배재대학교 무역학과 교수

〈저서 및 논문〉

· 『무역정책』, 삼영사(1991), 『외환론』, 삼영사(1992), 『국제금융론』, 진영사(1994), 『외환관리』, 도서출판 두남(2000), 『글로벌투자금융』, 도서출판 대경(2001), 『외환시장 : 거래전략과 위험관리』, 도서출판 두남(2002), 『가격차트입문』, 도서출판 대경(2004), 『외환관리입문』, 도서출판 탐진(2005), 『국제재무관리입문, 도서출판 탐진(2005), 『Excel로 풀자 국제재무관리』 청목출판사(2005), 『알기 쉬운 무역학개론』 청목출판사(2005) 외 다수

· 「환위험에 대한 경제적 노출」, 「환위험에 대한 거래적 노출」, 「변동환율제도와 국제통화의 역할」, 「무역자유화와 해외직접투자」, 「해외직접투자와 국제조세계획」, 「경쟁우위의 조직학습접근법」, 「통화옵션의 평가와 헤징원리」, 「환위험관리와 통화옵션계약」, 「수출기업의 환위험관리와 통화선물계약」, 「수출품가격 및 환위험관리」, 「실물옵션접근법의 실용적 적용」 외 다수

비지니스통계데이터분석

2006년 1월 20일 초판인쇄
2006년 1월 25일 초판발행

저 자 문 창 권
발행인 류 성 렬

발행처 **청 목 출 판 사**

150-845
서울특별시 영등포구 신길4동 233-96
(청목 B/D)
전화 (02) 849-6157(代) · 2820
FAX (02) 849-0817
•등록 제 16-488호/1994.2.2

•파본은 바꾸어 드립니다. 값 20,000원

http : //www.chongmok.co.kr

ISBN 89-5565-131-7